Lutz Hachmeister

ENTREVISTANDO A HITLER

El dictador y los periodistas

Traducción de Pedro Argudo Buenacasa

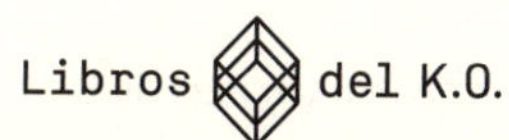

TÍTULO ORIGINAL: *Hitlers Interviews: Der Diktator und die Journalisten*

PRIMERA EDICIÓN: noviembre de 2025

Calle San Bernardo 97-99, entresuelo 8
28015 Madrid

ISBN: 979-13-87839-16-1
DEPÓSITO LEGAL: M-21512-2025
CÓDIGO BIC: JPFQ, KNTJ, HBWQ
DISEÑO DE CUBIERTA: Artur Galocha
FOTOS DE INTERIOR: p. 10, © Bayerische Staatsbibliothek München/ Bildarchiv; p. 14; © Robert H. Lochner papers, Hoover Institution Library & Archives; pp. 29, 63, 73, 166, 201, 210, 289, 332, 378, Archivo privado de Lutz Hachmeister.
MAQUETACIÓN: María O'Shea
CORRECCIÓN: Isabel Bolaños y Melina Grinberg
IMPRESIÓN: Kadmos

El papel utilizado para la impresión de este libro ha sido fabricado a partir de madera procedente de bosques y plantaciones tratados con los más altos estándares de sostenibilidad, lo que garantiza una gestión de los recursos responsable con el medio ambiente y las personas.

IMPRESO EN ESPAÑA - PRINTED IN SPAIN

Las tipografías son League Gothic y Baskerville.

ÍNDICE

Las notas a pie de página sirven principalmente de fuente adicional de información y orientación historiográfica para los lectores. Todos los materiales de archivo utilizados se encuentran (ya sea en copia —en papel— o en formato digital) en el Institut für Medien- und Kommunikationspolitik (IfM) de Colonia.

1
INTRODUCCIÓN: QUE HABLE HITLER

«Mi vida entera no ha sido más que un constante ejercicio de persuasión»

Adolf Hitler, el 18 de enero de 1942, en la Guarida del Lobo

Hablo, luego existo. Ese fue el principal *modus vivendi* de Adolf Hitler. Haberle prohibido hablar, en todas y cada una de sus formas, habría sido como impedirle respirar. Su incesante verborrea, la «catarata verbal» —como la definiera en 1935 desde el exilio Rudolf Olden, su primer biógrafo— y su obstinación por convertir en monólogo cualquier situación comunicativa llamaron enseguida la atención de los primeros observadores de Hitler. Siempre hablaba igual, ya fuera durante su comparecencia en mítines, en las conversaciones de sobremesa con su séquito, que unas veces lo escuchaba por obligación y otras entusiasmado, o bien en el más de un centenar de entrevistas que concedió a corresponsales extranjeros, una parte de las cuales trataremos en este libro. Sin embargo, al clasificar dichas entrevistas según la nacionalidad de los periodistas, se observa un interés claramente estratégico e instrumental por parte de Hitler: dominan los encuentros con reporteros angloamericanos, más de sesenta, seguidos de diecisiete con italianos, y ocho con corresponsales franceses.

Las entrevistas a Hitler[1] pueden dividirse en tres fases claramente diferenciadas: la inicial, que va desde la detención del llamado «Mussolini bávaro» en 1923, y su posterior internamiento —con privilegios— en Landsberg, seguida del periodo entre 1930 y 1933, cuando el movimiento nacionalsocialista ya atisba serias opciones de llegar al poder, y finalmente, la fase dictatorial como jefe de Estado y comandante en jefe de la Wehrmacht.

John Gunther, un periodista norteamericano bien informado, ya apuntó en 1936 a la inagotable palabrería de Hitler como causa principal de su ascenso: «Ha llegado al poder gracias a su oratoria. Pero lo curioso es que es un mal orador. Grita y además su amaneramiento al hablar resulta torpe. Se le quiebra la voz al final de cada párrafo; no sabe cuándo tiene que parar. Como orador, Goebbels es mucho más sutil y experimentado. Y sin embargo Hitler, cuyo magnetismo es prácticamente nulo, es capaz de hacer enloquecer a quienes lo escuchan, sobre todo si se trata de una multitud. Está claro que se sabe todos los trucos».

Trucos retóricos aparte, lo cierto es que, en general, a Hitler no le gustaban los periodistas que querían entrevistarlo, ni siquiera los reporteros italianos de su aliado fascista, y menos aún los emisarios de medios de comunicación democrático-capitalistas, ya que, según él, estaban siempre controlados por el «judaísmo internacional». A pesar de ser un notorio ideólogo racial, difícilmente podía exigir un certificado de pureza aria a quienes lo entrevistaban, de modo que normalmente desconocía la ascendencia de sus interlocutores. No le gustaba tampoco que lo interrumpieran durante sus

[1] En la página 385 hay una lista con las entrevistas que han sido estudiadas para redactar este libro.

declaraciones, e ignoraba por completo cómo interactuar con los periodistas para que la conversación resultase atractiva. Además, no podía estar seguro de qué comentarios suscitarían las entrevistas, ya que estas se integraban en otras noticias de mayor relevancia que los medios internacionales ofrecían sobre asuntos relacionados con el régimen nazi. Cuando sus asesores, sobre todo el veterano jefe de la Oficina de Prensa Extranjera nazi, Ernst Sedgwick Hanfstaengl, alias Putzi, le obligaban a conceder entrevistas a medios extranjeros con el objetivo de mejorar su imagen, Hitler daba gran importancia a que se repitieran una y otra vez los postulados de la ideología nacionalsocialista ya existentes desde 1920, y aprovechaba estratégicamente las conversaciones periodísticas para soltar bulos o sacar a colación los temas que consideraba importantes en aquel momento.

Lo cierto es que el autoproclamado experto en propaganda y medios de comunicación se dio cuenta muy pronto del valor propagandístico que podían reportar tales entrevistas. Además, al menos hasta 1933, Hitler solía exigir una retribución por ellas, con el fin de reponer las siempre necesitadas arcas del partido nazi, el NSDAP. Al ampliar su esfera de poder a partir de 1930, Hitler, un obseso del control como todos los dictadores, autócratas y líderes de sectas, logró junto con Hanfstaengl —hasta su destitución en 1937—, y los intermediarios y especialistas en medios informativos que lo sucedieron, preparar minuciosamente los encuentros con periodistas extranjeros, insistiendo siempre en recibir las preguntas por adelantado, especificando la línea esencial de las entrevistas y, por supuesto, reservándose la autorización final del texto, lo cual funcionaba la mayoría de las veces (aunque no todas). Hitler tenía casi siempre la sartén por el mango, pero aun así se sentía incómodo en aquellas reuniones.

Ernst Franz Sedgwick Hanfstaengl (1887-1975), jefe de Prensa Extranjera del partido nazi, se presentó al acabar la guerra como un inofensivo *bufón* de Hitler y un virtuoso del piano. El experto marchante de arte y graduado en Harvard ejerció una influencia considerable en la propaganda nazi en el extranjero. Nadie facilitó tantas entrevistas a Hitler como Hanfstaengl, al que amigos y enemigos llamaban simplemente Putzi (*baby* en dialecto bávaro). Hanfstaengl, que huyó del régimen nazi en 1937 a raíz de una intriga urdida por Göring y Goebbels, y que acabó siendo asesor de Roosevelt en los Estados Unidos, publicó en 1957, junto con el periodista y negro literario Brian Connell sus amenas memorias (*Unheard Witness*), que no se tradujeron al alemán hasta 1970.

Muy diferente era el papel de los reporteros y de los medios para los que trabajaban, los cuales veían en Hitler un *trofeo,* de modo que la primicia en sí era la propia entrevista con el Führer, más allá de su estructura y contenido. Casi todos los periodistas que iban a ver a Hitler lo hacían mal preparados, tanto en un sentido biográfico como estratégico o político. En la mayoría de los casos, se limitaban a dejar hablar a su incómodo interlocutor, con la intención de que les proporcionara titulares rápidos, dependiendo de los cambiantes roles políticos de Hitler. Al principio fue el «Mussolini bávaro», la figura cómica con el bigote de Charlot; luego el pintor de brocha gorda austriaco de confusa biografía; más tarde, tras el éxito electoral del partido nazi en 1930, el estrafalario exponente de la derecha *völkisch*[2] en todo el Reich, y tras la toma del poder por los nazis, asombrosamente, al menos durante una buena temporada, el estadista vestido como un militar prusiano al estilo Hindenburg. Desde el momento en que se empezaron a atribuir a los nazis opciones reales de poder en Alemania, los periodistas extranjeros hicieron fila para hablar con Hitler. El destacado corresponsal estadounidense Hans V. Kaltenborn describe en su autobiografía un significativo encuentro, incluso típico en muchos sentidos, que se produjo en la casa de campo que servía de residencia a Hitler en los Alpes bávaros en agosto de 1932:

[2] N. del T.: El adjetivo *völkisch* puede traducirse como etnonacionalista. El término está emparentado etimológicamente con la palabra *Volk* (pueblo), pero desde un enfoque étnico-racial. La ideología *völkisch*, lejos de haber quedado enterrada con la derrota del nazismo, ha vuelto a la actualidad alemana con el auge de la ultraderecha. En una reunión secreta destapada por periodistas a principios de 2024 (al parecer, los servicios de inteligencia no estaban al tanto), miembros del partido AfD planearon el retorno por la fuerza (*Remigration*) de millones de personas a sus «países de origen». Aunque la mayoría de ellas han nacido y crecido en Alemania, y son ciudadanos alemanes a todos los efectos, no son considerados «alemanes de verdad» por los políticos de extrema derecha.

Louis Lochner, por entonces corresponsal de Associated Press en Alemania, y yo habíamos solicitado una entrevista con el Führer. Sorprendentemente, uno de mis antiguos compañeros de estudios en Harvard, Ernst Hanfstaengl, a la sazón oficial de enlace de Hitler con la prensa extranjera, me llamó para decirme que el Führer quería vernos al día siguiente en su casa de Berchtesgaden. Conocíamos su afición a soltar conferencias a los periodistas y por eso habíamos preparado una serie de preguntas para las que queríamos a toda costa obtener respuestas.

Hitler no sentía especial simpatía por los representantes de la prensa extranjera, y nos saludó de manera parca y hostil. La entrevista tendría lugar en la veranda de su pintoresca casa de campo en los Alpes bávaros, cerca de la frontera con Austria, un lugar maravilloso con una magnífica vista de las montañas. Era una cálida mañana de verano y los canarios trinaban alegremente en las jaulas que colgaban por toda la veranda. En medio de esta idílica atmósfera, Adolf Hitler empezó a hablar, frunciendo el ceño como si estuviera dirigiéndose a una multitud. Entonces, le irrité deliberadamente con mi primera pregunta: «¿Por qué su antisemitismo no distingue entre los judíos que llegaron en masa a Alemania tras la guerra y las muchas familias judías decentes que han sido alemanas durante generaciones?».

«Todos los judíos son extranjeros —me gritó—. ¿Quién se cree usted que es para preguntarme cómo trato a los extranjeros? Ustedes los americanos no acogen a ningún extranjero a menos que ande bien de dinero, tenga un buen físico y una buena moral. ¿Quién se cree usted que es para hablar de quién debe ser acogido en Alemania?». A partir de este punto, este fue el tono que dominó toda la entrevista[3].

[3] Véase KALTENBORN, Hans V.: *Fifty Fabulous Years. 1900-1950*, Putnam, Nueva York, 1950, o también, del mismo autor: *An Interview with Hitler*, August 17, 1932, aparecida en *The Wisconsin Magazine of History*, vol. 50, núm. 4 (1967).

Para disgusto de Lochner y Kaltenborn, Hanfstaengl había invitado también por sorpresa a aquella reunión en Berchtesgaden a Karl von Wiegand, uno de los reporteros del grupo Hearst. Wiegand consiguió un cuarto de hora de entrevista en exclusiva con Hitler, pero al terminar llegó a la conclusión de que «este hombre es un caso perdido, cada vez que lo veo es peor. No he podido sacarle nada. Le haces una pregunta y te suelta un discurso. Toda esta visita ha sido una pérdida de tiempo». Los tres periodistas americanos se fotografiaron aquel día con Hitler. Wiegand volvería a entrevistarlo en varias ocasiones.

Existen decenas de testimonios de corresponsales que se vieron con Hitler en una atmósfera similar, pero no hay documentos sonoros (por las limitaciones técnicas de la época), ni siquiera registros taquigráficos de calidad. Tan solo quedan las reimpresiones en los respectivos órganos de prensa, por lo que los textos deben tomarse con el debido escepticismo, especialmente en la primera fase de las entrevistas con Hitler, hasta 1923. Con el tiempo, la situación de las fuentes mejora gracias a la correspondencia, los materiales de archivo y las versiones autorizadas por los nacionalsocialistas en el *Völkischer Beobachter*, el periódico oficial del partido.

Desde el principio predominaron las entrevistas con corresponsales extranjeros. En cambio, apenas es posible encontrar alguna de medios alemanes con el líder nazi. Esto se debe a varios motivos. En primer lugar, los medios democráticos serios como el *Frankfurter Zeitung* o el *Berliner Tageblatt* no tenían ningún interés por Hitler, al que veían como un político de provincias y un rábula etnonacionalista. Él, por su parte, tampoco movió un dedo para reunirse con reporteros de «periódicos judíos», como él los llamaba, hasta 1933. A partir de entonces, dejaron de importarle de todos modos. Además,

Louis Lochner, Hans V. Kaltenborn, Hanfstaengl y Karl von Wiegand junto a Adolf Hitler el día en que los tres periodistas americanos le entrevistaron en Berchtesgaden, en agosto de 1932.

el partido nazi disponía de su propio órgano central, el *Völkischer Beobachter (VB)*[4], en el que desde 1921 Hitler escribió con asiduidad. De hecho, muy pronto cambió de profesión: de «pintor» pasó a ser «periodista», incluso antes de escribir *Mein Kampf* (*Mi lucha*, publicado en 1925/26). Resulta significativo que la entrevista doméstica más larga que se ha encontrado sea una conversación con el periódico de su propio jefe de prensa, Otto Dietrich[5].

En otoño de 1922, Hitler concedió una de sus escasas entrevistas a un medio alemán, el diario vespertino *8-Uhr-Blatt* de Núremberg y Múnich, la cual tuvo una considerable resonancia internacional. De ahí seguramente que el 12 de noviembre de 1922, el noticiario jurídico francés *L'Action Française* la publicara presentando al «Mussolini bavarois» como el «Dr. Hittler» (sic). El punto de inflexión decisivo a partir del cual la prensa extranjera empezó a prestar atención a Hitler fue sin duda la «marcha sobre Roma» de Mussolini a finales de octubre de 1922[6]. Por su franqueza, esta temprana

[4] N. del T.: El *Völkischer Beobachter* (en español, el Observador Patriótico —recuerden la connotación etnonacionalista del adjetivo *völkisch*—), con sede en Múnich, fue el periódico oficial del partido nazi desde 1920 hasta 1945. Un año antes del final del conflicto bélico, el diario llegó a alcanzar una tirada de más de millón y medio de ejemplares.

[5] Entrevista de Hitler con el *Rheinisch-Westfälische Zeitung (RWZ)* el 16 de agosto de 1932, reproducida en DOMARUS, Max: *Hitler. Reden und Proklamationen 1932-1945* (Hitler. Discursos y Proclamas 1932-1945), volumen I; también en el *Völkischer Beobachter (VB)*, núm. 230, del 17 de agosto de 1932; en su biografía de Dietrich, Stefan Krings atribuye la entrevista a Theodor Reismann-Grone, editor del *RWZ* y suegro de Otto Dietrich. La entrevista fue organizada por Otto Dietrich.

[6] Tras su Marcha [fascista] sobre Roma, el exsocialista Benito Mussolini fue nombrado por el rey Víctor Manuel III de Italia jefe de un gobierno de coalición ultraderechista, tomando posesión como primer ministro el 31 de octubre de 1922. A partir de aquel momento, Hitler fue considerado durante bastante tiempo por la prensa alemana e internacional como una réplica perfecta del Duce, también en lo relativo a sus entrevistas con la prensa. Véase el artículo «Schmussolini. Ein amerikanisches Interview Hitlers», aparecido en el periódico de los socialdemócratas alemanes *Vorwärts* el 21 de agosto de 1928. También Hans-Jochen Gamm tira de ironía en su obra *Der Flüsterwitz im Dritten*

entrevista resultó ser ya bastante reveladora. En un informe publicado el 12 de noviembre de 1922, la corresponsalía en Berlín del diario húngaro *Pester Lloyd* resumió la entrevista en estos términos:

El Mussolini bávaro.
(Telegrama del Pester Lloyd)

Berlín, 11 de noviembre.

En relación con el arresto de Roßbach[7] y los tejemanejes del líder fascista bávaro Hirtler (sic), merece atención un relato enviado a su periódico por el reportero especial del *Acht-Uhr-Blatt* de Múnich tras una visita a Hirtler. Según el mismo, este Mussolini bávaro, que fue pintor de carteles, tiene unos 35 años, es alto, nervioso y despistado. Habla entrecortadamente y utiliza sin parar frases hechas. Su programa se basa en un antisemitismo furibundo. Respondió a la primera pregunta del entrevistador diciendo que no tiene intención de dar un golpe de Estado, sino que pretende construir un Estado que se sustente por completo sobre una base social, pero sobre la única base social correcta,

---

Reich (1963): «Desde la primera visita de Hitler a Italia, en Alemania se rumoreaba que Hitler saludó a su homólogo italiano diciendo "¡Ave, Imperator!", a lo que Mussolini habría respondido "¡Ave, Imitator!"».

[7] El líder del *Freikorps* (grupo paramilitar de voluntarios) Gerhard Roßbach (1893-1967) fue detenido el 11 de noviembre de 1922, en virtud de la llamada «Ley para la Protección de la República», por su rebeldía contra el sistema democrático de Weimar. Roßbach fue también el personaje principal de una novela nacionalista de Arnolt Bronnen, publicada en 1930 por la editorial Rowohlt. El clásico *Männerphantasien 1 + 2* (Fantasías masculinas 1 +2) de Klaus Theweleit (la primera edición es de 1977) aporta más información sobre Roßbach, y la ideología y la política corporal de los *Freikorps*.

`una que los judíos nunca podrán comprender. Asegura que quiere combatir el marxismo por considerarlo una majadería que llevará al mundo a su perdición, así como la República Alemana por estar judaizada, igual que lo estuvo la monarquía Guillermina. Según él, Jesús era germano, mientras que el papa Alejandro VI, el káiser Guillermo II y el rey Eduardo VII eran judíos. Este último porque su madre, la reina Victoria, habría tenido una aventura con un tal Wolf, que fue su médico personal.`

El 4 de junio de 1942, Hitler realizó una visita relámpago al mariscal Carl Gustav Emil Mannerheim, comandante en jefe del ejército finlandés, con motivo de su septuagésimo quinto aniversario, en el aeródromo de Immola, al sureste de Finlandia. Aquel encuentro no tendría importancia alguna de no ser porque el técnico de sonido Thor Damen, que trabajaba para la emisora de radio estatal Yleisradio, grabó sin permiso once minutos de la conversación que Mannerheim y el líder nazi mantuvieron en el vagón del tren, hasta que de pronto intervino la escolta de las SS de Hitler. La grabación se ha conservado y puede escucharse en varios portales de internet. La charla entre ambos sigue considerándose el único documento sonoro de índole «privada» que se conserva del dictador, aunque en el fondo no lo sea del todo, puesto que en él se discute la situación político-militar en la guerra de Invierno entre la URSS y Finlandia, y la lealtad indirecta de esta a la Alianza. Después de que el viejo Mannerheim lograra hacer algunas educadas observaciones acerca de la situación de la guerra, Hitler lo martilleó, como de costumbre, con estadísticas sobre la producción de tanques soviéticos y con la interesante confidencia de que le hubiese gustado atacar Francia ya en otoño de 1939, y que si no lo hizo fue porque la climatología no estuvo de su parte.

Esta grabación permite hacerse una idea muy aproximada del tono en el que Hitler se dirigía a los periodistas extranjeros. De hecho, también empezaba sus discursos multitudinarios con bastante calma, antes de elevar el tono hasta alcanzar el éxtasis retórico. Así pues, al margen del volumen, no hay ninguna diferencia entre la charla que mantuvo con Mannerheim y el ritual comunicativo de Hitler. Sin embargo, es muy posible que los corresponsales extranjeros se dejaran embaucar por la voz de Hitler, en ocasiones suave, con ese toque bávaro-austriaco, aunque siempre amenazadora. Una de las tesis de este libro es que los discursos de Hitler en las cervecerías, los mítines, las negociaciones diplomáticas, las conversaciones de sobremesa o las situaciones más íntimas de las entrevistas, no se diferencian esencialmente. En última instancia no son más que variaciones situacionales, más o menos calculadas, de la misma y estéril comunicación persuasiva.

Las conversaciones privadas de Hitler[8] (1941/42), grabadas por taquígrafos nazis[9], así lo confirman. En ellas puede reconocerse plenamente al charlatán *völkisch*, carente de autoironía y pensamiento dialéctico, debido seguramente a que carecía por completo de la más mínima formación filosófica. No importaba, comentó Hitler en marzo de 1942, que se siguiera hablando del *Oberführer* fulano de tal, o de cualquier otro tipo de *führer* [en alemán, «el que guía», como hace alguien que maneja un vehículo], como los conductores de tranvía

[8] TREVOR-ROPER, Hugh: *Las conversaciones privadas de Hitler*, Crítica, Barcelona, 2004.

[9] Para un análisis exhaustivo de *Las conversaciones privadas de Hitler*, véase NILSSON, Mikael: *Hitler Redux. The Incredible History of Hitler's So-Called Table Talks*, Routledge, Nueva York, 2021. Existen pocas dudas de que Hitler se expresaba de manera similar en todo tipo de situaciones.

o de tren, pero si algún día alguien hubiera de sucederle, esto tendría que cambiar y el término *führer* tendría que ser «elevado a la categoría de intransferible». Ese mismo mes, después de leer la biografía de Napoleón escrita por el *Reichsleiter* Philipp Bouhler, hizo saber a su círculo de ayudantes que la razón del fracaso de Napoleón Bonaparte fue que «su Estado Mayor no estuvo a la altura. Es innegable que se rodeó de colaboradores incompetentes»[10].

En cierta ocasión, en mayo de 1942, Hitler se mostró preocupado por la producción de miel alemana (su padre era aficionado a la apicultura): «Durante la cena, el jefe señaló que en Alemania se podría extraer diez veces más de miel que la que ahora producen los apicultores». No hay que olvidar que «en la Antigüedad y en la Edad Media, la miel de abeja era el edulcorante por excelencia, e incluso se utilizaba para endulzar el vino». Al mes siguiente, en junio, hizo mención a la «cantidad insólitamente elevada de enfermos mentales que había en Finlandia», cuya causa podría atribuirse a la aurora boreal, pero también a «las cavilaciones religiosas particularmente fuertes de los finlandeses». Quién sabe cómo había llegado a esta conclusión, pero lo cierto es que le sirvió para volver al tema de los judíos, pues según él, las personas creyentes que leían la Biblia para clarificar sus ideas religiosas en la soledad del largo invierno, acababan lisiadas espiritualmente. Esto era así porque se sentían obligados a «encontrar un sentido a esa chapucería judía, por mucho que no lo tuviera. De manera que le daban mil vueltas al asunto y, si no eran especialmente sólidos, acababan cayendo en el delirio religioso».

[10] Hitler criticaba que Napoleón hubiera protegido en exceso a sus familiares más próximos. El líder nazi evitó hacer lo propio, aunque teniendo en cuenta el séquito de morfinómanos, alcohólicos empedernidos, oscurantistas y borrachines de que se rodeaba, su afirmación denota una enorme falta de autorreflexión.

Después de que Hitler se hiciera en 1919/20 con el control del Partido Obrero Alemán (DAP) en Múnich, primero como consejero de formación del Reichswehr (las fuerzas armadas del Reich entre 1921 y 1935), luego en tanto que «jefe de propaganda» y finalmente como presidente del partido, su indiscutible éxito como orador misionario se aceleró. Llenó las cervecerías Sterneckerbräu, Hofbräuhaus o Kindl-Keller, a menudo con más de dos mil asistentes, llegando a pronunciar unos noventa discursos de este tipo en 1920. Pronto se dio cuenta de la singularidad y del éxito de tal puesta en escena y entrenó con un profesional sus gestos y expresiones faciales. El 3 de febrero de 1921, 3500 personas acudieron a su primer acto en el circo Krone; este fue uno de los primeros actos multitudinarios del nuevo NSDAP, el partido nazi surgido del DAP. Aquel año, Hitler pronunciaría un total de siete discursos en el circo Krone. A uno de ellos (el 25 de agosto) llegaron a asistir nada menos que siete mil personas.

En su tesis posdoctoral[11] de 2021 sobre los corresponsales estadounidenses en el Estado nacionalsocialista, el historiador Norman Domeier expuso que, sin las entrevistas a Hitler, «el ascenso del Führer y del movimiento nazi en las sociedades mediáticas del siglo XX sería difícil de imaginar». Pero es perfectamente posible opinar lo contrario: Hitler habría acabado también por llegar al poder, aunque no hubiese concedido entrevistas exclusivas a corresponsales extranjeros.

La biografía mediática de Hitler tuvo lugar en una época de cambios radicales, en la que surgieron y se popularizaron el cine, la radio, las revistas, los carteles políticos y los letreros luminosos. Pero aún más significativa es la conexión que se

[11] DOMEIER, Norman: *Weltöffentlichkeit und Diktatur. Die amerikanischen Auslands-korrespondenten im Dritten Reich*, Wallstein, Gotinga, 2021.

desarrolló desde finales del siglo XIX entre la publicidad, las relaciones públicas, las primeras formas de mercadotecnia política, la «psicología de las masas» y la propaganda. Gustave Le Bon marcó la pauta en 1895 con su obra[12] y su descubrimiento del «alma de las masas»: «Las masas nunca estuvieron sedientas de verdades. Se alejan de la evidencia que no es de su gusto y prefieren deificar el error si el error las seduce. Quienquiera que sea capaz de proveerlas de ilusiones será fácilmente su amo; quienquiera que intente destruir sus ilusiones será siempre su víctima». Hitler permaneció atrapado toda su vida en esa dicotomía de *führer* o guía (masculino) y masa (femenina), susceptible de ser seducida —o guiada—. Esto se vio dinamizado por el papel, en gran medida sobrevalorado, que se atribuyó en la Primera Guerra Mundial a la propaganda (así como a la «psicología del ejército»), que culminó con el poderoso eslogan «Im Felde unbesiegt» (invicto en el campo de batalla), difundido por el alto mando del Ejército y más tarde por todos los representantes de la derecha nacionalista[13].

[12] Desde la perspectiva actual, la *Psicología de las masas* de Gustave Le Bon empieza de manera oscura: «[Dediqué mi obra anterior a describir el genio de la raza]. El siguiente trabajo está dedicado a un examen de las características de las masas». Sin embargo, el libro contiene algunas tesis que suenan aún actuales: «la destrucción de creencias generales tiene por resultado final una extrema divergencia de convicciones de toda índole y una indiferencia creciente de las masas hacia todo lo que no toca claramente sus intereses inmediatos. [...] impotencia de los gobiernos ante la opinión directa. [...] los estadistas, lejos de dirigir la opinión, su único afán es seguirla. [...] La opinión de las masas tiende, así, más y más a convertirse en el supremo orientador de la política». En relación con el impacto del libro, véase el instructivo epílogo de Helmut König en la edición alemana de la obra (*Psychologie der Massen*), en su 16ª edición (2021). A diferencia de Mussolini, no hay pruebas de que Hitler leyera detenidamente la obra de Le Bon.

[13] En 2024 se publicó la obra de KRUMEICH, Gerd: *Als Hitler den Ersten Weltkrieg gewann. Die Nazis und die Deutschen 1921-1940* («Cuando Hitler ganó la Primera Guerra Mundial. Los nazis y los alemanes 1921-1940»). El autor calificó el título de su propio libro de «provocación»: «Hasta ahora no existe una historia de la República de Weimar que haya abordado de manera exhaustiva el trauma de la guerra perdida».

Resulta extraño que, si bien todos los analistas de Hitler han descrito su forma de actuar, todavía no exista ningún trabajo sólido que relacione de manera concluyente su repertorio de señales comunicativas con las manifestaciones concretas de la propaganda nacionalsocialista. Por un lado, se han llevado a cabo numerosos estudios sobre la retórica de Hitler, su «política de símbolos» y su puesta en escena autopropagandística, su forma de vestir, su fisonomía, su biblioteca e incluso sobre la forma de su bigote. Por otro lado, se han escrito libros sobre la evolución del control mediático nazi, la *Gleichschaltung*[14] de la vida pública, las campañas electorales previas a 1933 (*Hitler über Deutschland*, un documental filmado mientras Hitler viaja en avión sobre varias ciudades alemanas), o sobre la propaganda exterior. Las más de dos décadas de entrevistas ponen claramente de manifiesto el estrecho nexo entre la concepción propagandística del líder nazi y los programas, técnicas, estrategias y tácticas de todo el aparato nacionalsocialista. Y en esto, por decirlo de forma concisa, Hitler se aparta menos de Goebbels y compañía de lo que suele ocurrir normalmente.

Hitler tenía en mucha estima a sus ayudantes en el control de la propaganda y de los medios de comunicación. En febrero de 1942, por ejemplo, dijo lo siguiente del alborotador, arianizador y jefe editorial nazi Max Amann (1891-1957), que había sido uno de sus superiores durante la Primera Guerra Mundial: «De Amann solo puedo decir que es un genio. El mayor experto en periodismo del mundo. No llama mucho

[14] N. del T.: La *Gleichschaltung*, o unificación política forzada, sirvió para «nazificar» la sociedad alemana, adoctrinándola en un pensamiento único del que no era posible discrepar. Se obligaba a la población a formar parte de organizaciones controladas por los nazis, como las Juventudes Hitlerianas o la llamada *Kraft durch Freude* (Fuerza por medio de la alegría), donde se vigilaba, estructuraba y uniformaba el tiempo libre de jóvenes y trabajadores, con el objetivo de fomentar una comunidad popular fiel a los dogmas nacionalsocialistas.

la atención, pero Rothermere y Beaverbrock son pigmeos a su lado». En el *Völkischer Beobachter*, Amann «llevó con rigor militar a todos los empleados a su máximo rendimiento».

En su libro *Mein Kampf*, Hitler dedicó un enorme esfuerzo a explicar sus puntos de vista sobre el papel primordial que desempeñaba la prensa como institución formativa, llegando incluso a justificar en términos biográficos su intransigente ideología racial con su lectura de los periódicos vieneses. En los que son algunos de los más esclarecedores pasajes de su desenfrenado manifiesto, Hitler escribió que, al principio, había leído con gran respeto la «prensa internacional» de Viena, asombrado «por la variedad de temas que ofrecía al lector, la objetividad de cada uno de los reportajes y su tono elegante». Pero luego descubrió que los periódicos supuestamente serios estaban dominados por el capital y las mentes judías: «Hay que analizar esta infame costumbre judía de vaciar, repentinamente y como por arte de magia, el cubo de basura lleno de las más bajas calumnias y difamaciones sobre la ropa limpia de la gente honrada, para apreciar en su justa medida el peligro que supone esta prensa». A partir de entonces, en *Mein Kampf* no hubo más que invectivas salvajes contra «la prensa» en general: «bandidos intelectuales», «golfos», «chusma», «embustes disfrazados de una supuesta libertad de prensa». Según Hitler, ese era el peligro más letal para cualquier estado. La libertad de prensa no significaría en absoluto libertad de prensa, sino únicamente libertad para que determinados individuos hiciesen lo que les viniese en gana y lo que se ajustara a sus intereses, incluso si esto iba en contra de los intereses del Estado.

Pero como el régimen nazi no podía prescindir por completo de la prensa, la única opción que le quedó fue la *Gleichschaltung*, subordinando la profesión periodística a las directivas de la cúpula dictatorial y a la supuesta «voluntad popular». Hitler explicó la tarde del 15 de abril de 1942 en la Wolfsschanze (la Guarida del Lobo, uno de los principales cuarteles generales de Hitler durante la guerra) que «al principio no resultó tan sencillo dejarle claro a los periódicos que también ellos eran un diente al servicio del engranaje. Por lo tanto, hubo que indicarles reiteradamente que la prensa se contradecía y se perjudicaba a sí misma. Ya que si, por ejemplo, en una ciudad donde se publican doce periódicos, cada uno escribiera algo distinto sobre el mismo suceso, el lector llegaría a la conclusión de que todo eran tonterías, y entonces, la opinión pública acabaría por no creerse nada de lo que dijera la prensa».

Que Hitler se tenía por un experto en propaganda y un especialista hasta en los más mínimos detalles de todos los asuntos periodísticos es algo que queda patente en sus «conversaciones privadas». En ellas dice que los contenidos de la *Leipziger Illustrierte* tendrían que volver a ser más atractivos para poder competir con las revistas anglosajonas. De la *Deutsche Illustrierte*, en cambio, se podría prescindir; en tiempos de paz, además de la prestigiosa revista *Das Reich*, debería publicarse un semanario dirigido a la población rural, con novelas por entregas «para que así las mozas bávaras tuvieran algo con que entretenerse». Hitler, un especialista en economía de los medios de comunicación, pensaba que el mayor peligro lo entrañaban las «agencias publicitarias que estaban en manos de los judíos», porque estos «podían arruinar por completo un gran diario al eliminar la publicidad». Sin embargo, no logró que Goebbels pusiera en marcha la «radiodifusión por cable», por la que el líder nazi tenía debilidad y con la que, por lo visto, podían distribuirse señales de radio a través de la red telefónica: «¡Radiodifusión por cable! Ordené que se hiciera, pero el Ministerio de Propaganda incumplió mis órdenes, pues el ministro de Correos aseguró que no estaba técnicamente listo».

Hitler era una figura mediática necesitada de intermediarios y colaboradores. Uno de los enlaces menos conocidos en las primeras entrevistas de Hitler fue el contralmirante retirado Waldemar Vollerthun, un simpatizante del jefe de la Marina Imperial Alfred Tirpitz. Vollerthun (1869-1929), que de joven había servido como teniente en Camerún y en el servicio de inteligencia de la Oficina de la Marina Imperial de Berlín, vivió sus mejores años en la Primera Guerra Mundial cuando ejerció de estratega principal en la colonia naval de Tsingtao. Fue en sus inicios una figura sin poder, para más tarde convertirse en una de las más activas políticamente en el Alto Mando del ejército y la marina. Después de 1918, Vollerthun quiso establecer un nexo entre las ideas guillerminas, los *Freikorps*, las sociedades secretas de extrema derecha y Hitler, el nuevo tribuno popular etnonacionalista. En los años veinte, después de escribir su libro de memorias *Der Kampf um Tsingau* («La batalla de Tsingau», sin traducción al español), Vollerthun fue jefe del departamento internacional del *Münchner Neueste Nachrichten* (*MNN*), una publicación que había girado ideológicamente a la derecha, y se implicó también en un sentido *völkisch* en la política de medios. Vollerthun puso a disposición de Hitler su piso en la Theresienwiese de Múnich para que este se reuniera con periodistas extranjeros y, sobre todo, trató de forjar una alianza entre el líder nazi y Tirpitz. En noviembre de 1922, el exalmirante escribió a Tirpitz contándole que Hitler había sido «mi invitado en casa durante horas» y caracterizó al líder nazi en los siguientes términos: «Su antisemitismo no es destructivo sino constructivo; no se trata de exterminarlos, sino de ponerlos en su sitio». Vollerthun, que utilizó el *MNN* sobre todo para publicar traducciones al alemán de las entrevistas que él mismo había concertado[15], constituye un excelente ejemplo de los primeros partidarios monárquicos ultraderechistas de Hitler.

Aunque parece que el líder nazi se dio cuenta rápidamente del sentido de tales esfuerzos de mediación, lo cierto es que no estaba del todo convencido. El 6 de julio de 1942, durante una de sus tertulias vespertinas, la tomó con el que había sido durante años su asesor de prensa en el extranjero, antes de que este cayera en desgracia y tuviera que huir al Reino Unido. Por mucho que concertar entrevistas con la prensa internacional (y también enviarles artículos sobre Hitler) resultara muy lucrativo, al final Putzi tenía más interés por los negocios que por la política y «pensaba siempre en el beneficio económico». Cuando Hitler le encargó, por ejemplo, que «hiciera llegar un artículo a la prensa internacional por la vía más rápida posible», Hanfstaengl perdió un tiempo precioso tratando de vender la noticia al mejor postor. Al final, Hitler le gritó rabioso: «Hanfstaengl, ¡no me cabree con su racanería! Si de lo que se trata es de que el artículo se lea mañana en los periódicos de todo el mundo, ¡las cuestiones económicas importan un pimiento!».

A lo largo de la velada se fueron sucediendo las anécdotas sobre Hanfstaengl. Hijo de una familia de la alta burguesía, Putzi, sobre el que se tratará más en profundidad en este libro, entró en la vida de Hitler de manera tan casual como lo hiciera el líder nazi en el Partido Obrero Alemán. Su antiguo

[15] Para más información periodística sobre el círculo de Tirpitz, véase la obra de ROJEK, Sebastian: *Versunkene Hoffnungen. Die Deutsche Marine im Umgang mit Erwartungen und Enttäuschungen 1871-1930* («Esperanzas hundidas. Cómo la Marina alemana manejó sus expectativas y desilusiones»), 2017.

compañero de carrera en Harvard, Truman Smith[16], envió a Hanfstaengl a Múnich para que observara un discurso de Hitler, después de que al propio Smith, que por aquel entonces trabajaba para la embajada estadounidense en Berlín, Hitler le pareciera un «estupendo demagogo». Convencido rápidamente del talento retórico de Hitler y en su misma línea ideológica, Putzi se convirtió en el principal intermediario entre el líder fascista y la prensa extranjera, hasta que Goebbels y la Cancillería del Reich asumieron esta labor.

La entrevista de enero de 1935 entre Hitler y el luxemburgués Pierre John Huss, corresponsal del grupo Hearst, en el contexto del referéndum del Sarre[17], puede considerarse paradigmática de los encuentros —preparados con precisión a partir de 1933— del Führer con periodistas extranjeros, ya que fue mejor planificada y controlada por los estrategas nazis que por el propio periodista. Por tal motivo, esta entrevista nos servirá como caso ejemplificador. El Dr. Karl Bömer, por entonces jefe de prensa de Alfred Rosenberg, ministro de Asuntos Exteriores del partido nazi, y el Dr. Hans Thomsen,

[16] Truman Smith (1893-1970) fue comandante de batallón del 4.° Regimiento de Infantería de EE. UU. en las batallas francesas de la Primera Guerra Mundial y, de 1920 a 1924, agregado militar adjunto de Estados Unidos en Berlín, adonde regresaría como agregado militar entre 1939 y 1945. Opositor declarado de Roosevelt, acompañó, entre otros, a Charles Lindbergh en sus cinco viajes a Alemania para inspeccionar la Deutsche Luftwaffe —la aviación alemana— y la industria aeronáutica de este país. Hubo quienes acusaron a Smith de estar demasiado próximo a Lindbergh, mientras que otros alabaron sus informes sobre el estado del armamento alemán. Para saber más sobre la misión de Smith de observar el movimiento hitleriano en Múnich, véase GOLE, Henry G.: *Exposing the Third Reich. Colonel Truman Smith in Hitler's Germany*, Univ. Press of Kentucky, 2013.

[17] El referéndum [sobre el estatus político] del Sarre se celebró el 30 de enero de 1935, con un 90.7 % de votos a favor de la pertenencia de la región al Reich alemán. En el Tratado de Versalles, firmado en abril de 1919, se estableció que el Sarre permanecería separado del Reich por un periodo de quince años, bajo la administración (en calidad de mandato) de la Sociedad de Naciones y con la opción de un plebiscito posterior. Durante este tiempo, el Sarre dependió económica y políticamente de Francia. Para [ganar] el referéndum, el régimen nazi utilizó todos los medios propagandísticos a su alcance.

consejero ministerial de la Cancillería del Reich, al que Hitler tenía en gran estima, fueron los responsables de que se produjera aquella conversación. Huss (1901-1966) le pidió al experto en periodismo y propagandista nazi Bömer, a quien conocía personalmente de su época como profesor en los Estados Unidos, que le concediera una entrevista con Hitler. El 14 de diciembre de 1934, Thomsen, a quien el anglófilo *Charlie* Bömer había transmitido la petición de Huss, le comunicó que el «Führer y Canciller del Reich» había dado su visto bueno a la entrevista; Bömer volvió a ponerse en contacto con la Cancillería del Reich a principios de enero: «Yo mismo viajaré al Sarre el día 10 por la tarde y regresaré el 14 por la mañana. Para entonces, Huss ya habrá terminado su informe, que completará con la entrevista del Führer antes de enviarlo inmediatamente a Nueva York y a la prensa alemana».

A instancias de su fiel asistente Bömer, Huss le presentó previamente por escrito seis preguntas, del tipo: «Hay rumores de que tras el plebiscito del Sarre se llevará a cabo una reorganización y se hará limpieza en el NSDAP. Se dice también que se avecina otro conflicto con la Iglesia católica y que habrá un nuevo enfoque del tema de la Iglesia evangélica, e incluso de que se establecerá un dominio más estricto del partido. ¿Qué hay de cierto en ello?». Bömer bloqueó esta delicada pregunta de antemano, pues aún estaba fresco el recuerdo de la purga de Röhm en junio de 1934 (la llamada Noche de los Cuchillos Largos)[18] y su repercusión en la prensa internacional,

[18] Pocas semanas antes de la Noche de los Cuchillos Largos, Hitler fue entrevistado por Louis P. Lochner, jefe de la oficina de Associated Press en Berlín. Lochner, que tenía buenos contactos en los círculos nazis, comentó también lo siguiente: «Se dice, por ejemplo, que uno de sus colaboradores [Röhm] está desbaratando (sus) planes». Hitler respondió de manera críptica que «no se había rodeado de inútiles, sino de hombres de verdad. […] Cuando se reúne un grupo de personalidades fuertes, es inevitable que surjan roces en algún momento. Pero jamás ni uno solo de mis seguidores ha intentado

En una época en que los periodistas aún parecían diplomáticos, Pierre J. Huss, nacido en Luxemburgo y corresponsal de los medios del grupo Hearst, describió sus encuentros con Hitler con todo lujo de detalles. Sus colegas solían sospechar que se codeaba en exceso con los potentados nazis. En 1945 pudo regresar a su país natal con las tropas aliadas que venían de ganar la guerra. Hitler prefería que le entrevistasen corresponsales con ascendientes alemanes o, cuando menos, de apellidos que sonaran alemanes como Huss, Knickerbocker, Lochner, Viereck, Kaltenborn, Wiegand o Delmer.

e hizo todo lo posible para mantener ocupado a Huss en el Sarre, entre otras cosas, organizando encuentros con funcionarios nazis, como el comisionado del Sarre y jefe de la circunscripción territorial, Josef Bürckel. De este modo, Bömer pudo procurarse antes de la entrevista con Hitler un informe favorable sobre la «conveniencia» del referéndum del Sarre.

Sentado frente a Hitler en Obersalzberg, Huss abrió las puertas de par en par a la habitual verborragia de su entrevistado al hacerle la pregunta final, que ya le había hecho llegar por adelantado: «Señor Canciller del Reich, tras su gran éxito en el referéndum del Sarre, ¿tiene usted algo que decir que pueda ser de particular interés para el pueblo estadounidense?». En realidad, la consulta popular del Sarre todavía no se había celebrado, pero Huss predijo el más que probable resultado. Hitler aprovechó la ocasión para lanzar un mensaje, que también difundiría la Agencia Oficial de Noticias (DNB) del partido nazi y que contenía su «único ruego» al pueblo americano en aquellos momentos: «Millones de ciudadanos estadounidenses vienen escuchando y leyendo desde hace años, así como durante los últimos meses, lo contrario de lo que se ha manifestado en esta votación libre y abierta. Me alegraría que se tomara nota de este hecho, para que así no vuelva a creerse una sola palabra a esos cizañadores y agitadores profesionales que son nuestros emigrantes. Igual que mintieron sobre el Sarre, mienten sobre Alemania y, por tanto, mienten a todo el mundo». Sería bueno, añadió, que el «pueblo americano» viniera a Alemania para ver con sus propios ojos la realidad de un Estado «cuyo régimen cuenta hoy con el favor de la inmensa mayoría de una nación».

---

imponerme su voluntad. Al contrario, se han sometido a mis deseos de una manera admirable». (La cita ha sido extraída de la versión alemana de la entrevista, publicada el 23 de marzo de 1934 en el *Völkischer Beobachter*).

Hitler aprovechó también la entrevista con Huss para reiterar que, tras la devolución de la región del Sarre a Alemania, no volvería a plantear «ninguna reivindicación territorial a Francia. Y conste que hago tan enorme sacrificio para contribuir a la pacificación de Europa». Por supuesto, el revanchista Hitler mentía descaradamente, puesto que no llevaba intención alguna de ceder Alsacia-Lorena a los franceses. Es más, en el curso de la planificación de la campaña occidental, se consideró incluso anexionar toda Borgoña, con la excusa de que era un antiguo «territorio del Reich». Francia debía de ser fragmentada a toda costa y Hans Globke[19], que más tarde sería jefe de la Cancillería de Konrad Adenauer, tuvo un papel destacado en la planificación de tal proyecto.

En 1942 —cuando ya había regresado a los EE. UU.—, Pierre J. Huss describió su encuentro con Hitler en el Obersalzberg en su libro *Heil! and Farewell*, dando cuenta con un estilo ameno de todo tipo de detalles psicológicos sobre Hitler, pero sin aludir a los antecedentes de la entrevista. En el libro, Huss narra su paseo por la nieve con el «Führer nazi y su enorme perro húngaro». En un momento dado, Hitler le pidió que hiciese una bola de nieve y la lanzara al aire: «Sacó una pistola automática y disparó con precisión a mi bola de nieve. Una fracción de segundo después de que sonara el disparo, la bola estalló en el aire. Debí de parecerle un poco escéptico, pues me pidió que lanzara otra. Disparó de nuevo casi sin apuntar, al menos así me lo pareció, pero la bola de nieve se pulverizó también en el aire». Huss cuenta que en aquella ocasión Hitler le confesó lo

[19] Véase el artículo de Peter Schöttler aparecido en 2003 en la revista *Sozial.Geschichte*, 18, núm. 3, titulado: «Eine Art "Generalplan West". Die Stuckart-Denkschrift vom 14. Juni 1940 und die Planungen für eine neue deutsch-französische Grenze im Zweiten Weltkrieg» (Una especie de «plan general para el oeste». El memorándum de Stuckart del 14 de junio de 1940 y los planes para una nueva frontera franco-alemana durante la Segunda Guerra Mundial).

siguiente: «Creo que puedo afirmar que actualmente soy, sin lugar a dudas, uno de los pocos expertos mundiales en todo tipo de armas de fuego». Uno puede creerse o no este tipo de episodios, pero el caso es que, en 1942, Huss aprovechó el momento para presentar a Hitler ante su público angloamericano como el extremista programático que era. Sin embargo, no dejó entrever que Hitler y su equipo de relaciones públicas tuvieran la autoridad interpretativa de tales entrevistas, sobre todo cuando se difundían traducidas al alemán por medio de la Agencia Oficial de Noticias (DNB) y del *Völkischer Beobachter*.

El portentoso liderazgo de Hitler no constituye ningún secreto y, sin embargo, no puede explicarse adecuadamente ni investigando sus antecedentes familiares ni mediante sofisticadas teorías psicopatológicas. Los periodistas de la época ya se dieron cuenta de que, aunque la historia familiar de los Hiedler, Hüttler y Schicklgruber era enrevesada, Hitler no fue seguramente el único niño que creció en el Waldviertel, la región más noroccidental de Austria, y que tuvo un padre autoritario además de una profunda veneración por su madre. En 1934, John Gunther y su colega Marcel Fodor, que escribía para el *Manchester Guardian*, viajaron al pueblo de Spital, en Baja Austria, con el fin de hablar con primos, tías y otros parientes del líder nazi, de los que no pudieron sacar mucho. Los resultados de la investigación familiar resultaron decepcionantes para los reporteros. Pudieron ver algunas fotos de la infancia de Adolf y de su madre, cuando ya era una anciana. Además, descubrieron que la madre había sido una criada de la segunda esposa de Alois, el padre de Hitler. «¿Y eso qué demuestra? —preguntó Gunther—. Pues la verdad es que nada —admitió Fodor».

Adolf Hitler es, sin lugar a dudas y con gran diferencia sobre otros dictadores, monarcas belicistas y autócratas como

Napoleón Bonaparte, Mao Zedong, Stalin, Franco o Mussolini, el líder político que ha sido estudiado e interpretado de manera más exhaustiva en todo el mundo. Esto tiene que ver, obviamente, con la singularidad de su terrorismo de Estado y su voluntad incondicional de aniquilación, con el hecho de que su dominio se ejerciera sobre y por parte de un «pueblo civilizado» occidental o centroeuropeo, con su carrera política a partir de 1919 —en principio inverosímil—, así como con la existencia de fuentes documentales relativamente fidedignas. Hoy en día, cualquiera que lo desee puede informarse sobre prácticamente todos los viajes en coche o en avión realizados por el dictador nazi, sobre sus discursos y apariciones públicas, y sobre las políticas, interior y exterior, derivadas de la «toma de decisiones» de Hitler. En 2016, Harald Sandner, un agente de transporte de mercancías, publicó una obra de más de dos mil páginas repartidas en cuatro volúmenes titulada *Hitler - Das Itinerar*, en la que se describen prácticamente todos los itinerarios y encuentros de Hitler que ha sido posible documentar desde su nacimiento hasta su muerte, incluyendo las consultas a médicos y dentistas. En los años sesenta, el archivero y profesor de instituto en Wurzburgo Max Domarus (1911-1992), quien desarrolló su actividad principalmente al servicio de las clases privilegiadas, editó una colección en cuatro volúmenes titulada *Hitler - Reden und Proklamationen 1932-1945* («Hitler - Discursos y proclamas 1932-1945»), que durante mucho tiempo se tomó como obra de referencia, sobre todo en el extranjero, a pesar de los muchos comentarios más bien turbios que contiene.

La historiografía académica en Alemania siempre ha ido a una considerable distancia temporal por detrás de la edición, sin duda porque durante mucho tiempo sospechó de las concreciones documentales relacionadas con Hitler. Además, hasta la fecha, sus ediciones no han prosperado hasta alcanzar una claridad definitiva, como demuestra la reproducción parcial de las entrevistas a Hitler en la edición del Instituto de Historia Contemporánea (IfZ por sus siglas en alemán)[20]. El prestigioso historiador Eberhard Jäckel tuvo la mala suerte de que le colaran documentos del taller de falsificación de Konrad Kujau para la edición de *Adolf Hitler. Sämtliche Aufzeichnungen 1905-1924* («Adolf Hitler - Notas completas 1905-1924») —que, a pesar de todo, es una obra de gran utilidad—, al tratar de documentarse minuciosamente sobre los primeros años como autor de Hitler. E incluso hoy, con el fin de crear una marca póstuma y promocionar las ventas, el nombre de Hitler sigue identificándose con el régimen nacionalsocialista en el mercado de libros de no ficción. Así, hay libros como *Hitler in Los Angeles*, donde nunca estuvo, y que en realidad trata de la influencia nazi en Hollywood, o una obra sobre la vida musical alemana entre 1919 y 1945 que se titula, cómo no, *Hitler in der Oper* («Hitler en la ópera»).

En principio, Rudolf Olden[21], editorialista político del *Berliner Tageblatt* hasta su expatriación de Alemania en 1933, ya describió los aspectos fundamentales de la personalidad de

[20] En la edición anterior del Instituto de Historia Contemporánea (IfZ) (*Hitler: Reden, Schriften, Anordnungen 1925-1933*) únicamente se recogen, en principio, las respuestas de Hitler en las entrevistas correspondientes, junto con un resumen general del tema. El IfZ anunció en enero de 2024 un nuevo proyecto, con una duración prevista de siete años, sobre los discursos, escritos y órdenes de Hitler que se centrará en el periodo comprendido entre 1933 y 1945. Véase: https://www.ifz-muenchen.de/en/research/ea/research/edition-der-reden-adolf-hitlers-von-1933-bis-1945 (consultado el 4/05/2025).

[21] N. del T.: El periodista y abogado Rudolf Olden (1885-1940) se enfrentó abiertamente al nacionalsocialismo, motivo por el que se vio obligado a exiliarse en 1933: de Berlín a Praga, de allí a París y más tarde a Londres. En 1935 publicó una biografía de Hitler. Aunque había sido condecorado en varias ocasiones por sus méritos militares en la Primera Guerra Mundial, los nazis le retiraron la nacionalidad alemana en 1936. Olden y su esposa perdieron la vida en 1940, cuando el barco que los llevaba a los EE. UU. fue torpedeado y hundido por un submarino alemán en medio del Atlántico.

Hitler[22] y de su ascenso político en la primera biografía completa del dictador (publicada en Ámsterdam). Olden destapó sobre todo el carácter cruel e infantil del líder nazi: «La psicología conoce estados que denomina infantilismo o regresión infantil. No se trata de un problema de la razón o del intelecto, ni de demencia senil. Es más bien que el instinto, la reacción y el alma del adulto han permanecido en un estado infantil y salvaje, o han retornado a la infancia. Este es el fenómeno al que nos enfrentamos, tanto en la Alemania nacionalsocialista como en el propio Hitler». Y en 1938, el sociólogo alemán Paul Massing, convencido militante del Partido Comunista, advirtió a los lectores americanos en su libro *Hitler is No Fool* (firmado bajo el seudónimo de Karl Billinger) de que Hitler se mantendría férreo en la agenda programática que desarrolló ya a principios de los años veinte, es decir, en la persecución de los judíos y en su propósito de dominación germánica de Europa.

En las biografías de Hitler llama la atención que, en las últimas décadas, el número de páginas se ha vuelto inversamente proporcional al contenido informativo. En el fondo, ya se dijo todo acerca del dictador nazi en las primeras biografías escritas desde el exilio por autores como Olden y Konrad Heiden, al menos por lo que se refiere a su personalidad, su estrategia y sus planes de exterminio, de los cuales ya habló abiertamente en sus primeras entrevistas. Qué duda cabe de que después de 1945 se añadieron legítimas consideraciones acerca de sus estrategias militares, así como estudios sobre sus votantes,

[22] Lo mismo ocurrió con la capacidad de Hitler para atraer a diferentes capas del electorado gracias al uso del término «nacionalsocialismo». Sin embargo, a lo largo de su carrera, Hitler se deshizo sistemáticamente de aquellos miembros de su partido que apostaban por la revolución social o bien eran críticos con el capitalismo, condenándolos al ostracismo o incluso asesinándolos, como ocurrió con el economista Gottfried Feder, los hermanos Strasser o las SA de Röhm.

sus patrocinadores financieros e industriales y la relación que mantuvo con su círculo de allegados, aunque en principio la imagen de Hitler siguió siendo la misma. Si dejamos aparte las primeras obras anglosajonas de referencia, escritas por Alan Bullock o John Toland, los autores que estudiaron al líder nazi, habida cuenta de la competencia académica y de que el mercado de no ficción acogía siempre con interés el tema de Hitler, se vieron obligados a idear tesis lo más trepidantes posible acerca de los verdaderos impulsos del dictador.

En 1973, el periodista Joachim C. Fest, que se había tomado una excedencia en la televisión pública del norte de Alemania (NDR) para trabajar en una biografía de Hitler y que más tarde pasaría a colaborar con la sección cultural del *Frankfurter Allgemeine* (*FAZ*), desató una nueva *Hitlermanía.* Fest no acababa de entender que aún no existiera una biografía actualizada de Hitler escrita por un autor alemán. Aunque no le gustaba demasiado indagar en las fuentes originales, no tuvo reparos en explayarse en tediosas idealizaciones estilísticas. Para el periodista, la cuestión fundamental es que «en toda la historia conocida no se ha visto un fenómeno como él. ¿Deberíamos llamarlo "grande"? Nadie ha desatado tanto júbilo, histeria y esperanza de salvación como él, y tampoco tanto odio». Y al final de su introducción, Fest escribe:

> Si Hitler hubiera sido víctima de un atentado a finales de 1938, pocos dudarían en considerarlo uno de los más grandes estadistas alemanes, quizás el culmen de su historia. Los discursos agresivos y su libro *Mein Kampf*, el antisemitismo y su plan para dominar el mundo, todo habría caído probablemente en el olvido como una obra de ficción del pasado, y solo de vez en cuando alguno de sus detractores lo habría devuelto a la conciencia de una nación indignada. Seis años

> y medio separaron a Hitler de tal gloria. Ciertamente, solo un final violento podría haberle ayudado a conseguirlo, pues por naturaleza estaba abocado a la destrucción, incluida la suya propia. Pero lo cierto es que poco le faltó para conseguirlo. ¿Puede decirse que fue «grande»?

Como era de esperar, aquello provocó airados ataques por parte de los *neomarxistas*, quienes veían en Hitler una especie de encarnación de los intereses capitalistas e industriales dominantes. También hubo discusiones completamente infructuosas entre los *intencionalistas*, más centrados en Hitler y su programa, y los *estructuralistas*, que hacían hincapié en las condiciones sociales, económicas o culturales. El debate llegó más o menos a su fin con la publicación de *Hitler 1889-1945*, la extensa biografía escrita por Ian Kershaw en 1998, si bien en un principio el historiador británico, discípulo del estructuralista Hans Mommsen, no llevaba intención de narrar la vida de Hitler. Sea como fuere, las tesis y especulaciones sobre la vida del Führer continuaron.

El prestigioso historiador Peter Longerich quiso distanciarse, por un lado, del enfoque estructuralista de la biografía de Kershaw, que presentaba a Hitler como un «dictador débil», una imagen diseñada al parecer por Mommsen y, por otro lado, de Fest: «No es más que la historia de un don nadie».

Wolfram Pyta necesitó 846 páginas e interminables horas de solitarias cavilaciones para volver a describir a Hitler como un artista, tanto desde el punto de vista estético como político: «El presente estudio es fruto de siete años de investigación interrumpida en varias ocasiones. No ha surgido en el seno de una investigación colaborativa y a gran escala, ni ha podido recurrir a la aportación de personal de proyectos financiados con fondos externos, por lo que, en cierto modo, puede parecer anticuado. El autor, en su soledad autoelegida, lo ha estado rumiando durante años en la *guarida de su despacho*».

En 2019, Brandon Simms se embarcó en una «biografía global» de Hitler, cuyas tesis centrales fueron que «durante toda su carrera, Hitler no puso el foco en la Unión Soviética y el bolchevismo, sino en los Estados Unidos y el capitalismo global» y que «su actitud hacia el pueblo alemán, incluso después de la "eliminación" de judíos y otros "indeseables", fue muy ambivalente y estuvo siempre determinada por un sentimiento de inferioridad hacia los anglosajones».

Algunos años antes, el antiguo responsable de la sección de historia del semanario *Die Zeit* Volker Ullrich volvió a intentar «hacer un balance del "caso Hitler" y situar su lugar en la historia» en una obra de dos volúmenes («Auge» y «Caída» de Hitler, publicados respectivamente en 2013 y 2018) y un total de dos mil páginas. Quien prefiera algo más ligero, puede recurrir tranquilamente a la biografía de 160 páginas de Helmut Heiber (1960), olvidada y agotada desde hace años, donde encontrará lo fundamental sobre Adolf Hitler y sus adeptos[23].

Las entrevistas forman parte del repertorio estándar del periodismo profesional desde el siglo XIX. El editor escocés James Gordon Bennett (1795-1872), director y fundador del *New York Herald*, un periódico de gran tirada, es considerado el pionero de la entrevista periodística desde que en 1839 entrevistara al presidente de los EE. UU. Martin van Buren. Algunos investigadores periodísticos mencionan también a Horace Greeley, precursor en la lucha contra la esclavitud,

[23] El número de biografías de Hitler aumentó también porque poco a poco se fueron publicando investigaciones historiográficas cada vez más especializadas, por ejemplo, sobre la «decisión» [de exterminar a los judíos] en los prolegómenos del Holocausto, sobre la interacción entre la burocracia burguesa y la justicia, o sobre la evolución de las élites industriales y militares en la República de Weimar y en el Estado nacionalsocialista.

cuya charla con el líder mormón Brigham Young, publicada en el *New York Tribune* en 1859, se considera la primera del mundo con el clásico formato de pregunta-respuesta que se utiliza actualmente[24].

Las formas de entrevista son tan variadas como la propia profesión y sus registros. En principio, pueden analizarse según la famosa fórmula, ligeramente modificada, del politólogo estadounidense Harold Dwight Lasswell: «¿Quién pregunta qué a quién, de qué manera, con qué efecto (y cuándo)?». Puede haber entrevistas de investigación no destinadas a publicarse, breves interrogatorios sobre temas de actualidad, extensas conversaciones biográficas con artistas y estrellas del pop, sobrios coloquios con científicos acerca de los resultados de sus investigaciones o entrevistas sensacionalistas en las que se confiesan asuntos más o menos escabrosos. Un buen ejemplo es la entrevista (televisada) a Lady Diana Spencer, tal vez la más espectacular de las últimas décadas, realizada por el periodista de la BBC Martin Bashir, de quien *a posteriori* se supo que había empleado medios deshonestos para convencer a la princesa de que hiciera la famosa confesión sobre su matrimonio con el príncipe Carlos. En este caso, como en muchos otros, no quedó del todo claro quién había utilizado a quién[25].

Sea como sea, hay que tener en cuenta que más a menudo de lo que se supone las entrevistas se solicitan con el fin de que el entrevistado difunda un mensaje concreto. En este sentido, se puede hablar de entrevistas *push*, cuando la iniciativa parte

[24] TURNBULL, George: *Some Notes on the History of the Interview*, en *Journalism & Mass Communication Quarterly* 13 (3), marzo de 1936. Para una antología de utilidad sobre la historia de las entrevistas periodísticas, véase: SILVESTER, Christopher: *The Penguin Book of Interviews. An Anthology from 1858 to the Present Day*, 1993.

[25] Véase ahora también la película de Netflix *La gran exclusiva* (el título original es *Scoop*), de 2024, sobre la entrevista de Emily Maitlis en la BBC al príncipe Andrés, en la que se habla de su implicación en la red del delincuente sexual Jeffrey Epstein.

del entrevistado, y de entrevistas *pull*, en las que es el medio de comunicación quien da el primer paso. Por lo que se refiere a la técnica, las diferencias entre la forma de preguntar en las entrevistas y en los interrogatorios en el ámbito de la criminología, la justicia o la investigación sociológica resultan más bien difusas, si bien los ejercicios formales tipo «poli bueno, poli malo» que se hacen en las comisarías son presumiblemente más estructurados en estos ámbitos que en las escuelas de periodismo.

En ocasiones se producen efectos de celebridad entre entrevistado y entrevistador que se refuerzan mutuamente: los dirigentes políticos realmente influyentes pueden a menudo elegir a los periodistas que les entrevistan[26], mientras que para las estrellas de la información, la lista de dictadores, jefes de Estado o líderes terroristas que han conocido es parte fundamental de sus biografías profesionales, ya sea el caso de Barbara Walters, Walter Cronkite o Christiane Amanpour en EE. UU. o de Jean-Pierre Elkabbach, Christine Ockrent o Patrick Poivre d'Arvor (PPDA) en Francia. «When big names talk, they talk to the BBC», reza un llamativo eslogan publicitario del famoso programa de la BBC, *HARDtalk*. También *Playboy*, la revista para adultos fundada por Hugh Hefner, consiguió jugosas entrevistas[27]. Andy Warhol fundó

[26] Por ejemplo, el canciller alemán Konrad Adenauer eligió deliberadamente en 1949 al corresponsal en Europa (John P. Leacacos) del periódico local estadounidense *Cleveland Plain Dealer* para lanzar su idea del rearme de Alemania occidental.

[27] Una de las entrevistas de este tipo más conocida es la que mantuvo *Playboy* (en el número de marzo de 1969) con el gurú canadiense de los medios de comunicación Marshall McLuhan, en la que, entre otras cosas, hizo mención a los discursos radiofónicos de Hitler y planteó la tesis de que, de no haberlo hecho el líder nazi, otro demagogo habría utilizado la radio para *retribalizar* a los alemanes. Las observaciones de McLuhan, expuestas de manera simple en la entrevista, sobre el efecto de choque que producen en el entendimiento social los avances tecnológicos en materia de comunicación, que, en un primer momento, conducen a la confusión y a la exaltación, al constituir una nueva cultura tribal tecnológica, son de gran relevancia para las condiciones comunicativas actuales.

en 1969 la revista *Interview* y en películas como *Interview* (Steve Buscemi, 2007), *Frost/Nixon* (Ron Howard, 2008) o *The Interview* (Evan Goldberg, 2014) se representan de forma amena diferentes posibilidades de iniciar un diálogo o dirigir una conversación.

En el ámbito germanoparlante, cabe citar las charlas del semanario *Der Spiegel*, las entrevistas televisadas filosófico-biográficas, preparadas al detalle por Günter Gaus, en el espacio *Zur Person*, las impertinencias psicológicas de André Müller en varios periódicos de calidad o las preguntas y respuestas rápidas de Roger Willemsen en el programa de entrevistas *0137* de la cadena de televisión Premiere, publicadas posteriormente en forma de libro con el significativo título de *An der Grenze* («Al límite»), conversaciones con terroristas, atracadores de bancos, presos políticos, ladrones de coches, condenados a muerte y víctimas de la violencia[28]. No suele ocurrir que los periodistas admitan que una de sus entrevistas ha sido un desastre. Por eso resulta aún más interesante la confesión del ensayista francés Emmanuel Carrère: «Cómo eché a perder por completo mi entrevista con Catherine Deneuve»[29]. Por lo visto, no se le ocurrió qué preguntarle, y tampoco la actriz estuvo aquel día especialmente habladora.

Las entrevistas periodísticas con Hitler[30] han despertado un

[28] En este sentido, las escandalosas entrevistas a Charles Manson, Lady Di, Muhammad Ali o a escritores como Michel Houllebecq resultan adecuadas desde la lógica del éxito periodístico, tanto por su impacto como por la notoriedad de las personas entrevistadas.

[29] En su libro *97,196 Words: Essays*, publicado en 2019.

[30] En el ámbito anglosajón, el término «entrevista» (*interview*) se utiliza también para referirse a encuentros entre diplomáticos y políticos. Así, en enero de 1945, una reunión entre el jefe del Estado Mayor húngaro, Janos Voeroes, y Hitler, junto al séquito que aún le quedaba, en el búnker del Führer en Berlín, apareció en la prensa estadounidense con el título *Interview with Hitler*. Voeroes, que ya había estado en el búnker de Hitler el 20 de septiembre de 1944, le describió a un corresponsal de Associated Press el deteriorado estado físico y mental del dictador nazi: «Yo hubiera preferido luchar en el frente antes que pasar por lo que sucedió allí (en el búnker)» (véase, p. ej., el

gran interés en el siglo XXI. En 2019, Éric Branca editó, comentó y prologó en Francia dieciséis entrevistas con el líder nazi que, a decir verdad, no estaban tan olvidadas como sugiere el título de su libro (*Les entretiens oubliés d'Hitler 1923-1940*); el historiador Wolfgang Schieder ha recurrido en su obra sobre las relaciones entre Hitler y Mussolini a muchas de las conversaciones de reporteros italianos con el dictador nazi, y en numerosas biografías de Hitler se mencionan otras entrevistas con reporteros de otros países. En 2007, el diario británico *The Guardian* incluyó la conversación entre Hitler y George Sylvester Viereck (publicada en 1923 y 1932) en sus cuadernos de grandes entrevistas del siglo XX; de ella se tratará con más detalle en el próximo capítulo de este libro. Y en octubre de 2019, el rotativo danés *Århus Stiftstidende* descubrió en sus archivos una antigua entrevista, realizada en noviembre de 1922, en la que Hitler, nada más empezar, le preguntó al entrevistador, que aún no se había identificado: «¿Es usted judío?». Además, se dice

Townsville Daily Bulletin del 19 de enero de 1945). Hitler mantuvo además conversaciones con periodistas o aventureros, cuyo contenido fue posteriormente recogido en libros, aunque sin identificarse de manera explícita como entrevistas. Véase el libro *Into the Darkness: An Uncensored Report From Inside the Third Reich at War* (publicado en 2011), del destacado eugenista y teórico racial estadounidense Lothrop Stoddard (1883-1950). En 1940, Stoddard viajó durante cuatro meses por la Alemania nazi como corresponsal de la *North American Newspaper Alliance* y se entrevistó con Hitler, Joseph Goebbels y Heinrich Himmler. Según sus propias declaraciones, Stoddard prometió al Führer mantener en secreto el contenido de su charla sobre cuestiones raciales. El periodista estadounidense Ludwell Denny ya había escrito en marzo de 1923 para el periódico *The Literary Digest* interesantes artículos sobre el movimiento nazi, a partir también de un encuentro personal con Hitler, sin que ningún texto se identificara explícitamente como «entrevista». Véase al respecto: ZALAMPAS, Michael: *Adolf Hitler and The Third Reich in American Magazines, 1923-1939* (publicado en 1989). La exploradora y escritora británica Rosita Forbes (1890-1967), autora de *The Secret of the Sahara*, relató al detalle sus conversaciones con Hitler, Mussolini y Stalin en su libro *These Men I Knew* (1940). En este sentido, los límites entre historias (personales), encuentros y entrevistas propiamente dichas resultan difusos. Véase también *Hitler at Home* (2015), de Despina Statigakos, con referencia al artículo de William George FitzGerald sobre el Berghof en *Current History* (julio de 1936) y en *Homes and Gardens* (noviembre de 1938).

que el líder nazi ya había respondido entonces a la cuestión judía con la cita del estadista prusiano Bernhard von Bülow: «Y si no quieres ser mi hermano, te partiré la cabeza». No obstante, la supuesta charla mantenida en las antiguas oficinas del partido nazi (situadas en el número 12 de la Corneliusstraße) es tan turbia como todas las primeras entrevistas de Hitler, y lo cierto es que no es posible saber lo que se dijo allí realmente. Sin embargo, parece lógico pensar que Hitler no ocultó su actitud antisemita en este tipo de conversaciones.

En 2014, el autor canadiense Colin Castle publicó una biografía del periodista Lukin Johnston, un compatriota suyo que, tras una charla con Hitler, fue asesinado por orden de Göring en noviembre de 1933, un caso que por cierto sigue aún sin resolver. En su trabajo sobre los corresponsales estadounidenses en el Berlín nacionalsocialista, el historiador Norman Domeier no solo ha investigado sus condiciones de trabajo y biografías, sino también los detalles de sus técnicas entrevistadoras. Además, en los últimos años se ha venido especulando mucho acerca de una supuesta entrevista conjunta que los dos periodistas catalanes Eugeni Xammar y Josep Pla habrían mantenido con Hitler en noviembre de 1923, horas antes de su fallido golpe de Estado junto a Ludendorff (véase el capítulo 7).

El tema que nos ocupa es, además, de rabiosa actualidad. Salta a la vista la apropiación de numerosos canales de comunicación nacionales e internacionales por parte de dictadores, autócratas, revisionistas de la historia y populistas de toda ralea, un hecho que afecta tanto a las instituciones periodísticas del espectro burgués como a plataformas de redes sociales difíciles de regular y que son particularmente vulnerables a los empeños propagandísticos, e incluso a las desorientaciones y los ataques de las «fábricas de trolls», en el contexto del *psychological warfare* o guerra psicológica.

El debate en torno al papel de «tontos útiles» que juegan los medios de comunicación de prestigio al reforzar, de manera consciente o involuntaria, las orientaciones políticas extremas «ofreciendo un escenario» a los alborotadores políticos —a menudo con intención de desenmascararlos— o bien informando constantemente sobre ellos, se ha intensificado tras los éxitos electorales de los partidos ultraderechistas en toda Europa. Tal debate podría clarificarse mediante un análisis del rol desempeñado por los medios de comunicación franceses en el ascenso del clan Le Pen. En cambio, no falta material para documentar las carreras mediático-políticas del malogrado líder del FPÖ austriaco, Jörg Haider (1950-2008), o del longevo Silvio Berlusconi (1936-2023). En Alemania ya lleva produciéndose desde hace cierto tiempo un debate sobre la presencia de representantes del partido Alternativa para Alemania (AfD) en las emisiones políticas de las cadenas de televisión públicas ARD y ZDF. Los partidarios de tratar con normalidad a estos personajes se limitan a señalar que, al fin y al cabo, han sido elegidos democráticamente y que el telespectador que paga religiosamente su canon de radiodifusión (y que vota a la AfD) tiene derecho también a verlos participar en este tipo de programas.

Sin embargo, este tipo de polémicas sobre el efecto potenciador de la presencia mediática para las posiciones marginales originales tiene sus precedentes. A principio de los años cincuenta, Estados Unidos ya estuvo inmerso en una disputa en torno al controvertido y muy mediático senador Joseph McCarthy. Su persecución de comunistas, que en un principio fue marginal, recibió un enorme impulso cuando numerosos medios de comunicación lo presentaron como la nueva estrella política del Partido Republicano, a pesar de que los periodistas y los medios para los que trabajaban no comulgaban en absoluto con sus torpes y groseros métodos de interrogatorio.

«Como todo el mundo sabe —escribió el periodista y sociólogo Jens Bisky en 2024—, el 96 % de las analogías con la República de Weimar son erróneas o sesgadas». Está claro que se puede comparar al monótono excanciller Olaf Scholz con Hermann Müller, el último canciller socialdemócrata de la República de Weimar, al menos en cuanto a sus (pocas) dotes para la comunicación, o incluso con el sucesor de Müller, Heinrich Brüning (Partido de Centro Católico). Y es cierto que existen paralelismos con la época de Weimar que resultan evidentes, como la debilidad del *establishment* burgués a la hora de actuar y de comunicar, así como el fortalecimiento simultáneo de un nuevo movimiento de derechas, históricamente regresivo, que dispone en el Parlamento de una organización frontal destructiva, la AfD, financiada asimismo por el contribuyente. También el agotamiento, la ira y la pérdida de control de amplios sectores de la población ante los incomprensibles saltos culturales y tecnológicos en el ámbito de la comunicación recuerdan a la primera República alemana, igual que sucede con las agresiones antisemitas, que ahora son también alimentadas por grupos islamistas radicales. Sin embargo, en Alemania no existen condiciones paramilitares generalmente aceptadas por la sociedad, no hay una justicia autoritaria socializada como en el periodo guillermino, ni tampoco el ejército alemán es como las fuerzas armadas del Reich.

Las analogías con una «Weimar *reloaded*»[31] tienen sus límites analíticos, y no en vano, millones de ciudadanos salieron en 2024 a las calles de forma más bien inesperada, pues no desean vivir en una apática *Volksgemeinschaft* (comunidad popular) liderada por alborotadores retrógrados o por catastro-

[31] MAYNTZ, Gregor: *Weimar reloaded? Warum es die Deutschen nicht schaffen, den Anfängen zu wehren, und was ihnen nun zu tun bleibt*, Norderstedt, 2019 («Weimar *reloaded*? Por qué los alemanes no logran cortar de raíz y qué pueden hacer ahora»).

fistas que predicen la caída de Occidente. Tampoco sirve de mucho exhibir un cómodo hashtag (con el lema #nazis fuera) o establecer comparaciones constantes con el ascenso del NSDAP de Hitler y Goebbels, sobre todo porque los nuevos ultraderechistas se han percatado, en el fondo desde 1945, de que cualquier referencia positiva a los líderes nazis de entonces está vetada por razones tácticas y que sale más a cuenta servirse de una terminología más sombría, propia de los admiradores fugaces de Hitler como Martin Heidegger o Carl Schmitt[32]. En su libro en formato de entrevista *Nie zweimal in denselben Fluss* («No es posible bañarse dos veces en el mismo río»), publicado en 2023, con páginas y páginas de eruditas referencias a Heidegger y Nietzsche, el líder de la AfD de Turingia, Björn Höcke, aseguró cándidamente: «En cualquier caso, descarto la violencia en la guerra de culturas actual, que debería librarse exclusivamente a nivel intelectual». Además, a pesar de todas las referencias cruzadas, no es posible distinguir una «internacional etnonacionalista». Últimamente, incluso la candidata a la presidencia francesa Marine Le Pen (del partido Rassemblement National), que alberga opciones reales de llegar al Elíseo, y la primera ministra italiana Giorgia Meloni, del partido postfascista Fratelli d'Italia, en el cargo desde octubre de 2022, se han distanciado de la AfD de Höcke. Los intereses de la política real son demasiado divergentes, sobre todo en el ámbito económico y en el contexto de la UE.

Después de leer por segunda vez la biografía de Hitler escrita por Volker Ullrich, el autor estadounidense T. C. Boyle llegó

[32] Para los «metapolíticos» de extrema derecha resulta más cómodo utilizar frases que suenan eruditas o *decisionistas*, tomadas de autores como Martin Heidegger o Carl Schmitt, que referirse directamente a los textos o discursos de Hitler y Goebbels. Véase también BAHNERS, Patrick: *Die Wiederkehr. Die AfD und der neue deutsche Nationalismus*, Stuttgart, 2023 («El retorno. La AfD y el nuevo nacionalismo alemán»).

a la conclusión en una entrevista con el semanario alemán *Stern* (en febrero de 2024) de que existían «inquietantes paralelismos» entre Donald Trump y Hitler, ya que Trump («un hombre de poder moralmente depravado y sin ningún tipo de escrúpulos», «Trump es un fascista») también manipula a la gente con bulos, propaganda y odio a las minorías, «hasta el punto de que muchos acaban votando en contra de sus propios intereses». Es cierto que, durante su primera presidencia de los Estados Unidos, Trump tuvo más posibilidades que el dictador nazi de sortear los medios tradicionales como la CNN, *The New York Times* o el *Washington Post* por la vía de las redes sociales, desde donde vilipendió sin miramientos a los periodistas de estos prestigiosos medios de comunicación, ya de por sí algo desorientados. No obstante, también aquí las diferencias resultan evidentes: Trump es un niño rico, un oscuro inversor inmobiliario, presentador de reality shows y alguien más bien reacio a las intervenciones militares internacionales[33]. Y Hitler no era nada de eso, ni siquiera desde el punto de vista biográfico[34].

Sin embargo, la observación de T. C. Boyle sobre los procedimientos estratégicos de comunicación, la manera de definir a sus oponentes y el marketing político lleno de estereotipos y fáciles simplificaciones es ciertamente válida. A lo largo de la historia, casi todos los dictadores, autócratas y líderes religiosos o de sectas han logrado su ascenso y su dominio mediante regímenes de control comunicativo, revisiones

[33] N. del T.: Téngase en cuenta que el libro salió publicado algunos meses antes de que Donald Trump volviera a ser elegido presidente de los Estados Unidos en noviembre de 2024.

[34] Acerca de la imposibilidad fundamental de entrevistar de forma racional a personas ególatras y detractoras del periodismo como Donald Trump, véase el artículo de Federico Finchelstein: «Trump's NPR interview shows the danger of interviewing him», aparecido en *The Washington Post* el 20 de enero de 2022.

histórico-políticas, pan y circo, y un estudio psicológico más o menos sofisticado tanto de sus seguidores reales como potenciales. Para ello se sirvieron de los medios de comunicación disponibles en cada caso, ya fueran conmemoraciones, símbolos, eslóganes, desfiles y manifestaciones en el sentido literal del término. También las entrevistas de Hitler formaban parte de una estrategia global de este tipo que utilizaba métodos periodísticos modernos. Aunque esta estrategia de persuasión acabó fracasando debido a la realidad político-militar o a los límites de credibilidad de cualquier tipo de propaganda: el lema «invicto en el campo de batalla» no se correspondió con la realidad de la Primera Guerra Mundial y aún menos de la Segunda.

El 18 de julio de 1942, Hitler tuvo por fin la idea de que una entrevista con un corresponsal extranjero podría serle de utilidad. Previamente había vuelto a despotricar de los perjuicios que acarreaba el tabaco (que era la venganza de los indios, ya que «el hombre blanco les había llevado el aguardiente, arruinándoles así la vida»). Durante la cena en el cuartel general de Hitler, el *Werwolf*, ubicado en la ciudad ucraniana de Vínnitsa, se habló del «segundo frente» que Stalin llevaba tiempo exigiendo a sus aliados occidentales. Hitler quería pronunciarse públicamente al respecto y, aunque demasiado tarde, había reconocido por fin el valor estratégico de las entrevistas: una entrevista sobre las dificultades de la campaña del frente oriental podía resultar más útil que un discurso público sobre el tema. En su opinión, era peligroso dar discursos sin una razón plausible, porque la gente inteligente siempre encuentra el pelo en la sopa. En cambio, en una entrevista «se puede decir lo imprescindible en un par de frases sin llamar demasiado la atención». Según apuntaron los taquígrafos, Hitler trató de formular sus comentarios sobre el asunto del «segundo frente» de tal manera que a los ingleses les sentaran como una ducha de agua fría. Por lo tanto, y para «no poner en peligro el propósito de la entrevista, omitiría que no pensaba levantar un "segundo frente" en aquel momento. Expondría más bien que la precisión y el rigor militar alemán exigen que uno se prepare para cualquier eventualidad, incluso para un "segundo frente"».

Hitler estaba de acuerdo con el Dr. Dietrich, jefe de prensa del Reich, en que la entrevista debía concederse a un corresponsal extranjero que hubiera apoyado especialmente hasta entonces la labor de prensa alemana: «Da igual que el periodista sea de un país grande o pequeño, amigo o neutral, ya que una vez impresa —y ahí tiene toda la razón el jefe de prensa— la entrevista acabará difundiéndose por todo el mundo». Lo cierto es que esta no llegó a realizarse, ya que los nazis no encontraron a nadie[35] que se dejara convocar por Hitler con tal propósito.

«They Wanted War» (Querían la guerra): así tituló el corresponsal de *The New York Times* Otto D. Tolischus en 1938 su libro de memorias sobre sus años en Berlín bajo el régimen nazi. Este es el meollo de la historia del nacionalsocialismo, de Hitler, de sus agentes, sus «aguerridos administradores», tecnócratas, juristas y militares, y de muchos de sus partidarios, aunque el entusiasmo por la guerra ya no era tan acentuado en 1939 como en el patriotismo exacerbado de 1914. Y la guerra llegó, y lo hizo justo como Goebbels la definió en febrero de 1943 durante su discurso del Sportpalast: «más total y radical de lo que hoy podemos imaginar». Desde el principio, todo se redujo a eso, primero al golpe de Estado y la guerra civil, y después al gran conflicto militar.

[35] Únicamente se produjo una entrevista telefónica, bastante superficial, con el periodista sueco Christer Jäderlund en 1944. Para más detalles, ver el capítulo 7 de este libro.

En su relevante discurso del Reichstag, el 11 de diciembre de 1941, en el que declaró la guerra a los EE. UU. en nombre del Reich alemán y en el que tachó al presidente americano Franklin D. Roosevelt, así como a uno de sus predecesores, Woodrow Wilson, de enfermos mentales, Hitler se expresó en los siguientes términos: «Puedo decir que, para mí, la guerra no terminó en 1914. Yo seguí luchando a mi manera, es decir, hablando, y recorrí el país de punta a punta, de pueblo en pueblo, fui ciudad por ciudad, y no hice más que hablar, hablar y trabajar, siempre con la misma idea en la cabeza: liberar al pueblo alemán de aquella fragmentación, sacarlo de su letargo, despertarlo de su sueño y volver a unirlo». Hitler confesó también abiertamente que no necesitaba asesores ni ninguna clase de expertos en la mayoría de los campos: «A mí me sirve y me basta con mi cabeza, no necesito el apoyo de ningún grupo de expertos. Así que, si algo tiene que cambiar en alguna parte, la idea surge de mi cerebro y no del de otros, ni siquiera del de ningún experto». Quienes entrevistaron a Hitler podrían haber estado informados de esta forma de egolatría y solipsismo, independientemente de lo que le preguntaran, y al margen de los diferentes intereses de las editoriales y de los periodistas.

En los siguientes capítulos se estudiarán las entrevistas con Hitler, básicamente de forma cronológica, con análisis individuales y en sus contextos geopolíticos, antes de volver a abordar la cuestión fundamental sobre el sentido que tienen las entrevistas periodísticas con autócratas y dictadores. Les adelanto aquí la respuesta: prácticamente ninguno.

2

UN MONÁRQUICO PARA EL FÜHRER

La entrevista con Hitler de George Sylvester Viereck (1923)

«Las razas espurias no tienen fuerza vital. En el futuro prohibiremos los matrimonios mixtos. Con los hijos mestizos procederíamos según sus méritos. Si fueran patriotas, los toleraríamos, aunque no apoyaríamos el matrimonio con ellos. Estamos aquí ante la cuestión de los judíos y los arios. La raza espuria está en vías de extinción; es un producto sin valor alguno. El Imperio romano se hundió cuando dejó de velar por la conservación de su raza. En la literatura, el cine y la ciencia, la influencia de los judíos es destructiva. Somos como un tuberculoso que no se da cuenta de que está condenado a morir si no logra expulsar los microbios de sus pulmones. Al igual que les sucede a los individuos, las naciones suelen balancearse de modo especialmente violento cuando se acercan al abismo. Por eso digo que hacen falta correctivos potentes, medicamentos fuertes, tal vez haya que amputar».

Extraído de una entrevista de G. S. Viereck con Hitler

George Sylvester Viereck fue uno de los periodistas estrella más peculiares del siglo XX. Fue propagandista y asesor de relaciones públicas de personajes tan dispares como el sexólogo judío Magnus Hirschfeld, el magnate antisemita de la industria automovilística Henry Ford y el káiser Guillermo II, antes de su exilio forzado. Entrevistó a Albert Einstein, Sigmund Freud, Benito Mussolini y George Bernard Shaw, mantuvo correspondencia con personalidades de medio mundo y, entre 1942 y 1947, pasó más de cuatro años en cárceles estadounidenses acusado de participar en actividades pronazis. Pocas veces un periodista norteamericano recibió un castigo tan severo en aquella época. Su fama quedaría eclipsada por la de su hijo Peter Viereck (1916-2006), profesor de Historia en la universidad, ganador del premio Pulitzer y considerado el pionero del movimiento neoconservador en Estados Unidos.

George S. Viereck, nacido en Múnich en 1894, emigró de niño con sus padres a los Estados Unidos. En su juventud destacó en el campo de la poesía expresionista (*Niniveh and Other Poems*, 1907), y más tarde, ya durante la Primera Guerra Mundial, se dedicó a la propaganda política y descubrió sus inclinaciones germanófilas. Viereck hizo todo lo posible por conservar un aura de hombre enigmático: evitó desmentir el rumor de que era hijo ilegítimo de Guillermo I, mantuvo amistad con el brujo y mago sexual Aleister Crowley, y escribió libros con títulos tan extraños como *Mis primeros dos mil años. Autobiografía del judío errante* (1928). Tras permanecer en el olvido durante décadas, al menos fuera de los círculos especializados de historiadores, la famosa presentadora de televisión norteamericana Rachel Maddow le dedicó, al igual que a algunos diputados y senadores del Congreso de los EE. UU. que en su día simpatizaron con el nacionalsocialismo, un pódcast de ocho episodios titulado *Ultra*, que entretanto ha sido publicado también en forma de libro. Y como Steven Spielberg compró los derechos cinematográficos, es posible que pronto volvamos a ver a Viereck en la gran pantalla. El diario británico *The Guardian* ya reimprimió en 2007 la entrevista que le hizo a Hitler en 1923, considerada una valiosa fuente histórica. Y vaya si lo es.

Hay dos versiones de la conversación que, sin embargo, solo difieren en algunos matices. Al principio, en 1923, Viereck se la ofreció a varios periódicos estadounidenses, pero ninguno quiso publicarla. Así que tuvo que hacerlo en el pequeño semanario *The American Monthly*, editado por él mismo, el 8 de octubre de aquel año, un mes antes del *Putsch* de la Cervecería en Múnich. Aunque en la políticamente inestable Baviera[1], Hitler y su joven partido, el NSDAP, ya se encontraban por entonces bajo la intensa observación de la diplomacia estadounidense, francesa e italiana, el tema todavía no era de interés para la cobertura informativa internacional. Con bastante acierto, visto lo que vendría después, Viereck tituló la entrevista: «Hitler, the German explosive». En julio de 1932, volvió a publicar la conversación en la revista *Liberty*[2], que por aquellas fechas tenía una gran tirada. Esta vez, el título fue: «When I take charge in Germany» (Cuando tome el poder en Alemania). El entrevistador ya podía presumir de haber sido uno de los primeros en situar a Hitler —cuyas opciones de llegar al poder eran ya muy distintas— en el mapa político internacional. Sin duda, el hecho de haber conocido tempranamente a Hitler contribuyó a que Viereck pudiera beneficiarse de lucrativos encargos de propaganda nazi.

[1] Los rápidos cambios de régimen en la Baviera de 1918 y en los años posteriores —desde el reino de la Casa de Wittelsbach, pasando por el primer ministro Kurt Eisner, asesinado en febrero de 1919, que gobernó con un Consejo Nacional provisional, el primer ministro de la SPD Johannes Hoffmann, la revolucionaria «República Soviética de Baviera», los efímeros gabinetes burgueses de Lerchenfeld y Knilling, hasta la ultraderechista «Ordnungszelle Bayerns», bajo las órdenes del comisario general Gustav von Kahr— fueron extremadamente confusos incluso para aquellos ciudadanos que tenían interés por la política, lo cual fue un caldo de cultivo para el ascenso de Hitler. Debido a la confusa situación política y a los numerosos rumores de golpe de Estado, Baviera se convirtió en aquella época, junto con Berlín, en el principal punto de atracción para los corresponsales extranjeros. Véase JOACHIMSTHALER, Anton: *Hitlers Weg begann in München 1913-1923* (El camino de Hitler comenzó en Berlín, 1913-1923), con prólogo de Ian Kershaw en la edición del año 2000 (la 1.ª edición es de 1989).

[2] La revista semanal *Liberty*, fundada en 1924 por Robert McCormick y Joseph Patterson, fue en su día, después del *Saturday Evening Post*, la revista de interés general con mayor tirada en los Estados Unidos. F. Scott Fitzgerald, Agatha Christie, Dashiell Hammett y H. G. Wells, entre otros, escribieron para *Liberty*, que dejó de publicarse en 1950.

La entrevista tiene varios aspectos interesantes: en ella se pregunta explícitamente a Hitler sobre el trato que daría a los judíos si llegase a gobernar; se aborda también el elemento *socialista* en el movimiento nacionalsocialista, así como la ideología de la «salud pública». Todo ello antes de que se publicara *Mein Kampf*. Hitler ya se había referido a estas cuestiones de manera ritual en sus discursos previos a 1923, y algunas de ellas aparecían también en el Programa de los Veinticinco Puntos del partido nazi, en 1920, pero es cierto que ningún otro entrevistador norteamericano había confrontado con estos temas al «Führer en ciernes» antes de que lo hiciese George Sylvester Viereck.

Louis, el padre de George S. Viereck, fue redactor y diputado socialdemócrata en el Reichstag, y pasó brevemente por la cárcel durante la época de Bismarck. Su madre, Laura, nació en San Francisco y era prima de su padre[3]. Si bien en este contexto la notable carrera de George S. Viereck como joven poeta puede parecer irrelevante, el prestigioso *Saturday Evening Post* lo calificó ya en su día como el «talento literario más controvertido de los Estados Unidos» por sus poemas de latente contenido *homoerótico*. Sin embargo, para Viereck, como para muchos otros, el momento de la socialización política llegó con la Primera Guerra Mundial. Durante muchos años se interesó por la entrada de los Estados Unidos en la guerra durante el mandato del presidente Woodrow Wilson, así como por su asesor jefe, el coronel (honorario) Edward Mandell House o por el Tratado de Versalles. Participó en acciones contra la Entente junto con, entre otros, los agregados militares

[3] Véase el artículo de KELLER, Phyllis: «George Sylvester Viereck - The Psychology of a German-American Militant» en *The Journal of Interdisciplinary History*, vol. 2, n.º 1 (verano de 1971).

alemanes Franz von Papen y el tristemente célebre *German captain* Karl Boy-Ed. En agosto de 1918, una enfurecida turba lo expulsó de su casa en Mount Vernon, al norte del Bronx.

Tras el final de la guerra, Viereck defendió la figura del káiser Guillermo II, cuyo exilio en Doorn (Países Bajos) consideraba vergonzoso. Ya en 1908 había escrito en su best seller *Confessions of a Barbarian* sobre el último emperador de la dinastía Hohenzollern: «Al igual que Federico el Grande, Guillermo constituye un punto de referencia en el horizonte de la historia. En el libro de la vida, su sello está tal vez más profundamente grabado que el de Bismarck». En octubre de 1922, durante su estancia en Europa, en la cual también conoció a Hitler, pasó dos semanas y media en Doorn con el antiguo káiser. El 2 de noviembre de 1922, Sigurd von Ilsemann, fiel ayudante de campo de Guillermo II en su residencia neerlandesa, realizó en su diario —cuyo interés permanece vigente— la siguiente anotación sobre el «norteamericano Mr. Viereck, editor de la revista *American Monthly*, que el káiser ha leído siempre con gran interés en los últimos años y en la que él mismo ha llegado a publicar algunos artículos»:

> Por la mañana, el káiser departió con Viereck durante más de una hora. El pequeño y delgado americano, que no tenía costumbre de permanecer de pie tanto tiempo, quedó agotado y no se recuperó hasta después de tomarse un coñac. A Guillermo II ya le había ocurrido varias veces en su vida que un caballero con el que había conversado durante demasiado tiempo se derrumbara, extenuado. Las dos últimas noches, el káiser nos leyó, en presencia de Viereck, sus notas sobre su última estancia en Doorn. Guillermo estaba radiante y dijo: «Ya veis que no soy tan tonto como algunos dicen.

> Es muy bueno leer de vez en cuando cosas diferentes sobre uno mismo, en lugar de esa constante cháchara que aparece en los periódicos».

Incluso el leal Ilsemann, que soportó con entereza toda clase de pesadas peroratas, constantes lloriqueos, las continuas ilusiones de un regreso triunfal a Alemania y el permanente cortar y hacer leña de su «alteza» en Doorn, se mostró cada vez más escéptico ante los toscos elogios que Viereck dirigía al káiser, publicados también en alemán por el *Kölnische Zeitung*. Fue así que un amigo suyo norteamericano llamado Wittich le hizo reparar en la posición marginal de Viereck. El 9 de noviembre de 1924, Ilsemann anotó lo siguiente: «No me parece que insultar y menospreciar a personalidades que gozan de confianza en amplios círculos de su país sea una buena propaganda para Alemania. En su revista [Viereck] utiliza un lenguaje que poco tiene que envidiar a los panfletos socialistas y comunistas. Tacha a Dawes de sinvergüenza, a Morgan de negociante vendido y a Coolidge de inútil pusilánime, y puede que esté convencido de ello, pero la verdad es que no aporta ninguna prueba concluyente de que así sea». En cualquier caso, el panegírico que Viereck escribió sobre el káiser no contribuyó demasiado a hacer posible el retorno de la monarquía.

Viereck mantuvo su fidelidad al ya anciano Guillermo II y en 1938 publicó *The Kaiser on Trial*, una ficción sobre el juicio por la responsabilidad del monarca en la guerra, en la que el emperador acaba absuelto de todos los cargos. Sin embargo, Guillermo II ya no confiaba del todo en Viereck cuando este volvió a aparecer por Doorn en septiembre de 1938:

> El señor y la señora Viereck estuvieron de visita en Doorn antes de ayer. S. M. se había expresado anteriormente en

> términos muy negativos sobre el norteamericano [Viereck], un ateo esclavo del dólar. Sell ya le había dicho a S. M. que Viereck, que acababa de llegar del congreso del partido en Núremberg, estaba al servicio de los nazis, lo que le reportaba dos mil dólares al mes. El káiser, por tanto, se mostró extremadamente cauteloso con su antiguo amigo y conversó sobre todo con su mujer, por la que aún sentía gran aprecio. Sell estuvo presente tanto en el almuerzo cómo en el paseo posterior y se mostró satisfecho con que la visita hubiera ido bien. En un momento dado, oí como Viereck le pedía permiso al káiser para publicar en Alemania el libro *The Kaiser on Trial*, a lo que este se negó rotundamente. Además, Niemann dudaba de que Viereck pudiera encontrar un editor alemán[4].

En el verano de 1922, Viereck recibió el encargo de Bradford Merrill, uno de los principales directivos del grupo Hearst, de entrevistar a personalidades destacadas en Europa. El trust Hearst financió el viaje, y Viereck no solo habló con Hitler, que probablemente era el menos ilustre de sus entrevistados, sino también con el escritor Gerhart Hauptmann, el filósofo que alertó de la decadencia de Occidente Oswald Spengler, y los industriales Fritz y August Thyssen[5].

La de Viereck fue la primera entrevista extensa de un corresponsal extranjero con Hitler en publicarse, si bien es muy

[4] Diario de Ilsemann, 19 de septiembre de 1938, edición neerlandesa: «Wilhelm II in Nederland. 1918-1941, Dagboekfragmenten bezorgd door Jacco Pekelder en Wendy Landewé», Huis Doorn 2015; véase también MALINOWSKI, Stephan: *Die Hohenzollern und die Nazis. Geschichte einer Kollaboration*, Berlín, 2021 («Los Hohenzollern y los nazis. Historia de una colaboración»).

[5] DIAMOND, Sander A.: *Herr Hitler. Amerikas Diplomaten, Washington und der Untergang Weimars*, Düsseldorf, 1985 («Herr Hitler. Los diplomáticos americanos, Washington y el desmoronamiento de Weimar»); Diamond ofrece aquí también una primera valoración historiográfica de la entrevista.

probable que el líder nazi supiera de antemano que el periodista era un germanoestadounidense que no se oponía a su ideario. A continuación, reproducimos los principales extractos (tomados de la versión original de la *American Monthly*), ordenados por temas:

Hitler sobre el nombre de su partido:

«Podríamos haber optado por ser el Partido de la Libertad, pero preferimos llamarnos nacionalsocialistas. No somos internacionalistas. Nuestro socialismo es nacional. Exigimos que el Estado satisfaga las justas reivindicaciones de las clases productivas sobre la base de la solidaridad racial. Para nosotros, raza y Estado van de la mano».

Sobre la política de los «cuerpos sanos»:

«Creemos en la máxima clásica de *mens sana in corpore sano*. Para que el espíritu esté sano, el cuerpo del pueblo ha de ser robusto, lo cual es aplicable a todos y cada uno de los individuos. Salud moral es sinónimo de salud física. Los barrios marginales son responsables del 90 % de la depravación humana, y el alcohol del 10 % restante. No hay ninguna persona sana que sea marxista, porque quien está sano reconoce el valor de la personalidad.

Luchamos contra las fuerzas de la enfermedad y la degeneración. Al no estar del todo industrializada, Baviera goza de relativa buena salud. Toda Alemania, Baviera incluida, está condenada a una industrialización intensiva por culpa de su reducido tamaño. Si queremos salvar a Alemania, debemos asegurarnos de que las gentes del campo se mantengan fieles a la tierra. Para ello, necesitan espacio para respirar y espacio para trabajar».

Sobre la futura política expansionista del régimen nacional-socialista:

«Debemos recuperar nuestras colonias y expandirnos hacia el este. Hubo un tiempo en el que podríamos habernos repartido el mundo con Inglaterra. Ahora solo podemos extender nuestros doloridos miembros hacia el este. El mar Báltico es ineludiblemente un mar alemán [...].

Ahora bien, solo podremos expandir nuestro comercio o nuestro territorio, y únicamente podremos recuperar lo que hemos perdido, cuando nos hayamos encontrado a nosotros mismos. Somos como un hombre al que se le ha quemado la casa. Necesita un techo sobre su cabeza antes de abrigar proyectos más ambiciosos. Hemos conseguido construir al menos un refugio provisional que nos proteja de la lluvia, pero no estábamos preparados para las granizadas. Y, sin embargo, nos han llovido las desgracias. Alemania está sufriendo un auténtico aluvión de desastres nacionales, morales y económicos. En dos años de democracia hemos perdido Silesia, el Rin y el Ruhr».

Sobre la degeneración del sistema democrático de la República de Weimar:

«Nuestro desmoralizado sistema de partidos es un síntoma de nuestros males. ¿Qué puede lograr el Gobierno actual? Nada. No cuenta con un apoyo firme en ninguna parte. Las mayorías parlamentarias cambian según el estado de ánimo del momento. El gobierno parlamentario es un engendro del infierno que abre las puertas de par en par al bolchevismo. El bolchevismo [...] es nuestra mayor amenaza. Si se acaba con el bolchevismo en Alemania, se devolverá el poder a setenta millones de personas. El poder de Francia no radica en sus ejércitos, sino en la fuerza del bolchevismo en nuestro propio seno. El Tratado de Versalles y el de Saint Germain siguen vigentes gracias al bolchevismo en Alemania. El tratado de paz y el bolchevismo son las dos cabezas del mismo monstruo. Tenemos que cortárselas. [...]

Nuestros obreros alemanes [...] tienen dos almas. Una es alemana, la otra marxista. Debemos despertar el alma alemana. Tenemos que erradicar la lacra del marxismo. El marxismo y el alma alemana son como alemanes y judíos: polos opuestos».

Sobre cómo tratar a los judíos:

[Viereck:] «Aquí es donde Hitler expuso sus argumentos contra los judíos». [...] «El judío —dijo Hitler— es destructivo por naturaleza. Sin una existencia nacional propia, su presencia en el Estado moderno supone el fermento de la descomposición». [Viereck:] «¿Qué haría usted con los judíos? —le pregunté—». [Hitler:] «Les quitaríamos los derechos civiles». [Viereck:] «Pero ¿y si han nacido en Alemania?». [Hitler:] «El nacimiento no equivale a tener derechos civiles. La ciudadanía presupone un claro reconocimiento de las obligaciones que conllevan los derechos. Los judíos no son alemanes. Son un pueblo extranjero en nuestro seno y se revelan como tal. [...]».

«Que un hombre sea decente no significa que no debamos eliminarlo. Nuestras granadas de mano no distinguieron entre ingleses decentes o no. Los judíos decentes comprenderán que es necesario [eliminarlos] para preservar la pureza de nuestra raza. Para mí, los judíos —continuó Hitler— son como para ustedes los japoneses. Ambos son una raza extranjera. Ambos son pueblos antiguos con una cultura antigua. Sin embargo, ustedes no conceden derechos civiles a los japoneses. Y eso que, a diferencia de los judíos, los japoneses no son una fuerza destructiva. No han arruinado ningún Estado. No promueven el bolchevismo. Para nosotros los judíos son lo mismo que para ustedes los japoneses».

A esto le siguió el pasaje sobre los matrimonios de raza mixta con el que abrimos este capítulo («Las razas espurias no tienen fuerza vital. En el futuro prohibiremos los matrimonios mixtos»). Y, para terminar, el líder nazi subrayó su carácter fundamentalmente pacífico, un mantra que se repetiría en posteriores entrevistas:

> Hoy más que nunca tenemos que distinguir entre los elementos que provocan debilidad y los elementos que provocan fuerza. Por cierto, en Baviera no hay constancia de ningún acto de violencia contra los judíos. Mis seguidores no han roto las ventanas de ningún domicilio judío. Nadie, ni siquiera los judíos, puede negar la rectitud de nuestras intenciones. No pretendemos librarnos de los judíos porque sean judíos, sino porque ejercen una influencia perturbadora. Queremos reservar los derechos civiles y los votos de la asamblea del Consejo de nuestra nación a aquellos que sean de pura sangre alemana. Nuestra consigna es «Alemania para los alemanes». Los extranjeros, ya sean judíos o no, solo serán tolerados en Alemania.

En la reimpresión que la revista *Liberty* hizo de la entrevista en 1932, al texto de Viereck se le añadieron algunas preguntas intercaladas, así como detalles acerca del ambiente en que se desarrolló el encuentro: «Adolf Hitler vació su taza como si no fuera té lo que había dentro, sino el elixir de la vida del bolchevismo». Se indicó el lugar donde tuvo lugar la conversación: el domicilio particular en Múnich de un almirante retirado de la Marina alemana, Waldemar Vollerthun, y las declaraciones antisemitas de Hitler de 1923 fueron considerablemente abreviadas por la redacción de *Liberty*, como Viereck señalaría más tarde. En 1932, Viereck añadió lo siguiente:

> Es posible que a Hitler no le interesara atacar al bolchevismo en Rusia. Incluso podría considerar como su última baza establecer una alianza con los bolcheviques, si es que veía que iba a perder la partida. Si el capitalismo se negara en redondo a reconocer que los nacionalsocialistas son el último baluarte de la propiedad privada y obstaculizara su lucha, Alemania podría verse abocada a arrojarse a los seductores brazos de la Rusia soviética. Sin embargo, Hitler está decidido a evitar que el bolchevismo se consolide en Alemania.

Acto seguido, el líder nazi hizo mención al canciller del Reich en funciones: «En el pasado, reaccionó con cautela ante los intentos del canciller Brüning y otros de formar un frente político unido. Ahora, ante el constante aumento de las expectativas de voto de los nacionalsocialistas, a Hitler no le parece oportuno renunciar a sus principios fundamentales para alcanzar compromisos con otros partidos». Ambas afirmaciones resultaron proféticas si pensamos en la alianza de conveniencia de Hitler con Papen, Hugenberg y la camarilla de Hindenburg en el proceso de la *Machtergreifung* (toma del poder) y, más aún, en el pacto Molotov-Ribbentrop de 1938.

Viereck dijo a los lectores de *Liberty* que Hitler no era del «tipo germánico puro», y que su cabello oscuro delataba sus raíces transalpinas. En una conversación cara a cara, su actitud contrastaba extrañamente con la agresividad de sus opiniones políticas: «Nunca un reformador tan pacífico ha hundido un Estado o degollado a sus rivales políticos».

George S. Viereck, hijo de un diputado socialdemócrata del Reichstag, se dio cuenta de la oportunidad mediática que suponía para él reimprimir en 1932 su entrevista original con Hitler en la popular revista semanal estadounidense *Liberty*. Eso sí, esta vez sin los pasajes antisemitas más duros de la versión original, que en 1923 solo logró publicar en su propia revista, *The American Monthly*.

Tras la toma del poder por parte de los nazis, la propaganda del nuevo «Tercer Reich» se convirtió, directa o indirectamente, en la principal fuente de ingresos del polifacético y entremetido Viereck. En 1934, un comité de la Cámara de Representantes de los Estados Unidos (el HUAC, por aquel entonces todavía dirigido contra la influencia de los fascismos europeos en EE. UU.) indagó en las cuentas bancarias de Viereck con el objetivo de «investigar posibles actividades antiamericanas». El comité estaba presidido por los congresistas John W. McCormack y Samuel Dickstein. Más tarde se supo que este último había trabajado como agente a sueldo del servicio secreto soviético NKVD, bajo el falso nombre de Crook (en español: bandido).

Según describió el comité, Viereck habría recibido, entre otros favores, fondos del cónsul general alemán en Nueva York, el Dr. Otto Kiep, así como considerables ingresos de la Oficina Alemana de Turismo, concretamente entre 1000 y 1750 dólares mensuales, además de un despacho y servicio de taquigrafía, todo ello a través de la empresa del as de las relaciones públicas Carl Byoir. Al ser interrogado por el comité, Viereck se defendió alegando, entre otras razones, que países como Francia o la Unión Soviética también contrataban a relaciones públicas para maquillar su imagen en Estados Unidos y que eso no era ilegal. En mayo de 1934, durante un acto en favor de los nazis celebrado en el Madison Square Garden de Nueva York, Viereck se pronunció en contra del «*Jewish boycott*» a los productos alemanes en los EE. UU. y se mostró más convencido que nunca de que «independientemente de lo que pensemos de él, no cabe duda de que para Alemania no hay alternativa a Hitler, salvo el caos».

Al mismo tiempo, Viereck tuvo la extraña idea de un posible «concordato» entre la Alemania de Hitler y los judíos —similar al que tenía con la Iglesia católica—, que intentó lanzar por varios canales. Por supuesto, la cosa quedó en nada, ya que Hitler no tenía ningún tipo de interés en un «concordato», ni literal ni figurado, con los judíos. En 1938, Viereck asistió como representante de la prensa al Congreso del partido nazi en Núremberg. Al año siguiente, obtuvo un jugoso contrato con el periódico *Münchner Neuesten Nachrichten*, que dirigía el comandante de las SS Giselher Wirsing, además de otro con la German Library of Information, una institución a cargo del Consulado General de Alemania en Nueva York. En 1938, Viereck estuvo a punto de organizar otra entrevista con Hitler, esta vez junto a su amigo Fulton Oursler, quien además de redactor jefe de *Liberty*, era ventrílocuo y autor de novelas policiacas[6]. Al principio, Hitler se mostró interesado, pero luego acabó por cancelar la entrevista. Además, Viereck intensificó sus contactos con «neutralistas» y «aislacionistas» de más o menos renombre en el Congreso estadounidense, como el congresista Hamilton *Ham* Fish Jr. o los senadores Ernest Lundeen (Minnesota), Gerald Nye (de Dakota del Norte, famoso por su lucha antisemita contra la productora cinematográfica Warner Brothers) y Robert Rice Reynolds (Carolina del Norte). Trabajó como asesor y redactor de discursos, en contacto permanente con el Ministerio alemán de Asuntos Exteriores, que también le pagaba bien y lo consideraba su «intermediario más valioso» en los Estados Unidos. No obstante, sería inexacto calificar a Viereck, con sus numerosas y complejas actividades, de «supercerebro» y decir que coordinaba

[6] Viereck siguió escribiendo artículos para *Liberty* hasta finales de los años treinta, también sobre Hitler, como por ejemplo «What will Hitler do next?», publicado en *Liberty* el 14 de mayo de 1938; para más información sobre la carrera periodística de Viereck, véase la exhaustiva obra de JOHNSON, Niel M.: *George Sylvester Viereck: German-American Propagandist*, 1972.

redes de americanos simpatizantes del nazismo, como se da a entender en el pódcast de Rachel Maddow. Más bien habría que convenir con la sobria valoración del biógrafo de Viereck, Niel M. Johnson, quien en 1972 escribió lo siguiente:

> A pesar de su reconocido talento como redactor y autor, ni el trabajo de Viereck ni el de otros periodistas antibritánicos y proalemanes tenían muchas posibilidades de mantener a Estados Unidos al margen del conflicto europeo. Las palabras no podían negar los hechos. A principios de 1940, la guerra relámpago de Hitler se volvió contra Occidente, con terribles consecuencias. En otoño de aquel año, EE. UU. introdujo por primera vez en tiempos de paz el servicio militar obligatorio.

En septiembre de 1939, Hans Thomsen, encargado de negocios de la embajada alemana en Washington telegrafió al Ministerio de Asuntos Exteriores —dirigido por Ribbentrop— para advertirle de que las investigaciones de la Comisión de Actividades Antiamericanas (HUAC) supondrían un duro golpe para todas las estrategias de propaganda nazi en los Estados Unidos, lo cual seguramente se refería al notorio Viereck[7].

El 17 de diciembre de 1933, la Jewish Telegraphic Agency (JTA) difundió un artículo del periodista liberal Helmut von

[7] El elegante jurista Dr. Thomsen (1891-1968) formó junto con su esposa Anna Lise (alias Bébé) una glamurosa pareja en los círculos diplomáticos de Washington. Bébé llamaba la atención por llevar atada con una correa a una ardilla domesticada llamada Bienchen (Abejita). Thomsen tenía fama de ser tan versátil políticamente que el jefe de la OSS, *Wild Bill* Donovan, le ofreció en 1941 pasarse al bando estadounidense a cambio de un millón de dólares; Thomsen, sin embargo, rechazó la propuesta en favor del cómodo puesto de embajador alemán en la neutral Suecia, cargo que ocupó entre 1943 y 1945. En los años cincuenta fue presidente de la Cruz Roja alemana (DRK) de Hamburgo. Al respecto de Thomsen, léase la viva descripción que hace de él Harvey Solomon en *Such Splendid Prisons. Diplomatic Detainment in America During World War II* (publicado en 2020).

Gerlach, de la revista en el exilio *Die Neue Weltbühne* (Viena/Praga), en el que se calificaba a Viereck de «alma de la propaganda hitleriana en Estados Unidos» y de invitado bien recibido por Goebbels siempre que el periodista visitaba Alemania. En el texto, Gerlach volvió a referirse al entusiasmo de Viereck por la casa de Hohenzollern (así como a su supuesta ascendencia imperial, y a posibles antepasados judíos por parte de madre) y tachó la idea de un concordato entre los judíos y el Gobierno nacionalsocialista de extraordinaria «desfachatez»:

> El Sr. Viereck sabe perfectamente que Hitler no persigue a los judíos por su religión, sino por su supuesta raza, de la que una esposa judía es igual de culpable que la abuela judía de un niño cristiano de padres cristianos. Sabe que al judío se le ha privado de la igualdad de derechos como ciudadano y que, según el programa nazi, así deber seguir siendo. Es fácil imaginar la respuesta que habría recibido Hitler desde Roma si hubiera restringido de la misma manera los derechos civiles de los católicos y luego se hubiera atrevido a ofrecerle al Papa un concordato.

Los apoyos de Viereck a Franz von Papen o Karl Boy-Ed durante la Primera Guerra Mundial tampoco dieron sus frutos, sino que empujaron a los ciudadanos estadounidenses a los brazos del presidente Wilson, lo cual «costó a los contribuyentes alemanes una cantidad ingente de dinero y no hizo más que perjudicar a Alemania. La propaganda nazi de Viereck y de otros como él tendrá ahora el mismo efecto». Al menos, la JTA le dio a Viereck la posibilidad de explayarse en su réplica: el aludido escribió que no había ninguna propaganda de Hitler digna de mención en los EE. UU., que jamás había recibido una invitación oficial del ministro de Propaganda

Goebbels, que tampoco distribuía dinero para ninguna actividad propagandística y que su idea del concordato otorgaría a los judíos por lo menos el estatus de «minoría legalmente protegida». Finalmente, se sacó de la manga una carta que tenía guardada en relación a sus supuestos antepasados judíos:

> Le agradezco el cumplido, pero que yo sepa carece de toda base fáctica. Yo soy el cronista del *Judío Errante*, pero no su descendiente. Las raíces de mi árbol genealógico se hallan en el norte. Los primeros Viereck llegaron a Alemania desde Escandinavia durante la guerra de los Treinta Años. No consideraría ni una vergüenza ni una desgracia si resultase que por las venas de mis antepasados hubiera corrido la sangre de la raza que nos dio a Heine, Spinoza y Jesús. Que haya escrito con Paul Eldridge, un judío, *Mis primeros dos mil años*, *Salomé, la judía errante*, *Adán, el invencible* y otros libros debería bastar para eximirme de la acusación de antisemitismo. Por cierto, *Mis primeros dos mil años* fue uno de los libros que quemaron unos jóvenes nazis fanáticos cuando asaltaron la biblioteca de mi viejo amigo, el Dr. Magnus Hirschfeld.

Magnus Hirschfeld, que murió exiliado en Niza en 1936 y al que Viereck había vendido en Estados Unidos con fines publicitarios como el «Einstein del sexo», fue fiel a su antiguo asesor de relaciones públicas hasta el final de sus días, aunque este ya se hubiera sumergido hacía tiempo en los oscuros círculos del antisemitismo y del nacionalismo identitario.

En otoño de 1941, Estados Unidos y el Reich alemán se encontraban *de facto* en plena guerra naval. En septiembre de aquel año, se constituyó un gran jurado federal con el objetivo de perseguir a «agentes nazis» en Estados Unidos. No resultó muy difícil dar con George S. Viereck y su pequeña editorial Flanders Hall, en la que se publicaban principalmente panfletos antibritánicos. El escrito de acusación ante el Tribunal de Distrito de Columbia se centró en que Viereck no había presentado correctamente su documentación de acuerdo con la Ley de Registro de Agentes Extranjeros (FARA, por sus siglas en inglés, todavía en vigor) de 1938. En octubre de 1941, Viereck fue detenido en su piso de Riverside Drive en presencia de su esposa Gretchen por siete agentes del Departamento de Justicia de los Estados Unidos. Apoyándose en varios documentos, a Viereck se le recriminaron, además de sus publicaciones, diversos contactos con funcionarios nazis, como el embajador y jefe de departamento del Ministerio de Asuntos Exteriores Hans-Heinrich Dieckhoff, que más tarde sería autor, entre otros escritos, de un libro, publicado en 1943, sobre los antecedentes de la «guerra de Roosevelt». En el juicio, Viereck se definió a sí mismo como un mediador de paz entre Hitler y Roosevelt y como una víctima del alterado clima político que hubo tras el ataque a Pearl Harbor. El 5 de marzo de 1942, Viereck fue declarado culpable de todos los cargos y puesto bajo custodia preventiva. Tras una odisea jurídica que duró varios años —apelación, anulación de la sentencia por fallos de forma por parte del Tribunal Supremo, nueva condena, solicitudes de indulto—, Viereck permaneció encarcelado hasta mayo de 1947. Posteriormente escribió varios libros, entre ellos el éxito editorial *Men into Beasts* («Hombres convertidos en bestias»), acerca de su estancia en prisión, y que en algunos círculos es considerado el precursor de la ficción *pulp gay*.

Su hijo, Peter Viereck, recibió grandes elogios de Thomas Mann por su primera obra, *Metapolitics. The Roots of the Nazi Mind*, cuya primera edición se publicó en 1941. Si bien Peter

Viereck fue un poeta de éxito como su padre, al finalizar la guerra rompió el contacto con él al considerar que su biografía era un modelo negativo. De hecho, la mala reputación de Viereck sénior le impidió convertirse en oficial del ejército estadounidense, aunque no le privó de conseguir un atractivo puesto en la Oficina de Servicios Estratégicos (OSS) en Túnez, el servicio de inteligencia precursor de la CIA. En los años cincuenta, Viereck fue un firme opositor al macartismo y definió el término «conservador» en Estados Unidos en numerosos libros y ensayos, aunque rara vez en consonancia con la línea oficial del Partido Republicano.

George Sylvester Viereck murió el 18 de marzo de 1962 en Holyoke, Massachusetts. En sus últimos años de vida, moderado por la edad, definió su compromiso con el régimen nazi como un episodio lamentable y perdonó a sus antiguos adversarios. Viereck fue un germanoestadounidense esotérico, narcisista e ingenuo en temas políticos, a quien ya Sigmund Freud, en una sesión personal de psicoanálisis, le diagnosticó un fuerte anhelo por la figura de un «superpadre», que bien pudieron ser el káiser Guillermo II o el propio Hitler.

3

PUTZI Y CHARLIE

El aparato: ¿quién mediaba en las entrevistas con Hitler?

«Vamos a ser amigos. Yo te llamo Rasche, pero tú tienes que llamarme Charlie. De aquí a cuatro semanas todo habrá terminado. No estaré ya mucho más tiempo por aquí. Es importante apoyar a los viejos amigos y no perder los contactos. Por cierto, voy a ser subsecretario de Estado. ¡Es fantástico!».

El director ministerial Karl Bömer en mayo de 1941, según el testimonio del consejero de legación Emil Karl Rasche.

En la primavera de 1941 se celebró un insólito juicio ante el tribunal del *Volksgerichtshof* nacionalsocialista. Esta vez, el acusado no era un opositor al régimen, sino un alto funcionario del Ministerio del Reich para la Ilustración Popular y la Propaganda (el RMVP, por sus siglas en alemán —o *Promi*, acrónimo de *Propaganda Ministerium*—) al que se imputaba un grave delito: alta traición. El proceso fue considerado secreto de Estado, y a él asistieron destacados testigos, como el ministro del Reich, Joseph Goebbels, el jefe de prensa del Reich, Otto Dietrich y el director de prensa del Ministerio de Asuntos Exteriores, Paul Karl Schmidt. Aunque, por supuesto, ningún corresponsal extranjero pudo estar presente entre el público, las noticias del juicio se filtraron a la prensa internacional. Y es que el acusado, el profesor Dr. Karl Bömer (1900-1942), director ministerial, había sido precisamente responsable del

Departamento de Prensa Extranjera en el *Promi*. En Berlín, cualquier corresponsal extranjero medianamente bien informado conocía a *Charlie* Bömer, el experto en Estados Unidos, el incansable viajero, jovial en apariencia, bebedor empedernido y elocuente *spin doctor* (agente de prensa) de los nacionalsocialistas. No se trataba del juicio a un veterano funcionario de carrera de la época de Weimar que había sido arrastrado a trabajar para el Estado nazi por razones operativas. Karl Bömer era considerado un brillante ejemplo de «nacionalsocialista inteligente» —en el fondo una contradicción—. Muchos de los periodistas que lo observaban le auguraron una carrera meteórica, algo que, por imprudencia, también pensaba él mismo y que acabaría por acarrearle problemas. En una recepción de la embajada búlgara, y tras haber ingerido una abundante cantidad de alcohol, reveló nada más y nada menos que el inminente ataque alemán a la Unión Soviética de Stalin. Sus palabras no dejaban lugar a la interpretación, por mucho que Joseph Goebbels y Otto Dietrich acudieran rápidamente en su ayuda.

El profesor Bömer, un investigador periodístico con una formación muy sólida para los estándares nazis y un moderno gestor de medios *avant la lettre*, fue uno de los encargados de iniciar contactos con los altos cargos del nacionalsocialismo, es decir, de mantener conversaciones con el multifuncionario Alfred Rosenberg (del que al principio fue jefe de prensa), con Goebbels y más tarde hasta con el mitificado Führer. El extraño proceso contra Bömer, cuyo escrito de acusación se conserva en el Archivo Federal alemán (*Geheime Reichssache*: asunto secreto del Reich), es un interesante testimonio que relata al detalle las luchas a muerte que los funcionarios nazis libraron para obtener un reconocimiento interno y público,

El profesor universitario Karl Bömer (segundo por la izquierda), jefe del Departamento de Prensa Extranjera del Ministerio de Propaganda, gozaba del aprecio de los reporteros anglosajones debido a su conocimiento de los EE. UU. La especialidad de este experto en medios de comunicación era la organización de viajes al frente para los reporteros internacionales, una forma precoz de *embedded journalism* (periodismo integrado). La instantánea, tomada probablemente en Varsovia en 1939, muestra a Hitler junto al reportero estadounidense John McClutcheon Raleigh (segundo por la derecha) departiendo con Bömer, quien más tarde sería condenado por alta traición por el *Volksgerichtshof*.

tratando a fin de cuentas de «acercarse [como fuera] a quien ostentaba el poder» (Carl Schmitt). El «caso Bömer», al que volveremos enseguida, pone asimismo de manifiesto el extraño contraste entre la maquinaria nazi de relaciones públicas, en apariencia perfectamente engrasada, y el aparato informativo del régimen, que acabó volviéndose cada vez más complejo y que, por mucho que no cesó de crecer en términos de personal y de instituciones, contaba con un número bastante reducido de profesionales cualificados.

El corresponsal estadounidense Howard Kingsbury Smith (1914-2002) escribió lo siguiente a su regreso del «Gran Reich Alemán»:

> El Ministerio de Propaganda de la Wilhelmstraße, que inevitablemente se convirtió en mi centro de trabajo en Berlín, funcionaba con una aterradora eficacia, lo cual hacía que el nazismo en su conjunto resultara tan inquietante. El teletipo de la DNB, la Agencia Oficial, transmitía incesantemente un aluvión de noticias. En las conferencias de prensa, que se celebraban dos veces al día —una en el Ministerio de Asuntos Exteriores y otra en el de Propaganda—, los periodistas se sentaban frente a media docena de portavoces del Gobierno, que ofrecían detallados comentarios y proporcionaban informes repletos de datos. Por supuesto, siempre había varias capas de niebla propagandística [...]. Obviamente, la crítica no estaba permitida por los nazis, pero en los años de apogeo del régimen nacionalsocialista rara vez hubo algo que objetar al funcionamiento técnico de su maquinaria propagandística.

El libro de Howard K. Smith *Último tren de Berlín* (1942), un excelente estudio estilístico y sociopsicológico de las condiciones internas del régimen nazi, que destacó ya al poco de ser publicado (al alemán no se traduciría hasta 1982), señala una paradoja central en su política de propaganda. ¿Cómo es posible que no solo la propaganda doméstica, sino también la de los corresponsales extranjeros que trabajaban en el Reich, fuese percibida como exitosa y de «una aterradora eficacia», cuando sus representantes no paraban de trabajar unos contra otros, de tenderse trampas, y tenían que recurrir una y otra vez a Hitler para que arbitrara sus conflictos de competencias? Una respuesta es, seguramente, que por culpa de su obsesión por la ideología del Führer, apenas había divergencias en la dogmática general y en los temas fundamentales. Por otro lado, en los diferentes aparatos de propaganda, además de los más bien escasos talentos nazis, había montones de expertos «civiles» de los años de Weimar que ayudaban a mantener la actividad de radio y prensa de manera tecnocrática y profesional, aunque fuera por oportunismo, porque necesitaban seguir ganándose la vida, y a menudo también arrastrados por la realidad de los éxitos políticos y militares del régimen dictatorial hasta 1941/42. Entre ellos no solo se encontraban las personas a cuyos nombres se alude con más frecuencia, como Joseph Goebbels, el jefe de Prensa del Reich Otto Dietrich, el editor jefe Max Amann, con su competente jefe de personal Rolf Rienhardt o, en el Ministerio de Asuntos Exteriores, Joachim von Ribbentrop, con su Departamento de Prensa y de Radiodifusión Política, sino también los serviles burócratas que trabajaban en la sombra.

Además, todas y cada una de las instituciones nazis habían creado sus propios aparatos de relaciones públicas, como el ministro Robert Ley (el «borracho del Reich»), jefe del Frente Alemán del Trabajo, con sus muchos afiliados (forzosos), quien se hizo cargo del periódico berlinés *Der Angriff*, el panfleto fundado por Goebbels; o el filósofo del partido y redactor jefe durante muchos años del *Völkischer Beobachter*, Alfred Rosenberg, con sus diversas instituciones culturales, a cada una de las cuales se asignaron aparatos de comunicación. Y también estaba Heinrich Himmler, quien, además de los éxitos de sus propios órganos, como la publicación de las SS, *Das Schwarze Korps* (El cuerpo negro), logró de forma más o menos sutil captar a gran parte del personal clave de los Ministerios de Propaganda y Asuntos Exteriores para las SS, donde consiguieron rangos más altos. Por ejemplo, el *rápsoda* Otto Dietrich, asistente de prensa personal de Hitler, que se convirtió en *Obergruppenführer* (jefe superior de compañía) de las SS y, de este modo, en un oficial del mismo rango que Ribbentrop, cuyo director de prensa era Paul Karl Schmidt, *Obersturmbannführer* (jefe superior de unidad de asalto) de las SS. Numerosos cuadros directivos del Ministerio de Goebbels tenían rangos superiores en las SS, como era el caso de Karl Hanke y Werner Naumann (que años después, durante la época de Adenauer, se movería en diversos grupos de extrema derecha). Y, por último, cada *Gauleiter* (jefe de zona), *Reichsbevollmächtiger* (comisario del Reich) o cualquier otro potentado del partido mantenía su propio aparato de prensa y propaganda, para beneficio propio y perjuicio de los demás, algo que había sido muy diferente antes de la progresiva alineación de los poderes del partido y del Estado, y de la fundación del Ministerio de Propaganda, así como, ya *a posteriori*, de los departamentos de medios de comunicación de Ribbentrop. De esta evolución resulta la diferencia entre las primeras entrevistas a Hitler, en los años veinte, y las que concedería más tarde en su calidad de canciller del Reich, aparte, claro de su cambio de postura en materia de política exterior y de Estado.

En enero de 1970, aparecieron en un documental de la televisión bávara Bayerischen Rundfunk dos dinámicos ancianos paseando por el jardín o contando anécdotas en sus despachos o en el salón de sus casas. El documental se titulaba *La primera toma del poder de Hitler. Los inicios del NSDAP 1919-1923* y los dos testigos de la época eran de hecho miembros fundadores del partido, a saber: Hermann Esser, nacido en 1900 y que con tan solo diecinueve años fue enviado a Múnich por el Reichswehr (nombre de las fuerzas armadas alemanas entre 1921 y 1935) junto al futuro Führer para inspeccionar el Partido Obrero Alemán, embrión del futuro partido nazi, y Ernst Franz Sedgwick Hanfstaengl, nacido en 1887, el primer jefe de la Oficina de Prensa Extranjera del NSDAP. Ambos disfrutaron visiblemente de su aparición televisiva, y quien hasta entonces no supiera mucho de los inicios del partido nazi en Baviera bien pudo haber pensado que todo aquello ocurrió de manera muy alegre, casi al estilo de una ópera bufa.

El antiguo becario de prensa Esser («Yo llegué a este partido desde la izquierda»: en efecto, durante un breve periodo de tiempo fue miembro del USPD, el efímero Partido Socialdemócrata Independiente de Alemania) llegó a convertirse en el primer jefe de propaganda del NSDAP y redactor jefe del flamante *Völkischer Beobachter*, desde cuyas páginas promovió las primeras comparaciones entre Hitler y Mussolini. El maleducado Esser, especialista en hacer estallar asambleas de partidos rivales, llegó a ser ministro de Agricultura y Economía de Baviera en 1933/34, antes de ser enviado al ministerio de Goebbels en 1939, tras una larga serie de escándalos, en calidad de secretario de Estado de Turismo, cargo que ejerció al máximo nivel posible de corrupción. Diversos mandatos en consejos de supervisión y administración, como por ejemplo en la Lufthansa y en la Reichsbahn (los ferrocarriles del Reich), le proporcionaron ingresos adicionales. A raíz de la publicación en 1927 de su panfleto *Die jüdische Weltpest* (La plaga judía en el mundo), quedó debidamente identificado como un vulgar antisemita. Konrad Heiden, el primer biógrafo de Hitler, consideraba a Esser el «segundo mejor agitador del partido»: «Esser solía acercarse mucho a Hitler. Pero luego se enteró de que el Führer había dicho a terceros: "Sé que Esser es un sinvergüenza. Solo lo utilizaré mientras me sirva para mis propósitos"».

El amigo de Esser, Hanfstaengl, algo mayor, más políglota, burgués y sofisticado, se presentó en el documental del siguiente modo:

> Sí, mire, seguro que me conoce, soy el Dr. Hanfstaengl, alias Putzi, un sobrenombre que llevo por casualidad. Por superstición, vaya, en parte aún hoy, pues se dice que, si dejara de llamarme Putzi, me moriría. Tuve difteria, allá por los años grises, cuando ninguno de ustedes había nacido, en 1888. Sí, y ahora les contaré cómo conocí al gran Adolf de Braunau.

Y así es como Hanfstaengl fue conocido como Putzi hasta el final de sus días, aunque lo cierto es que sus numerosos amigos estadounidenses lo llamaban Hanfi. Era un vástago de la ilustre dinastía de marchantes de arte muniqueses Hanfstaengl, especializados en réplicas de máxima calidad, y descendía por parte materna de los Sedgwick y los Heine de EE. UU., familias con generales de la guerra civil estadounidense en su árbol genealógico. En 1905 comenzó a estudiar en Harvard, donde un año más tarde salvaría a un remero de morir ahogado en el río Charles. «Hanfstaengl, el héroe de Harvard», tituló el *Boston Herald*. En la universidad, fue miembro del club estudiantil Hasty Pudding donde recordaba haber «creado el papel protagonista en el sainete universitario *Gretchen Spootspfeiffer*, para regocijo del público, que se quedaba de piedra al verme cantar en falsete a la tirolesa con mi 1.95 de estatura». Durante un tiempo, Putzi dirigió la sucursal neoyorquina del salón de arte de sus padres. En 1918 regresó a Múnich, en parte por culpa de la animadversión hacia todo lo alemán que se instaló en los Estados Unidos tras la Primera Guerra Mundial. No hay duda de que muchas mujeres encontraban atractivo a este gigante con formación musical y en historia del arte. De hecho, durante sus años en EE. UU., fue amante, entre otras, de la escritora vanguardista Djuna Barnes, con quien siguió viéndose incluso después de la llegada de Hitler al poder. En enero de 1952, le escribió desde Uffing: «Djuna, cariño, te escribo solo para que sepas que aún sigo ahí [...]. Los viejos amores no marchitan». Y años más tarde, ya por 1966, le dijo: «Tu viejo amigo Putzi sigue recordándote con gran afecto».

Al terminar la guerra, Hanfstaengl consiguió cambiar la imagen que la historia había dejado de él, algo que entre los líderes del movimiento nazi solo lograría el arquitecto Albert Speer, un caso, por otra parte, completamente diferente. Tras la guerra, Putzi se hizo pasar por un tipo inofensivo, simpático incluso (en eso le ayudaba su apodo), una especie de conferenciante, *entertainer* y compositor de marchas como «Jugend trauert» (La juventud está de luto) y «Deutscher Föhn» (Viento foehn alemán), o por un *gentleman* bávaro-americano que había acabado en el movimiento nazi, donde únicamente permaneció por lealtad personal a Hitler, lo cual tenía algo de cierto: Hanfstaengl estuvo siempre solo en el partido nazi, incluso durante el tiempo en que fue asesor honorario de prensa extranjera de Hitler (oficialmente solo fue jefe de la Oficina de Prensa Extranjera[1]

[1] Hanfstaengl contaba con una secretaria jefe (Agnethe von Hausberger) y un pequeño equipo de una decena de personas en la oficina de prensa del NSDAP en Múnich, bajo la dirección de Rolf Hoffmann. Los documentos conservados en aquel departamento muestran que Hoffmann y sus colaboradores se dedicaban principalmente a enviar

a partir de 1932). No tuvo mucho apoyo personal y, de hecho, fue expulsado del Reich en 1937 con una broma de mal gusto: Putzi estuvo convencido hasta el final de sus días de que por aquel entonces Göring, Goebbels y demás habían dado orden de asesinarlo. Pero ya el título alemán de sus memorias, publicadas por primera vez en Londres en 1957, *Zwischen Weißen und Braunem Haus* («Entre la Casa Blanca y la Parda») cambiaba sutilmente la biografía de Hanfstaengl: ahora el foco se ponía en la Casa Blanca, donde Putzi acabó siendo asesor —más bien marginal— de la administración Roosevelt[2].

En cambio, los hechos dicen otra cosa: durante quince años, Putzi sirvió fielmente a su líder. No en vano, tras el fallido golpe de Estado de 1923, Hitler se refugió con Helene, la mujer de Hanfstaengl, en su chalet de lujo de Uffing am Staffelsee, cerca de Garmisch Partenkirchen. Muchos testigos de la época aseguraron que Putzi se mantuvo claramente en la línea ideológica nacionalsocialista hasta bien entrados los años treinta. De hecho, cuando en 1934 Hanfstaengl regresó alegremente a Harvard para asistir a una especie de reunión de antiguos alumnos, hubo protestas por parte de estudiantes y organizaciones judías, si bien algunos círculos influyentes de la administración de Harvard prefirieron no enemistarse con el representante de prensa extranjera de Hitler y hasta le cortejaron abiertamente.

---

material a publicaciones afines al nacionalsocialismo por todo el continente americano. Estos documentos (1931-1939), que se conservan en el Instituto de Historia Contemporánea (IfZ), no han sido aún suficientemente estudiados.

[2] Cuando en 1970 la editorial Piper de Múnich publicó en alemán las memorias de Hanfstaengl, reeditadas una década más tarde, Putzi fue descrito en el prólogo como «un hombre de formación artística y brillantez social», que, sin embargo, se «enredó de una manera crítica e ingenua a la vez en la absurda ideología nacionalsocialista». Por entonces, el director del departamento de no ficción de la editorial Piper era el antiguo *Obersturmbannführer* de las SS Hans Rößner.

Como ya se dijo en la introducción, Hanfstaengl debía asistir a un acto de Hitler en la cervecería Kindl Keller de Múnich en noviembre de 1922, tal y como le había solicitado Truman Smith, el agregado militar adjunto de la embajada americana en Berlín. Alfred Rosenberg, quien pronto se convertiría en su acérrimo adversario y a quien Truman Smith le había presentado como «el jefe de prensa del señor Hitler» fue precisamente quien le facilitó el acceso. Hanfstaengl, al recordar su primera impresión de Rosenberg, dijo lo siguiente: «parece un tirado de una cafetería de mala muerte, fisonomía imprecisa... al escuchar su nombre [...] me acordé del comentario de Rudolf Kommers sobre el papel de los mestizos extranjeros en los movimientos nacionales». ¿Acaso no tendría incluso Rosenberg antepasados judíos, siendo precisamente como era jefe de prensa de Hitler? En sus memorias, Hanfstaengl se limita a hacer una sutil referencia a un artículo del *Osservatore Romano*, fechado el 15 de septiembre de 1937, donde se dice que el padre de la abuela de Rosenberg era «mongol» y que «la abuela de su bisabuelo era judía».

En cualquier caso, Rosenberg le facilitó el acceso al mitin de Hitler en la Kindl Keller a Hanfstaengl, a quien Hitler le pareció «el típico aspirante a oficial vestido de paisano, con pinta de introvertido, pero acostumbrado a dar órdenes». Y luego pasó, por supuesto, lo que tenía que pasar: Putzi quedó prendado no solo del «radiante azul de los ojos de Hitler», sino también de su voz de barítono, resonante y aterciopelada, de su «talento para la mímica» y de su «sensibilidad» como orador. En palabras del propio líder nazi: «La masa es como una mujer, y como tal la seduzco». Putzi llegó a la conclusión, al menos en su autobiografía de 1957, de que «Hitler era orgánicamente impotente. En cierto modo, la tribuna de oradores era para él un sustituto del coito, y desde allí practicaba la cópula con la masa "femenina"».

Hanfstaengl estuvo de acuerdo «al 95 %» con el contenido de la intervención de Hitler, y así se lo hizo saber una vez terminado el acto, además de prometerle transmitir sus impresiones a Truman Smith. Tras haberse dicho a sí mismo que no podía pasar por alto tan rápidamente a aquel virtuoso de la psicología de masas, Putzi hace referencia en sus memorias —con una celeridad sospechosa— a la «subestimación provinciana de los Estados Unidos como nuevo foco de poder en la política mundial» por parte de Hitler. Hanfstaengl tenía desde luego mucho que enseñar al demagogo austro-bávaro, sobre todo al ponerlo en contacto con algunas de sus destacadas amistades, que «por su autoridad, parecían las personas adecuadas para contrarrestar la nefasta influencia de Rosenberg y su séquito». Era el caso de William Bayard Hale, opositor de Woodrow Wilson y durante muchos años corresponsal jefe de Hearst en Europa, que por aquel entonces residía como el pudiente jubilado que era en el lujoso Hotel Bayerischer Hof de Múnich, o con el pintor germanoamericano Wilhelm Funk. En vano, porque Hitler solo mostraba interés por el magnate del automóvil Henry Ford o por el Ku Klux Klan. A pesar de tales decepciones, Hanfstaengl se ofreció a «seguir a su lado, desempeñando el papel de prudente asesor».

Por lo demás, Putzi se presentaría como un caballeroso pianista privado y asesor de vestuario del líder nazi, a quien también facilitó el acceso a los círculos más privilegiados de la sociedad muniquesa y, por ende, a los donantes del partido. Después de la guerra, Hanfstaengl hizo hincapié en su precoz escepticismo hacia la figura de Hitler: «Las manifiestas anomalías de su estructura mental me molestaban cada vez más. Sus peroratas en los cafés, su desasosiego, su resentimiento contra posibles rivales en la cúpula del partido, su aversión al trabajo sistemático, sus arrebatos de odio paranoico, todos ellos síntomas de complejos exaltados en los que, evidentemente, se desahogaba su insatisfactoria vida sexual».

Resulta extraño que Putzi, oficialmente miembro del partido nacionalsocialista desde el 1 de noviembre de 1931 (grupo local de la Casa Parda) solicitara en 1935 la «concesión de la Placa de Oro del NSDAP» (Orden de la Sangre). Para justificarlo, declaró ante el tesorero del Reich nazi Franz Xaver Schwarz su heroico compromiso la tarde del *putsch* de Múnich: «Durante la lectura de la proclamación, permanecí de pie al lado de Hitler, con el revólver desenfundado, protegiéndole personalmente. Cumplí con mis obligaciones hasta el fracaso del golpe de Estado y mi posterior huida a Austria». El *Reichsleiter* Schwarz se negó por motivos de forma a que le concedieran la Orden —incluso cuando Hanfstaengl volvió a la carga en marzo de 1936—, alegando esta vez que él también había participado en la refundación del partido en la Bürgerbräukeller (otra de las grandes cervecerías muniquesas) en 1925 y que «el Führer pasó aquella misma noche en mi casita de la Pienzenauerstraße». En noviembre de 1938, en una carta dirigida a Kurt Daluege, máximo responsable de la Ordnungspolizei, Hanfstaengl llegó incluso a jactarse de que, con la ayuda de sus abogados londinenses, había conseguido que el capítulo del incendio del Reichstag se eliminara extrajudicialmente «de la edición inglesa del subversivo libro de Konrad Heiden titulado *Hitler. Eine Biographie*.

Pocas semanas después le tocó el turno al propio Putzi, que tuvo que pasar, más bien a regañadientes, al bando de los opositores al nazismo. Rosenberg, Goebbels, Göring y Heydrich habían ido socavando progresivamente su posición por considerar que era poco fiable y que se iba de la lengua. Además, había despotricado de Unity Mitford, la admiradora inglesa de Hitler. En una especie de broma pesada, Putzi fue embarcado en un avión el 10 de febrero de 1937 con la supuesta orden del Führer de «volar inmediatamente a España para hacerse cargo de nuestros representantes de prensa». Al menos, eso es lo que le contó Fritz Wiedemann, el ayudante de campo de Hitler. Además, el jefe del Departamento de Prensa del Ministerio de Propaganda de Goebbels, Alfred-Ingemar Berndt, añadió que: «nuestra gente no recibe de las autoridades franquistas el apoyo que merece, y parece ser que la culpa de ello la tiene un tal capitán Bolín. Su cometido será hacerle cambiar de opinión. Volará a Salamanca y se dirigirá al Gran Hotel, que hemos adquirido como sede de una supuesta sociedad mercantil llamada Hisma, a la que usted será asignado».

En 1957 dijo que «todo aquello sonaba perfectamente verosímil». Pero lo cierto es que la historia no tenía nada de verosímil, sobre todo porque Putzi no estaba preparado en absoluto para llevar tales acciones clandestinas en un país en plena guerra civil. Entre los bromistas se encontraba Hermann Göring, quien advirtió a Hanfstaengl antes de su partida que «no se liara con las mujeres españolas, porque la mitad de nuestros pilotos han contraído allí enfermedades venéreas». En cualquier caso, todo fue filmado, desde la recogida de Hanfstaengl en Múnich hasta el despegue desde el aeródromo de Berlín-Staaken. El cámara fue Heinz, alias Henry, Javorsky, que más tarde emigraría también a los Estados Unidos, en cuyos archivos han sobrevivido las grabaciones. El avión no llegó a España, lo cual probablemente nunca estuvo previsto, sino que, por problemas técnicos, aterrizó en el pequeño aeródromo de Klein-Polenz, cerca de Leipzig. Hanfstaengl, que por fin se había dado cuenta de que ya no pintaba nada en el Estado nazi, huyó en tren, vía Berlín y Múnich, a Zúrich, donde se alojó en el lujoso Hotel Baur au Lac bajo el nombre de Dr. Franzen. Sin embargo, su llamativa fisonomía lo delató y Göring envió a Zúrich al coronel Karl Bodenschatz con una nota escrita explicándole que la acción había sido una «broma sin importancia»: «Por diversos motivos, considero urgentemente necesario que regreses de inmediato a Alemania con Bodenschatz. Te doy mi palabra de honor de que aquí, con nosotros, podrás moverte como siempre con total libertad. Así que olvida todas las suspicacias y actúa con sensatez».

A Hanfstaengl le pareció más sensato emigrar primero a Londres desde Suiza, aunque Bodenschatz, Himmler y Bormann lo incitaron una y otra vez a regresar. Cuando se presentó de improviso en Zúrich[3], el diario *Basler National Zeitung* comentó maliciosamente en su edición del 16 de marzo de 1937 que su dimisión voluntaria debería aprovecharse para seguir desmantelando las oficinas de prensa nazis. Tal vez el cierre de la de Hanfstaengl pudiera dar pie a «una reducción definitiva de esas infinitas oficinas del Reich y del partido nazi, surgidas de una excesiva necesidad de organización y reconocimiento».

El 5 de mayo de 1938, Putzi volvió a dirigirse a Himmler por escrito: «Le ruego que se emplee a fondo en este asunto. La injusticia que se ha cometido conmigo no tiene nombre». Involucró también al prestigioso escultor Josef Thorak en un intento de mediación con Hitler. El *Reichsleiter* Bormann escribió por última vez a Hanfstaengl en Londres / West Kensington

[3] El 14 de marzo de 1937, *The New York Times* ya sospechó que Hanfstaengl se encontraba en Suiza. El diario neoyorquino se había puesto en contacto con la hermana, la madre y la secretaria de Putzi; véase: https://www.nytimes.com/1937/03/14/archives/hanfstaengl-sent-by-hitler-to-spain-but-friends-hint-putzi-is-in.html («Hanfstaengl enviado por Hitler a España, pero sus amigos insinúan que Putzi se esconde en Suiza para evitar una misión secreta. Se nota la mano de Ribbentrop. Se dice que el embajador en Londres insistió en silenciar al pianista por sus críticas»).

el día 15 de agosto de 1939, recordándole que «esperamos su pronto regreso». Tras estallar la guerra un par de semanas después, fue detenido en Inglaterra acusado de ser un *enemy alien* (extranjero procedente de un país enemigo) e incluido a la vez por los nazis en el llamado Libro Negro, una lista de ilustres residentes en las islas británicas buscados por la Oficina Central de Seguridad del Reich. Desde Londres fue trasladado a Canadá y más tarde, ya en 1942, a Estados Unidos, donde se le consideró una valiosa fuente de información nazi. Inicialmente fue recluido en Fort Myers. Allí, a petición del asesor del servicio secreto de Roosevelt, John Franklin Carter (a quien ya conocía desde antes de 1933), fue utilizado hasta mediados de 1944 para realizar diversos informes sobre los nazis. Una vez más, sus amplias relaciones transatlánticas habían dado sus frutos. Sin embargo, pronto empezó a sacar de quicio a sus jefes estadounidenses con sus extravagantes exigencias (un piano de cola Steinway, costosos tratamientos dentales, etc.).

El único rival que le hizo algo de sombra a Hanfstaengl en el terreno de las relaciones nazis con la prensa extranjera fue Kurt Georg Wilhelm Lüdecke, en la década de 1920. Nacido en febrero de 1890, Lüdecke era el benjamín del gerente de una empresa química de Uraniemburgo, cerca de Berlín. Al finalizar el bachillerato, se dedicó al comercio y sirvió en el 2.º Regimiento de Infantería de Baviera. Eso sí, a partir de entonces, la biografía del fabulador Lüdecke se volvió bastante turbia y variopinta.

Un informe judicial sin datar, elaborado en los años 1923/24, recoge lo siguiente:

- En los años previos al estallido de la guerra [Lüdecke] estuvo en Francia, Inglaterra, EE. UU. e Italia. «En uno de sus viajes habría conocido a Rosita Mapleson, una cubana de buena familia y viuda del ayudante del duque de Marlborough, con la que se sigue carteando». Por culpa de aquella relación amistosa, fue detenido en Lahr (Baden) acusado de espionaje, aunque más tarde sería puesto en libertad por falta de pruebas.

- Después de trabajar en AEG, Lüdecke intentó sin éxito vender aeroplanos a Argentina, Chile, Perú, México etc. por encargo de la Lufthansa. Fue entonces cuando se le ocurrió la idea de fundar una legión extranjera en México «en la que antiguos oficiales y suboficiales alemanes podrían haber encontrado un nuevo proyecto vital». Pero aquel proyecto también fracasó. Más tarde, Lüdecke recibió de la compañía aérea alemana, la Lufthansa, una indemnización de 150 000 *Reichsmark* (la moneda en curso entre 1924 y 1948), además de obtener otro medio millón neto como representante de la fábrica de neumáticos Peters Union, con sede en Fráncfort.
- En 1921 intentó trabajar como marchante de arte y organizador de exposiciones en Nueva York, con la intención también de «estudiar *in situ* el problema judío en los Estados Unidos». De vuelta en Berlín y gracias a la mediación de Ernst Graf zu Reventlow, entró en contacto con Adolf Hitler y se comprometió organizativa y económicamente con el movimiento nacionalsocialista. Así, de acuerdo con *Herr* Hitler y el antiguo jefe de policía de Múnich, *Herr* Ernst Pöhner, realizó por cuenta propia un viaje a Milán y a París «para ponerse en contacto con Mussolini y con el líder del movimiento antisemita francés». Durante aquel viaje, vendió «valiosas piezas de joyería» en Francia y transfirió después al partido nazi los ingresos obtenidos.

- En las últimas semanas, Lüdecke habría «formado un destacamento de asalto con el que al parecer pretendía dar una grata sorpresa a Hitler. Cada uno de los miembros de este destacamento de asalto, que llegó a contar con más de cincuenta hombres, recibió a cuenta de Lüdecke una casaca y, algunos de ellos, pantalones de media pierna, botas de montaña, polainas, calcetines, bufandas y gorros de esquí, así como brazaletes con la cruz gamada y una calavera plateada. Muchos de sus hombres recibieron también ayudas en metálico y en especie, por valor de más de cien mil marcos».

Ante semejante mezcla de realidad y ficción, solo nos queda desear buena suerte a los futuros biógrafos de Lüdecke, quien incluso dentro del partido nazi fue pronto considerado un impostor y un chantajista. Sin embargo, Hitler se aferró a él durante mucho tiempo, para disgusto sobre todo de Hanfstaengl. Putzi y Lüdecke tenían bastante en común: los dos, que ya por 1922 se dieron cuenta del potencial de Hitler, estaban casados con ciudadanas estadounidenses y ambos acabaron exiliándose en EE. UU. Lüdecke fue el primer representante del líder nazi en Italia, sobre todo para las entrevistas, pero debido a sus contactos en Norteamérica (con Henry Ford, entre otros) se entrometió en los planes de Hanfstaengl.

Putzi y Lüdecke no tardaron en denunciarse mutuamente a Hitler, así como a otros potentados nazis. «Chantajistas entre sí» fue la fórmula que utilizó el historiador Lothar Machtan para definirlo al analizar a fondo la relación entre ambos estrategas de la prensa internacional para su libro *El secreto de Hitler* (2001), donde expuso la tesis de que el Führer era homosexual, al menos de forma latente. De los dos, Lüdecke era el más desvergonzado: en 1933/34 estuvo en un campo de concentración por orden de Göring, de donde consiguió escapar en extrañas circunstancias. Desde el exilio, escribió varias cartas amenazantes a la cúpula nazi, la última de ellas desde Suiza, en 1943: un recurso de seis páginas dirigido a Hitler en el que exigía «rehabilitación y reparación total», con copias para, entre otros, Rosenberg, Max Amann y Magda Goebbels, con la que también había tenido un romance.

Lüdecke había publicado en Estados Unidos un libro de 800 páginas titulado *I knew Hitler* («Yo conocí a Hitler», 1937), con el que volvió a anticiparse a su némesis Hanfstaengl. En el ámbito periodístico, Putzi y Lüdecke volvieron a aparecer juntos, esta vez como testigos de excepción de las supuestas perversiones sexuales del dictador, en el libro del psicoanalista norteamericano Walter C. Langer titulado *The Mind of Adolf Hitler* (1973), escrito a partir de un informe realizado entre 1943/44 por los servicios secretos estadounidenses (OSS). Al acabar la guerra, los historiadores de la Alemania occidental perdieron por completo de vista al misterioso Lüdecke, que murió en Prien am Chiemsee (Baviera) en 1960. Hasta la fecha, su interesante libro sobre Hitler ni siquiera ha sido traducido al alemán.

Mientras que Kurt G. W. Lüdecke, aun viviendo a lo grande, prefería no prodigarse demasiado en público, Putzi llevaba una vida de dandi. Al recordar sus años en Berlín, la hija del embajador norteamericano William Dodd, Martha, a quien se le atribuyó una aventura con Hanfstaengl, así como otro romance con Rudolf Diels, el primer jefe de la Gestapo, relató lo siguiente en sus memorias:

> Putzi llegó tarde [a una fiesta] y su aparición fue sensacional; era un hombre enorme, tanto por su talla como por su

> corpulencia, y sobrepasaba en altura a todos los presentes. Su rostro era tosco y oscuro, y tenía las mejillas hundidas y los rasgos caídos. Resultaba amable y cautivador. Tenía una hermosa voz de la que se servía de manera hábil y consciente, a veces susurrando suave y delicadamente, para de repente rugir por la sala de forma estremecedora. Era considerado el artista de los nazis, tan interesante como imprevisible, el bufón y músico personal de Hitler.

Martha Dodd continúa diciendo que quedó fascinada con aquel primer contacto con un nazi de alto rango: «La mezcla de sangre bávara y americana habían producido aquel extraño individuo. Jamás habría podido ser prusiano, y eso le llenaba de orgullo».

El corresponsal estadounidense William Shirer también hizo uso de la narrativa del bufón. El 4 de septiembre de 1934, con motivo del congreso del NSDAP en Núremberg, anotó lo siguiente en su diario: «*Putzi* Hanfstaengl, un bufón extraordinariamente nervioso y de comportamiento incomprensible que no deja pasar la más mínima oportunidad para recordarnos que tiene sangre norteamericana y que estudió en Harvard, pronunció el discurso principal del día en su calidad de jefe de prensa extranjera del partido. Con la clara intención de complacer al Führer, Putzi se atrevió a pedirnos que "informáramos sobre los hechos que están aconteciendo en Alemania, sin tratar de interpretarlos"». «Únicamente la historia —exclamó Hanfstaengl— podrá juzgar los hechos que se están produciendo bajo el mando de Hitler».

Sin embargo, Putzi no solo era el bufón y el compositor de las marchas de las Juventudes Hitlerianas, sino que durante mucho tiempo fue también un valioso asesor de medios informativos para Hitler. Durante el *putsch* de Múnich en 1923,

Hanfstaengl animó a varios corresponsales estadounidenses a acudir a la Bürgerbräukeller: «Uno de los que más me interesaba era Larry Rue, el representante del *Chicago Tribune*, un periodista todoterreno que, a pesar de su experiencia profesional, no juzgaba las circunstancias alemanas de forma tan objetiva e imparcial como, por ejemplo, Knickerbocker». Hanfstaengl captó a Larry Rue en el Hungaria, un restaurante para sibaritas regentado por los hermanos Walterspiel en la plaza Wittelsbacher de Múnich[4].

En 1934, Putzi arregló un encuentro de alto nivel entre Hitler y el magnate de los medios de comunicación William Randolph Hearst, un profesional de la prensa escrita, que ya antes de que se estrenara la película de Orson Welles *Ciudadano Kane* estaba también considerado una celebridad en Europa, donde había sido incluso entrevistado. Hearst relata así aquella experiencia: «Cuando te entrevistan en Alemania ya puedes contar con que tus palabras no tendrán la más mínima importancia. El entrevistador te observa atentamente, te escucha con indiferencia y luego se marcha a su redacción para escribir lo que cree que más le conviene a Hitler. A los periodistas no les reprocho nada, porque si no se comportan así, les cierran el periódico una semana como mínimo».

Hanfstaengl tenía la impresión, al menos al echar la vista atrás, de que, hiciera lo que hiciera, sus esfuerzos por poner en contacto a Hitler con periodistas de postín no servían de mucho. Al parecer, Hitler era horriblemente impuntual y apenas mostraba interés por tales encuentros, de modo que «cuando teníamos alguna cita importante con periodistas, tenía que perseguirlo por la ciudad con mucha antelación», localizarlo

[4] Véase la tesis doctoral de Gary A. Klein (1997): «The American Press and the Rise of Hitler, 1923-1933»; https://etheses.lse.ac.uk/1459/1/%20U105259.pdf (consultado el 15/05/2024).

y llevarlo al lugar de la entrevista más o menos a tiempo: «La mayoría de las veces se le podía encontrar en el Café Heck a eso de las cuatro de la tarde, eso sí, rodeado de un buen número de ingenuos admiradores, a los que ya les había contado una y mil veces las mismas batallitas sobre la historia del partido». Si la entrevista llegaba a producirse, Hitler mostraba «a menudo una notable capacidad para dar respuestas vacías de contenido a todas las preguntas delicadas o directas del entrevistador para, de este modo, quitarles hierro y volverlas inofensivas».

En sus entrevistas, Hitler daba siempre la impresión de exigir a «quienes lo entrevistaban que fueran, si no nazis al cien por cien, al menos fascinados admiradores de su genio, que jamás se atreverían a modificar una sola sílaba de sus revelaciones ni a realizar el más mínimo comentario crítico». Así, Hanfstaengl tuvo que actuar a menudo de «filtro», algo que solía salirle bien cuando, a veces, le tocaba hacer de traductor. Ahora bien, si algo fallaba, era casi siempre él quien pagaba el pato.

Después de que Goebbels montara su nuevo Ministerio de Propaganda, el «filtro» de Hanfstaengl empezó a volverse prescindible. De todos modos, el nuevo ministro de Propaganda lo tenía por un «cerdo de mucho cuidado», así que asumió la responsabilidad de gastarle la broma pesada del viaje a España. A Goebbels, el católico del Rin, el dramaturgo frustrado, periodista combativo y líder del partido en Berlín, se le sigue recordando popularmente por su discurso del Sportpalast («¿Queréis la guerra total?») y por la «propaganda». En realidad, toda vez que en un principio fue dejado de lado en la formación del gabinete Hitler/Papen en 1933 («han pasado de mí», le dijo a su mujer, Magda, quien también quedó muy decepcionada) —por consideración hacia Hindenburg y hacia los miembros de la coalición conservadora—, Goebbels no quería de ningún modo ser «ministro de

Propaganda». A él, que había «conquistado» Berlín para el NSDAP y que, siendo uno de los primeros combatientes del ala anticapitalista de Strasser, había tenido que superar toda clase de crisis políticas y personales, el cargo le sonaba demasiado a publicista y político de segunda fila. Así que cuando finalmente se dejó engatusar por Hitler, tuvo que reunir como pudo departamentos y personal de todos los demás ministerios (Interior, Cultura, Agricultura), si bien nunca llegaría a confiar en sus funcionarios, que eran trasladados constantemente de un departamento a otro.

Como escritor, cinéfilo y experto agitador que era, es obvio que Goebbels dominaba la «intendencia de la vida pública» en una dictadura. Bombardeaba a diario a su gente con todo tipo de ocurrencias explicadas con pelos y señales[5], pero quería llegar más lejos: aspiraba a influir en el núcleo de la política nacionalsocialista, y no solo a vender las ideas de otra gente a la que, en su mayoría, consideraba simplona, con la excepción, claro está, de su querido Führer. Así, su rabia contenida pronto se dirigió contra el ministro de Educación, Bernhard Rust, contra el director de organización del Reich y jefe del Frente Alemán del Trabajo, Robert Ley, y cada vez más, después de 1939, contra Göring, el ministro de Asuntos Exteriores de Ribbentrop, y sobre todo contra Rosenberg y el resto de la camarilla nazi original de Múnich (a excepción de Himmler, que para entonces se había vuelto demasiado poderoso gracias a su aparato policial y terrorista).

Sin embargo, el periodista y escritor Konrad Heiden ya se percató en 1937 de lo que Goebbels era en realidad: «Muchos

[5] BOELCKE, Willi A. (ed.) menciona numerosos ejemplos en: *Kriegspropaganda 1939-1941. Geheime Ministerkonferenzen im Reichspropagandaministerium*, DVA, Stuttgart, 1966 («Propaganda bélica 1939-1941. Conferencias ministeriales en el Ministerio de Propaganda del Reich»).

consideran erróneamente al Dr. Goebbels el espíritu creador de la propaganda nacionalsocialista. En realidad, no es más que un alumno aventajado de Hitler en este y en muchos otros aspectos; un talento con grandes dotes para el trabajo fino que lija lo que el genio ha partido a hachazos previamente». Al igual que Hitler, Goebbels no se sentía a gusto en el extranjero y no llegó nunca a entender la mentalidad de los norteamericanos, rusos o ingleses. Y fue así también que, por respeto compensatorio, Karl Bömer llegó a convertirse en su colaborador preferido en cuestiones relacionadas con la prensa internacional, además de otros asuntos.

Bömer era hijo de un profesor universitario de Münster, que además había dirigido durante muchos años la biblioteca de la universidad. Tras completar el bachillerato en el prestigioso Gymnasium Paulinum, combatió en el frente de la Primera Guerra Mundial, estuvo alistado en los *Freikorps* de la llanura de Münster y a los veinte años fue miembro de la organización [de extrema derecha] Escherich. También fue auxiliar de banca. Tras doctorarse en 1925 con una tesis sobre el sistema bancario de Münster y trabajar como becario en un periódico de la misma ciudad, en 1926 fue nombrado profesor del Instituto Alemán de Periodismo bajo la dirección del profesor Emil Dovifat[6]. Participó en viajes de estudios y conferencias, sobre todo en los EE. UU. Fue editor del prestigioso *Handbuch*

[6] El instituto de periodismo de Dovifat contaba con una plantilla muy interesante para las circunstancias de la época. Por ejemplo, Friedrich Bertkau, antiguo director de la avanzada oficina de prensa de la «región Ober-Ost» (es decir, los territorios ocupados por los alemanes en Rusia y otras «regiones orientales») durante la Primera Guerra Mundial, trabajaba allí como compañero de Bömer (y, a veces, en calidad de coautor). Para más información, véase: BERTKAU, Friedrich: *Das amtliche Zeitungswesen im Verwaltungsgebiet Ober-Ost. Beitrag zur Geschicht der Presse im Weltkrieg*, Reinicke, Leipzig, 1928 («La prensa oficial en el territorio administrativo del Ober-Ost. Un artículo sobre la historia de la prensa durante la Guerra Mundial»).

der Weltpresse (Manual de la prensa mundial, 1931) y autor de numerosos ensayos sobre economía de la prensa. En 1932 se convirtió oficialmente en miembro del partido nazi. Después de haber trabajado durante unos meses como ayudante voluntario de Hanfstaengl, en mayo de 1933 fue nombrado jefe de prensa del Ministerio de Asuntos Exteriores del NSDAP, dirigido entonces por Rosenberg. Después, continuó con sus ambiciones académicas hasta obtener en 1935 la capacitación para acceder a una cátedra universitaria. En 1937 fue nombrado profesor extraordinario en Berlín y docente en la Universidad Alemana de Ciencias Políticas. Tras un breve interludio como consejero de legación en el Ministerio de Asuntos Exteriores, Goebbels y Otto Dietrich se lo llevaron al *Promi* en 1938, donde desde 1940 ejerció como director del Departamento de Prensa Extranjera con el rango de director ministerial. Aquel mismo año fue nombrado también profesor de la nueva Facultad de Ciencias Extranjeras de la Universidad de Berlín, bajo la dirección de Franz Alfred Six, decano fundador e «investigador de los enemigos de las SS».

En 1933, Bömer fue presentado en la popular revista nacionalsocialista *Illustrierter Beobachter* (con una foto en la que aparecía departiendo con «Mr. Campbell, líder de la Rex Guard, una organización antisemita australiana») de la siguiente manera: «El Dr. Karl Bömer, agregado de prensa y director de archivos del Ministerio de Asuntos Exteriores, fue durante ocho años asistente en el Instituto de Periodismo de la Universidad de Berlín. Está considerado uno de los mejores especialistas en el ámbito del periodismo y ha sido invitado en dos ocasiones a impartir conferencias en los Estados Unidos de América. [...] En la actualidad, El Dr. Bömer está trabajando en una bibliografía internacional del periodismo. Desde hace tiempo mantiene una estrecha relación con el partido». Ya en su cargo en el Ministerio de Asuntos Exteriores de Rosenberg, el relativamente joven, políglota y dinámico Bömer demostró ser un excelente mediador de entrevistas. Así lo confirma el corresponsal norteamericano Pierre J. Huss, refiriéndose a su conversación con Hitler en el Obersalzberg: «Por medio de Karl Bömer y Alfred Rosenberg, concerté una entrevista con Hitler para el día en que se anunciaran los resultados del referéndum sobre el estatus político del Sarre, suponiendo que sería un momento propicio en el que estaría de buen humor, siempre y cuando todo saliera como él deseaba».

Goebbels le encargaba a su ponente favorito toda clase de tareas durante las reuniones ministeriales diarias. En una ocasión, Bömer tuvo que ocuparse de utilizar las profecías de Nostradamus para la propaganda nazi; en otra, hubo de intervenir contra la «indisciplina de la prensa italiana» o, como venganza por las medidas adoptadas por las autoridades americanas contra la agencia de noticias nacionalsocialista Transocean, se ocupó de idear «contramedidas contra agencias y periodistas estadounidenses» en el Reich alemán.

El experto en propaganda Bömer no era particularmente belicista. Virginia Cowles, una joven reportera norteamericana que se reunió con él y Pierre Huss en el Hotel Adlon de Berlín en la primavera de 1939, relató que Bömer «había perdido su habitual expresión de confianza, y parecía demacrado y enfermo. Nos dijo con tono sombrío que ya nada podía arreglar la situación y profetizó que pronto todo el mundo estaría involucrado. Jamás había visto a nadie tan deprimido. Pete Huss me contó que aquella mañana [Bömer] se derrumbó y que lloró en la rueda de prensa».

En principio, el profesor Bömer, como la excepción que era de nacionalsocialista culto, gozaba del respeto tanto de sus colegas alemanes como de los corresponsales extranjeros.

Martin H. Sommerfeldt, biógrafo de Göring y portavoz del Alto Mando de la Wehrmacht dijo de él lo siguiente: «Al comienzo de la guerra, el jefe del Departamento de Prensa era el profesor Karl Bömer, un hombre bastante joven, inteligente y vital, del que nadie sabía que fuera profesor universitario, y que se caracterizaba por un atrevimiento que no se detenía ni ante Goebbels. Tenía buenos amigos entre los periodistas extranjeros, porque era de verdad un buen tipo, aunque por desgracia, inestable. Su pasión eran las mujeres y el alcohol, y eso le hacía irse de la lengua». Más crítico con él se mostró *Bill* Shirer, quien se percató muy bien de la táctica del palo y la zanahoria de Bömer. En su diario, anotó lo siguiente: «Está claro que Bömer es antirradio», un periodista puro sin apenas nociones sobre los medios de comunicación modernos. Es el «típico nazi, excepto que es inteligente y ha viajado mucho, sobre todo a Estados Unidos. Se molesta de vez en cuando por nuestra "falta de aprecio" hacia los favores de los nacionalsocialistas, como las donaciones suplementarias de alimentos que hacían a los corresponsales».

Además, Bömer recurría a argucias, como cuando, en los viajes al frente, hacía que se alojaran extrañas combinaciones de personas en la misma habitación de hotel: «El Dr. Bömer, jefe de prensa del Ministerio de Propaganda del Reich, que era el responsable de aquel viaje, insistió en que compartiera una habitación doble en ese hotel [en Sopot (Polonia), en 1939] con Philip Johnson, un fascista americano que afirmaba ser representante del semanario *Social Justice*, del Padre Coughlin. Ninguno de nosotros podía soportar a aquel tipo. Es más, todos sospechábamos que nos espiaba para los nazis».

Philip Johnson, el «fascista americano», se convertiría más tarde en un arquitecto de prestigio y en el cofundador del posmodernismo. Entre otros proyectos, diseñó en Alemania la *Kunsthalle* de Bielefeld y la casa Philip Johnson, situada en el emplazamiento del antiguo paso fronterizo Checkpoint Charlie de Berlín.

Howard K. Smith recordaría más tarde que el conciliador Bömer también sabía actuar de otra manera: tras la detención del corresponsal de United Press Richard *Dick* Hottelet por la Gestapo (véase el capítulo 4), Bömer amenazó a los periodistas diciendo que «pronto pillaremos a algunos más de vosotros». En la reunión del *Promi* del 14 de marzo de 1940, Goebbels se declaró «de acuerdo con la táctica propuesta por el Sr. Bömer de que sea la policía quien se ocupe de expulsar de Alemania a los periodistas internacionales considerados indeseables, para que así el Departamento de Prensa extranjera pueda mantenerse en la medida de lo posible al margen de estos asuntos». En el caso de *Dick* Hottelet, Bömer se pronunció en términos más duros, puesto que el «material disponible» contra él era más grave de lo que se había supuesto en un principio: «Es de suponer que se le impondrán al menos varios años de reclusión, si no la pena de muerte» (Conferencia de Ministros del 20 de marzo de 1941). Hottelet fue encarcelado durante seis semanas acusado de publicar secretos militares. Bömer no podía imaginarse que iba a verse en la misma tesitura unas semanas después, exactamente por el mismo motivo.

La némesis de Bömer fue el Dr. Paul Karl Schmidt, nacido en 1911, líder estudiantil en Kiel, jefe de prensa de Ribbentrop en el Ministerio de Asuntos Exteriores desde 1938 y, al finalizar la guerra, escritor de éxito —bajo el seudónimo de Paul Carell— y asesor de seguridad del editor Axel Springer[7].

[7] Para saber más sobre la asombrosa carrera de Paul Karl Schmidt, alias Paul Carell, véase: BENZ, Wigbert: *Ribbentrops Pressechef Paul Karls Schmidt vor und nach 1945*, Berlín, 2005 (El jefe de prensa de Ribbentrop, Paul Karl Schmidt, antes y después de 1945),

El corpulento líder de las SS Schmidt se ganó algunas victorias de prestigio en los medios de comunicación nazis. Publicó, por ejemplo, la pomposa revista *Berlin Rom Tokio* (cuyo subtítulo era: Revista mensual para la profundización en las relaciones culturales del triángulo político mundial), aunque la verdad es que no tenía la más remota idea de lo que ocurría en Japón. Howard K. Smith dijo de él: «El enlace de Ribbentrop con los profesionales extranjeros de la prensa y la radio, un individuo ambicioso, repugnante y gordo, llamado Dr. Paul Schmidt, asumió la dirección de esta coral nazi e intentó por todos los medios erigirse en un especialista alemán en Roosevelt. Schmidt podía dejarse llevar a veces por una ira aterradora, al estilo de un predicador de secta exaltado, llegando en última instancia a babear literalmente». Según Sommerfeldt, Schmidt era «un hombre fornido de sangre véndica[8], de ojos pequeños y rápidos. Andaba siempre ligeramente encorvado, con la cabeza inclinada sobre su cuello de toro como si estuviera a punto de atacar. [...] Era un apasionado del boxeo. Su dialéctica era astuta y sorprendentemente fluida. Pero prefería actuar de forma directa y brutal. Un pequeño Hitler».

---

y PLÖGER, Christian: *Von Ribbentrop zu Springer. Zu Leben und Wirken von Paul Karl Schmidt, alias Paul Carell*, Marburgo, 2009 (De Ribbentrop a Springer. La vida y obra de Paul Karl Schmidt, alias Paul Carell). Acerca del compromiso estudiantil de Schmidt/Carell con el nacionalsocialismo contra Heidegger, véase HACHMEISTER, Lutz: *Heideggers Testament. Der Philosoph, der Spiegel und die SS*, Berlín, 2014 (El testamento de Heidegger. El filósofo, *Der Spiegel* y las SS). El editor Axel Springer consideraba también a Schmidt/Carell un guardaespaldas competente por el rango que había tenido en las SS, si bien lo cierto es que sus capacidades en este campo eran muy limitadas. La carrera de posguerra de Schmidt, alias Carell, fue bastante significativa; desde la adquisición del *Völkischer Beobachter*, el NSDAP era esencialmente una organización periodística y propagandística (al margen de su ala militar), lo que dio lugar a un excedente de personal que, un vez terminado el conflicto bélico, pudo ser aprovechado por la República Federal Alemana en diversos ámbitos (periodismo, gestión editorial, publicidad, marketing), mucho más allá de los círculos de extrema derecha.

[8] N. del T.: Relativo a los wendos (o vendos), pueblos eslavos del centro y norte de Europa.

El periodista noruego Theo Findahl describe una recepción con la prensa internacional celebrada en una velada de junio de 1944 en la lujosa casa de Ribbentrop de la Lentzallee de Berlín, a donde se había trasladado el «Club de la Prensa Extranjera», después de que su sede original en la Fasanenstraße fuera bombardeada. Presidió la reunión Paul Karl Schmidt, al que los periodistas suecos apodaban Al Capone. Según Findahl, Schmidt fue «una víctima de la propia tiranía del nazismo; se ha esforzado tanto por hacerse en exclusiva con el derecho a la libertad de expresión, por sofocar cualquier tipo de crítica y por imponer la pena de muerte a quienes no comparten otras opiniones que no sean las del partido, que a buen seguro nunca más escuchará una sola palabra de oposición sincera y abierta». Pero al menos en un punto el ministro Schmidt podía estar seguro de «tener el unánime beneplácito de la prensa: en su calidad de anfitrión del club». El club de prensa del Ministerio de Asuntos Exteriores («Chez Paul») había superado con creces a la empresa competidora del Dr. Goebbels, el Club Alemán en el Extranjero (DAC) con sede en la Leipziger Platz. (Poco antes del final de la guerra, los pocos periodistas extranjeros que quedaban saquearon las reservas de vino del club de Goebbels, que para entonces se encontraba abandonado).

En cualquier caso, lo único que pretendía Paul Karl Schmidt era desbancar a su rival, Charlie, más elegante y popular. En el fondo todo era una lucha por poderes entre Ribbentrop y Goebbels. El 23 de mayo de 1942, este último anotaría en su diario: «Me llama el Dr. Dietrich: Bömer ha hecho unas tonterías tremendas. Me temo que tendré que reprenderle muy duramente. Todo por culpa del alcohol». Y tres días después, añadiría lo siguiente: «El Führer se ha tomado muy en serio el caso Bömer y lo ha remitido a la Gestapo para que lo investigue. [...] El caso Bömer está generando cada vez más revuelo y el Ministerio de Asuntos Exteriores lo exagera artificialmente».

El fiscal del Reich reconstruyó los hechos de la siguiente manera: la tarde del 15 de mayo de 1941 se celebró en la legación búlgara de Berlín una recepción con motivo del cumpleaños del zar Boris III (1894-1943) en la que Bömer se pasó con el champán y con el aguardiente de ciruela búlgaro. Sentados a su lado en la mesa se encontraban la esposa del ministro de Asuntos Exteriores Heribert Schwörbel, la mujer del ministro Hans Strack, la escultora Barbara von Kalkreuth-Hommel, el agregado de prensa búlgaro Poppoff y el consejero de legación suizo Franz Kappeler, a los que se unieron también el propio Schwörbel y Emil Rasche, del Ministerio de AA.EE. Después de todo tipo de animadas «bromas», al menos según la versión del fiscal del Reich, Bömer le dijo al consejero de legación del Ministerio de AA.EE. Rasche que la guerra interna entre su ministerio y el de Propaganda se tenía que acabar. Ahora había otros asuntos importantes, como por ejemplo que pronto iba a ser nombrado subsecretario de Estado en el recién conquistado territorio ruso[9]. Bömer les dijo a las mujeres allí presentes: «Voy a ser un gran hombre. Tenéis que estar a bien conmigo. No seáis tan orgullosas. Pronto me veréis con admiración». Al pedirle Schwörbel más detalles, Bömer precisó:

[9] Emil Franz Rasche (1904-1958) fue jefe de la oficina regional de la *Gauleitung* (administración regional) de Sarre-Palatinado y periodista nazi en el diario *N. S. Z. Westmark*, donde ocupó un cargo directivo. Rasche, uno de los consejeros más importantes en el Ministerio de Asuntos Exteriores desde marzo de 1940, dimitió de su cargo cuatro años más tarde, a raíz de una serie de conflictos. Rasche prefirió volver a Ludwigshafen, al *N. S. Z. Westmark*, que para él era «el periódico más importante del Reich después del *Völkischer Beobachter*». El editor y socio principal del periódico era Josef Bürckel, «especialista en la anexión» (Sarre, Austria). Rasche, un nacionalsocialista convencido, logró de forma inexplicable ser elegido alcalde de su ciudad natal, Unna (Westfalia) una vez terminada la guerra (de 1954 a 1958), gracias al apoyo del SPD.

«Sí, Alfred Rosenberg va a ser gobernador general de Rusia. No puede tardar ya mucho. [...] En cuatro semanas, habremos vapuleado a los rusos».

Al menos eso es lo que indican los testimonios más o menos coherentes de quienes asistieron a la velada búlgara, si bien luego apareció otro pasaje en el escrito de acusación del fiscal del Reich que resultó de relevancia para el posterior desarrollo de los acontecimientos. Bömer le habría dicho a Rasche que «el Dr. Dietrich lleva días detrás de mí para que me quede. Pero no sirve de nada. Estoy harto de este sitio, así que me voy con Rosenberg. Me van a nombrar subsecretario de Estado y Paulchen [«Pablito», refiriéndose al Dr. Paul Schmidt] será director ministerial gracias a mí. Nos juntamos y luego él se queda con todo». Bömer no solo había revelado un secreto de Estado —el inminente ataque a la Unión Soviética, que, como sabemos hoy, no era ya tan secreto—, sino que también había comprometido a una serie de personas: el Führer, Rosenberg, el Dr. Dietrich y el Dr. Schmidt. Tampoco a Goebbels debió de hacerle demasiada gracia que Bömer estuviera «harto» de su puesto actual y quisiera volver precisamente con Rosenberg.

El Dr. Schmidt, de Asuntos Exteriores, tomó nota del incidente contrastando las declaraciones de Rasche y Schwörbel y, cómo no, se lo comunicó de inmediato al ministro Ribbentrop. Además, el *Forschungsamt*, la oficina secreta de Göring encargada de destapar casos de espionaje, había registrado los informes correspondientes de la embajada búlgara en Sofía. Bömer estaba perdido, sobre todo desde el momento en que el caso de Ribbentrop fue presentado personalmente a Hitler y este lo puso en manos de la Gestapo. Pero entonces, el asunto tomó un cariz bastante sorprendente: Goebbels y Dietrich intercedieron con elocuencia por Bömer ante el Tribunal Popular. Goebbels (que dijo: «si condenan a Bömer, me condenan a mí también...») el primero, porque no podía permitir que el ministerio rival de Ribbentrop se llevara por delante a su jefe de prensa internacional. Y, además: ¿cómo se había enterado Bömer del inminente ataque a Rusia? Nadie tenía interés en llegar al fondo del asunto.

Bömer sería condenado a tres años de prisión, pero después de pasar seis meses entre rejas, fue trasladado a la región de Járkov para cumplir su condena en régimen abierto, con lo que, ironías del destino, había acabado donde quería estar, aunque realizando una función completamente diferente (fue degradado al puesto de simple «vigilante», cuando antes era teniente en la reserva). En 1947, el consejero ministerial Werner Stephan se refirió a Charlie de manera compasiva en su biografía de Goebbels: «Tras cumplir su condena, fue herido levemente en Járkov cuando combatía como soldado en libertad provisional. En el hospital militar de Cracovia se consumió. Goebbels se ocupó de él con una ternura conmovedora, e incluso consiguió que Hitler lo rehabilitara. Pero todo fue en vano, porque Bömer falleció. El hecho de haber vivido los métodos del Reich en sus propias carnes le quitó las ganas de vivir». Bömer tuvo incluso una pomposa esquela oficial por parte del Reich, firmada por Goebbels y Otto Dietrich. *The New York Times* fue algo más sobrio al titular de este modo la noticia sobre su muerte en la edición del 24 de agosto de 1942:

UN BÖMER CAÍDO EN DESGRACIA MUERE EN RUSIA

El antiguo funcionario nazi se había alistado voluntariamente en el ejército tras cumplir condena por revelar un plan para la guerra contra la Unión Soviética.

Berlín honra al antiguo jefe de departamento de prensa extranjera del Ministerio de Propaganda.

Pierre J. Huss, el corresponsal de Hearst, dedica nada menos que diecinueve páginas al caso Bömer en *Heil! And Farewell* justo antes de un capítulo sobre los «virreyes de Hitler en el nuevo orden», como Heydrich, el *Gauleiter* Terboven en Oslo, Seyss-Inquart en Holanda, Hans Frank en Polonia y por supuesto Rosenberg, a quien ya había conocido en 1934 por mediación de Charlie. Huss ya conocía a Bömer, al que inmediatamente elevó a «number four» de la cúpula nazi, de la época en que este fue profesor invitado en la Escuela de Periodismo de la Universidad de Misuri, en los Estados Unidos, y volvió a coincidir con él en 1931 en el Congreso Mundial de Prensa celebrado en Ciudad de México. La relación profesional entre Huss y Bömer es un buen ejemplo de la política (*do ut des*) de favores recíprocos que, dentro de ciertos límites, se vino practicando hasta 1941. Huss consiguió su entrevista con Hitler en el Obersalzberg, además de todo tipo de información privilegiada desde las entrañas del aparato del poder, y es por eso que llegó incluso a defender a Bömer tras su muerte. El colaborador favorito de Goebbels se rompió porque tuvo que colaborar en campañas sucias contra el Gobierno de Roosevelt, en oposición a sus propias convicciones. Al fin y al cabo, «parece que Bömer, aunque no intencionadamente, se interpuso en los planes del Führer con respecto a los EE. UU. y por eso tenía que ser eliminado sí o sí. Echarlo no habría bastado, porque la reacción natural de todos los demás hubiera sido pensar que ellos podrían ser los siguientes. Karl Bömer se había convertido en una especie de barómetro y punto de referencia político en Berlín. Entonces, en un momento desafortunado, Bömer le ofreció a Hitler una oportunidad única de destruirlo».

Según Huss, el gran beneficiado del asunto fue Schmidt, el hombre de Ribbentrop para la prensa. Con la sentencia del Tribunal Popular contra Bömer quedaba claro para el cuerpo de prensa estadounidense que aquel fallo era aplicable también a los corresponsales americanos en el extranjero[10]. De todos modos, ya poco antes del ataque alemán a la Unión Soviética se había terminado el trato preferente a los periodistas de medios internacionales. A finales de 1941, un corresponsal más bien inofensivo del *Neue Zürcher Zeitung*, el Dr. Urs Schwarz, escribió un artículo que por lo visto incomodó a Goebbels. Este encargó a su nuevo responsable de prensa internacional, el Dr. Ernst Brauweiler, que comunicara a Schwarz «nuestra disconformidad con este tipo de insultos. Es una grosería pretender sermonearnos con esos aires de superioridad viniendo de un país tan pequeño. No volveremos a tolerarlo; si vuelve a ocurrir, será usted expulsado». Y Hans Fritzsche, director de radio del Ministerio de Propaganda, añadió que «actualmente, la presencia de periodistas extranjeros en Alemania no tiene ya ningún propósito. Las opiniones fuera de nuestras fronteras están tan asentadas que apenas tiene sentido correr detrás de unos cuantos periodistas extranjeros y organizar costosos viajes a los Balcanes. Eso se ha terminado».

El susodicho Dr. Brauweiler, nacido en 1898 en Elberfeld y redactor jefe del periódico nacional-liberal *Hannoverscher Kurier* durante la República de Weimar, sucedió a Karl Bömer como jefe de prensa internacional en el Ministerio de Propaganda, pero ya apenas le quedaban periodistas internacionales serios a los que supervisar, sobre todo porque pronto desaparecería

[10] El corresponsal sueco Bertil Svahnström (1907-1972) fue expulsado del Reich nazi en 1942, precisamente por haber informado sobre el caso Bömer. Svahnström había estudiado en Berlín entre 1931 y 1932. Véase al respecto el artículo aparecido el 8 de septiembre de 1942 en *The New York Times*, titulado: «Writer Incurs Nazi Ire. Swede's Report on Boemer Death Brings Advice to Leave Reich».

el último corresponsal estadounidense. En las ruedas de prensa oficiosas, Brauweiler continuó aburriendo deliberadamente con su matraca propagandística a algunos periodistas del Eje y a los pocos escandinavos allí presentes, hasta el punto de que este grupo inventó la expresión «*sich brauweilen*» (algo así como *brauweilizarse* —por su apellido—, que en alemán rima con aburrirse) para referirse al tono de sus discursos. Aburrido o no, el caso es que el 23 de julio de 1945 fue condenado a muerte por fusilamiento por los soviéticos. La sentencia se ejecutó dos semanas más tarde.

Como delegado de prensa internacional, Hanfstaengl sobrevivió muchos años a sus sucesores indirectos en el puesto, Bömer y Brauweiler. Murió en Múnich en 1975 y uno tiene la impresión de que le hubiera gustado que le preguntaran mucho más a menudo sobre sus vivencias en el seno del movimiento nacionalsocialista. En cambio, fue su hijo Egon, ahijado de Hitler, quien, a pesar de no haber vivido en carne propia nada de aquello, se convertiría en invitado habitual a la serie de documentales sobre Hitler realizados años después para la cadena pública de televisión ZDF por el profesor Guido Knopp. La mansión de Putzi en Uffing, donde Hitler fue arrestado el 11 de noviembre de 1923, lleva mucho tiempo vacía, aunque se mantiene en buen estado de conservación. Las autoridades del pequeño municipio a orillas del lago Staffel, en Alta Baviera, están pensando en convertir la casa en propiedad municipal, pues no quieren que se convierta en un lugar de peregrinación para nostálgicos del nacionalsocialismo. De hecho, ni siquiera hay una placa identificativa. Cómo podría haber cambiado la historia si, en este mismo lugar, Helene Hanfstaengl no le hubiera arrebatado —al parecer mediante una llave de *jiu-jitsu*— el revólver cargado que aquel Hitler cansado de vivir tenía ya apoyado en la sien.

4

«LA DEMOCRACIA ES UNA FARSA»

Las entrevistas norteamericanas (1922-1941)

«A los grandes hombres les gusta ser interrogados por representantes de la prensa extranjera. Herr Adolf Hitler se considera a sí mismo un gran hombre. Por eso recibió a un corresponsal del *New York World* y le abrió su rebosante corazón. De este modo, a través de la prensa internacional, el "gran hombre" hace saber al mundo, que le escucha expectante, que:

El parlamentarismo ya no cuenta con la confianza de los alemanes y está al borde del colapso. O bien será aplastado por el martillo soviético o barrido por los "patriotas", que persiguen su objetivo con fanática determinación. La cruz gamada y la estrella soviética son como el agua y el aceite. Hacen falta reformas que ningún gobierno lastrado por la revolución está en condiciones de emprender. Es imprescindible reducir drásticamente el número de funcionarios del Estado. Alemania solo podrá volver a formar alianzas en política exterior cuando el pueblo alemán vuelva a mostrar su voluntad de poder. Un gobierno nacional de Alemania no podría revocar sin más el Tratado de Paz de Versalles. Lo que le falta a la nación alemana es la determinación, no las armas. No es el bienestar económico individual lo que cuenta. Un gobierno alemán tenaz exigirá de cada ciudadano el más estricto cumplimiento del deber y aplastará sin piedad a quien atente contra los intereses del pueblo alemán. ¿Acaso no es Hitler un gran hombre? ¡Sí, es un "gran hombre"!».

Münchener Post, 21 de agosto de 1923

La Badheim University fue un improvisado centro de formación continua ubicado en la pequeña localidad de Bad Nauheim, cerca de Fráncfort del Meno, fundado por los cerca de 120 periodistas y diplomáticos estadounidenses que fueron internados allí en 1941 y posteriormente trasladados a la ciudad balneario de Hesse, tras el ataque a Pearl Harbor y la declaración de guerra a Washington por parte de Alemania. Los promotores de la Badheim University fueron Philip Whitcomb, corresponsal de la agencia de noticias Associated Press (AP), y Perry Laukhuff, funcionario de la, por aquellos días, huérfana embajada estadounidense en Berlín. El residente más destacado fue George Kennan, que más tarde se convertiría en un prestigioso diplomático. Hasta entonces había ejercido de asesor de la delegación norteamericana en Berlín y más tarde impulsaría la estrategia de contención contra la Unión Soviética. Kennan, gran conocedor de Rusia, ya se hallaba en una fase depresiva causada por problemas personales antes de su internamiento en Bad Nauheim, donde anotó lo siguiente en su diario: «No queda otro remedio. Uno llega una y otra vez a la misma conclusión: hay que renunciar a la esperanza, reconocer que se es viejo o peor aún. Dios mío, uno ya no es un hombre joven. ¿Qué se puede esperar?».

Algo menos pesimista se mostraba Louis P. Lochner, antiguo director de la oficina de AP en Berlín y, junto con Kennan, la figura más destacada de Badheim. Lochner ya se había hecho a la idea de que la situación de los periodistas norteamericanos en el Reich nazi se había vuelto insostenible. En su libro *What about Germany? For fourteen years Chief of the Associated Press in Berlin*, publicado en 1943, afirmaría lo siguiente: «La labor de los corresponsales estadounidenses se fue complicando progresivamente. Nos excluían cada vez con más frecuencia de las conferencias de prensa, en favor de los amigos de las potencias del Eje. Durante las presentaciones de autopromoción de la prensa diaria, teníamos que escuchar continuamente burdos discursos de odio contra los EE. UU. y su presidente. Si hubiésemos sido diplomáticos acreditados, habríamos tenido que levantarnos e irnos en señal de protesta. Pero éramos corresponsales y nuestro cometido era transmitir noticias, por mucho que fueran incómodas o desagradables, así que, aunque rabiábamos por dentro, tuvimos que quedarnos».

El 9 de diciembre de 1941, la redacción norteamericana comunicó a Lochner que el FBI había detenido a corresponsales y diplomáticos alemanes en Estados Unidos, además de a italianos y japoneses. En una previsible acción de represalia, ahora les tocaba el turno a los periodistas estadounidenses en el Tercer Reich (cerca de cuarenta corresponsales americanos ya habían abandonado el Estado nazi en los años anteriores). Al día siguiente, Paul Karl Schmidt anunció en la rueda de prensa del Ministerio de Asuntos Exteriores que los reporteros estadounidenses ya no eran bienvenidos a la conferencia y que debían regresar a sus domicilios en Berlín. Al menos, sus colegas suizos, suecos, españoles, argentinos e incluso japoneses se despidieron de ellos con un espontáneo «good luck» y un «auf Wiedersehen».

Para Lochner y otros catorce colegas estadounidenses que aún permanecían en Berlín, aquello fue el comienzo de una odisea. Agentes de la Gestapo fueron a buscarlos a sus pisos y los condujeron a la oficina de la policía secreta del Estado en la Alexanderplatz. Allí, a Lochner le llamaron la atención los retratos del Führer, de Heinrich Himmler y del «jefe de seguridad Gerhard Heiderich» (seguramente se refería al abominable Reinhard Heydrich). Después, el grupo fue trasladado al Hotel Riviera, situado en el barrio de Grünau. Allí, los funcionarios de propaganda nazi Emil Rasche y el Dr. Hans Theodor Fröhlich les aseguraron que serían liberados tan pronto como los corresponsales y diplomáticos arrestados en Estados Unidos fueran a su vez puestos en libertad. Pero aquello se demoró. En un principio, el grupo de periodistas norteamericanos fue alojado en el Jeschkes Grand Hotel de la otrora noble localidad de Bad Nauheim, donde la comida era mala y apenas se calentaban las habitaciones. A los corresponsales se les unieron unos noventa miembros de la antigua embajada de los EE. UU. en Berlín, que también quedaron internados en el hotel. Nadie sabía cuánto tiempo iba a durar aquel confinamiento. Para estructurar un poco la vida en el frío Grand Hotel (al que llamaban «la gran nevera»), había, además de la Badheim University, cursos de gimnasia para hombres y mujeres, torneos de sóftbol, partidos de ping-pong, así como un comité de entretenimiento dirigido por Arthur H. *Speedy* Graubart, de la Marina de los EE. UU., y Frederick C. Oechsner, de la agencia de noticias United Press, todo bajo la supervisión del *Hauptsturmführer* (capitán) de las SS Valentin Patzak y su grupo de guardias. Tras varios meses de internamiento, el 12 de mayo de 1942 los periodistas fueron transportados a Lisboa, de allí a Biarritz y luego a los Estados Unidos a bordo del vapor Drottningholm[1].

Así, después de aproximadamente veinte años, los encuentros de corresponsales estadounidenses con Hitler y otras personalidades del nacionalsocialismo llegaban, por el momento, a un abrupto final. Para los estrategas de la propaganda nazi, aquel giro geopolítico también resultó doloroso, puesto que casi todos los periodistas americanos acreditados por el Estado

[1] Para más información sobre el internamiento y la liberación de diplomáticos y periodistas de las potencias del Eje, véase Solomon, *op. cit.* (2020).

nazi dieron cuenta de los malos recuerdos de su día a día y del acoso que sufrieron en el Tercer Reich por parte de la Gestapo. Harry W. Flannery, por ejemplo, que sucedió a *Bill* Shirer como corresponsal de radio de la CBS, no tomó posesión de su cargo en la capital del Reich hasta octubre de 1940, pero dos años después ya había escrito unas trescientas páginas sobre sus experiencias con políticos nazis y diversos censores radiofónicos, así como sobre el ambiente en el cuerpo de corresponsales en su libro *Assignment to Berlin* («Misión en Berlín», donde se menciona explícitamente: «El sucesor de William Shirer en la capital nazi» en la sobrecubierta del libro). Algunos de aquellos corresponsales estadounidenses se enrolaron como informantes en la OSS, el servicio de inteligencia americano durante la guerra, si es que para entonces no trabajaban ya para ella, realizando sobre todo informes psicológicos de los líderes nazis o revelando sus rivalidades y áreas de influencia.

En realidad, las cosas empezaron bastante bien para los periodistas norteamericanos a principios de los años veinte, y entre 1930 y 1941, las entrevistas con los estadounidenses fueron traducidas al alemán, con lo que la propaganda nazi pudo exprimirlas al máximo y presentar así a Hitler como un estratega y estadista a uno y otro lado de la frontera. El punto culminante de esta estrategia de *feedback*, para la cual ya resulta significativa la cita que abre este capítulo, aparecida en el legendario diario muniqués *Münchener Post*, enemigo de Hitler[2],

[2] Véase al respecto: Paul Moser, *Münchener Post*, publicado el 3 de julio de 2006 en *Historisches Lexikon Bayerns*. Fuente: https://www.historisches-lexikon-bayerns.de/Lexikon/Münchener_Post (consultada el 9/05/2025). El periódico ya había sido prohibido una vez en octubre/noviembre de 1923 por el comisario general de Baviera, Gustav Kahr. En marzo de 1933, las tropas de las SA saquearon las oficinas de la redacción y el *Münchener Post* (en la jerga nazi: *Münchener Pest* —peste—) tuvo que dejar de publicarse definitivamente.

fue la convocatoria en 1940 del corresponsal de Hearst, Karl von Wiegand, al castillo belga de Lausprelle, donde Hitler, pocos días antes de que las tropas del Reich tomaran París, pudo volver a exponer su versión de la «doctrina Monroe» alemana: América para los americanos y Europa para los alemanes.

El 8 de marzo de 1923, el *Chicago Tribune* publicó una entrevista con Hitler realizada por su corresponsal en Europa Raymond Shannon Fendrick (1889-1942), que había sido oficial del ejército en la Primera Guerra Mundial. El titular fue: «Heinrich Ford, ídolo del líder fascista bávaro. Millones de artículos antisemitas en circulación». Hitler elogió expresamente a Ford por ser el «líder del creciente movimiento fascista en Estados Unidos» (algo meramente ilusorio, por mucho que en aquella época algunos de sus simpatizantes vieran en Henry Ford al futuro presidente norteamericano) que los combatientes nacionalsocialistas bávaros aprecian expresamente por su campaña antijudía. En la entrevista, Fendrick, natural de Mercersburg (Pensilvania) reveló a los lectores del *Tribune* que las majaderías de Ford sobre la conspiración internacional judía, publicadas primero en el *Dearborn Independent* durante semanas e incluso meses, habían sido ahora traducidas al alemán por la editorial Hammer de Leipzig en el libro *Der internationale Jude*, con mención explícita en la portada a la autoría de Ford. Además, Fendrick consiguió una explosiva afirmación de Hitler: «Ojalá pudiera enviar a algunos de mis escuadrones de la sección de asalto (la Sturmabteilung o SA) a Chicago y a otras grandes ciudades norteamericanas para echar una mano en la campaña electoral».

Ahora bien, resulta bastante improbable que en 1924 las milicias de la SA hubieran ayudado a Henry Ford en Chicago y en otros lugares de los Estados Unidos con una eventual candidatura a la presidencia, por lo que la declaración del Führer deja claro su precoz desconocimiento de la realidad norteamericana. En la grabación de la entrevista que Fendrick le hizo a Hitler en Múnich no se menciona el lugar exacto del encuentro, aunque la germanización del nombre de «Heinrich» Ford y la mención al retrato del magnate del automóvil en «el santuario de *Herr* Hitler» permiten suponer que la charla tuvo lugar en la antigua oficina del NSDAP en el número 12 de la Corneliusstraße. El reportero presentó a «Hittler» (sic) como el jefe del Partido Obrero Alemán, aunque ya hacía tiempo que se había transformado en el Partido *Nacionalsocialista* Obrero Alemán (NSDAP). También la afirmación de que «el movimiento de *Herr* Hittler» fuera en su origen «socialista y pacifista» carece de todo fundamento. Hitler tampoco fue nunca un «pintor de Viena», pero el comentario de que la ocupación del Ruhr por tropas belgas y francesas en 1923 habrían supuesto un *boom* para Hitler («que lo ha elevado a héroe nacional») no fue del todo desacertado. Hitler hizo hincapié en que «ya hemos expulsado de Múnich a todos los judíos, salvo a los que tienen una seria mentalidad patriótica». También aseguró que le gustaría convertirse en ciudadano alemán, aunque no pensaba solicitar tal honor al «gobierno judío» de Berlín.

Hitler siguió creyendo en el cliché de Henry Ford durante mucho tiempo, porque le atraía en extremo, tanto desde el punto de vista táctico como psicológico: si incluso uno de los industriales norteamericanos más importantes veneraba el antisemitismo más duro, entonces quizá es que los EE. UU., con su evidente segregación racial, estaban más abiertos a su base programática de lo que generalmente se pensaba. El 28 de diciembre de 1931, Annetta Josefa Halliday-Antona (1866-1949), corresponsal del *Detroit News*, pasó supuestamente por la entonces llamada Casa Parda, en el número 34 de la Briennerstraße, para realizar una entrevista en el marco de su columna «Cinco minutos con personas en el punto de mira público» (el título del artículo fue «Adolf Hitler, un hombre sin patria», impreso el 31/12/1931). En él escribió que también a ella le llamó la atención un gran retrato de Ford en el despacho de Hitler, de quien afirmó que era su «fuente de inspiración». Halliday fue traductora de D'Annunzio (tradujo con su marido, el conde Alessandro Giuseppe Antona, *Las vírgenes de las rocas*, 1898) y hoy en día es recordada en círculos especializados sobre todo como la correspondiente (epistolar) del erudito en cultura japonesa Lafcadio Hearn, alias Koizumi Yakumo. Halliday, profesora de idiomas, autora de revistas con una amplia gama temática y figura de la *high society* de Detroit, ya apareció en *The New York Times* en 1912, aunque como la protagonista de una crónica de sucesos, ya que por aquel entonces fue acusada de envenenar a su ama de llaves junto con su marido (motivo por el cual fue detenida brevemente). Dado que algunos corresponsales como Guido Enderis o Edgar Mowrer ya se habían referido a Hitler como el «apátrida» en una reunión de prensa («un encuentro con corresponsales extranjeros») el 4 de diciembre de 1931, tampoco podría descartarse que Halliday se inventara por completo su encuentro exclusivo con Hitler. De todas formas, en Detroit no habrían podido verificarlo.

En agosto de 1923, en pleno proceso de preparación del *putsch* de Múnich, Hitler dictó lo siguiente a un corresponsal anónimo del periódico neoyorquino de gran tirada *The World*:

> «La coalición de Weimar está condenada al fracaso. La esperanza de Alemania es una dictadura fascista, y Alemania la tendrá». Estas fueron las palabras de Adolf Hitler a un enviado

> especial de *The World* esta tarde en Salzburgo, después de una reunión de reaccionarios fascistas de Alemania, Austria y Checoslovaquia. El líder de los llamados nacionalsocialistas no solo prometió una revolución inminente, sino que también declaró que «la democracia es una farsa. Ha destruido Alemania y la coalición de Weimar contribuirá a una mayor destrucción. Solo hay dos posibilidades: que sea aplastada por el martillo soviético o barrida por una minoría patriótica».

El *New York World*, fundado en 1860 y durante algún tiempo propiedad del «oscuro genio de Wall Street», Jason *Jay* Gould, era un periódico especial. Adquirido en 1883 por Joseph Pulitzer, quien lo hizo rentable, está considerado un producto extraordinariamente innovador de la historia del periodismo estadounidense, por varios motivos: por el enfoque sensacionalista de sus artículos, lo que se vino a llamar «prensa amarilla» (que, según la leyenda, debe su nombre a la popular tira cómica de Richard Outcault, «The Yellow Kid», que empezó a publicarse en el *World*), por los reportajes de investigación y de escándalos de Nelly Blye, una pionera en el género, así como por el uso de la impresión en color, por la crítica social y por la cobertura deportiva. Charles E. Chapin, quien odiaba la palabra «periodismo», fue muchos años redactor jefe del diario y despidió a un centenar de empleados durante ese periodo de tiempo; finalmente fue condenado por el asesinato de su esposa y enviado a la prisión de Sing Sing, lo que cuadraba bastante bien con la imagen del periódico. Para el *New York World* escribieron también la amiga de Hanfstaengl, Djuna Barnes, o Walter Lippmann, el analista jefe de la «opinión pública». Hacía falta cierta desfachatez para explicarle a un enviado de este periódico que la democracia era una farsa, pero Hitler nunca se retractó: aquella forma de Estado tan compleja, y en su opinión, dominada por judíos capitalistas no encajaba con el pueblo alemán.

Políticas de contrataciones y despidos a la ligera, tiras cómicas, reporteras infiltradas, titulares y textos redactados en plan telegráfico… la esencia del periodismo estadounidense era algo completamente ajeno para quienes creían en la «prensa de principios» alemana de toda la vida. El profesor Emil Dovifat, experto en periodismo, católico convencido y simpatizante de Brüning, aun reconociendo la mejor división del trabajo en la prensa escrita estadounidense, así como la profesionalidad de las numerosas escuelas de periodismo integradas en universidades americanas, escribió lo siguiente en su influyente libro *Der amerikanische Journalismus* (1926):

> El verbo *to beat*, que significa «ganar, batir, llegar antes que el otro» revela la verdadera fuerza que impulsa al reportero a rendir al máximo: la competencia. Si en las redacciones de los periódicos alemanes se pasa por alto una noticia, el redactor jefe pregunta: «¿por qué no la tenemos nosotros?», algo que los periodistas tendrán lógicamente que tomarse en serio. Pero si en EE. UU. alguien se olvida de *cover the news*, es decir, de cubrir un acontecimiento importante, eso le cuesta el puesto. Sin contemplaciones. En la mentalidad periodística americana, dejar que la competencia se te adelante con una primicia […] es un delito tan grave como lo sería en Alemania el cambio repentino de la línea editorial establecida y acordada por el medio en cuestión. Con una euforia infantil, los periódicos se jactan de sus éxitos informativos.

Según Dovifat, esa «forma de explotar las noticias y el fuerte elemento personal» que se imprime a la *interview*, deja claro su «carácter auténticamente americano». En sí, la entrevista es un invento estadounidense, un invento de Gordon Bennett y su *New York Herald* cuando, «durante el asalto a Harpers Ferry en el año 1859», el *Herald* envió un reportero para interrogar a los principales implicados y publicó después la conversación. «El nuevo formato de noticias obtuvo un reconocimiento generalizado. Su peculiaridad consiste en presentar una serie de noticias de forma atractiva y personal». El estadounidense llama a la entrevista un «vehículo informativo» y suele precederla de una descripción detallada de los rasgos personales y del *lado humano* del entrevistado, que es donde se pone el foco. «Otra cosa ya es ver si la persona entrevistada recibe el enfoque adecuado. Hacer una entrevista, al igual que redactar una simple noticia, tiene su propia técnica».

En general, los corresponsales de medios norteamericanos habrían «tomado el relevo de aquellos enviados especiales de periódicos ingleses que, en la Europa empobrecida de hoy, son tratados casi como diplomáticos. Aunque la espiritualidad de aquellos antiguos corresponsales, pensemos por ejemplo en Blowitz [Henry Opper de Blowitz, periodista francés y uno de los pioneros del género de la entrevista en el siglo XIX], ha sido sustituida por la prisa y el afán por conseguir noticias interesantes, el estatus social sigue siendo el mismo, sobre todo porque el dinero da absolutamente igual a la hora de ocupar estos puestos y de dotarlos de medios de representación. La prensa estadounidense debe gran parte de la importancia que se le atribuye en Europa desde el final de la guerra a este periodismo de alto nivel, que sin duda puede tener un gran impacto político».

Además, según Dovifat, el tinte político de la prensa alemana, cuya desafortunada lacra sería el «alboroto partidista», tenía la gran ventaja de que la labor periodística no era «puramente informativa como en los Estados Unidos», sino *ideológica*. Los redactores alemanes «no son, o al menos no en su conjunto, hombres de negocios de la información o cazadores de noticias (en América se habla de *to hunt the news*). No se inspiran en la figura del reportero frenético, sino en la del periodista líder».

Para Dovifat, la entrevista era en general una forma de periodismo al estilo americano y, de alguna manera, indigna de los «periodistas líderes» de Alemania. Es cierto que en los años de la República de Weimar también hubo algunos «grupos mediáticos» (Mosse, Ullstein y el opaco trust patriotero Hugenberg), pero para Dovifat y sus colegas de la vieja «escuela periodística», en su mayoría vinculados a alguna confesión religiosa, aquellos grupos no respondían al perfil de la prensa alemana, con sus sobrios periódicos locales y sus prestigiosas publicaciones como el *Frankfurter Zeitung*, el *Hamburger Fremdenblatt* o el *Berliner Tageblatt*. No en vano, Goebbels y Amann permitieron que aquellos periódicos siguieran existiendo durante bastante tiempo después de 1933. En ellos, algunos equilibristas del periodismo pudieron escribir crípticos artículos de resistencia que, por desgracia, solo unos pocos iniciados eran capaces de entender.

En las entrevistas de corresponsales americanos con Hitler llama la atención lo mucho que estas se concentraron en los pocos periodistas que la propaganda nazi consideraba medianamente fiables: Karl von Wiegand, Louis P. Lochner o Pierre J. Huss. El periodista de AP Lochner y el reportero de Hearst Wiegand acapararon alrededor de un tercio de las entrevistas que el dictador nazi concedió a medios estadounidenses; Huss, por su parte, mantuvo, además de algunas entrevistas propiamente dichas, una sorprendente serie de conversaciones en privado con Hitler. Si bien los nazis pretendían en aquellos primeros encuentros que el oscuro demagogo *völkisch* de Baviera quedara bien a los ojos del mundo, a partir de 1930 *Putzi* Hanfstaengl y posteriormente la Cancillería del Reich retomaron el mando de lo que se publicaba con el fin de darle al Führer una propaganda internacional más sistematizada. *Casi todas* las entrevistas «americanas» habían salido bien para Hitler, en el sentido de que se habían cumplido sus objetivos, ya que en ellas pudo hablar largo y tendido de los aspectos centrales de su programa, se describieron los rasgos tanto de su fisonomía como de sus diversas residencias oficiales, y fue tratado hasta el final como una celebridad política.

Después de 1930, la persona más indicada para entrevistar a Hitler, en términos estrictos de competencia periodística, hubiera sido Sigrid Schultz. Nacida en Chicago en 1893, Sigrid Lilian Schultz era, según la opinión unánime de sus colegas, la periodista mejor informada sobre el Reich nacionalsocialista, más incluso que los «*boys*», los corresponsales masculinos de prensa y radio en el extranjero. Precavida y distante, con buenos contactos en todos los círculos gubernamentales e informativos habidos y por haber desde la República de Weimar, *seasoned* (experimentada), como les gusta decir a los estadounidenses, además de buena anfitriona y experta cocinera[3].

Fue hija del retratista Hermann Schultz, nacido en Noruega, que, entre otros, tuvo encargos de la aristocracia de Wurtemberg. Siguiendo a su padre, Sigrid pasó su niñez en Wiesbaden, Múnich y París, donde aprendió alemán y francés, idiomas que, además del inglés, hablaba con fluidez. Más tarde estudió en la Sorbona. Siendo una joven reportera,

[3] En 1967, Schultz publicó un libro de cocina para periodistas titulado *The Overseas Press Club Cookbook*. Véase también: MACKRELL, Judith: *Going with the Boys. Six extraordinary Women Writing from the Front Line*, Londres, 2021 (en alemán, 2023).

informó del golpe de Estado de Kapp en 1920 para el *Chicago Tribune*, que en aquella época era tan importante como *The New York Times*. El dueño del *Tribune*, el coronel Robert McCormick, un militarista, antisemita y más tarde acérrimo enemigo de la política intervencionista del New Deal de Roosevelt, se prendó tanto del desempeño profesional de Schultz, una mujer dinámica y siempre dispuesta a contar una buena historia, que en 1925 la convirtió en la primera mujer en dirigir una corresponsalía norteamericana en su periódico, en este caso desde el Hotel Adlon de Berlín. Después de la guerra, Sigrid Schultz pudo seguir contando buenas anécdotas, como por ejemplo que Hitler la obligó a besarle la mano en el Hotel Kaiserhof[4], pero que este se dio cuenta de manera instintiva e inmediata de la aversión de la periodista hacia él. Como ya se ha dicho, Schultz habría sido la interlocutora predestinada para entrevistar al Führer, gracias a sus contactos y a todo lo que sabía sobre los nazis. De hecho, en la literatura especializada se hace a menudo referencia a que ella lo entrevistó en varias ocasiones, aunque no hay pruebas concretas de ello. El 29 de octubre de 1939 escribió a su editor McCormick diciéndole que había rechazado una entrevista exclusiva con Hitler porque Hanfstaengl (o bien Otto Dietrich) exigía diez centavos por palabra del Führer, lo cual demuestra que, incluso tras el éxito del NSDAP en las elecciones al Reichstag de septiembre de aquel año, se quiso

[4] Durante sus estancias en Berlín en 1932, Hitler se alojó en la planta superior del Grand Hotel Kaiserhof, situado en la Wilhelmplatz 3-5, frente a la Cancillería del Reich. El hotel, que sería bombardeado en noviembre de 1943, fue la sede provisional del NSDAP, después de que Hitler fuera rechazado en el Hotel Excelsior. La descripción que el famoso novelista belga Georges Simenon hizo del Kaiserhof está recogida en: LUBRICH, Oliver: *Reisen ins Reich, 1933-1945. Ausländische Autoren berichten aus Deutschland*, Fráncfort del Meno, 2004 (la primera edición es de 1933) («Viajes al Reich, 1933-1945. Autores extranjeros informan desde Alemania»).

seguir llenando las arcas del partido gracias a las entrevistas con Hitler[5].

Está documentado que el 2 de mayo de 1935, durante un almuerzo de la Asociación de la Prensa Extranjera, Sigrid Schultz confrontó a Göring con el hecho de que la Gestapo estaba intentando comprometer por medio de artimañas a los corresponsales incómodos. Schultz había experimentado en sus propias carnes cómo se habían filtrado ciertos materiales supuestamente confidenciales para luego acusar a un medio concreto de revelación de secretos, en caso de que llegaran a publicarse. Después de aquello, Göring la llamó «la ogro —*dragon* en inglés— de Chicago» ya que, como dijo, de todos es sabido que Chicago es una ciudad de gánsteres. Schultz adoptó un seudónimo masculino (John Dickson) para sus controvertidos reportajes y, por precaución, enviaba sus historias sobre la cúpula nacionalsocialista a través de Suiza. Permanentemente amenazada de expulsión, Schultz aguantó en Berlín hasta 1941, cuando resultó herida durante una de sus retransmisiones de radio (había sido también contratada por la cadena Mutual Broadcasting System en 1938) por un bombardeo británico sobre Berlín. Ya de vuelta en los Estados Unidos, regresó a Alemania con las tropas norteamericanas en 1944, entre otras cosas para informar sobre el campo de concentración de Buchenwald tras su liberación.

Schultz, probablemente una de las periodistas estadounidenses más inteligentes y cualificadas del siglo XX, cayó en el olvido al finalizar la guerra, seguramente también porque cuando publicó su libro *Germany Will Try It Again* («Alemania lo volverá a intentar»), donde relata sus experiencias con el nazismo, en 1944, muchos de los «*boys*» ya se habían echado la fama

[5] Más pruebas al respecto en Domeier, *op. cit.* (2021).

al bolsillo. El ya mencionado libro de Louis P. Lochner fue publicitado por su editorial con el eslogan «El legítimo sucesor de *Berlin Diary* y *Last Train From Berlin*», es decir, el continuador de las monografías de Shirer y Howard K. Smith, una publicidad de la que Schultz no pudo disfrutar. El hecho de que, desde el punto de vista de la ideología nazi, llevara la «sangre judía» de su madre, Hedwig Jaskewitz, fue algo que Schultz mantuvo en secreto, incluso dentro de su círculo de amistades. Su labor como informante para la OSS, los servicios secretos estadounidenses, le enseñó a partir de 1941 a ser una *secret woman*. Sin embargo, la diosa de la historia hace a veces justicia: desde 2014 existe una beca Sigrid Schultz para jóvenes periodistas (Sigrid Schultz Scholarship for Future Journalists) que otorga la Central Connecticut State University; en 2020 el Museo de Historia y Cultura de Westport organizó una amplia exposición sobre su vida (*Dragon Lady: The Life of Sigrid Schultz*), y en 2024 se publicó finalmente una biografía exhaustiva, firmada por Pamela D. Toler bajo el título de *The Dragon from Chicago / The Untold Story of an American Reporter*[6].

La imagen que Adolf Hitler tenía de Estados Unidos —al principio apenas sabía algo de este país— cambió un poco a finales de los años veinte, aunque en realidad el líder nazi solo comprendía superficialmente las complejidades del sistema político norteamericano o incluso aún menos el trasfondo económico que provocó el crack del 29 en la bolsa de Wall Street. En 1958, el historiador Gerhard Ludwig Weinberg, nacido en Hannover en 1928 y emigrado con sus padres a EE. UU. una década después, descubrió, mientras investigaba

[6] TOLER, Pamela D.: *The Dragon from Chicago. The Untold Story of an American Reporter in Nazi Germany*, Beacon Press, Boston, 2024.

en los Archivos Nacionales, un manuscrito [mecanografiado, de más de trescientas páginas] que más tarde se conocería como el «Segundo libro» o *El libro secreto de Hitler*[7], cuya autoría se da en general por segura, escrito al parecer después de la dura derrota nacionalsocialista en las elecciones al Reichstag de 1928. Hitler, que pretendía proyectar una imagen de gran experto en política exterior —su primer libro, *Mi lucha*, se centró más bien en los principios de la ideología nazi—, concedió en el texto más importancia a los Estados Unidos en tanto que potencia mundial, especialmente en términos de política económica, sobre todo a raíz de las intervenciones de políticos y banqueros norteamericanos (plan Dawes, plan Young) durante la fase intermedia de la República de Weimar. En opinión de Hitler, Estados Unidos se entendía a sí mismo «como un Estado nordicogermánico [...] pero en ningún caso como un revoltijo de pueblos», algo que a su juicio se desprendía «del criterio con que se asignan las cuotas de inmigración a los pueblos europeos», puesto que «a los escandinavos, es decir, a los suecos, noruegos, seguidos de los daneses, los ingleses y, por último, a los alemanes, se les asignan los mayores contingentes. A los mediterráneos y a los eslavos muy pocos, mientras que a chinos y japoneses preferirían excluirlos por completo».

Querer «contraponer a este Estado predominantemente nórdico desde el punto de vista racial» una coalición europea o una Pan-Europa «como factor de resistencia» en la que dominarían «todos menos los germanos» sería una utopía; una utopía muy peligrosa, de hecho, si se tiene en cuenta que «muchos alemanes vuelven a ver [en ello] un futuro halagüeño sin la necesidad de hacer demasiados sacrificios». No deja

[7] Véase también *Außenpolitische Standortbestimmung nach der Reichstagswahl Juni-Juli 1928*, Múnich, 1995, con prólogo de Gerhard L. Weinberg («Situación de la política exterior tras las elecciones al Reichstag de junio-julio de 1928»).

de tener su gracia que tal utopía surgiera precisamente de Austria. En la cabeza de Hitler todo se entremezclaba, pero si algo tenía claro es que la Pan-Europa —el proyecto del conde austro-bohemio Coudenhove-Calergi que tanta tinta hizo correr durante aquellos años— no permitiría crear un contrapeso frente a la América teóricamente «nordicogermánica», aunque *prima facie* judío-capitalista, sino que solo una indiscutible potencia europea como Alemania, organizada en torno al nacionalsocialismo, podría ejercer tal liderazgo.

Tras su llegada al poder en 1933, Hitler hizo todo lo posible por evitar cualquier intervención de los Estados Unidos en Europa o, cuando menos, para apartarlos de su espectro ideológico, puesto que la «batalla final» intercontinental aún podía esperar. Las numerosas entrevistas con periodistas norteamericanos sirvieron también a este interés estratégico.

El régimen nazi, con su propia política de violencia, echó por tierra los esfuerzos por ganarse la aprobación de la opinión pública estadounidense. Tras la furia antisemita de 1938, el Gobierno de Roosevelt retiró a su embajador Hugh Robert Wilson, y la animadversión hacia el presidente norteamericano se fue volviendo obsesiva para Hitler, algo que culminó en uno de sus discursos más emblemáticos, el 11 de diciembre de 1941 en el Reichstag, donde declaró la guerra a los EE. UU. y, en furibundas soflamas, también al propio Roosevelt *ad hominem*:

> El nacionalsocialismo llegó al poder en Alemania el mismo año en que Roosevelt fue elegido presidente de los Estados Unidos. Ahora es importante examinar los momentos que deben considerarse como la causa del desarrollo actual de los acontecimientos. En primer lugar, el aspecto personal:
>
> Soy perfectamente consciente de que entre la visión y la actitud ante la vida del presidente Roosevelt y la mía propia

> hay un abismo. Roosevelt procede de una familia muy adinerada y perteneció desde el principio a esa clase de personas a las que, en las democracias, la cuna y los orígenes les allanan el camino y les aseguran el éxito.
>
> Yo, en cambio, solo fui el hijo de una pequeña y humilde familia que tuvo que abrirse camino con grandes esfuerzos a base de trabajo y tesón.
>
> Cuando estalló la Guerra Mundial, Roosevelt, que ocupaba un puesto a la sombra de Wilson, asistió al conflicto desde la atalaya de los privilegiados. Por lo tanto, solo conoce las consecuencias amables del enfrentamiento entre pueblos y Estados, que se traducen en beneficios para los que hacen negocios, allí donde otros se desangran.
>
> Durante ese mismo tiempo, mi propia vida dio un giro de 180 grados. Yo no era de aquellos que hacían historia, ni mucho menos negocios, sino de los que se limitaban a cumplir órdenes.

Sociológicamente hablando, Hitler volvió a presentarse como un «hombre corriente» y como un simple soldado raso, en contraposición con Roosevelt, que descendía de una familia acomodada, lo que recuerda a la dicotomía de Werner Sombart de «los héroes y los vendedores ambulantes». De este modo, proporcionó una justificación añadida para declarar la guerra a los Estados Unidos, con lo cual la Segunda Guerra Mundial, iniciada por él y su bando, se perdió definitivamente para el «Reich milenario». El odio de Hitler hacia la América democrática y capitalista se transformó en un exacerbado complejo de inferioridad que blanqueó con el etnonacionalismo germánico. Una anécdota que aparece relatada en las memorias de Edward William Beattie, *Freely to Pass* (1942), ilustra muy bien este punto:

Los nazis, a quienes en el fondo todo les daba igual, se extrañaban a veces de no gustar tampoco a los extranjeros. Recuerdo a un apático funcionario nazi de bajo rango, responsable de la propaganda nacionalsocialista en el extranjero, que a menudo, amodorrado por la cerveza, se inclinaba sobre la mesa y me decía: «Beattie, a ti no te caen bien los alemanes, ¿eh?».

Pero los argumentos no servían de nada. Siempre me venía a la memoria la descripción que Wally Deuel hizo de Hitler en el *Chicago Daily News*, donde dijo que el líder nazi era como alguien que va a una fiesta elegante, le da una patada en la rodilla a la anfitriona, abofetea a su esposo, empuja y molesta al resto de invitados, y al final, cuando todos se hartan y lo echan a la calle, el tipo se queda parado en medio de la acera, extiende los brazos y exclama: «¿Veis? Nadie me quiere»[8].

En cuanto Hitler tomó el poder, el escenario en el que los corresponsales estadounidenses desarrollaban la cobertura informativa cambió drásticamente. El nuevo canciller del Reich disponía ahora también de un aparato gubernamental de control y supervisión de la prensa extranjera. En un principio, los reputados periodistas estadounidenses fueron tratados con la misma mezcla de concesiones, amenazas y señuelos que sus colegas franceses, italianos o neerlandeses, junto a los que además tenían que soportar el bombardeo diario de propaganda en las conferencias de prensa. Sin embargo, como representantes que eran del poder mediático más potente en términos económicos, estaban organizados más profesionalmente. Y como además venían de una gran potencia lejana y misteriosa, los

[8] Edward William Beattie (1909-1984), corresponsal de United Press (UP), se convirtió al terminar la guerra en director de noticias en la emisora de radio Voice of America, fundada en 1942.

nazis los preferían también como interlocutores y personas de contacto. El tono general de las conflictivas relaciones se pudo ya pronto comprobar en una diligencia del 12 de mayo de 1933 dirigida por el cónsul general de los EE. UU. en Berlín, George Messersmith, a su Ministerio de Asuntos Exteriores:

> Tengo el honor de informar al Ministerio de que la situación de numerosos corresponsales estadounidenses en Berlín no está siendo fácil desde la toma del poder por parte de los nacional-socialistas [...]. Los periodistas norteamericanos en Berlín son a menudo figuras muy conocidas en el mundo de la prensa y únicamente pretenden informar de manera objetiva sobre lo que ocurre en el país. Entre ellos se encuentran los mejores profesionales en el ámbito de la información internacional, personas que no pueden someterse a ningún tipo de censura indebida ni dejarse controlar, ya que ni su autoestima ni su sentido del deber hacia sus periódicos se lo permitirían.

Messersmith menciona los primeros conflictos de los corresponsales estadounidenses con el régimen, como el de Edward Deuss, del International News Service, y el de Edgar Mowrer, presidente de la Asociación de la Prensa Extranjera en Berlín. Sin embargo, el caso más interesante, por su complejidad, fue el de Hubert Knickerbocker, quien tuvo problemas con los supervisores de prensa por culpa de ciertos artículos que escribió tras las elecciones al Reichstag del 5 de marzo de 1933. En el caso Knickerbocker se involucraron todos y cada uno de los potentados nazis, como Hermann Göring, con quien Messersmith discutió el asunto personalmente, Alfred Rosenberg, *Putzi* Hanfstaengl, Erhard Milch del Ministerio del Aire del Reich y Kurt Lüdecke (que aparece en el escrito de Messersmith como adlátere de Rosenberg).

El Dr. Goebbels, por su parte, habló en persona con Hitler sobre Knickerbocker, al que Hanfstaengl y Goebbels querían mantener en el país, no así Rosenberg y Lüdecke. Messersmith, al final de su diligencia relativa a la actitud de los dirigentes nazis, dijo lo siguiente: «Han comprendido claramente que tal vez sea posible controlar a la opinión pública en Alemania, pero no en el extranjero. Le he dejado muy claro a *Herr* Göring que contar en el país con periodistas estadounidenses de primera fila, aunque no siempre escriban lo que a él le gusta, le conviene más que no tenerlos o que los que haya sean profesionales mediocres que solo causan problemas».

Aunque la cúpula nazi era consciente de que desde Berlín apenas era posible influenciar y aún menos controlar a la «opinión pública» de Nueva York, Washington o Chicago, el «*high class group*» de corresponsales norteamericanos que informaban desde la capital del Reich les resultó aún mucho más difícil de manejar. Tras la Noche de los Cuchillos Largos en 1934 y las leyes raciales de Núremberg de 1935, no quedaba en Alemania ningún periodista americano de prestigio que se llamara a engaño sobre el carácter de la dictadura nazi y su ideología racista. Sin embargo, o tal vez precisamente por eso, Berlín siguió siendo un destino muy solicitado por los corresponsales, más que Londres, Viena, París o Roma, con un Mussolini que cada vez interesaba menos a los periodistas. Aunque la cultura de Weimar había llegado a su fin, aún quedaban lugares atractivos para la camaradería y el intercambio de información periodística entre colegas. Lilian Mowrer, la esposa de Edgar Ansel Mowrer, corresponsal del *Chicago Daily News*, ofrece algunas reflexiones significativas en su libro *Journalist's Wife* (publicado en 1937 y hoy caído en el olvido. «Esposa de periodista» —con ese título es probable que hoy no hubiera ninguna editorial dispuesta a publicárselo):

Cerca de la Kurfürstenstraße había un pequeño restaurante italiano. Die Taverne se llamaba. Allí se reunían principalmente los corresponsales extranjeros, británicos y americanos, alrededor de medianoche, antes de que salieran los últimos teletipos. En la mesa del rincón donde solían sentarse, moderada por Norman Ebbutt, del *London Times*, uno podía enterarse mejor de lo que realmente estaba ocurriendo en Alemania que en ningún otro lugar del país. Porque ni siquiera los propios nazis estaban al tanto de lo que sucedía fuera de las zonas en las que ellos mismos cometían fechorías. Ningún gremio trabaja tan bien en equipo como los reporteros internacionales. En aquellos terribles primeros días, todos se dieron cuenta de que su misión era contarle al mundo lo que estaba pasando y, por tanto, dejaron de lado cualquier tipo de actitud competitiva. Lo más importante era acceder a los hechos. Uno solo veía poco, pero cinco, diez, veinte periodistas experimentados que conocían el país, y cada uno de ellos, por su parte, a media docena de diplomáticos, además de a muchos alemanes de todas las clases sociales, tenían una buena perspectiva de la situación. Se pasaban la información de unos a otros, a menudo planificaban juntos su trabajo y, de este modo, obtenían toda la información necesaria para poder revelar la historia completa[9].

[9] La Taverne, situada en la esquina de Kurfürstenstraße con la Courbièrestraße de Berlín, era el local habitual de la gran mayoría de corresponsales extranjeros angloamericanos. Prácticamente todos los periodistas de aquella época aluden a ella en sus memorias. El propietario Willy Lehmann, nacido en 1886, había comenzado su carrera como director de producción en la época del cine mudo y aprovechó sus contactos en el mundo de cine para convertir el restaurante germano-italiano, que regentaba junto con su esposa belga Maria, en un mundano lugar de encuentro que conservó en gran medida su encanto característico incluso durante el régimen nazi, aunque lo cierto es que algunos de sus clientes eran informantes de la Gestapo. El edificio de varias plantas en el que se encontraba la Taverne fue destruido hacia el final de la guerra. Willy Lehmann murió en octubre de 1946 de una hemorragia cerebral en su piso de la Lietzenburgerstraße 7a.

Lilian Mowrer fue testigo de la temprana y forzada salida de su marido del represivo Berlín nazi (en enero de 1934 se trasladó a la oficina del *Tribune* en París), pero describe también que la camaradería entre los corresponsales extranjeros de Berlín iba más allá de los círculos estadounidenses:

> Cuando Edgar comprendió que el Gobierno alemán no cambiaría su actitud hostil, convocó a regañadientes una asamblea general de la F.P.A. (la Asociación de la Prensa Extranjera) para ofrecer su dimisión como presidente. Era la única asociación no alineada de Alemania, pero si lo que querían los 130 representantes de los medios más importantes del mundo era un presidente menos recto, más del agrado de los nazis, entonces él estaba dispuesto a marcharse. Mientras los socios seguían discutiendo, llegó la ayuda de donde menos se esperaba. El corresponsal de *Il Popolo d'Italia* (el periódico del propio Mussolini), muy cercano al dictador italiano, declaró de repente que había leído con gran interés [el libro de Mowrer] *Germany Puts the Clock Back*. Explicó muy abiertamente que llevaba idea de escribir un libro similar y que agradecería algunas sugerencias. No compartía, claro está, las conclusiones democráticas del autor, pero todo reportero extranjero debía tener derecho a publicar un libro como aquel. Cualquier intento del Gobierno de castigar al autor o de ejercer presión sobre él supondría una violación de la libertad de prensa.

Tras un aplauso generalizado, los representantes de la prensa internacional rechazaron casi por unanimidad (solo hubo siete votos en contra y tres abstenciones) la dimisión de Edgar Mowrer y se negaron a que las presiones sociales o personales obstaculizaran su libertad de expresión, siempre que las críticas se basaran en hechos contrastados.

De este modo, los periodistas y locutores de radio estadounidenses siguieron marcando el paso de los medios de comunicación internacionales hasta el día en que el último grupo acabó siendo expulsado. Su historia está relativamente bien documentada en numerosos libros de memorias, así como en los ensayos de Andrew Nagorski (*Hitlerland*, más bien periodístico) y Norman Domeier (*Weltöffentlichkeit und Diktatur*: «La opinión pública mundial y las dictaduras», de estilo más académico), así que a continuación nos centraremos en analizar algunas entrevistas cardinales con el líder nazi; en cualquier caso, conviene tener en cuenta que muchos de los entrevistadores de Hitler no estaban destinados en Berlín.

La periodista estadounidense Dorothy Thompson era una veterana de la cobertura informativa en Alemania. Nacida en 1893 en Lancaster (Nueva York), casada en primeras nupcias con el también periodista J. Bard y en segundas con el escritor Sinclair Lewis, Thompson informó al detalle sobre la más famosa de todas las entrevistas realizadas a Hitler. A *Putzi* Hanfstaengl le quedó tan grabada en la memoria aquella conversación que esta ocupa un destacado lugar en su autobiografía. La periodista, según sus propias declaraciones, ya trató de localizar a Hitler en 1923, justo después del fallido *putsch* de la Cervecería, pero este se había ocultado en la mansión de la esposa de Hanfstaengl en Uffing. Posteriormente intentó en vano «durante siete años» contactar con él a través de la señora Hanfstaengl y su madre[10]. El propio Putzi escribe que si

[10] Para saber más sobre la historia de la familia Hanfstaengl, véase también el documental televisivo de Gabriele Dinsenbachen titulado *Die Künstlerfamilie Hanfstaengl* (La familia de artistas Hanfstaengl), en Bayerischer Rundfunk (2006), así como la tesis doctoral de David George Marwell (quien más tarde sería director del Berlin Document Center), titulada: «Unwonted exile: a biography of Ernst "Putzi" Hanfstaengl» (1988).

Thompson pudo acceder a hablar con Hitler fue «únicamente gracias a la recomendación de mi madre y mi hermana».

Cuando la cita con Hitler parecía inminente, la corresponsal acordó con el editor John C. Farrar la publicación de un librito sobre el líder nazi, algo que en 1931 suponía un cierto riesgo editorial, dado que este era todavía relativamente desconocido en los Estados Unidos. Dorothy Thompson, destacada sufragista, esposa del primer escritor norteamericano galardonado con el premio Nobel de Literatura y estrella del periodismo, aceptó el encargo. No era tan experta en política como su colega Sigrid Schultz, pero contaba con una buena red de contactos en los círculos intelectuales germano-estadounidenses. La literatura especializada no se pone de acuerdo sobre la fecha exacta de la conversación con Hitler: se habla de noviembre de 1931, diciembre de 1931 o incluso de la «primavera de 1932», aunque este último dato podría deberse a una confusión con la fecha de un primer artículo aparecido en la revista *Hearst's International Cosmopolitan*, en marzo de 1932, titulado «I Saw Hitler!» («¡Yo vi a Hitler!»), que poco después reimprimiría en forma de libro, ampliado e ilustrado, la editorial neoyorquina Farrar & Rinehart (en Alemania se publicó casi un siglo más tarde, en 2023, pero no ha llegado a traducirse al español).

Pero sigamos primero con la versión de Hanfstaengl. Según él, Thompson se presentó achispada en el Hotel Kaiserhof, algo «que ya delataba el olor a whisky que había en la antesala». Por eso «durante los preámbulos», Putzi le ofreció «a la señora, que de por sí no era antipática, unas gotas de mi frasco de lavanda y le sugerí que se refrescara las manos». Por supuesto, aquello no sirvió de nada. Después de la (breve) entrevista, Hitler se precipitó hacia la ventana del hotel y abriéndola de par en par exclamó: «¡Aquí huele a aguardiente! No me traiga más gente así, Hanfstaengl». Luego se dejó caer en un sillón «completamente exhausto». La entrevista propiamente dicha no podía ser el motivo, porque Thompson solo le había hecho llegar, por escrito y con veinticuatro horas de antelación, tres preguntas que, por su carácter general, no podían más que dar lugar a una de las habituales peroratas de Hitler. Al parecer, después de la entrevista, la reportera regresó como una furia al Hotel Adlon y «acalorada por algún que otro trago más de whisky, puso por escrito la antipatía que había ido acumulando durante años hacia Hitler —quien le parecía seudomasculino—».

De este modo, Hanfstaengl volvía a las andadas con su tema favorito: la psicología sexual subyacente a tales encuentros y la de Hitler en particular. Al cabo de unos meses, Thompson ya lamentaba haberse casado con Sinclair…

> …al igual que le ocurrió en su primer matrimonio con el guaperas Josef Bard, un donjuán impenitente, asiduo de las cafeterías de Budapest. Esta vez el motivo era otro: mientras que, después de la boda, Bard resultó ser un mero parásito pretencioso, pero por lo demás bastante divertido, Lewis, el escritor que todo el mundo adoraba por sus retratos costumbristas de la clase media estadounidense, era en su matrimonio un provinciano tan insípido como los protagonistas de sus novelas, incapaz de transmitir ni un ápice de aquel encanto que la atractiva Dorothy, la típica «intelectual» encaprichada de Europa, había disfrutado con tanto fervor junto a sus innumerables amistades en los círculos aristocráticos a orillas del Danubio o en el Tiergarten berlinés.

Según dice Hanfstaengl en su libro de 1957, *Hitler: los años desaparecidos* [o *desconocidos*, según la edición crítica de Fernando Navarro], no se debe olvidar que la periodista americana era una mujer profundamente decepcionada por sus dos matrimonios y que, por tanto, no sería de extrañar que la «aún muy atractiva Thompson, al no ser tenida en consideración por Hitler —de naturaleza hermafrodita, según la periodista—, sintiera rechazo hacia él». Al margen de las extrañas interpretaciones de Hanfstaengl, la entrevistadora llegó también en su artículo del *Cosmopolitan* a algunas conclusiones sobre el aspecto y la conducta de Hitler, relacionadas con sus perspectivas de éxito político, que acabaría lamentando mucho.

Thompson no hace mención al whisky en su reportaje sobre Hitler, pero tampoco el relato de Hanfstaengl tiene por qué ser cierto. Eso sí, parece que aquel día estaba «un poco nerviosa» y que pensó en inhalar sales aromáticas (algo que probablemente no sea un remedio demasiado eficaz contra el nerviosismo). Su colega estadounidense Edgar Mowrer la acompañó al Hotel Kaiserhof. Allí tuvo que esperar un buen rato en la jefatura de prensa de Hanfstaengl. Al parecer, un periodista italiano había estado con el líder nazi antes que ella. Thompson cuenta que cuando por fin la dejaron pasar al salón de Hitler, estaba firmemente convencida de que…

> …iba a encontrarme con el futuro dictador de Alemania. No habían pasado ni cincuenta segundos cuando tuve la certeza de que no era el caso. Solo hacía falta más o menos ese intervalo de tiempo para darse cuenta de la asombrosa insignificancia de aquel hombre que tenía al mundo en vilo. Es amorfo, casi sin rostro, alguien cuya expresión se asemeja a una caricatura, un hombre cuya complexión parece

> cartilaginosa, sin huesos. Es insignificante y locuaz, encorvado e inseguro: la mediocridad personificada.

A continuación, se describen el corte de pelo, los ojos, la frente, la parte posterior de la cabeza, los pómulos y la nariz de Hitler. Thompson apuesta a que, mientras toma el té, estira el dedo meñique. Su rostro era como el de un actor y Thompson lo comparó con el de otros políticos contemporáneos: Hindenburg (tampoco es que fuera un rostro agraciado, pero al menos parecía como «esculpido en piedra»), Brüning («la cabeza de un gran estadista del siglo XVIII»), Stresemann («un espíritu sabio y jovial detrás de una gruesa máscara de carne»). En cuanto al contenido, Hitler no le aportó gran cosa, a pesar de su «elocuente verborrea». A la pregunta de cuáles eran sus planes concretos para la masa obrera cuando fuera canciller, el líder nazi respondió con tono bronco que no llevaba idea de entregar su programa a sus enemigos para que pudieran «robárselo». Hitler tampoco quiso decir nada sustancial sobre la relación de los nazis con Francia: «cuando el pueblo alemán esté por fin unido y su honor asegurado, creo que incluso Francia nos respetará».

En su reportaje para el *Cosmopolitan*, Thompson enriqueció el magro resultado de la entrevista con todo tipo de datos acerca del movimiento hitleriano y sobre las posibilidades de que se hiciera con el poder. Según la periodista, una coalición entre el NSDAP y el Partido de Centro era improbable, pero no imposible. Ahora bien, en ese caso, Hitler ya no podría hacer valer sus reivindicaciones totalitarias. Sin la máxima central de que «los judíos tienen la culpa de todo», el inconsistente programa de Hitler se desmoronaría. Si el líder nazi llegara de verdad al poder, solo se quitaría de en medio a sus enemigos más débiles. Los intelectuales emigrarían, como ya habían empezado a hacer a principios de los años treinta a la vista de las tendencias reaccionarias que tomaban forma en Alemania.

Aquellos pronósticos no iban muy desencaminados. En algunos casos, fueron incluso muy clarividentes. Sin embargo, en la memoria de muchos de los colegas de Thompson quedó la forma en que esta subestimó a Hitler («¡Ay, Adolf, Adolf! Te faltará suerte»). Su colega y autor de best sellers, John Gunther, que trabajaba para el *Chicago Daily News*, calificaría más tarde el reportaje de Thompson de «extraño y terrible error». Aunque habría hecho falta también una enorme intuición política para anticipar el camino hacia la dictadura nacionalsocialista después de todos los resentimientos que hubo entre Schleicher y Papen, y de un primer gabinete de Hitler en el que el NSDAP solo contó con dos ministros. Por lo menos, no era lo que se podía esperar de una estrella norteamericana del periodismo que se movía principalmente en círculos artísticos e intelectuales. En cualquier caso, *Putzi* Hanfstaengl se sintió ofendido durante mucho tiempo por la publicación de «¡Yo vi a Hitler!» y consideró el libro en particular como un abuso de confianza. Cuando poco después, en 1934, Hanfstaengl se enteró de que Thompson había vuelto brevemente al Hotel Adlon de Berlín y que pretendía volver a entrevistar a Hitler, Putzi se aseguró «por supuesto, de que la señora fuera expulsada». En 1957 aún no había pedido perdón por haber puesto a la Gestapo (sección II 2 B) tras la pista de la «señora»[11].

[11] El jefe del departamento de prensa de la Gestapo era en aquel momento el consejero gubernamental Hermann Gotthardt (1901-1949), que más tarde sería «responsable de asuntos judíos» en el Ministerio de Economía del Reich, bajo la dirección del ministro Walther Funk.

The New York Times, el periódico neoyorquino líder a nivel mundial, informó ampliamente sobre la expulsión de Thompson, así como, más tarde, sobre los sucesos relacionados con la Noche de los Cristales Rotos. Muchas décadas más tarde, ya en el año 2005, el medio fue duramente criticado por la catedrática de periodismo Laurel Leff, quien en su libro *Buried by The Times. The Holocaust and America's Most Important Newspaper* («Enterrado por *The New York Times*. El Holocausto y el periódico más importante de los EE. UU.») reprochó al rotativo haber relegado deliberadamente el tema del Holocausto a las últimas páginas durante el curso de la Segunda Guerra Mundial, a sabiendas de que no era lo correcto. Los Ochs Sulzberger, la familia propietaria de *The New York Times*, tenían raíces judío-germánicas y, precisamente por tal motivo, habrían restado importancia a las pruebas fehacientes del exterminio judío. Leff argumentó diciendo que seguramente la familia no quiso pasar por ser la abogada de los intereses judíos, sobre todo habida cuenta que al periódico se le llamaba con frecuencia el «*Jew York Times*».

Quien se llevó la mayor andanada fue Guido Enderis, quien fuera durante muchos años jefe de la oficina del *NYT* en Berlín, ya que, por razones tácticas —era suizo—, habría impedido que el periódico informara con más dureza sobre la persecución de los judíos. Enderis fue uno de los pocos periodistas estadounidenses que en 1941 no acabaron en Badheim, sino que pudieron permanecer algunas semanas más en el Hotel Adlon. Pero como estaba enfermo, abandonó el Tercer Reich poco después. No es que Laurel Leff acusara a *The New York Times* de haber adoptado por principio una actitud laxa hacia el régimen nacionalsocialista. De hecho, el rotativo informó de manera bastante fidedigna sobre el ascenso de Hitler desde 1922.

En diciembre de aquel año, el diario neoyorquino publicó rumores de que Henry Ford estaba «financiando el movimiento nacionalista y antisemita de Adolf Hitler en Múnich», en referencia a una llamada del *Berliner Tageblatt* a la embajada estadounidense en la capital germana para que investigara tales rumores y, en su caso, interviniera. Sin embargo, el secretario general de Henry Ford, E. G. Liebold, lo desmintió, lo cual fue también reproducido fielmente por el *NYT*.

Tras una primera entrevista con Hitler, realizada (en diciembre de 1931) por Harold Callender para *The New York Times*, el periódico decidió publicar por adelantado un artículo resumen sobre otra entrevista a Hitler, firmada por Thomas Russell Ybarra, en su edición del 23 de junio de 1933. Ybarra había mantenido la conversación para la revista semanal *Collier's*[12], donde fue publicada el 1 de julio de 1933. Poco después, *The New York Times* envió a entrevistar en exclusiva a Hitler a Anne O'Hare McCormick, una mujer que no estaba destinada en Berlín y que era más bien una especialista en Mussolini. La charla se publicaría en el diario neoyorquino el 10 de julio de 1933.

El traductor y periodista Thomas Russell Ybarra (1880-1971), nacido en Caracas en el seno de una familia acomodada e hijo de un general venezolano, fue autor de dos autobiografías (tituladas *Young Man from Caracas* y *Young Man of the World*). Anteriormente había publicado libros sobre Hindenburg y Guillermo II, y era un viejo conocido de *Putzi* Hanfstaengl de la época de Harvard[13].

[12] *Collier's*, fundada en 1888 por el irlandés Peter Fenelon Collier, era considerada una de las revistas insignia del periodismo de investigación en EE. UU. con una tirada de 2.5 millones de ejemplares (1941); la publicación se suspendió en 1957.

[13] Para más información sobre la biografía de Ybarra, véase MÜLLER, Carmen: *Weimar im Blick der USA. Amerikanische Auslandskorrespondenten und Öffentliche Meinung zwischen Perzeption und Realität*, Münster, 1997 («Weimar desde la perspectiva de EE. UU. Corresponsales estadounidenses en el extranjero y opinión pública, entre percepción y realidad»).

Hombre cosmopolita, dado a contar anécdotas y cliente habitual del bar del Hotel Adlon, Ybarra estaba ya considerado en la República de Weimar como alguien con buenos contactos. Había observado a personas influyentes como Hugo Stinnes y Hjalmar Schacht, e informado sobre el juicio a Hitler en 1924. Ybarra comenzó su carrera como autor de poemas. De niño había recibido clases particulares de alemán en Múnich. Según dijo él mismo, conoció a Hitler por mediación de Putzi en la Casa Parda de Múnich, poco antes de que los nazis tomaran el poder. Posteriormente volvería a reunirse con él en Berlín, el 18 de mayo de 1933, en la Cancillería del Reich, como atestigua una anotación del *Oberregierungsrat* (un alto cargo de la Administración) Hans Thomsen. A partir de los dos encuentros, Ybarra compuso un ensayo-entrevista bastante clarividente (titulado por *Collier's*: «Says Hitler» —Dice Hitler— y publicado el 1 de julio de 1933). En él describe, pocos meses después de que Hitler fuese nombrado canciller, el extraño contraste que se vivía en la Cancillería del Reich entre los nuevos gerifaltes nazis y los veteranos funcionarios gubernamentales:

> Pero detrás de la antesala del santuario, los pasillos estaban atestados de oficiales nazis, uniformados de pies a cabeza, con esvásticas y otras insignias por todas partes, y con la pistola colgando visiblemente de la cadera. Y bueno, ya se sabe que las pistolas nazis no son un mero accesorio decorativo, sino una herramienta eficaz. Los toscos soldados contrastaban ridículamente con los funcionarios que habían sobrevivido a la época previa al nazismo y a quienes el solemne desfile resultaba a todas luces embarazoso, y que parecían —y seguro que así se sentían también— peces fuera del agua [...].
>
> La posterior aparición del principal camisa parda, Adolf Hitler, que vestía de forma tan decente y tradicional como

su escudero y predecesor Franz von Papen, fue todo un *shock*. No pude sino preguntarme si aquello no sería tal vez una señal de que, tras años de violencia e incitación al odio, Hitler había encontrado finalmente la serenidad del estadista y estaba dispuesto a poner fin de una vez por todas a la osada fase inicial de su régimen, conocida en la jerga berlinesa como la «diplomacia de los camisas pardas».

Ybarra le pidió a Hitler, al igual que harían más tarde otros entrevistadores venidos de EE. UU., que hablara «directamente a los estadounidenses». En este sentido, Hitler se dirigió en la mayoría de sus entrevistas con medios norteamericanos no tanto a Ybarra, Lochner o Wiegand, sino a «los americanos»[14], lo que le dio pie a explayarse en innumerables comparaciones, a veces estrambóticas, entre Alemania y Estados Unidos, como

[14] La conversación con Hitler que mantuvo el editor Bernard F. Ridder en mayo de 1933 para su periódico en lengua alemana *New Yorker Staats-Zeitung*, junto con su corresponsal en Berlín William J. Margreve, tendría consecuencias negativas para Ridder. En aquella entrevista, Hitler dejó claro que la «prensa judío-marxista» jamás volvería a ejercer su «cancerígena influencia» en el Reich nazi. Ridder, cuyo hermano Victor se había reunido con Hitler en el marco de unas consultas económicas celebradas aproximadamente al mismo tiempo, se vio en una encrucijada al regresar a los Estados Unidos. Por un lado, la organización de extrema derecha German American Bund le acosó para que publicara más textos favorables al nacionalsocialismo en su periódico; por otro, Ridder fue objeto de críticas por parte de organizaciones judías, tras declarar públicamente que estaba de acuerdo en un 90 % con la política de Hitler, aunque no al 100 %, de cómo gestionar la «cuestión judía». Las disputas entre los emigrantes alemanes y los «hermanos Ridder» se prolongaron durante algún tiempo, hasta que en 1944 Victor interpuso una demanda por calumnias contra el catedrático de filosofía Friedrich Wilhelm Foerster y el periodista Tete Harens ante el Tribunal Supremo de Nueva York, que finalmente no prosperó. El caso es relatado al detalle por el prestigioso abogado Louis Nizer, que fue quien se ocupó de la defensa de Foerster, en su autobiografía *Mi lucha en los tribunales*, publicada por primera vez en 1961 (la traducción al español es de 1963). Al finalizar la guerra, el pequeño grupo de periódicos de los Ridder (aproximadamente una docena de periódicos locales, aparte del *Staats-Zeitung*), se convirtió poco a poco en Knight Ridder, uno de los mayores grupos mediáticos de los Estados Unidos, al menos durante un tiempo. Véase también el artículo publicado el 9 de junio de 1933 en el *New York Times*: https://www.nytimes.com/1933/06/09/archives/ridder-sees-check-on-nazi-injustice-publisher-bases-prediction-on.html

por ejemplo en la conversación con Ybarra: «En EE. UU. viven catorce o quince personas por km^2 y en Alemania 137. Gran parte del suelo alemán es solo arena sin valor, como las landas de Luneburgo, que los estadounidenses ni tan siquiera intentarían cultivar. Sobrepoblados como estamos, debemos tener derecho a decir a quién no queremos en nuestro país».

Además, el nuevo canciller del Reich manifestó sus opiniones sobre la segregación racial y la «cuestión judía» durante su charla con Ybarra. A la pregunta de «a quién se refería en concreto», Hitler respondió: «No queremos judíos de Europa del Este. Y eso es algo que decidimos nosotros, los alemanes, solos. En Estados Unidos hay regulaciones parecidas. ¿Por qué los americanos no se muestran comprensivos en estas cuestiones?».

Según Hitler, en el nuevo Reich imperaban la paz y la calma: «Hubo violencia, pero eso es agua pasada. En Alemania reina hoy una calma absoluta. No se ha destruido ni una sola casa, ni una sola calle. ¿De qué terror me está hablando? ¡Qué diferencia con la guerra de Independencia irlandesa, donde británicos e irlandeses lucharon entre sí! Mire cómo quedó Dublín. Qué diferencia con Berlín, donde hemos ajustado cuentas con los comunistas alemanes».

Habla a favor de Ybarra que, más tarde, en su obra autobiográfica *Young Man of the World* (1942), confesara que fue demasiado ingenuo al creer todo lo que se decía de Hitler (tras las celebraciones del «Día de Potsdam»), aquel nuevo «estadista» tan moderado. Inicialmente, el corresponsal de *Collier's* escribió que «Cuando entrevisté al líder nazi, Alemania acababa de volver a la calma. La fase inicial del hitlerismo había terminado, y la segunda estaba aún empezando». Dicha fase inicial consistió en hacerlo todo pedazos. En la segunda fase, los pedazos se fueron recomponiendo poco a poco. En la primera fase hubo ataques a judíos, una campaña contra la libertad de prensa, se reprimió a la oposición, se liquidó el Estado de derecho, la independencia de los sindicatos, etc.

Mientras estaba sentado frente al Führer, a Ybarra le irritó que Hitler le diera palmaditas en las rodillas con los dedos extendidos, pero no se dejó distraer ni engañar del todo:

> La implacable marcha apisonadora nazi sigue su curso. Apenas se oye nada de los opositores al régimen de Hitler. Los socialdemócratas, que antes dominaban la política alemana, guardan un silencio sepulcral. El hasta entonces influyente [Partido de] Centro parece haber quedado reducido a cenizas. Y los comunistas, que hasta hace poco aún podían aglutinar millones de votos, han sido prácticamente borrados del mapa. [...] Pero a pesar del dominio nacionalsocialista, se impone la idea de que la oposición debe de estar en algún lugar clandestino esperando su momento. Como dijo un observador: no puede ser que todo el centro, todos los socialdemócratas y comunistas se hayan muerto de repente. [...] En el momento de mi entrevista con Hitler no había ni un solo indicio que indicase que la persecución de los judíos hubiese terminado. Todos los días se publicaban nuevas listas de profesores universitarios desaparecidos, contra los cuales no había más cargos que el hecho de ser judíos. [...] Pero a veces parecía como si la maquinaria de Adolf Frankenstein Hitler descarrilara. Muchos extranjeros que se encontraban en el borde del cráter del volcán que era Alemania se preguntaban si Hitler era realmente dueño de su propio espectáculo.

En noviembre de 1936, Ybarra solicitó una tercera entrevista con Hitler, lo cual resulta sorprendente, pues es de suponer que su cobertura del régimen nazi no era del agrado de los nuevos *guardianes* y, además, Hanfstaengl ya no decidía nada. Así, el consejero ministerial Röhrecke, de la Cancillería del Reich, respondió esta vez con frialdad «a la petición del editor del semanario estadounidense *Collier's Weekly* para que T. A. (sic) Ybarra fuera recibido por Hitler: el periodista ya había sido recibido dos veces, por lo que no era aconsejable otro encuentro. Además, los asuntos relacionados con los EE. UU. no eran prioritarios en aquel momento. Hitler estuvo de acuerdo con la decisión propuesta».

Si bien la entrevista que Harold Callender le hizo a Hitler en 1931 para *The New York Times* fue relativamente sobria (le preguntó por la Cancillería de Brüning, las revisiones del Tratado de Versalles que exigía el Führer, la monarquía, una posible coalición con el Partido de Centro, es decir, lo de siempre), la de Anne O'Hare McCormick aparecida en la edición del *NYT* del 10 de julio de 1933 quedó casi poética. Bajo el esperanzador titular de «Hitler quiere trabajo para todos los alemanes», el nuevo canciller del Reich fue presentado más bien como un partidario del New Deal y un impulsor del empleo al estilo Roosevelt: «En Europa hay al menos una voz oficial que entiende los métodos y los motivos del presidente Roosevelt». Hitler, que al parecer «no fingió en ningún momento y se mostró infatigable y desenfadado», tenía, según la impresión de la entrevistadora, «la sensible mano de un artista» y encandilaba con una de esas «sonrisas que te desarman». No obstante, a O'Hare también le llamó la atención que Hitler hablaba a veces «como un poseso», aunque «desde luego con sinceridad».

El nuevo Canciller del Reich empezó a hablar antes de que la periodista le preguntara nada, diciendo que se sentía muy feliz porque acababa de poner en marcha los planes para la construcción de una nueva autopista desde Fráncfort a Heidelberg, que pasaría por Darmstadt y Mannheim e «iba a dar trabajo a miles de personas». Esto dio pie a los consabidos elogios hacia Henry Ford, porque según él producía para las masas: «nada ha contribuido más a nivelar las diferencias de clase que su utilitario». Curiosamente, Hitler también aprovechó la ocasión para dárselas, de forma grotesca, de gran *desburocratizador*: «hemos reducido drásticamente el papeleo, estamos arrasando con la jerarquía burocrática que nos asfixia», lo cual le dio pie para elogiar también a Roosevelt: «siento una gran simpatía por el presidente Roosevelt porque, para conseguir sus objetivos, se ha saltado al Congreso, a los grupos de presión y a los tozudos burócratas». Además de enemigo de la burocracia, Hitler era un gran defensor de las mujeres, por lo que *The New York Times* adornó el titular de la entrevista antes mencionada con la frase «Apuesta por el apoyo femenino». Según le dijo a O'Hare, las mujeres siempre habían sido sus seguidoras más incondicionales. Y aunque el nacionalsocialismo prefería a las mujeres casadas que no iban a trabajar, «las mujeres solteras compiten abiertamente con los hombres».

Para terminar, O'Hare *obsequió* a Hitler con la pregunta de a quién admiraba más: «¿a Julio César, a Federico el Grande o a Napoleón?». El Führer dio una respuesta desconcertante: a ninguno de ellos, sino a Oliver Cromwell, quien había salvado a Inglaterra en una situación comparable a la del Reich alemán, «eliminando el Parlamento y unificando a la nación». No obstante, a O'Hare se le ocurrió preguntarle sobre la privación de derechos de los judíos en el joven Estado nacionalsocialista: «¿Cómo valora las ventajas y los inconvenientes de su política antisemita?». Conque ventajas e inconvenientes, ¿eh? Aquello dio al Canciller del Reich la oportunidad perfecta («con su extraordinaria elocuencia») de observar que muchos de los judíos supuestamente perseguidos seguían paseándose a sus anchas por Berlín y cenando en los mejores locales. Sí, puede que los judíos sufriesen, pero también lo hacían otros millones de alemanes. Además, según él, aquellos países que tanto interés mostraban por la situación de los judíos deberían acoger a tantos como les fuera posible («abrirles las puertas»).

Desde principios de los años veinte, Anne O'Hare McCormick, nacida en 1880 en Wakefield (Inglaterra), trabajó desde Europa como *free lance* para *The New York Times* y otros periódicos estadounidenses, sobre todo desde Ciudad del Vaticano. Ferviente católica, O'Hare estaba muy orgullosa de haber sido recibida en audiencia por tres papas y tenía en alta consideración los Pactos Lateranenses que el Vaticano firmó con Mussolini en 1929. En 1972, el historiador John Patrick Diggins criticó el artículo de O'Hare, tal vez con cierta dureza, ya que a su parecer en él se informó a los estadounidenses tanto de la belleza de los paisajes italianos como de las bondades políticas del fascismo de Mussolini[15] —de hecho, la periodista no tuvo nada que objetar a la brutal intervención militar italiana en Etiopía. Sigue siendo un misterio por qué *The New York Times* decidió enviar en 1933 a una devota reportera independiente a entrevistarse con Hitler y no a alguien de su propia oficina en Berlín, que contaba con grandes profesionales (Enderis, Otto D. Tolischus o Frederick W. Birchall). Quizá fuese porque O'Hare, a su manera, conocía bien el fascismo, o tal vez para que la corresponsalía berlinesa pudiera mantener la distancia con el régimen nazi. En 1936, O'Hare fue la primera mujer en convertirse en miembro de pleno derecho de la redacción

[15] DIGGINS, John Patrick: *Mussolini and Fascism. The View from America*, Princeton University, 1972; y del mismo autor: «American Catholics and Italian Fascism», en *Journal of Contemporary History*, n.º 4, 1967.

del *NYT*. Un año más tarde recibiría el Premio Pulitzer en la categoría de «Correspondence» (es decir, para corresponsales en el extranjero). Murió en Nueva York en 1954 y fue muy elogiada en las noticias necrológicas. En 1955 se publicó a título póstumo un libro con una selección de sus textos desde el Vaticano (*Vatican Journal. 1921-1954*); en el prólogo, Clare Boothe Luce describió a Anne O'Hare como «una mujer poseedora de una sabiduría absolutamente natural, que animó a sus semejantes a pensar en el nacimiento de Cristo y en el sacrificio de la resurrección del Señor», cualidades que seguramente valoren mucho los fieles católicos, pero que no sirven de mucho a la hora de entrevistar a un dictador. Después de la de O'Hare, *The New York Times* lo dejó estar del todo y, afortunadamente, ya no hubo más entrevistas con Hitler.

En abril de 1935 llegó a Berlín un tal Hugh Baillie (1890-1966), presidente de la agencia de noticias United Press International (UPI), un pez gordo del periodismo que gustaba a los líderes nazis y que en aquel momento se encontraba de gira por Europa visitando varias oficinas de la agencia. Baillie, formado como periodista en periódicos locales, ya había entrevistado en 1932 —junto con Frederick *Fred* Kuh, por aquella época director de la UPI para Europa Central— al entonces canciller del Reich Franz von Papen («La República le importaba poco; era un intrigante, no un político») y, por lo tanto, pudo evaluar bastante bien el posterior desarrollo de los acontecimientos:

> Cuando regresé a Berlín en 1935, Hitler se encontraba firmemente asentado en el poder, y los periódicos de todo el mundo estaban llenos de historias sobre aquel demonio. Pero el propio Führer se había vuelto bastante inaccesible y hacía

> ya algún tiempo que no recibía a la prensa. Así que, nada más llegar, intenté conseguir una entrevista exclusiva con él. En aquella tarea me ayudó mi jefe y mentor Fred Oechsner, que dirigió nuestra oficina de Berlín tras la marcha de Kuh a Londres y que ocuparía este cargo hasta el comienzo de la guerra, cuando la oficina cerró.

Baillie reprodujo al detalle la entrevista con Hitler, así como sus reflexiones posteriores, en su autobiografía *High Tension* (1959). En ella resulta especialmente significativo el papel de Ribbentrop, pues se demostró que, aun antes de ser nombrado ministro de Exteriores, trató de que los periodistas lo entrevistaran también a él, y no únicamente al Führer.

Oechsner y Baillie intentaron primero acceder a Hitler por la «vía extraoficial» y para ello hablaron con Ribbentrop en Berlín durante una representación de la ópera de Wagner *Los maestros cantores de Núremberg*. El Führer también estaba en su palco, al igual que Joseph y Magda Goebbels, Rudolf Hess con su esposa, y Hermann Göring y «la gorda de su mujer». Según Baillie, Ribbentrop dijo que entrevistar a Hitler iba a resultar muy complicado, y que sería mejor que los corresponsales de la agencia UPI se pasasen primero por su casa. Y así lo hicieron. Allí, Ribbentrop les dijo: «Lo lamento, pero no es posible. El Führer no puede reunirse con ustedes» y enrolló a los estadounidenses en una larga charla sobre la actitud generalmente hostil de la prensa americana hacia los nazis. La pareja de periodistas se dirigió luego al Ministerio de Propaganda para hablar con el Dr. Goebbels («quien no tenía ni idea de la petulancia de Ribbentrop ni de su elocuencia en inglés»). Goebbels, que no perdía ocasión de dejar en mal lugar a Ribbentrop, se ofreció inmediatamente como intermediario, diciendo que tenía una cena con Hitler y que no habría problema.

Entonces llamó Ribbentrop de nuevo, diciendo que había podido concertar una cita para entrevistar a Hitler a las 11:30 del día siguiente. No hizo mención a Goebbels. Baillie y Oechsner fueron recogidos en la puerta del Adlon por un «*big* Mercedes-Benz» que les condujo primero a ver a Ribbentrop: «Me recibió con una amplia y fingida sonrisa y dijo: "He concertado para usted una reunión con el canciller del Reich. Pero no una entrevista, ¡recuerde! No una entrevista, Mr. Baillie, tiene que prometérmelo"». Al llegar a la Cancillería del Reich, el jefe de la UPI y su representante berlinés se encontraron primero con el traductor jefe Paul Otto Gustav Schmidt[16] y con el secretario de Estado del *Promi*, el Dr. Walther Funk, quien, por supuesto, confirmó en nombre de sus superiores que Goebbels había concertado la cita y que, cómo no, se haría también una transcripción de la charla, si es que Hitler lo autorizaba.

El propio Baillie reconoce en su autobiografía que las declaraciones del líder nazi durante la entrevista siguieron el curso habitual (al hablar, por ejemplo, de la «influencia destructiva de los intelectuales judíos en Alemania»). Sin embargo, vale la pena mencionar una observación del periodista: «[Hitler] no mostró en sus declaraciones ningún tipo de agitación o dramatismo. Era obvio que me encontraba ante un actor capaz de controlar su furia. Cuando quería, era un demagogo fanático y chillón, pero también dominaba el papel del sereno hombre de negocios que, sentado en su oficina, apenas se preocupa de lo que hacen sus subordinados».

En términos de funcionalidad periodístico-propagandística, todos los implicados quedaron satisfechos con el resultado del

[16] En sus a menudo citadas memorias, *Statist auf diplomatischer Bühne* («Figurante en la escena diplomática», 1949), el exdirector ministerial Schmidt se presentó como un ingenuo traductor, pero lo cierto es que también fue comandante de las SS y jefe de gabinete del ministro de Asuntos Exteriores Ribbentrop.

encuentro, tanto el propio Baillie («received enormous play all over the world») como Goebbels y, sorprendentemente, también Ribbentrop, quien hizo redactar exhaustivos análisis sobre el alcance de la entrevista en los EE. UU. e incluso más allá. Baillie, que era un profesional de la información y, en un entorno ferozmente competitivo, estaba preocupado por el éxito económico de su agencia (unos 3500 clientes, es decir, medios de comunicación norteamericanos y de otros países que le compraban las noticias), calculó la situación fríamente: «Nunca me hice ilusiones de que las personalidades a las que entrevistaba tuvieran el más mínimo interés en mí como director de United Press. Para ellos, yo era únicamente un megáfono que les permitía difundir sus opiniones en las portadas de la prensa mundial». Y eso es justo lo que sucedió con la entrevista a Hitler.

Roy Howard (1883-1964), una figura destacada del conglomerado mediático Scripps Howard, tuvo menos suerte con su entrevista a Hitler del 27 de febrero de 1936, en la que trató los temas habituales (Sociedad de Naciones, revisión del Tratado de Versalles, pacifismo), retocados *a posteriori* por la Cancillería del Reich a conveniencia de Hitler («la guerra nunca ha valido la pena y nunca lo hará»), pero que no llegó a publicarse, lo cual es un caso algo excepcional. Howard, que parecía una mezcla de Walt Disney y Ernest Hemingway, conversó con Hitler en compañía de Fred Oechsner en la Cancillería del Reich. Es probable que la publicación de la entrevista, en sí inofensiva, no resultase oportuna debido a la inminente ocupación de Renania. Howard decidió ir a ver al siguiente dictador y se reunió con Stalin en Moscú.

El ya mencionado Hubert Renfro Knickerbocker, nacido en 1898 en Yoakum, Texas y conocido popularmente como Red por el color de su pelo, fue sin duda el periodista americano más popular en Alemania. Hijo de un pastor protestante y licenciado en Psicología (estudió, entre otras ciudades, en Múnich y Nueva York), Red entrevistó a Mussolini y a la madre de Stalin, y en 1931 fue galardonado con el premio Pulitzer por sus reportajes sobre el Plan Quinquenal de la Unión Soviética. Su editorial en Alemania era Rowohlt y allí fue donde se publicaron sus libros *Der rote Handel droht!* («La amenaza del comercio rojo»), *Rote Wirtschaft und weißer Wohlstand* («Economía roja y prosperidad blanca») o *Deutschland so oder so?* («¿Alemania de todos modos?»). Con veintitantos años, Knickerbocker ya estaba en Alemania trabajando para el *New York Evening Post*. Hanfstaengl lo invitó a Múnich para que presenciara en persona el *putsch* de la Cervecería. Putzi, que lo tenía en gran estima, escribió en sus memorias:

> Tanto Hubert Knickerbocker como Harold Callender eran buena gente, tipos honestos que, sin perjuicio de su propia visión del mundo, describían las cosas tal y como eran a su entender. Desde aquí, recomiendo a los cronistas que estudiaron la época de Hitler y que tanto proliferaron después de 1945, que lean el libro de Knickerbocker *Deutschland so oder so?*, publicado por Rowohlt en 1932. Trata de lo que un periodista, testigo ocular de lo ocurrido y no precisamente sospechoso de simpatizar con los nazis, escribió sobre las razones del surgimiento y la expansión del movimiento nacionalsocialista. Tal vez entonces los historiadores empezarían a comprender hasta qué punto el nacionalsocialismo fue, hasta su llegada al poder, un movimiento de protesta contra unas condiciones de vida insostenibles e insoportables y no, como se presenta a menudo de forma distorsionada, una conspiración de personas espiritual y moralmente inferiores para preparar los crímenes cometidos posteriormente por el régimen nazi.

Lo cierto es que apenas hubo un solo historiador que presentase *exclusivamente* a los nacionalsocialistas como una banda de gánsteres, racistas fanáticos y matones corruptos. En cualquier caso, Knickerbocker nunca pudo agradecerle los cumplidos a Hanfstaengl, ya que murió en julio de 1949 en un accidente de avión de la compañía KLM cerca de Bombay, en el que perdieron la vida un total de cuarenta y cinco personas, entre ellos catorce periodistas norteamericanos.

Según Hanfstaengl, Knickerbocker cayó bien a Hitler cuando le entrevistó en marzo de 1932, porque «hablaba un alemán excelente, y su estilo era vivaz y agradable». Anteriormente, Red había recorrido Alemania de punta a punta en coche para realizar una especie de reportaje sobre el estado de ánimo de la población durante la fase final de la República de Weimar, cuyas conclusiones todavía vale la pena leer. El libro de Rowohlt mencionado por Hanfstaengl (cuyo título original en inglés fue *The German Crises*) fue redactado a partir de todas aquellas impresiones; Knickerbocker integró en él su conversación con Hitler en Berlín. Y al menos en un punto, Hanfstaengl estaba en lo cierto: la entrevista fue inusualmente animada, casi divertida, para los estándares de Hitler. Lo único que no gustó al Führer fue que las fotos se las hiciera el famoso fotógrafo estadounidense James Edward Abbe y no el sempiterno Heinrich Hoffmann, que monopolizaba todos los reportajes gráficos sobre el líder nazi.

El libro de Knickerbocker, *Deutschland so oder so?*, fue único en muchos sentidos, ya que el corresponsal estadounidense presentó numerosas estadísticas sobre superávit comercial, cifras de desempleo, préstamos estadounidenses y movimientos electorales; además, su autor había visitado, en parte de incógnito, numerosas ciudades alemanas con el fin de sondear el ánimo de la población en vísperas de las elecciones presidenciales de la primavera de 1932. Así, el periodista estuvo en los comedores nocturnos de Berlín, en la llamada «Siberia sajona», cerca de Jena (una región con un 50 % de desempleados), en la ciudad de Brunswick, donde los nacionalsocialistas gobernaban en coalición, en Magdeburgo y Weimar, Heidelberg y Merseburg o en las plantas de Opel en Rüsselsheim.

Pero fue en Múnich, donde Knickerbocker había escuchado hablar a Hitler ante ocho mil hombres y mujeres en el circo Krone, donde finalmente consiguió entrevistarse con Hitler. La charla tuvo lugar en la Casa Parda y contrastó con la impresión que Hitler le había causado en el circo:

> Era como un predicador hablando ante una reunión de feligreses, el Billy Sunday de la política alemana. Sus adeptos iban con él, reían con él, sentían con él. Con él, se burlaban de los franceses. Con él, silbaban a la República. Aquellas ocho mil personas eran un instrumento con el que Hitler tocó una sinfonía de fervor nacional. Diez, doce, quince, veinte millones de alemanes forman la orquesta de Hitler en todo el Reich. Nadie puede saber su número con exactitud, pero las amenazantes manifestaciones de su obstinación multitudinaria han sembrado el pánico en todo un continente. El Hitler predicador podría fundar una nueva religión, el Hitler actor sería capaz de embelesar a teatros llenos hasta la bandera. El Hitler orador podría llevar a cabo una revolución.

Por el contrario, el día de la entrevista, Hitler se comportó como un anfitrión cortés, colocó él mismo la silla de su invitado y sonrió con amabilidad: «Vestido con aquel traje de paño negro, camisa blanca de cuello semirrígido y corbata negra, Hitler parecía un artista o un actor. También podría haber sido un joven y ambicioso fiscal de distrito de uno de nuestros Estados del sur. Su espeso cabello negro azabache encajaría con el perfil». A la entrevista asistió por lo visto «el ayudante de Hitler, el Dr. Ernst Sedgwick Hanfstaengl, quien también es su jefe de prensa» y que, según el periodista, tomó notas con diligencia. Knickerbocker llenó once páginas de su libro para reproducir la entrevista, que duró unos noventa minutos. Dado que Hanfstaengl estaba presente y que el libro se publicó en alemán cuando aún no había caído en desgracia, podemos suponer que la conversación fue reproducida de manera bastante fiel.

La entrevista de Knickerbocker giró básicamente en torno a la actitud de Hitler hacia EE. UU. y su postura frente a las inversiones estadounidenses en el Reich. A juicio del periodista, Hitler «habló para los Estados Unidos». El líder nazi mencionó cuatro razones por las que las inversiones de capital norteamericano en Alemania estarían más seguras bajo un futuro gobierno nacionalsocialista que bajo cualquier otro: en primer lugar, porque bajo tal gobierno, Alemania quedaría liberada de las deudas políticas «que hoy nos impiden cumplir con nuestras obligaciones privadas»; en segundo lugar, porque entonces se establecería una relación estable con Francia; tercero, porque con los nacionalsocialistas en el poder, Alemania se negaría a firmar cualquier tipo de acuerdo que no pudiera cumplir, y en cuarto lugar, porque solo el régimen de Hitler sería capaz de impedir la llegada del comunismo a Alemania.

El Führer aseguró que todas las deudas privadas con inversores estadounidenses se devolverían «hasta el último centavo». Sin embargo, el marco temporal dependería de la solvencia alemana, de las condiciones de reembolso de las reparaciones, de los intereses de los préstamos, de los empréstitos extranjeros, es decir, de un buen número de condiciones. Para Hitler era fundamental distanciarse del «principio bolchevique de no reconocimiento de la propiedad privada». En ocasiones, según el entrevistador, el líder nazi elevaba la voz como si fuese un conferenciante y gesticulaba con vigor mientras miraba al vacío: «Al hacerle una pregunta, se rompía el hechizo, sus elocuentes manos se calmaban y volvía a sonreír con amabilidad».

Al parecer, Hitler se había preparado bien en lo relativo a las cifras y a los diferentes tipos de interés, que en el caso de algunos bonos llegarían incluso al 17 %; según él, con un gobierno nacionalsocialista estable, Alemania podría convertirse en un lugar seguro para invertir, de modo que, dijo, «para los créditos concederemos de buen grado un tipo de interés de en torno al 3 %». Hitler puso como ejemplo el caso de un importante fabricante textil de Sajonia que se había quitado la vida al no poder pagar sus deudas. «A ningún acreedor le interesa que su deudor se pegue un tiro. Y, por cierto, tampoco una nación puede suicidarse. Alemania no lleva idea de pegarse un tiro». Knickerbocker preguntó si Estados Unidos se había equivocado al conceder aquellos créditos a Alemania. Hitler reflexionó un buen rato antes de responder:

> Solo puedo decir que, desde el punto de vista de Alemania, es una suerte extraordinaria que Estados Unidos tenga ahora un interés directo en proteger nuestro país de un ataque que pondría en peligro todas las instalaciones americanas en suelo alemán. Porque de una cosa puede estar seguro: si los franceses tratan de cobrar las reparaciones mediante un ataque a Alemania, ya pueden irse olvidando de todo lo que han invertido aquí.

En opinión de Hitler, como él mismo confesó, fue un error que Estados Unidos entrara en la Primera Guerra Mundial al lado de la Entente en 1917. Sin su participación, dijo, Alemania habría ganado seguramente la guerra. Al hablar de la relación de su país con Francia, Hitler volvió a ser el fogoso revolucionario de antaño: «Mientras los parisinos sigan mirando con desprecio a los alemanes, no será posible el entendimiento entre ambos pueblos».

Knickerbocker fue uno de los pocos periodistas que atribuyó a Hitler cierto sentido del humor. Al ser preguntado por los ataques de la prensa nacionalsocialista a la cadena de tiendas estadounidenses Woolworth, el Führer respondió: «No vamos a hacer que las relaciones germano-americanas dependan de una tienda de baratijas». Y es que, según Hitler, las tiendas Woolworth fomentaban la concentración de capital y destruían muchos pequeños comercios, y para argumentarlo se sirvió incluso de las doctrinas de Karl Marx. Aquello no podía ser consentido por el nacionalsocialismo, «pero pueden estar seguros de que trataremos a las empresas de su país igual que a otras empresas alemanas del mismo tipo». El líder nazi elogió las factorías de Opel en Rüsselsheim, ya que era beneficioso para la creación de empleo en Alemania que General Motors invirtiera allí.

Como se puede deducir de su libro, Knickerbocker quedó más que satisfecho de su entrevista con Hitler. Cuando al terminar ambos pasaron ante el busto de Mussolini que había en la Casa Parda, el periodista aprovechó para preguntarle al Führer por su relación con el Duce: «Nunca nos hemos visto personalmente», fue su escueta respuesta. A continuación, Hitler desapareció en su «ascensor eléctrico privado», que conectaba su sala de visitas, situada en la segunda planta, con su despacho privado en el tercer piso.

La aversión del ministro de Propaganda Goebbels hacia Knickerbocker aumentó considerablemente cuando Knick desveló en 1939 —aunque basándose en fuentes poco fiables— que algunos altos cargos de la cúpula nazi habrían invertido, por si acaso, sumas exorbitantes —se habló de un total de quinientos millones de marcos— en previsión de una derrota. El Dr. Goebbels declaró con astucia en una conferencia de prensa, celebrada un domingo de septiembre de 1939 ante los periodistas extranjeros de Berlín, que había ofrecido a Knickerbocker una recompensa del diez por ciento de esa suma si aportaba pruebas sólidas de su afirmación. Una nota del Deutsches Nachrichtenbüro (DNB), la Agencia Oficial de Noticias del régimen nazi, precisó, siguiendo instrucciones de Goebbels, que el periodista podría haberse embolsado con ello «más de lo que tenía previsto ganar durante toda su vida. Y, aun así, Mr. Knickerbocker guardó silencio». El 6 de julio de 1940, Goebbels hizo la siguiente anotación en su diario: «Fuerte ataque del almirantazgo francés a Churchill. ¡Cómo suplicó a los franceses en invierno que le ayudaran! División de opiniones en EE. UU. Solo el cerdito Knickerbocker se pone completamente del lado inglés. Más ataques aéreos de los ingleses sobre ciudades de Alemania Occidental. Este periodo de espera te pone frenético. Admiro la paciencia angelical del Führer».

El «cerdito» Knickerbocker había abandonado Alemania hacía tiempo y ya no servía para la propaganda nazi —a diferencia de Karl von Wiegand. El 9 de junio de 1940, Wiegand, que en 1922 había sido uno de los primeros periodistas en entrevistar a Hitler, se reunió con el dictador, quien acababa de alcanzar la cima de su poder, en un lugar fuera de lo común. El castillo de Lausprelle, cerca de Charleroi, en Bélgica, no muy lejos de la frontera francesa, fue utilizado como lugar de negociación por Hitler cuando este se encontraba en el Wolfsschlucht I, su cuartel general de Bruly-de-Pesche[17]. En su obra de referencia *Hitlers Strategie* («La estrategia de Hitler»), Andreas Hillgruber afirma que la entrevista se produjo a raíz de una conversación que el general Wilhelm *Ritter* von Thoma mantuvo con Wiegand el 27 de mayo de 1940[18]. Ninguna otra entrevista fue difundida por la propaganda nazi con tanta intensidad, ninguna otra fue incluida en ediciones oficiales de discursos y alocuciones del Führer. Hans Thomsen, encargado de negocios del régimen nazi en Washington, hizo imprimir cien mil ejemplares del resumen oficial de la entrevista de Wiegand. También se publicó un folleto aparte en francés[19].

Karl von Wiegand, nacido en 1874 en un pueblo de la Lorena llamado Hesse (que no en el *Land* de Hesse, como se lee a menudo), fue durante décadas el reportero estrella del imperio mediático de Hearst. Llegó de niño a Estados Unidos junto a sus padres, y ya en la Primera Guerra Mundial descubrió su debilidad por conversar con líderes políticos y militares; prueba de ello son sus entrevistas en aquella época con el almirante Tirpitz, el príncipe heredero Guillermo y el papa Benedicto XV. En 1917, Wiegand pasó del diario neoyorquino *The World* al grupo Hearst. Fue también un gran conocedor del dirigible Zeppelin, como su amiga de toda la vida, Lady Grace Marguerite Hay Drummond-Hay (1895-1946), quien lo acompañó en muchos de sus viajes. Wiegand recibía altos emolumentos, tenía acceso directo al magnate de

[17] Pocos días después de la entrevista con Wiegand, Hitler enfadó al jefe del Estado Mayor español Juan Vigón (1880-1955), al hacerle esperar durante horas en el castillo de Lausprelle para una audiencia con él mismo y con Ribbentrop, lo que fue un ejemplo más de los infructuosos intentos de involucrar más intensamente en la guerra a la España de Franco y a la Francia de Vichy.

[18] HILLGRUBER, Andreas: *Hitlers Strategie*, Bernard & Graefe Verlag, Múnich, 1982.

[19] Norman Domeier ha investigado a fondo cómo se llevó a cabo la entrevista con Wiegand; seguimos aquí su cronología, aunque hemos llegado en parte a conclusiones diferentes.

los medios de comunicación William R. Hearst, y pronto se vio a sí mismo como un mediador diplomático, más allá de su mero papel como profesional del periodismo. Dado que, por sus actividades durante la Primera Guerra Mundial, tenía fama de germanófilo, acabó convirtiéndose en el principal entrevistador norteamericano de Hitler, cuyo partido lo veía también con buenos ojos.

La iniciativa de la conversación en Bélgica partió de Wiegand, quien, como en otros casos, también envió previamente a Hitler sus preguntas (veinte, en este caso), algunas de ellas bastante extravagantes (del tipo: «¿Pasarán las Bermudas y las Bahamas a manos de Estados Unidos?»). Sin embargo, el Ministerio de Asuntos Exteriores de Ribbentrop ya había resumido y reformulado las preguntas de Wiegand para que no pudieran causar la más mínima irritación al (en palabras del periodista) «súper Napoleón europeo». Tras la victoria de Hitler y sus generales en la batalla de Francia, cabía esperar que la entrevista girase en torno a la relación a tres bandas entre Alemania, Gran Bretaña y Estados Unidos. El resultado fue, en pocas palabras, «flagrante propaganda nazi» (O. John Rogge), por mucho que aquella no fuera la intención de Wiegand.

En esta ocasión, el Gobierno nacionalsocialista no reparó en gastos. Procedente de Roma y tras hacer escala en el Hotel Adlon, Wiegand fue acompañado por el Dr. Richard Sallet[20],

[20] Richard Sallet (1900-1962), cuyo padre era editor del periódico semanal en lengua alemana *Dakota Free Press*, se alistó como voluntario en 1915 en la Primera Guerra Mundial y desde 1933 fue agregado en la embajada alemana en Washington por encargo del Ministerio de Propaganda. No se afilió al NSDAP hasta 1938. De 1939 a 1944 trabajó en el Ministerio de Asuntos Exteriores. Después de la guerra escribió *Der diplomatische Dienst* («El servicio diplomático», 1953) y *Die Vereinigten Staaten von Amerika. Land - Leute - Leben* («Los Estados Unidos de América. El país, la gente, la vida», 1956). Posteriormente ejercería la docencia en universidades de Michigan y Carolina del Norte.

primero en tren, desde Berlín hasta Colonia, donde se alojó en el Hotel Dom. Desde allí voló en el Junkers de Ribbentrop, el «Emmy», hasta las Ardenas, donde tuvo lugar una reunión previa con el ministro de Asuntos Exteriores, para finalmente ser conducido al castillo de Lausprelle con una escolta en motocicleta. Hitler, que llegó allí algo más tarde, estaba, según relata Wiegand en su correspondencia con Lady Hay, sano y bronceado. Al corresponsal de Hearst le pareció que el líder nazi solo era comparable con figuras históricas de la talla de Alejandro Magno, Julio César o el propio Napoleón. Para los propagandistas del Führer, que explotaron la entrevista al máximo, se trataba de enviar un mensaje a la opinión pública estadounidense. Y así es como finalmente quedó el resumen que hicieron los nazis, reproducido en el *Völkischer Beobachter* y difundido a través del Deutsches Nachrichtenbüro hasta el último periódico local de Alemania:

Entrevista del Führer con el corresponsal estadounidense

Karl von Wiegand, el 15 de junio de 1940

La entrevista del Führer con el corresponsal estadounidense Karl von Wiegand empezó con una pregunta sobre la actitud de Alemania hacia los Estados Unidos. A este respecto, el Führer declaró que Alemania era uno de los pocos países que, hasta la fecha, se habían abstenido por completo de inmiscuirse en los asuntos estadounidenses.

«Alemania nunca ha tenido intereses territoriales ni políticos en el continente americano, ni tampoco los tiene hoy. Quien afirme lo contrario miente deliberadamente por el motivo que sea. Por tanto —subrayó el Führer—, no nos interesa cómo organiza su vida el continente americano. Y esto no solo es válido para Norteamérica sino también para América del Sur»

Sobre la doctrina Monroe, el Führer señaló lo siguiente:

«No creo que una doctrina como la proclamada por Monroe haya podido o pueda ser interpretada como una pretensión unilateral de no intervención; porque el propósito de la doctrina Monroe fue evitar que los Estados europeos interfirieran en los asuntos americanos —algo que Inglaterra, por cierto, con sus enormes intereses territoriales y políticos en América, continúa haciendo—, sino que América no se entrometiera en los asuntos europeos. El hecho de que el propio George Washington hiciese una advertencia de este tipo al pueblo estadounidense confirma la lógica y la sensatez de tal interpretación. Y por eso yo digo: ¡América para los americanos, Europa para los europeos!».

Cuando se le preguntó por la postura de Alemania ante el programa de rearme de los Estados Unidos anunciado por el presidente Roosevelt, el Führer se expresó en los siguientes términos:

«Me atengo de nuevo a la doctrina Monroe para responder a esta pregunta. No juzgo el programa de armamento de EE.UU., ni tampoco me interesa. Yo mismo llevo años trabajando en el mayor programa armamentístico del mundo y, por lo tanto, sé distinguir muy bien entre las ilusas charlatanerías y las posibilidades reales de la vida práctica. Me parece que sobre este punto circulan por ahí ideas muy fantasiosas».

Preguntado acerca de la intervención de Estados Unidos mediante el suministro de aviones y material de guerra, el Führer dijo que:

«La intervención de Estados Unidos con el envío de aviones y material de guerra no servirá para cambiar el resultado de esta guerra. No necesito explicar las razones. La realidad decidirá sobre el tema».

El Führer resumió de la siguiente manera su opinión sobre las noticias y los comunicados tan difundidos en EE.UU. acerca de una supuesta quinta columna alemana:

«No puedo decir nada de la llamada quinta columna, sencillamente porque tal columna no existe, salvo en las mentes de algunos visionarios o como un fantasma inventado por una propaganda sin escrúpulos con obvios objetivos. Cuando los gobiernos ineptos empujan primero a sus pueblos a la guerra y sufren luego un colapso lamentable, es comprensible que prefieran echarles a otros la culpa. Sin embargo, el objetivo principal de este concepto es crear un término genérico para la oposición interna que, naturalmente, existe en todos los países. Tal oposición no tiene nada que ver con Alemania. ¡Más bien al contrario! Se trata de nacionalistas radicales, comunistas de orientación internacional, pacifistas y otros opositores a la guerra. Y como estos políticos no son capaces de manejar con decencia a su propia oposición, acusan a estos elementos de traicionar a su país y tratan así de revestir de patriotismo métodos ilegales, y de motivarlos moralmente ante el mundo inventándose el espeluznante concepto de "quinta columna".

Nuestros adversarios perderán esta guerra, no porque haya una quinta columna, sino porque sus políticos carecen de escrúpulos y son unos corruptos o unos retrasados mentales. La perderán porque su organización militar es deficiente y su estrategia bélica realmente pésima. Alemania ganará esta guerra porque el pueblo alemán sabe que su causa es justa, porque la organización y el liderazgo militares alemanes son superiores, y porque contamos con el mejor ejército y el mejor equipamiento».

«Nunca fue mi intención ni mi objetivo —continuó explicando el Führer— destruir el Imperio británico. Al contrario, incluso antes del estallido de la guerra, que fue urdida por Inglaterra y Francia, presenté propuestas al Gobierno inglés en las que llegué a ofrecer al Reino Unido la ayuda del Reich para preservar el Imperio. Lo único que exigí a Inglaterra fue que Alemania fuese considerada y tratada en igualdad de condiciones, que los ingleses protegieran nuestra costa en caso de que Alemania se viera envuelta en una guerra y, por último, que me devolvieran las colonias alemanas. ¡Y vaya que si las recuperaré!

En cambio, en Londres se escribió y se declaró públicamente que había que destruir el nacionalsocialismo, que había que dividir Alemania, desarmarla por completo y dejarla sin poder. Yo jamás he expresado objetivos e intenciones similares hacia Inglaterra. Pero cuando los ingleses empezaron a perder una batalla tras otra, los gobernantes de

Londres acudieron a Estados Unidos, suplicando con lágrimas en los ojos, y declararon que Alemania amenazaba al Imperio británico y trataba de destruirlo.

En esta guerra, sin embargo, lo que se destruirá será otra cosa: una camarilla capitalista que estaba y sigue estando dispuesta a sacrificar millones de vidas por sus mezquinos intereses personales. Pero estoy convencido de que eso no lo haremos nosotros, sino sus propios pueblos»[21].

Wiegand pudo al menos sacar pecho por haber exhortado a Hitler durante la entrevista de junio de 1940, pocos días antes de la capitulación de Francia y de la ocupación de París por las tropas de la Wehrmacht, a no destruir la capital francesa. Autoestima no le faltaba precisamente; pero también previno los ataques que le esperaban por haber servido innecesariamente al dictador nazi de cómodo portavoz. Aunque en efecto los reproches fueron numerosos, Wiegand los atribuyó sobre todo a la envidia de sus colegas, que según él le tenían celos por haber conseguido la primicia de entrevistar a Hitler.

Wiegand, viajero incansable, fue encarcelado junto con Lady Hay por los japoneses en Manila en 1943. Al finalizar la guerra siguió publicando sin descanso. Murió en 1961 en su casa de Zúrich, a la edad de ochenta y seis años.

Por lo que respecta a Pierre Huss, Wiegand le escribió a Lady Hay, después de su conversación con Hitler, que Guido Enderis,

[21] *Der großdeutsche Freiheitskampf* («La gran lucha alemana por la libertad»), vol. II, discursos de Adolf Hitler del 10 de marzo de 1940 al 16 de marzo de 1941, pp. 39-41, publicado por el Reichsleiter Philipp Bouhler, *Zentralverlag der NSDAP*, sucesores de Franz Eher, Múnich, 1941.

de *The New York Times*, «ahora que ya no está Tolischus, depende por completo de Huss. Y este se ha dejado llevar tanto por todo el ambiente y por algunos nazis de los que es íntimo amigo, que ha perdido cualquier tipo de objetividad. Todo lo que le dicen le parece cierto. Y lo que es aún más lamentable: denigra al presidente (Roosevelt). Ningún estadounidense que vive fuera de su país debería hacer algo así delante de los extranjeros».

En cierto modo, tiene cierta gracia que Wiegand reprochara a su colega Huss, de la agencia de noticias Hearst/International News Service (INS), su excesiva condescendencia con la camarilla de jerarcas nazis, cuando eso era precisamente lo que otros corresponsales norteamericanos sospechaban también de él. En cualquier caso, Huss le dio la razón a Wiegand al intentar superarlo por medio de un encuentro con Hitler, que tuvo lugar a principios de noviembre de 1941 en la Wolfsschanze [la Guarida del Lobo]. Poco después, Huss abandonó Alemania en dirección a los EE. UU., Japón atacó Pearl Harbor y Hitler declaró la guerra a los norteamericanos en su discurso ante el Reichstag. Aún sigue siendo una incógnita si realmente eclipsó a su competidor Wiegand, ya que Huss es la única fuente fiable de aquella entrevista. No volvió a utilizarla en sus publicaciones periodísticas, algo que justificó diciendo que, de haberla publicado, la propaganda nazi no habría hecho más que tergiversarla, lo que claramente era una forma de devolverle la pelota al impopular Wiegand. Lo que sí hizo fue dedicarle a la entrevista quince páginas de su libro *Heil! And Farewell*, en un capítulo explícitamente titulado: «Una entrevista con Hitler, un mes antes de que le declarara la guerra a los EE. UU.».

Huss describe algunos detalles de su paseo con Hitler por el bosque de Prusia Oriental, alrededor de los búnkeres, lo que da más credibilidad al relato; habría sido una osadía mayúscula inventarse sin más todo el encuentro. Es probable que Huss fuera el único periodista extranjero que, viajando en tren desde Berlín, consiguió acceder a la Guarida del Lobo. El tema principal de la entrevista fue el miedo de Hitler a Roosevelt y el inminente poder de intervención norteamericano: «El poderoso Hitler, que ha proclamado el Reich nazi y el nuevo orden europeo, teme en el fondo al presidente estadounidense Franklin D. Roosevelt, y ni su ostentación pública de poder o sus atronadores discursos sobre su propia invencibilidad, ni su fe inquebrantable en la providencia divina y en la victoria final pueden evitar tal temor».

En cuanto al paseo, se ofrecieron algunas especificidades del Führer al más puro estilo Huss. Según el periodista, Hitler caminaba dando tumbos y era un «paseante errático», nunca volvía la vista para mirar hacia atrás y seguramente tenía reumatismo en la pierna derecha. También hizo mención a la «filosofía de la ardilla»: Hitler dio de comer a uno de estos roedores avellanas que llevaba en el bolsillo del abrigo, e incluso habló con el animal y reflexionó en voz alta:

> Ah, si el mundo se ocupara simplemente de sus propios asuntos, como esta ardillita. [...] Recoge comida para sobrevivir y se pasa la vida entera ocupada con esa tarea. Justo eso era todo lo que pretendía hacer yo hasta que aquellos chalados [los políticos de la República de Weimar, a partir de 1918] me obligaron a cambiar de planes y a luchar por la supervivencia de mi país. Tenía proyectos y trabajo para Alemania para los próximos cincuenta años. Yo no necesitaba una guerra para mantenerme en el cargo, como los Daladier o los Chamberlain. O como también, por cierto, el señor Roosevelt, de los Estados Unidos.

A principios de la década de 1940, numerosos corresponsales extranjeros que habían informado sobre el Estado nazi publicaron libros relatando sus vivencias en la Alemania de Hitler. A las editoriales les gustaba imprimir grandes esvásticas en las portadas, como en el caso de *Heil! And Farewell*, de Pierre J. Huss. En el libro, publicado en Londres en 1943, el autor describe una última entrevista con Hitler, que tuvo lugar en 1941 en la Wolfsschanze, o Guarida del Lobo, el cuartel general del Führer, y que Huss decidió en un principio no publicar.

No está claro por qué razón el ya anciano y enfermo «Mr. Roosevelt» habría necesitado la guerra para conservar el cargo, sobre todo teniendo en cuenta que, en la campaña presidencial de 1940, apenas si mostró algunas diferencias en política exterior con su rival republicano Wendell Willkie, al que acabó derrotando en las urnas. Pero a Hitler, por lo general, no se le podía ir con argumentos lógicos cuando se trataba de los Estados Unidos, así que con Huss se fue por las ramas hablando de las esferas vitalistas: según él, tanto Roosevelt como Churchill eran dos caducos representantes de sendos sistemas plutocráticos-capitalistas-judíos («¡Sí, el Mr. Roosevelt y sus judíos!»). Él, en cambio, era relativamente joven y gozaba de buena salud, y aunque Roosevelt fuera reelegido por cuarta vez («en contra de la tradición política y las costumbres de su país»), Hitler seguiría al pie del cañón, dispuesto a luchar hasta la victoria final. Y si no él, pues entonces «el próximo Führer. Alemania no caerá antes que Roosevelt, y yo puedo esperar hasta que esté muerto».

Después del paseo, Huss, Hitler y la Leibstandarte SS, la guardia personal del líder nazi, se dirigieron «al edificio principal del cuartel general del Führer, que no se diferenciaba mucho de una acogedora cabaña de caza», con sus cornamentas de ciervo y su chimenea, y prosiguieron la charla en compañía del jefe de prensa Otto Dietrich, el traductor jefe Schmidt y otros vasallos allí presentes «en obediencia silenciosa». Según Huss, la conversación continuó durante un rato (que si los ejércitos de Stalin habían perdido prácticamente la guerra; que, si se producía una invasión estadounidense en Europa, él le haría frente con un millón o incluso con cinco millones de personas, etcétera, etcétera). Al amanecer, sobre las cinco de la madrugada, el periodista regresó a Berlín desde la pequeña estación de tren de la Guarida del Lobo.

Huss estaba bastante orgulloso de su última entrevista con Hitler y, poco antes de su repentina muerte, la utilizó como material publicitario. En su conferencia titulada «¿Tiene todavía sentido la ONU?» (del 13 de marzo de 1962, en el gran salón de baile del Hotel Sheraton Palace de San Francisco —la asistencia costó tres dólares más el almuerzo—), el texto de la invitación rezaba: «Regresó a Estados Unidos poco antes del ataque a Pearl Harbor (y poco después de su última entrevista con Hitler en el frente ruso); informó al FBI y al Pentágono sobre armas y equipamiento alemanes». Así es como Huss consiguió pasar de ser un inseguro corresponsal del cuerpo de prensa estadounidense en Berlín, a convertirse en el principal informante del FBI y del Pentágono en cuestiones relacionadas con el nazismo, o por lo menos, con sus relaciones públicas personales.

5

«LA BASTARDIZACIÓN DEL CONTINENTE EUROPEO»

Bertrand de Jouvenel y los franceses

> «Desde luego, conviene deslindar claramente un hecho: el enemigo a muerte, implacable, del pueblo alemán es y será siempre Francia. No importa quién gobierne o vaya a gobernar en Francia, si los Borbones o los jacobinos, los bonapartistas o los demócratas burgueses, los republicanos clericales o los rojos bolcheviques. La clave de la política exterior francesa residirá siempre en el propósito de apoderarse de la frontera del Rin y consolidar el dominio de este río a favor de Francia al precio de una Alemania en escombros».
>
> Adolf Hitler, *Mi lucha*, 1925

Este es solo un ejemplo de los rudos y desaforados ataques que Hitler lanzó contra Francia al redactar su programa político desde la fortaleza de Landsberg, donde estuvo recluido a la edad de treinta y seis años. Una década más tarde, durante una charla con periodistas anglosajones, insistió en no desmentir aquellas afirmaciones. Por el contrario, en sus encuentros con los franceses, restó importancia y actualidad a aquellos primeros escritos[1]. Entre 1933 y 1938, Hitler solo concedió entrevistas a un reducido grupo de periodistas franceses, cuidadosamente seleccionados, muy pocos en comparación con los estadounidenses, británicos, japoneses y, por

[1] Un apunte sobre la historia de la publicación del libro en Francia: al principio solo hubo una traducción ilegal y abreviada, que fue prohibida por Hitler, porque no quería que se difundieran demasiado los pasajes antifranceses.

supuesto, italianos[2]. Apenas tenía interés en pronunciarse ante el enemigo de toda la vida, por las razones históricas y geopolíticas ya mencionadas, pero también por motivos racistas, como muestra otro pasaje de *Mi lucha*, donde refiriéndose a la ocupación del Ruhr en 1923 (debida al retraso de Alemania en el pago de las reparaciones) por tropas francesas y belgas, en cuyas filas había numerosos soldados negros, Hitler escribió lo siguiente:

> El pueblo francés, que cada vez va siendo en mayor escala presa de la *bastardización* negroide, entraña, debido a su conexión con los fines de la dominación judía en el mundo, una amenaza inminente para la raza blanca en Europa. La contaminación de sangre negra en el Rin, en el corazón mismo de Europa, responde a la sádica sed de venganza del chovinista francés, enemigo secular de nuestro pueblo, y no menos, al frío cálculo judío que, de este modo, quiso dar comienzo a la *bastardización* del continente europeo en su núcleo central y, al infestar la raza blanca con una humanidad inferior, despojarla de los fundamentos de su soberana existencia[3].

La primera (aunque breve) entrevista a Hitler publicada por un periódico francés apareció el 19 de marzo de 1932 en el diario *L'Œuvre*, entre la primera y la segunda vuelta de las elecciones

[2] Sobre las entrevistas de periodistas franceses con Hitler, véase también el artículo de PINSOLLE, Dominique: «L'art d'interviewer Adolf Hitler», en *Le Monde diplomatique*, agosto de 2017. En la introducción se dice con acierto que: «La historia de los medios de comunicación tiene sus mitos, donde el del gran reportero siempre dispuesto a desafiar a los poderosos ocupa un lugar destacado. La realidad suele ser menos romántica, sobre todo si nos fijamos en lo ocurrido en los años treinta. Las condiciones en las que Adolf Hitler fue entrevistado en varias ocasiones antes de la guerra por enviados especiales franceses evidencian el grado de servilismo de cierta parte de la prensa».

[3] HITLER, Adolf: *Mi lucha*, edición crítica de Jorge Luis Rodríguez Reyes, Verbum, Madrid, 2018.

presidenciales del Reich. En sus orígenes, *L'Œuvre* fue una publicación de tendencia liberal de izquierdas, incluso pacifista durante la Primera Guerra Mundial, que tuvo cierto éxito entre los dos grandes conflictos bélicos, cuando el diario apoyó a la coalición electoral izquierdista del «*cartel des gauches*» (el Cartel de la Izquierda) o al Frente Popular en las elecciones de 1936 a la Asamblea Nacional, y su tirada aumentó a 274 000[4].

Sin embargo, el virulento antisemitismo que se manifestó en Francia bajo la ocupación alemana hizo que *L'Œuvre* girara hacia el colaboracionismo. Desde julio de 1940, la dirección del periódico estuvo en manos de Marcel Déat, que no solo era periodista y político socialista, sino también, y sobre todo, graduado de la elitista Escuela Normal Superior (ENS) de París y coeditor de *Annales sociologiques* (o *L'Année Sociologique* de 1898 a 1925 y a partir de 1945), la revista sociológica especializada fundada por Émile Durkheim (1858-1917), pionero de la sociología moderna, y que todavía sigue publicándose. De ahí que el giro de Marcel Déat resultara aún más llamativo cuando, a finales de los años treinta, se enemistó con varios grupos de izquierda

[4] Es interesante una anécdota sobre la periodista de izquierdas, aunque procedente de la alta burguesía, Geneviève Tabouis, nacida Le Quesne (1892-1985). A partir de 1932, fue redactora de *L'Œuvre* para el extranjero, desde donde advirtió sin ambages y en repetidas ocasiones de la amenaza que suponían el ascenso de Hitler, el rearme alemán y el totalitarismo prusiano. Hitler dijo lo siguiente sobre ella: «Madame Tabouis sabía ayer lo que yo les digo ahora, en un momento en el que yo mismo no sabía lo que iba a decir. Pero ella, la más inteligente de todas las mujeres, lo sabía. Es ridículo». Véase al respecto la entrada del 1 de mayo de 1939 que aparece en WILDNER, Heinrich: *Tagebücher 1938-1944* (Diarios 1938-1944, publicados en 2022): «El discurso de Hitler de hoy me llamó la atención por el constante énfasis que puso en la unidad necesaria para existir, por la constante insistencia en el yo y en los logros personales, así como por la violenta actitud contra la prensa opositora, con mención especial a Mme Tabouis. El discurso tendrá sin duda un efecto desfavorable». Se refiere al discurso de Hitler transmitido por radio, que tuvo lugar el 1 de mayo de 1939 en el Lustgarten de Berlín ante los «trabajadores». Véase también el artículo aparecido en el semanario *Der Spiegel* (núm. 23) el 3 de junio de 1958 titulado: «Madame Tabouis: Kassandra irrte» (Madame Tabouis: Kassandra se equivocó).

y se acercó al fascismo. Déat, protagonista de la extrema derecha francesa antes y después de la guerra, logró huir a Italia al final del conflicto y falleció en Turín en 1955.

La entrevista de *L'Œuvre* estuvo precedida de un comentario del periodista, escritor y director de teatro judío Henri Hertz (1875-1966), amigo de Guillaume Apollinaire, Alfred Jarry, Romain Rolland y Max Jacob. Hertz escribió, anticipándose a lo que estaba por llegar, sobre la probable preparación de un golpe de Estado tras las elecciones: «Parece ser que un *putsch* va a apropiarse ilícitamente de la legalidad, en lugar de cumplirla. [...] Ya no se trata de una batalla personal entre Hindenburg y Hitler. Eso ya es agua pasada. Lo que acaba de comenzar es una batalla entre las fuerzas de la República y las suyas». Al final, añadió una nota optimista: «No es bueno tropezar en esta nación tan ruda, donde acechan conspiraciones por millones, pero donde el Gobierno ha aprendido de los trucos y las ansias de venganza de los conspiradores. Después del fallido golpe de Estado de Hitler, ¡ahora le toca al Estado dar un golpe contra Hitler! Si sus setecientos mil afiliados le siguen siendo fieles, ¿mantendrán la calma sus once millones de votantes ante tales hechos y riesgos?».

Estamos, pues, en 1932. Por aquel entonces, *L'Œuvre* (que cesaría su actividad en 1946) era sin duda un periódico de izquierdas. El artículo sobre la reunión en Berlín con el aspirante al poder llevó por título «Hitler y el golpe de Estado contra la República». El encuentro tuvo lugar poco antes de la segunda vuelta de las elecciones (10 de abril de 1932) que Hitler perdería contra Hindenburg. Nadie sabía aún cómo se comportarían los rabiosos enemigos de la República ni cuál sería su reacción ante una derrota electoral. El artículo, impreso a dos columnas y redactado por un periodista anónimo, comenzaba de este modo: «Monsieur Hitler siempre se ha negado a tratar con Francia, al igual que se ha negado a hablar con periodistas, incluso con los de su propio país». Según el autor, otro periodista francés le preguntó en una ocasión a *Putzi* Hanfstaengl: «Si me acerco a Monsieur Hitler en su hotel con un bolígrafo en la mano, ¿qué me puede pasar?». La respuesta de Hanfstaengl fue: «¿Que qué puede pasarle? Muy sencillo: le tirarán al suelo inmediatamente. Hitler, créame, va bien escoltado». A esto le siguen algunas observaciones del periodista de *L'Œuvre*, que por lo visto frecuentaba el Hotel Kaiserhof de Berlín, lugar de residencia del líder nazi. «Nunca se levantaba antes de las doce del mediodía. El hombre que tanto deseaba resucitar a la vieja Prusia no tenía nada de prusiano». Al teniente coronel Wilhelm Brückner, ayudante de Hitler, que «nunca se refería a su superior de otra forma que no fuera "mi Führer"», el autor del artículo pudo hacerle la siguiente pregunta: «Bien mirado, Hitler seduce a sus seguidores como una mujer seduce a un hombre. Con los ojos, la voz y ¡con esa coquetería que se esconde tras sus gestos! ¿Por qué no llevar entonces el encanto de Hitler a otros países mediante la proyección de una película sonora?». «No, no —respondió Brückner—, bajo ningún concepto. La fascinación reside en lo enigmático. Mi Führer debe continuar siendo un misterio».

Finalmente, pocos días antes del 19 de marzo de 1932, cuando el texto apareció publicado en *L'Œuvre*, su autor fue invitado a una *réception intime* con —así aparecía escrito en la invitación— los «elegidos del destino». Varios corresponsales norteamericanos, además de otros dos reporteros suecos, se encontraban también en la tercera planta del Hotel Kaiserhof, habitación 422. Transcurrió media hora sin que pasara nada. Los suecos estaban preocupados por cómo dirigirse a Hitler: ¿*Herr Regierungsrat* (Consejero de Gobierno)? ¿O simplemente *Herr* Hitler? Pasó un buen rato. «Una guapa periodista americana dijo: “*Herr* Hindenburg no nos haría algo así”. La secretaria de Hitler hizo gesto de no poder hacer nada al respecto. Entonces, la americana añadió enérgicamente: “¡Pues tendrá que enseñarle mejores modales a su jefe!”».

«Finalmente nos condujeron a una habitación contigua», según se lee en el informe del reportero de *L'Œuvre*. «El señor Brückner abrió las cortinas, movió algunas sillas y cerró la puerta dándole dos vueltas a la llave. Solo se oía una ventana entreabierta golpetear por el viento. Por lo demás, reinaba un silencio sepulcral. De repente, se abrió una puerta oculta y Hitler apareció a nuestro lado. Me estrechó la mano e hizo una reverencia tan exagerada como solo los austriacos son capaces de hacer». Llamaba la atención que apenas dirigía la mirada a los visitantes y que, mientras hablaba, no paraba de mirar al techo o al suelo. Se veía que estaba incómodo y cada vez de peor humor, aparentemente porque no podía gritar su *message* a un pequeño grupo de asistentes.

La reunión duró más de los veinte minutos previstos. Pero no fue la clásica entrevista con preguntas y respuestas, sino más bien un monólogo:

> Normalmente no rectifico todos esos falsos rumores que circulan sobre mí, sobre todo los que vienen del extranjero. Pero cuando se trata de algo que afecta a los intereses del pueblo alemán, entonces considero que es mi deber responder. Se ha dicho que Hitler es sinónimo de guerra. Quiero asegurarles que mi victoria no afectará en modo alguno a las relaciones de Alemania con otros países. No, la victoria del hitlerismo en las elecciones a la presidencia del Reich no pondrá en peligro la paz en Europa. [...]
>
> Las guerras nunca han servido para resolver definitivamente las relaciones entre los pueblos. Si no conducen a la

> completa erradicación de uno u otro pueblo, se eternizan en el tiempo. La paz en Europa, repito, no se verá perturbada a menos que algún país así lo desee. Y ese país no será el nuestro.

Aquel grupo de diez personas se le quedaba corto. Lo que él necesitaba era un auditorio de veinte mil. «Fue entonces cuando Hitler volvió a ser él mismo», escribió nuestro autor, que algunos días después lo vería dirigirse a una multitud. En aquel acto, Hitler dijo: «Cuando uno está dispuesto a luchar hasta el final, no puede perder. [...] Si nuestros enemigos preguntan qué le hemos dado al pueblo alemán, nuestra respuesta es: una nueva fe». Más tarde, al verlo *face à face* con la multitud, el periodista comprendió que Hitler enfermaría si no pudiese hacer algo así al menos una vez por semana. También entendió que el matrimonio apenas era algo que interesara a Hitler. Su vida privada solo la necesitaba para descansar. Lo que de verdad le estimulaba era el contacto directo con sus miles de seguidores.

Hasta aquí el que casi con toda certeza fue el primer encuentro de un periodista francés con Hitler. Su nombre, escrito más o menos correctamente, ya venía apareciendo en los diarios desde hacía diez años. Es posible que el primer periódico extranjero en mencionarlo fuera *Le Figaro*, en su edición del 25 de agosto de 1922. La noticia informaba sobre un acto del mariscal de campo von Hindenburg celebrado cuatro días antes, en el que también se manifestaron «les socialistes-nationaux, les Hitler»: «En fila, banderas al frente, adornadas con la esvástica, las compañías entonaron el [himno patriótico] «Wacht am Rhein», al que siguió una sonora pitada interrumpida por gritos de "¡abajo Francia!"». Más tarde, también otros periódicos, algunos incluso de provincias, se harían eco de la noticia. *L'Action française*, un diario nacionalista, monárquico y antisemita la publicó el 12 de noviembre de 1922.

Fernand de Brinon fue el primero en poder realizar una entrevista en toda regla para un medio francés. Ocurrió en Berlín, el 16 de noviembre de 1933. Seis días más tarde, se publicó «Una conversación con Adolf Hitler» en *Le Matin*, un periódico que en los años treinta simpatizaba con la extrema derecha y cuyas ventas iban de capa caída. El subtítulo fue: «Declaraciones sensacionales» y «Por primera vez, el canciller del Reich recibe a un periodista francés». Habían pasado casi diez meses de la *Machtergreifung*, la toma del poder por parte de Hitler el 30 de enero de 1933.

El elegante Fernand de Brinon, abogado y periodista de éxito, nacido en 1885 en el seno de una familia de rancio abolengo, se convertiría más tarde en «el aristócrata de la colaboración» (así se tituló una biografía de De Brinon, escrita por Gilbert Joseph), es decir, en un colaborador nazi a ultranza. Fue un hombre muy de derechas y con una biografía atípica. No llegó a divorciarse de su esposa judía Lisette, o sea Jeanne Louise Rachel Franck (1896-1982), quien descendía de una familia de la alta burguesía parisina, originaria de Alsacia y cuyo hermano mayor, Henri, fue un activo poeta de la Escuela Normal Superior, fallecido de tuberculosis en 1912, cuando solo tenía veinticinco años[5]. Lisette Franck también se movió desde muy joven en los mundanos ambientes parisinos de

[5] El historiador y periodista Emmanuel Berl, primo de Henri y Lisette Franck, abordó en uno de sus libros la relación de Henri con Anna de Noailles (1876-1933), nacida Anna Élisabeth Bibesco de Brancovan. La poetisa, descendiente de una familia noble rumana muy acaudalada (hija del boyardo Grigore Brâncoveanu y de Helena Ralouka Musurus-Pasa, de origen griego), pasó su infancia en un castillo y contaba con Marcel Proust entre sus admiradores. Henri Franck era su amante platónico y su hermana Lisette la adoraba.

la cultura y la política. Contaba entre sus amistades a Léon Blum y Pierre Drieu La Rochelle. Fernand de Brinon, a quien conoció en Ginebra en 1932, se convertiría en su amante. Precisamente el día del divorcio de su primer marido, Claude Ullmann, el 22 de noviembre de 1933, fue cuando se publicó la entrevista de De Brinon con Hitler. Un año más tarde, el 15 de noviembre de 1934, se celebró el enlace en Neuilly, previa conversión de Lisette al catolicismo.

En septiembre o principios de octubre de 1932, De Brinon conoció al francófilo y futuro ministro de Asuntos Exteriores del Reich Joachim von Ribbentrop, con motivo de una partida de caza en Champaña junto a un amigo común, el marqués Melchior de Polignac (propietario de los champanes Pommery). Por aquel entonces, Ribbentrop, quien por cierto no adquirió su título nobiliario de un pariente lejano hasta mediados los años veinte, dirigía la empresa de venta de vinos Impogroma (acrónimo de *Import großer Marken*, «importación de grandes marcas») en Berlín-Dahlem. Primero, Fernand de Brinon y Ribbentrop intentaron, mediante una especie de diplomacia privada y de forma totalmente confidencial, concertar una reunión en la cumbre entre Hitler y el primer ministro Édouard Daladier. Sin éxito, pues el plan fracasó tras las conversaciones preliminares entre De Brinon y el líder nazi en Berchtesgaden el 9 de septiembre de 1933. No obstante, sí fue posible concertar, a iniciativa de Ribbentrop, una entrevista de De Brinon con el canciller del Reich, que por entonces tenía cuarenta y cuatro años, con la intención también de eliminar los problemáticos enunciados antifranceses de *Mein Kampf*.

Todas las solicitudes previas realizadas por periodistas galos habían sido rechazadas. Únicamente Goebbels y el ministro de Asuntos Exteriores Konstantin von Neurath se mostraron dispuestos a propiciar tales entrevistas. La charla entre Hitler y De Brinon, a la que también asistió Ribbentrop, tuvo lugar poco después del plebiscito del 12 de noviembre de 1933, en el que se decidió la salida de Alemania de la Sociedad de Naciones. «Fui recibido por *Herr* Hitler. Durante casi dos horas, desde las 11:20 a las 13 horas del jueves 16 de noviembre —escribió De Brinon en *Le Matin*—, tuve la ocasión de departir libremente con él, abordando innumerables temas e inquietudes. Él me explicaba sus ideas y yo tenía la impresión de estar descubriéndole Francia».

A continuación, una descripción detallada de la escena, en tono servil: «Esperé a Monsieur Hitler en sus aposentos privados, en la cuarta planta del Palacio de la Cancillería, donde me encontré con un inmenso vestíbulo de brillantes baldosas blancas, una larga mesa cubierta de folletos y papeles, y jóvenes de las SS uniformados de negro que hacían el saludo romano al visitante. Rápidas idas y venidas. [...] Sobre todo, aquello era un soplo de simplicidad y juventud». De Brinon miró a su alrededor («dos plantas verdes [...], ramos de flores y estatuas de bronce») y escuchó cómo el joven que lo había recibido charlaba con sus compañeros. Percibió la «diferencia con la típica parafernalia de los palacios gubernamentales. No había visitantes que esperaran a ser recibidos, ni ujieres, ni protocolo alguno». Entonces, el líder alemán abrió la puerta de su gabinete para recibir al visitante:

> Aquí está. Se planta ante mí, me hace el saludo de rigor y extiende la mano señalando en dirección a su despacho. Una habitación grande y cuadrada, mobiliario banal, una mesa de roble sobre la que solo hay unos candelabros decorados con cruces gamadas; sobre la chimenea, un retrato de Federico II;

> entre la chimenea y la ventana del rincón izquierdo, una mesa rodeada de sillones marrones. Monsieur Hitler me hace sentar a su derecha [...]. Lleva puesta la chaqueta militar inglesa de tela marrón claro, pantalones negros, calcetines negros y zapatos bajos de charol negro. Menudo contraste con su reputación.

¿Era este el líder de masas —se preguntó De Brinon—, el dictador, el tribuno que había revivido en las fábricas de Siemens el ambiente de sus primeras luchas? El que gritó a los trabajadores: «¡Noto que una parte de vosotros no me apoya! ¡Pero me da igual, porque vuestros hijos estarán de mi lado!». El que proclamó: «¡Sí, he acabado con la clase trabajadora! ¡Pero si he destruido el sistema de clases es para crear una Alemania nueva y unida!». Parecía un oficial que se ha quitado la guerrera para descansar un rato junto a la chimenea. Tosía, estaba ronco. «Pero qué vivo está cuando se enardece. Qué poderío tiene cuando le embarga la pasión».

A continuación, el periodista tocó el tema de las duras críticas a Francia aparecidas en *Mi lucha* y escribió que «Hitler tiene la ambición de llegar a un acuerdo con Francia, mientras que hay quienes —dijo De Brinon dando la razón al Führer— protestan asegurando que en la edición original del libro no se dice nada de eso». A lo que Hitler contestó: «*Mein Kampf* es un libro lleno de blasfemias escritas en la cárcel con la furia propia de un apóstol perseguido». Entre el programa de política interior que contiene y el que se aplicaba *de facto* desde el poder, existirían claras diferencias. Según sus propias palabras, Hitler creía firmemente en una entente franco-alemana. A veces, escribió De Brinon, el Führer sueña con «bajar solo al Rin y lanzar al aire una corona de laurel en honor a los soldados alemanes y franceses que murieron por su patria».

Otras veces, como tiene afición por la arquitectura, se imagina «un grandioso monumento dedicado a los muertos de las dos naciones reconciliadas».

A lo que siguieron otras citas de Hitler, quien al parecer estaba convencido de que, en cuanto se resolviese la cuestión del Sarre «alemán», no habría nada que pudiera interponerse entre Francia y Alemania. Sobre la cuestión de Alsacia-Lorena, ya había dicho en varias ocasiones «que hemos abandonado el asunto definitivamente. [...] Pero ¿cuántas veces habrá que repetir que no pretendemos apropiarnos de lo que no es nuestro ni dejarnos querer por quienes no nos quieren?». Hitler continuó diciendo que en Europa no había ningún conflicto que justificara una guerra y que todo podía resolverse entre los países, «si tienen sentido de la responsabilidad y del honor». Entonces, por fin, Hitler «cobró vida. A pesar del cansancio, elevó la voz. Sonaba como si los tumultos de las asambleas populares hubieran invadido aquella sala». Hitler: «Me ofenden cuando repiten una y otra vez que quiero la guerra. ¿Pero es que acaso estoy loco? La guerra no arregla nada, no resolvería nada. Lo único que haría es empeorar aún más el estado del mundo».

Hasta aquí las «sensacionales» declaraciones de Hitler relativizando cualquier crítica a Francia, para acto seguido añadir que él era el único que decidía sobre la política de Alemania. «Y cuando doy mi palabra, tengo por costumbre cumplirla». También dijo que «no he heredado un trono. Tengo una doctrina a la que debo ceñirme. Soy un hombre de acción que asume su responsabilidad. Soy responsable ante el pueblo que dirijo y que tanta fuerza me da». Y siguió con que: «un periodista inglés ha escrito que, para apaciguar Europa, habría que reconciliar a Alemania con Francia, y darles a los franceses la seguridad adicional de una alianza defensiva con

Inglaterra. Si se trata de una alianza de este tipo, estoy completamente de acuerdo. Porque no tengo intención de atacar a mis vecinos». Para acabar, De Brinon puso fin a su, dentro de lo que cabe, amena charla con el futuro asesino en masa afirmando que incluso el corresponsal del *Daily Mail* británico, G. Ward Price (otro simpatizante del nacionalsocialismo), quedó «convencido de la honestidad de Hitler tras una charla similar que mantuvo con él» (véase el capítulo 6).

Sin embargo, esta espectacular entrevista era mucho más que una simple noticia. En primer lugar, Fernand de Brinon se encargó de que se publicara en *Le Matin* el 22 de noviembre de 1933, un diario de mayor tirada que *L'Information*, el medio con el que De Brinon colaboraba habitualmente. Aquí la entrevista apareció impresa al día siguiente, igual que en el *Frankfurter Zeitung*, que la publicó en alemán. A juicio de Paul Kluke[6], Hitler se propuso «consolidar su posición haciendo declaraciones de paz a diestra y siniestra». Luego estaba Maximilian Scheer (1896-1978), un periodista nacido en Renania que emigró a París en aquella época. Después de la guerra, Scheer vivió en Berlín Este, donde escribió sus memorias, *So war es in Paris* («Así ocurrió en París»), publicadas en 1972. En ellas recordó la entrevista del «conde De Brinon» con Hitler y el trasfondo de la misma. Según Scheer, la publicación con varios días de retraso de la «entrevista de la paz» (Hitler dijo aquello de que «me ofenden cuando repiten una y otra vez que quiero la guerra») propició un fraude financiero en el que por lo visto estuvieron implicadas las entidades bancarias Lazard Frères, con sede en París, y Lazard Brothers, en Londres. Ambas eran propietarias de *L'Information*, el diario económico

[6] *Nationalsozialistische Europaideologie*, 1955 (https://www.ifz-muenchen.de/heftarchiv/1955_3_2_kluke.pdf).

para el que escribía De Brinon, pero al mismo tiempo, representaban también los intereses del grupo petrolero y gasístico Royal Dutch (la actual Shell). De Brinon regresó a París el 14 de noviembre de 1933, dos días después de realizar la entrevista, y redactó allí su artículo, que saldría publicado el 22 y el 23 de noviembre. Gracias al desfase temporal, algunos grupos financieros tuvieron fuertes ganancias, lo que confirmaría la tesis de Scheer, por mucho que cometiera imprecisiones en las fechas y los títulos de los periódicos.

Entre 1935 y 1937 Fernand de Brinon volvió a reunirse con Hitler en otras cinco ocasiones. «El maestro del colaboracionismo De Brinon» (*Der Spiegel* núm. 4/1949) cambió de orientación y, gracias a su entrevista con Hitler, pasó a ser una figura clave de las relaciones franco-alemanas en París y Vichy, hasta el punto de convertirse durante la guerra en delegado general del Gobierno de Vichy en la zona norte ocupada. Otra figura central, junto a De Brinon y Ribbentrop, fue Jean Luchaire (nacido en 1901), periodista de éxito y uno de los principales colaboradores con el régimen nazi (ejecutado por ello en 1946), y antiguo amigo del también destacado Otto Abetz (1903-1958)[7], embajador alemán en la Francia ocupada. Con el apoyo de este último, De Brinon fundó en 1935/36 el Comité France-Allemagne, del que fue vicepresidente y que siguió existiendo hasta 1939, no solo con el objetivo de profundizar en el intercambio intelectual con Alemania, sino también, según algunos observadores críticos, para adormecer a la opinión pública francesa en lo relativo a la Alemania nazi. Por cierto, Abetz no consiguió convencer

[7] Para más información acerca de Abetz: RAY, Roland: *Annährung an Frankreich im Dienste Hitlers? Otto Abetz und die deutsche Frankreich-Politik 1930-1942*, Múnich, 2000 («¿Acercamiento a Francia al servicio de Hitler? Otto Abetz y la política alemana hacia Francia entre 1930 y 1942»).

a su colega francés de que se divorciara de su esposa, que era judía. Lisette Brinon fue nombrada por los nazis «aria adoptiva» y se libró de llevar puesto el brazalete con la estrella amarilla.

Cuando todo estaba llegando a su fin, Abetz organizó el éxodo de Vichy a Sigmaringen, una pequeña ciudad con un castillo de los Hohenzollern situada en Baden-Wurtemberg, donde entre el otoño de 1944 y el mes de abril de 1945 iba a tener lugar un insólito espectáculo, con centenares de colaboradores franceses, periódico propio, teatro, radio, médicos y escuelas. Tras la huida de Pétain, Fernand de Brinon se convirtió en el último jefe de Gobierno de la Francia de Vichy hasta su detención por soldados estadounidenses. El 7 de marzo de 1947, el diario *Die Welt* (por entonces con sede en Hamburgo), escribió lo siguiente: «De Brinon, antiguo embajador del Gobierno de Vichy ante las autoridades de ocupación alemanas en París, fue condenado ayer a morir en la horca por el Tribunal Supremo de Versalles, acusado de colaboración e indignidad nacional». La pena se ejecutó el 15 de abril de 1947.

Puede decirse que los escasos periodistas que lograron entrevistar a Hitler se comportaron con él de manera cortés. Quizá fuera por una cierta complacencia o por la fascinación que el líder nazi ejercía sobre ellos. O tal vez influyera la creciente popularidad de la extrema derecha. O igual se trató de un autoengaño, porque nadie quería la guerra y todos prefirieron creer a Hitler cuando hablaba de paz. Además de a De Brinon, esto es aplicable a Élisabeth Sauvy (1897-1966), una novelista, estrella del reportaje y favorita del París mundano, conocida por el sobrenombre de Titaÿna, que voló a Berlín en un avión privado para ver al Führer. Su artículo «Hitler spricht mit Ihnen» (Hitler habla con usted) apareció en la portada del *Paris-Soir* el 26 de enero de 1936. Abel Bonnard

(1883-1968), antisemita confeso y admirador de Hitler, forma también parte de esta lista. Su entrevista se publicó el 22 de mayo de 1937 en el *Paris-Soir Dimanche*. Alphonse de Châteaubriant (1877-1951) utilizó su conversación con Hitler en su libro *La gerbe des forces* (1937), donde cita textualmente las palabras que le dirigió el Führer: «Estimado escritor francés, ¡usted ha entendido mejor el nacionalsocialismo que el 99 % de los alemanes que me votan!». El periodista Robert Chenevier habló con Hitler en el Berghof (Berchtesgaden) el viernes 25 de noviembre de 1938. De él dijo que: «Sus ojos son de un azul delicado [...], un azul inocente que solo los más tiernos poseen»[8]. Parece que el mero hecho de poder entrevistar a Hitler ya hizo feliz a Chevenier, quien en realidad era pacifista.

Bertrand de Jouvenel y su entrevista del 21 de febrero de 1936, publicada una semana después en *Paris-Midi*, merecen más atención. De Jouvenel fue un personaje camaleónico, al que se tachó de radical, de socialista, de liberal, de conservador, de fascista, de nacionalista... Vaya, un hombre con un currículum de lo más peculiar, como De Brinon. El barón Bertrand de Jouvenel des Ursins nació en París en 1903 en un entorno elitista y cosmopolita. Era hijo de Henri de Jouvenel, redactor jefe de *Le Matin*, y Sarah Claire Boas, de origen judío, que organizaba un distinguido salón, lugar de encuentro de toda la capital francesa; era además sobrino de Robert de Jouvenel, redactor jefe de *L'Œuvre* hasta 1924. A lo largo de su vida, Bertrand fue autor, periodista, profesor universitario, filósofo, politólogo, jurista y economista.

[8] Texto publicado en *L'Illustration*, el 10 de diciembre de 1938.

Tras divorciarse de la madre de Bertrand en 1906, Henri se casó algunos años después con la escritora y actriz Sidonie-Gabrielle Colette (1873-1954), más conocida como Colette, que fue bailarina, artista y *grande dame* de las letras francesas. Escribió más de sesenta libros, entre los que destacan *La vagabunda*, *Mitsú*, *Querido* o *Gigi*, muchos de los cuales fueron luego llevados a la gran pantalla. En 1920, Colette se convirtió a sus cuarenta y siete años en el primer amor del joven Bertrand, de dieciséis. Su novela más famosa, *Querido*, escrita en aquella época, trata precisamente de la relación sentimental entre un joven y una mujer de más edad. Poco después, ya en 1922, llegaría *El trigo tierno*, que aborda la iniciación sexual de un adolescente por parte de una mujer madura. El avance editorial que publicó *Le Matin* provocó un gran escándalo y acabó siendo censurado. De Jouvenel escribiría más tarde que: «el atractivo natural de Colette imponía de manera extraordinaria». Sentía fascinación por aquella mujer «pequeña, fuerte y robusta», por la «majestuosidad» de su frente, por «los triángulos perfectos» de sus orificios nasales y por sus labios «sensuales y finamente perfilados». Martha Gellhorn, una futura amante de De Jouvenel, recordó que Colette lo llamaba su «pequeño leopardo» o su «joven galgo», también que estaba obsesionada con el peso de su hijastro y que intentó engordarlo a base de «langosta y nata». Paradójicamente, De Jouvenel nunca llegó a verla desnuda. Según Gellhorn, Colette «era una mujer horrible, un verdadero demonio. Está claro que me odió desde el primer momento. [...] Sus ojos de gata tenían un matiz verdoso y su boca, pequeña y malvada, un frunce de amargura»[9]. «Imagínese un jardín en la Bretaña,

[9] Citado en *Libération*, el 4 de diciembre de 2005; sobre la relación entre Gellhorn y De Jouvenel, véase sobre todo: MOOREHEAD, Caroline: *Martha Gellhorn - A Life*, Londres, 2003.

junto al mar —escribió De Jouvenel con motivo de la muerte de Colette en 1954—. Por la mañana temprano se sienta en el césped húmedo y salado. Su mano recorre con placer la áspera hierba. El murmullo de las olas absorbe sus pensamientos. [...] Este es el paraíso terrenal que otros no pueden ver».

El primer matrimonio de De Jouvenel tuvo lugar en diciembre de 1925 con la escritora Marcelle Prat (1896-1971). Luego, en 1930, llegaría su romance con Martha Gellhorn, nacida en 1908, hoy apenas conocida por aquella relación (ni siquiera se menciona a De Jouvenel en un reportaje sobre Gellhorn aparecido en los cuadernos de Historia del semanario *Spiegel*). Sin embargo, muchos sí saben que fue la tercera esposa de Ernest Hemingway entre 1940 y 1945. Su aventura con De Jouvenel comenzó en el verano de 1930, primero en París y luego a orillas del lago de Annecy. Hicieron senderismo por los Alpes suizos y viajaron a Italia. Luego hubo una pausa en la relación. Martha regresó a los Estados Unidos y De Jouvenel inició su carrera de escritor. A finales de septiembre de 1931, aún muy enamorado, decide visitarla en Nueva York. Juntos recorrieron en un viejo Dodge —que habían comprado por veinticinco dólares— los estados del sur hasta llegar a California. En abril de 1932, De Jouvenel pensó en volver a Francia, entre otras cosas para pedirle el divorcio a su mujer. Sin embargo, ella no estaba de acuerdo con la idea, sobre todo por el hijo que habían tenido juntos en 1931, Roland (que moriría de tifus en 1946), lo que frustró la boda entre Bertrand y Martha Gellhorn. También las familias de ambos amantes se opusieron a aquella relación, que con algunos altibajos se prolongó hasta finales de junio de 1934, con temporadas en Londres, Capri o Alemania. En una larga carta, De Jouvenel escribió: «Una vez me dijiste que tu sol me alumbraba. Ahora me alejo de él, *dear love*. ¡Aprovecha la ocasión!». Martha Gellhorn, mujer solitaria y fumadora empedernida, se convirtió, tras su boda con Hemingway, en una reportera de guerra mundialmente conocida: informó sobre la guerra civil española, la Segunda Guerra Mundial, la liberación del campo de concentración de Dachau y la guerra de Vietnam. Gellhorn murió en Londres en 1998, a la edad de noventa años.

En verano de 1932, mientras escribía un artículo para la revista *Vu*[10], Bertrand de Jouvenel conoció por primera vez a Hitler. Su reportaje de tres páginas sobre el líder nazi, publicado el 10 de agosto de 1932, tras el regreso del periodista de Estados Unidos, y en el intervalo de tiempo entre las elecciones al Reichstag de julio y noviembre, llevó por título «Hitler el bucólico o la muerte de la Alemania burguesa». En la parte superior derecha de una de las páginas, una niña rubia le entrega al Führer un ramo de flores silvestres. Abajo a la izquierda, se ve la casa de campo de Hitler en Berchtesgaden, delante de la cual hay un cartel que dice: «¡Perros peligrosos!», y la foto de un lugareño delante de un escaparate con uniformes nazis.

En julio de 1932, De Jouvenel estuvo en Berchtesgaden con Martha Gellhorn. El periodista empezó el reportaje de *Vu* describiendo cómo la pareja observó «los inocentes juegos» de los montañeses bávaros, que llevaban pantalones cortos con bordaduras, y sombreros de fieltro adornados con «extravagantes

[10] Revista popular parisina de gran formato, moderno diseño gráfico y orientación izquierdista. El fundador y editor fue Lucien Vogel (1886-1954), hijo del pintor Hermann Vogel, nacido en Flensburgo y emigrado a París tras ser derrotado en un duelo. La hija de Lucien Vogel, Marie-Claude (1912-1996), fotografió en 1933 los campos de concentración de Dachau y Oranienburg; *Vu* fue el primer medio en publicar aquellas imágenes. Marie-Claude Vogel fue arrestada en 1942, enviada a Auschwitz y Ravensbrück, aunque logró sobrevivir. Fue la primera mujer en testificar en los juicios de Núremberg.

plumas», y bailaban alrededor de unos barriles de cerveza, cantando a la tirolesa y aplaudiendo «con una fuerza increíble», dándose palmadas en los muslos y en el trasero. También les llamó la atención la alegría de las campesinas, con sus holgados vestidos, «sus hermosos ojos y sus bocas desdentadas». De Jouvenel describe el contraste que muchos intelectuales alemanes percibían entre la parte rural, agreste y «sana» del movimiento hitleriano, por un lado, y los «barracones industriales de la metrópolis» y la «decadente juventud urbana», por otro. Relata también lo que le dijeron algunos alemanes: «Mire, nuestro país estaba deprimido y ahora Hitler nos devuelve el amor propio. [...] Observe a esas legiones de diez, veinte, treinta mil jóvenes desfilando: llevan un uniforme, sienten que son importantes, que forman parte de un gran movimiento». A continuación, De Jouvenel hace referencia a la depresión económica en la que estaba sumida la «democracia alemana» desde el fin de la Primera Guerra Mundial, es decir, a la incapacidad de banqueros y catedráticos para ayudar a la clase media, completamente arruinada por culpa de la inflación y la crisis económica, a conseguir una cierta *prospérité matérielle*. Y habla también de los jóvenes, «a quienes el régimen [de Weimar] odia» y dice que Alemania no tiene precisamente prisa por dar la bienvenida a esos chicos que han alcanzado la «edad adulta». A De Jouvenel, el discurso pronunciado por Hitler el 10 de julio le pareció un canto fúnebre.

Debajo del texto había otra foto donde aparecía Hitler, de noche, hablando con varias decenas de jóvenes nazis con antorchas en la mano. El último subtítulo rezaba: «¿Un peligro para Francia?». Aquí es cuando De Jouvenel habló sin ambages:

> Que Hitler llegara al poder y armase a sus milicias, lo cual es algo que se vería obligado a hacer para recompensarlas, sería sin duda una catástrofe para Francia. [...] Los nacionalsocialistas seguirán aferrándose a su absurdo antisemitismo y se distanciarán de los elementos fuertes propios de los grandes países. No creo que tengan intenciones bélicas. Y, sin embargo, siempre hay posibilidad de que estalle un conflicto, sobre todo con Polonia. Los nazis sueñan con tejer alianzas como en la Edad Media. [...] Todos juntos, alemanes, franceses y polacos, atacarían a la Rusia de los sóviets. Una honorable excursión campestre de oficiales de carrera que se estaban aburriendo y la vuelta a la Alemania de la Orden de los Caballeros Teutones. ¡Ay, si hubiéramos proporcionado a la socialdemocracia los medios necesarios para subsistir! ¡Si le hubiésemos dado una herramienta que demostrara hasta qué punto vale la pena la política de cooperación internacional!

El joven De Jouvenel vivió entonces la confusa situación política de Francia a comienzos y mediados de los años treinta, que se haría patente, por ejemplo, en el caso del estafador francoucraniano Serge Alexandre Stavisky (1886-1934), apodado «el bello Sasha». Para cometer sus fraudes financieros y sus estafas bursátiles, Stavisky contó con el apoyo de políticos del Partido Radical Socialista en el poder. Murió en extrañas circunstancias a principios de enero de 1934. La división entre las fuerzas de izquierda y de derecha se agudizó; el partido de extrema derecha Action Française, por ejemplo, la tomó con el primer ministro Camille Chautemps, quien por lo visto había ordenado el asesinato de Stavisky y temía que se destapara la corrupción en el seno de su partido. El escándalo provocó la dimisión de Chautemps a finales de enero de 1934, además de sangrientos disturbios con numerosos muertos y heridos, unido a un fortalecimiento general de la derecha. La Tercera República Francesa evidenciaba su inestabilidad.

En aquella época, De Jouvenel escribió ensayos del tipo «Hacia los Estados Unidos de Europa», se pronunció en contra de una «vuelta a la nación» y a favor de un «evolución hacia Europa», y fue delegado de la Ligue France-Europe, junto a Jean Luchaire y Drieu La Rochelle, fundada en junio de 1930 por el escritor y político Gaston Riou (1883-1958), autor de *Europe, ma patrie* (1928) y *S'unir ou mourir* (1929). Ser un europeísta convencido era algo que estaba en boga en el París de la época. Además, De Jouvenel apoyaba la idea de un gobierno europeo independiente de los gabinetes nacionales y, sobre todo, de una entente franco-alemana.

Para De Jouvenel, Hitler, que entretanto ya había llegado al poder, era una «hecatombe». No obstante, o tal vez precisamente por ello, formó parte de una delegación francesa compuesta por veintiocho jóvenes de todo el espectro político que fueron oficialmente invitados a Berlín en enero de 1934 con el objetivo de fortalecer los lazos entre alemanes y franceses de la misma edad. La estadounidense Martha Gellhorn, de veintiséis años, pudo asistir también, al igual que Pierre Drieu La Rochelle, aunque él ya había cumplido los treinta. Como explica Caroline Moorehead en su biografía de Gellhorn, la entusiasta y jovial delegación parisina no se esperaba la recepción que tuvieron en Berlín por parte de un grupo de jóvenes alemanes impecablemente uniformados. El líder de las Juventudes Hitlerianas, Baldur von Schirach, les dio la bienvenida junto a su consejero para Francia, Otto Abetz, quien, como ya se ha mencionado, sería embajador en la París ocupada a partir de 1940. Por cierto, tras la toma del poder por los nazis, Abetz también estuvo en contacto con el comerciante de vinos espumosos y futuro ministro de Asuntos

Exteriores von Ribbentrop, quien lo contrató como experto en Francia. Abetz se convirtió en «el hombre en la sombra», un personaje carismático con la imagen de «nazi culto» que protagonizó la «ofensiva para lograr un acuerdo» con Francia entre 1934 y 1939. Sin embargo, aquella imagen positiva no se correspondía con la realidad, según las investigaciones de la historiadora austriaca Barbara Lambauer. En su ensayo titulado *Otto Abetz et les Français ou l'envers de la Collaboration* («Otto Abetz y los franceses o la otra cara de la colaboración», París, 2001) deja claro que, tras la fachada de elegante e inofensivo francófilo, se escondía un expoliador sin escrúpulos de obras de arte procedentes de museos y colecciones privadas. Hitler en persona lo había puesto sobre la pista. Sea como sea, el caso es que De Jouvenel se hizo amigo de Abetz y, en 1934, le escribió pidiéndole que le consiguiera la entrevista con Hitler: «Querido Otto, como sabes, *Paris-Soir* tiene una tirada de 2 200 000 ejemplares. También sabes lo antialemán que es el periódico. ¡Maldita sea, tenemos que darles algo para que cambien el tono! Ah, y da muchos recuerdos al Barón von Ribbentrop».

Obviamente, en Francia también había una prensa de derechas influyente: el diario de extrema derecha, monárquico y antiparlamentario *L'Action française*, dirigido por Charles Maurras (1869-1952), semanarios como *Candide* (1924-1944, de extrema derecha), *Gringoire* (1928-1944, al principio nacionalista, luego cercano a Vichy) y, posteriormente, *La Gerbe* (1940-1944, fundada y editada por Alphonse de Châteaubriant, al que ya se ha mencionado, e inspirada en *Candide* y *Gringoire*), además de, por supuesto, el semanario fascista, antisemita y ultracolaboracionista *Je suis partout* (1930-1944). Sin embargo, como Otto Abetz se consideraba principalmente responsable de atraer a Francia al bando alemán, se decantó por el más influyente

Paris-Soir y, a petición de De Jouvenel, organizó una entrevista con Hitler para el 21 de febrero de 1936, que debía publicarse algunos días más tarde. Pero resultó que una semana antes de esta fecha, el 14 de febrero, Hitler evocó su intención de ocupar Renania durante un encuentro con el embajador alemán en Italia, Ulrich von Hassell, algo que estaba prohibido, ya que Renania era zona «desmilitarizada», tal y como establecía el Tratado de Versalles de 1919. Hitler esperaba ahora el apoyo político de Italia. Y después, el 21 de febrero, aprovecharía la cita con De Jouvenel para conseguir el beneplácito de Francia ante la ocupación ilegal de una región fronteriza por parte de un vecino potencialmente agresivo.

Al igual que hiciera Fernand de Brinon dos años y medio antes, De Jouvenel comenzó la entrevista haciendo una descripción del lugar de los hechos:

> La habitación que tengo ante mí es enorme. A lo lejos, sentado detrás de su escritorio, está Adolf Hitler. Recuerdo el despacho de Mussolini en el Palacio de Venecia y pienso: ¡estos dictadores son todos iguales! ¡Te hacen recorrer veinticinco metros por la alfombra mientras te miran fijamente para desconcertarte ya desde el principio! Sin embargo, el hombre de la chaqueta caqui se incorpora, y mientras sigo caminando despacio a su encuentro, levanta la mano para hacer el saludo nazi, gesto que imito mecánicamente. [...] Me sonríe como invitándome a hacerle mi primera pregunta y yo me quedo callado. ¡Es una persona tan diferente a como me la había imaginado! [...] Tiene la piel rosada propia de un hombre que hace ejercicio y que pasa tiempo al aire libre. Su rostro no tiene arrugas ni transmite la sensación de cansancio o esfuerzo. Las comisuras de los ojos son lisas, las mejillas redondas, da la impresión de ser una persona feliz.

Voy a tener que revisar todas las ideas preconcebidas que tenía sobre el dictador.

Hitler empezó diciendo:

Sé lo que está pensando. Seguro que se pregunta: Hitler hizo declaraciones pacíficas, pero ¿fue sincero? ¿qué hay de cierto en lo que dijo? Sin embargo, ¿no cree usted que es infantil pensar así? ¿No sería mejor que, en lugar de hacer conjeturas psicológicas, argumentara con la famosa lógica que tanto gusta a los franceses? ¿Acaso no es evidente que llevarnos bien será beneficioso para nuestros países?

Al respecto, De Jouvenel escribió:

Más que escucharlo, lo miro. Con los codos apoyados en las rodillas, aprieta las manos, que son blancas, algo regordetas pero bonitas, de dedos largos. Está sentado con las piernas abiertas y me doy cuenta de que tiene los pies pequeños y de que lleva unos zapatos de tacón bastante extraños. [...] Sonríe, levanta los hombros, hace un gesto con la mano que me parece típicamente mediterráneo, y yo me quedo asombrado: ¿cómo es posible que este hombre tan sencillo, que habla con tal dulzura, sensatez, amabilidad y sentido del humor, sea el temido líder de masas que enfervoriza a toda la nación alemana y en el que el mundo entero cree ver una amenaza para la paz? [...] Se ríe abiertamente y acerca su rostro al mío. Ya no me siento intimidado en absoluto. Yo también me río. Contemplo de cerca sus rasgos, los labios, que forman una sonrisa divertida y alegre... ¿Es este el hombre que tomó aquellas medidas draconianas contra los enemigos de su régimen?

Pero de pronto, según cuenta De Jouvenel, a Hitler le cambió la expresión del rostro, se le crisparon las manos, que tenía apoyadas sobre las rodillas, y empezó a hablar de «complicados problemas políticos» que el pueblo no habría entendido. «Yo, en cambio, diseccioné los problemas. Los reduje a términos simples. Y las masas lo entendieron. ¡Y me siguieron! Así es como surgió la lucha de clases, ¡la famosa lucha de clases!». De Jouvenel siguió observando a Hitler: «De repente, se le hincha la voz y su rostro empalidece, como si toda la sangre le fuera a parar a la garganta. Reconozco los sonidos que tantas veces he escuchado en la radio. La mirada de Hitler ya no está puesta en mí. Se va directa a la distancia. Cierra ambos puños y marca lentamente con ellos el rápido flujo de las frases pronunciadas con vehemencia».

Hitler prosigue diciendo: «Es un absurdo, eso de la lucha de clases. Y yo he denunciado ese absurdo, ¡y el pueblo me ha entendido! He hecho un llamamiento a la razón. ¡Un llamamiento que ha sido escuchado por el pueblo alemán! Ahora quiero demostrarle a mi pueblo que la idea de una eterna enemistad entre Francia y Alemania es absurda, que en ningún caso somos enemigos irreconciliables».

Turno de réplica para De Jouvenel, que vuelve a sacar el tema de los despiadados ataques a Francia en *Mein Kampf*: «Los franceses leemos con mucho gusto sus pacíficas declaraciones, pero en cambio nos preocupan otras menos alentadoras. En sus memorias [...] habló usted muy mal de Francia. El libro está considerado en toda Alemania una especie de biblia política y se sigue vendiendo sin que usted haya rectificado sus afirmaciones sobre nuestro país en ninguna de las ediciones».

No era un monólogo, como solían ser las entrevistas con Hitler, sino un intercambio de preguntas y respuestas con un reportero francés que acusaba al dictador alemán de querer adormecer a los franceses diciéndoles que la «eterna animadversión entre Francia y Alemania» era absurda, que los dos países no eran «en absoluto enemigos irreconciliables». Y ¿cuál fue la reacción de Hitler? «Sus ojos me ignoran, sus labios hacen una mueca que me inquieta. Con un movimiento rápido, posa su mano sobre mi brazo». Igual que hiciera tres años antes, en la entrevista con Fernand de Brinon, Hitler argumentó diciendo que en el momento de escribir el libro se encontraba en la cárcel. Además, las tropas francesas habían invadido el Ruhr, en la que fue la fase de «mayor tensión entre nuestros dos países. ¡Sí, hemos sido enemigos! [...] Pero hoy en día ya no hay motivo para el conflicto. ¿Qué pretenden, que rectifique mi libro? ¡Como un escritor que prepara una nueva edición de sus obras! Pero si yo no soy escritor, soy político. La rectificación la aplico cada día con mi política exterior, ¡que está totalmente orientada a la amistad con Francia!». ¿Amistad con Francia? Hitler alzó la voz:

> Si logro que el acercamiento entre Francia y Alemania funcione como yo espero, estaremos ante una reforma, ¡una rectificación a la altura de mi persona! Mi rectificación quedará escrita en el gran libro de la historia. [...] ¿No se dan ustedes cuenta de que se trata de un objetivo humano y razonable que tenemos que alcanzar como sea? Pues bien, debemos hacer el esfuerzo necesario para que el entendimiento entre nuestras naciones se produzca y se mantenga además en el tiempo, independientemente de quién esté al frente de ambos países en el futuro.

De Jouvenel responde: «Lo que dice me deja anonadado. A los dictadores no les gusta hablar de sus posibles sucesores».

Hitler sonríe y, levantando ligeramente la vista, pregunta: «¿Alguien sabe cuánto tiempo viviremos?». Tengo la sensación de que está haciéndole una breve súplica a la providencia. Su mirada vuelve a posarse en los jacintos azules que hay en una sencilla cesta encima de la mesa. [...] De pronto, la voz del Führer me saca de mis reflexiones: «¿Ya no tiene más preguntas?». Entonces, De Jouvenel, algo titubeante, retoma la entrevista planteando la cuestión central: «Usted desea el acercamiento franco-alemán. ¿Acaso no lo pondrá en peligro el pacto franco-soviético?». A lo que Hitler responde:

> No cejaré en mi empeño por lograr tal acercamiento. Sin embargo, ese lamentable pacto [el franco-soviético] dará pie, lógicamente, a una nueva situación. [...] ¿Son ustedes conscientes de lo que están haciendo? Se dejan arrastrar por el juego de una potencia que no pretende otra cosa más que sembrar el caos entre las grandes naciones europeas, del que ella misma se beneficiará. No debemos perder de vista que la Rusia soviética es un elemento político con una explosiva idea revolucionaria y un enorme arsenal armamentístico. [...] El bolchevismo no tiene ninguna posibilidad de éxito en nuestro país. Pero hay otras grandes naciones que son menos inmunes al virus bolchevique que nosotros.

Finalmente, Hitler sacó a la palestra el que, en palabras de De Jouvenel, era su tema favorito: «la entente franco-alemana», con la que confiaba se llegara a aceptar la ocupación ilegal de Renania:

> Harían ustedes bien en considerar mis ofertas de acuerdo. Nunca antes un líder alemán había hecho este tipo de ofrecimientos, ni los había repetido con tanta frecuencia. ¿Y de

> quién proceden tales ofertas? ¿De un charlatán pacifista especializado en relaciones internacionales? ¡No, del mayor nacionalista que ha tenido Alemania! [...] Hoy, si así lo quiere, Francia puede poner fin para siempre al peligro alemán que sus hijos han aprendido a temer generación tras generación.

A continuación, De Jouvenel llegó al punto final de su halagadora entrevista:

> El Führer se pone en pie. Su mirada busca la mía. Su rostro me parece ahora muy diferente al del principio de la entrevista. Tiene algo de temeroso y apasionado. De repente pienso en que este hombre sencillo se ha propuesto tareas colosales: cambiar la mentalidad del pueblo alemán en general y del pueblo prusiano en particular, poner fin al odio ancestral entre franceses y alemanes, impedir el tránsito histórico hacia el socialismo, que hasta hace pocos años todo el mundo consideraba inevitable. ¿Qué lugar le tendrá reservado la historia a este hombre, del que tan frívolamente se hablaba hace tan solo un lustro?

De Jouvenel no le hizo a Hitler ninguna pregunta sobre la persecución de judíos y opositores al régimen nazi.

Los acontecimientos posteriores fueron complicados. El foco de atención recayó en Pierre Lazareff, director de *Paris-Soir*. Abetz intentó invitarle a una gira de conferencias vip por Alemania. Una oferta que muchos intelectuales franceses habían aceptado de buen grado, pero que Lazareff declinó al darse cuenta de que el verdadero objetivo no era otro que sofocar las críticas y la desconfianza de los periodistas galos. Más tarde, en febrero de 1936, después de la entrevista, ocurrió algo inesperado. El líder nazi sorprendió a De Jouvenel con una posible exclusiva: si desistía de la alianza prevista con la Unión Soviética, Hitler ofrecería a Francia un pacto de no agresión de veinticinco años. El motivo era, por supuesto, que Francia estaba a punto de ratificar tal alianza con la Rusia de los sóviets y Hitler pretendía evitarlo a toda costa.

Sin embargo, tras la vuelta De Jouvenel y la lectura de su artículo, que redactó en el tren, parece que alguien se percató del intento de manipulación de Hitler. ¿Fue quizás el Ministerio de Asuntos Exteriores? ¿O el redactor jefe Lazareff? En cualquier caso, de lo que ahora se trataba era de decidir la fecha de publicación de la entrevista con un Hitler que se mostraba extremadamente amable con Francia. Si esto hubiera ocurrido antes de la votación en el Parlamento de París, tal vez habría supuesto el rechazo del Tratado de Ayuda Mutua franco-soviético. Pero las cosas no salieron como estaba previsto. La entrevista no apareció en el *Paris-Midi*, la edición del mediodía, de menor impacto, hasta el 28 de febrero de 1936, y en el *Paris-Soir*, la edición vespertina y de más tirada, al día siguiente. En este caso, por cierto, en una versión más *light* y no en portada. La votación de los diputados franceses había tenido lugar la víspera, es decir, el día 27, y el pacto fue aprobado por 353 votos a favor, 164 en contra y unas 60 abstenciones. Hitler, fuera de sí, le dijo enfurecido a André François-Poncet, el embajador francés en Berlín: «Se ha retrasado la publicación del artículo para engañar a los franceses sobre mis intenciones. Una Francia que se ha convertido en aliada del Kremlin ya no es la Francia a la que me dirigí hace una semana. ¡Recibirán mi respuesta en breve!».

Tras la publicación de la entrevista, el 28 de febrero, todo se complicó aún más. La reacción de Hitler fue radical: el 7 de marzo de 1936, treinta mil soldados alemanes cruzaron los puentes sobre el Rin, invadieron Renania y la cuenca del

Ruhr, infringiendo así el Tratado de Versalles. El 9 de marzo de 1936, *The New York Times* tituló: «De Jouvenel niega haber llegado a un acuerdo con Hitler. [...] Desmiente que la entrevista hubiera debido ser publicada durante el debate sobre el pacto franco-soviético». Lo cierto es que la cosa quedó sin aclarar.

A esto le siguieron algunos episodios políticos un tanto confusos. En la primavera de 1936, por ejemplo, De Jouvenel se presentó sin éxito a las elecciones legislativas por las listas del Frente Popular. Posteriormente se unió al Partido Popular Francés (PPF), antisemita y fascista, de Jacques Doriot, y fue nombrado redactor jefe de *L'Émancipation nationale*, el periódico del PPF, aunque abandonó el partido en enero de 1939 tras el Pacto de Múnich del 29 de septiembre de 1938, que marcó el punto álgido de la política francobritánica de apaciguamiento frente a Hitler. Durante la ocupación alemana, se produjo un cambio radical: De Jouvenel se convirtió en agente de los servicios secretos y, en torno a 1941, se unió al destacado intelectual judío Emmanuel Berl, primo de Lisette de Brinon. Berl era un tipo deslumbrante, de centro derecha, que escribió una historia de Europa mientras vivía en Argentat, en la región de Corrèze. Pétain le encargó la redacción de su discurso de investidura en 1940. De Jouvenel logró zafarse de la Gestapo, que le venía pisando los talones, huyendo a Suiza. De vuelta en Francia, consiguió evitar la llamada *épuration*, o purga política posterior a la Liberación, pero quedó marginado en el mundo intelectual, o como él mismo dijo, pasó a ser un «apestado» a raíz de su entrevista con Hitler.

Durante la posguerra, el «apestado» emprendió un nuevo rumbo profesional. Fue una época en que surgió un renovado interés por el futuro, así que De Jouvenel se convirtió en futurólogo. En 1960 fundó una «sociedad académica» para tal fin, financiada en sus inicios por la Fundación Ford, que se llamó Futuribles, un acrónimo de los términos franceses *futurs* y *possibles*. Este centro de «pensamiento y estudios prospectivos» con sede en París, publica desde 1975 una revista homónima bimensual (www.futuribles.com) que actualmente dirige el hijo de Bertrand de Jouvenel, Hugues (nacido en 1946 fruto del segundo matrimonio de Bertrand con Helène Cécile Antoinette Duseigneur) y que ha elaborado más de cien estudios sobre el futuro de la humanidad. En el artículo de portada titulado «Investigación/Bioquímica: de cabeza al infierno», que apareció en diciembre de 1970 en el semanario alemán *Der Spiegel*, se lee lo siguiente: «El futurólogo francés Bertrand de Jouvenel parafraseó el problema de la ciencia y la tecnología modernas diciendo que, cada año que pasa, parece que estamos mejor pertrechados para lograr lo que queremos, pero ¿qué queremos en realidad?». Hugues de Jouvenel lo resume así: Futuribles va de «pensamiento y estudios prospectivos, de la tradición del debate intelectual político al servicio de una ciudadanía informada, de la integración de un sentido largoplacista en la acción y la toma de decisiones y, finalmente, de la investigación del futuro en un mundo como el actual, en que las multinacionales no elegidas tienen un peso sin precedentes y se cuelan por las rendijas de prácticamente todas las normativas nacionales e internacionales».

En 1983, Bertrand de Jouvenel se vio no obstante envuelto en un escándalo provocado por el historiador y politólogo israelí Zeev Sternhell (1935-2020). El pasado regresaba otra vez para pedirle cuentas. En su libro *Ni droite, ni gauche* («Ni de derechas ni de izquierdas»), Sternhell describió a De Jouvenel como una copia de Oswald Mosley, la versión francesa del

DE JOUVENEL DENIES A DEAL WITH HITLER

Refutes Report Interview Was to Be Published During Debate on Franco-Soviet Pact.

Wireless to THE NEW YORK TIMES.

PARIS, March 8.—Bertrand de Jouvenel, whose interview with Chancellor Adolf Hitler, published here Feb. 28, has been the subject of much comment because of its "offer" of friendship to France just before the German decision to reoccupy the Rhineland, today corrects in a note in the Paris Midi many false suppositions regarding that interview.

For instance, he corrects the statement that Hitler intended that the interview be published during the debate in the French Chamber of Deputies on the Franco-Soviet pact and the further report that the contents of the interview were well known in Paris and to the French Cabinet before they were published and that their publication was delayed.

The only conversation he had in Berlin regarding the date of publication, says Mr. de Jouvenel, was with Joachim von Ribbentrop, who asked when the interview would be published. Mr. de Jouvenel proposed March 1 in the Sunday edition of the Paris-Soir. He handed the text of the interview to the editor on his return to Paris Feb. 23, and the date of publication was advanced to Feb. 28, when it appeared in the Paris Midi, owned by the same company.

La entrevista de Bertrand de Jouvenel, debido a su cercanía temporal a la invasión de las tropas alemanas de la Renania desmilitarizada (7 de marzo de 1936), provocó numerosas irritaciones no solamente fuera de Alemania, sino también entre quienes manejaban los hilos de la prensa nacionalsocialista. El 9 de marzo de 1936, *The New York Times* informó sobre los intentos de De Jouvenel por explicar los detalles de la entrevista.

obrero británico que se pasó al fascismo, y lo definió como un «intelectual fascista» que «tras la guerra volvió al liberalismo». De Jouvenel lo demandó por difamación, y Raymond Aron, el famoso filósofo y sociólogo francés, salió en defensa de su amigo Bertrand pocas horas después de su muerte en 1987. Sternhell acabó siendo condenado a pagar la simbólica suma de un franco, pero no se vio obligado a retractarse ni a eliminar pasajes en futuras ediciones de su ensayo.

6

«SENSACIÓN MUNDIAL»

Sefton Delmer y las entrevistas de corresponsales británicos (1923-1938)

Mr. Sefton Delmer
Oficina del Daily Express en Berlín
Berlín W 10, Viktoriastr. 11
Múnich, 30 de septiembre de 1931

Estimado Mr. Delmer:

Por mucho que me honra su amable invitación a expresar mis puntos de vista sobre la crisis actual en Inglaterra, también son grandes mis reparos a la hora de asumir tal tarea. Me temo que quizás a una parte del público inglés podría parecerle presuntuoso que yo, como alemán, expusiera en un periódico inglés opiniones que, en honor a la verdad, no podrían ser sino una crítica de ciertos hechos y medidas políticas que, por desgracia, una gran parte del pueblo inglés seguramente considere acertados hasta ahora. Espero en cualquier caso que precisamente de esta crisis surja la predisposición entre los ciudadanos de Inglaterra a analizar según criterios propios lo ocurrido en los últimos doce años. Me alegraría mucho si eso permitiera superar esta desdichada psicosis bélica, de manera que el inicio de una relación verdaderamente cordial entre el pueblo inglés y el alemán, tan anhelada por mí y por mi movimiento, se hiciera por fin realidad. Porque creo que la crisis que ahora se avecina solo podrá resolverse mediante una estrecha cooperación política entre aquellas naciones que ven en el restablecimiento de un equilibrio natural europeo la primera condición para abordar todas aquellas grandes cuestiones globales que también afectan hoy a Inglaterra.

Es por eso que le ruego una vez más se abstenga de su solicitud, que tanto me honra.

Su muy humilde,

Adolf Hitler

En septiembre de 1931, Hitler, que entonces tenía cuarenta y dos años, escribe casi sumisamente a Dennis Sefton *Tom* Delmer, de veintisiete, corresponsal en Berlín desde 1928 y, poco tiempo más tarde, *special correspondent* y *special representative*, corresponsal y representante especial del diario británico *The Daily Express* en la capital del Reich alemán. Delmer había nacido en 1904 en Berlín y era hijo de un profesor de lingüística australianobritánico que trabajaba en la universidad de la capital. Hasta la Primera Guerra Mundial, Sefton Delmer fue alumno del prestigioso liceo Friedrichswerder, donde, como relató en una entrevista con Günter Gaus en la televisión pública alemana en 1963, conoció la versión escolar del militarismo prusiano[1]. Tras pasar un tiempo recluidos —por nacionalidad eran ciudadanos del bando enemigo—, la familia pudo finalmente

[1] Véase al respecto la entrevista que le hizo a Sefton Delmer el periodista Günter Gaus en el programa *Zur Person* de la cadena pública alemana ZDF el 4 de septiembre de 1963. Fuente: https://www.zdf.de/video/interviews/zur-person-196/sefton-delmer-zeitgeschichte-archiv-zur-person-gaus-100 (consultada el 10/05/2025).

emigrar a Inglaterra en 1917, donde Delmer completó el bachillerato, antes de estudiar lenguas modernas en Oxford.

En 1927, Delmer empezó a trabajar en el *Daily Express*, donde muy pronto se convirtió en el protegido del editor y propietario Lord Beaverbrook, quien lo envió a Berlín en 1928. El ambiente que se respiraba en la capital del Reich en la fase final de la República de Weimar le vino de perlas a Delmer, un esnob y dandi autodeclarado. Allí entró en contacto, entre otros, con los grandes del emergente partido nazi, el NSDAP, como Ernst Röhm, líder de las SA, y *Putzi* Hanfstaengl, quienes le presentaron a Hitler. Delmer se tomó la relación política entre Inglaterra y Alemania con humor y seriedad a partes iguales. En el verano de 1930, aprovechó una estancia en Inglaterra para poner a prueba sus conocimientos lingüísticos y, de paso, comprobar las simpatías de los habitantes de las estaciones balnearias marítimas hacia los teutones. Para ello se hizo pasar por alemán, hablando en todo momento ese idioma. De aquella experiencia saldría una serie de artículos que Delmer publicó en el *Daily Express*.

Beaverbrook dejaba libertad de acción a sus corresponsales e incluso se alegraba si sus reportajes irritaban al *establishment* británico[2]. Por lo tanto, es muy posible que Delmer participara también en la redacción del único artículo de opinión de Hitler, «My Terms to the World», publicado por el *Sunday Express* el 28 de septiembre de 1930, lo cual encaja exactamente con la petición, un año más tarde, a que se hace referencia en la carta de Hitler (citada al inicio de este capítulo) «sobre la crisis actual en Inglaterra».

[2] SIMPSON, John: *Unreliable sources. How the 20th Century Was Reported*, McMillan, Londres, 2010.

Cuando Hitler rechazó la petición de Delmer en septiembre de 1931, ambos ya se conocían personalmente: «Mister Hitler habla con el *Daily Express*» había titulado en portada el tabloide el 4 de mayo de 1931, refiriéndose a la primera entrevista de Delmer con el líder del NSDAP. Resulta curioso que el reportaje, que llevó por subtítulo «Planes de guerra civil en Alemania», viniera ilustrado con una foto relativamente grande del que más tarde sería gobernador del Reich en Baviera, Franz Ritter von Epp, portando su uniforme completo y su casco de acero, con un pie de foto que rezaba: «El espíritu del fascismo». En cambio, el propio Hitler solo figuraba en una imagen de medio cuerpo insertada en una de las columnas. Esta tendencia se respira a lo largo de todo el texto, que no está redactado como una entrevista propiamente dicha, sino en forma de reportaje repleto de citas. En él, Delmer describe —el encuentro tuvo lugar el 1 de mayo en Múnich— cómo ya en la acera frente a la Casa Parda se le exige un pase, y que una vez dentro, el ayudante de Röhm, Karl Leon Du Moulin-Eckart, lo conduce hasta Hitler. «En una habitación vimos a cuatro oficiales que, inclinados sobre unos mapas, discutían animadamente. "Están hablando sobre la guerra" —dijo el conde Du Moulin—. "¿De qué guerra?" —pregunté yo—. "De la próxima" —respondió él con una sonrisa»[3].

El mensaje principal del texto es el anuncio de Hitler de querer duplicar los votos del NSDAP en las próximas elecciones y convertirlo de este modo en el partido más fuerte de Alemania. Como prueba, se le muestran a Delmer las afiliaciones al partido, que al parecer superan incluso las expectativas de la Casa Parda.

[3] Véase *The Daily Express* del 4 de mayo de 1931: «Storm Troops Massing in Germany».

> «¿Se paga una cuota por pertenecer a su partido, *Herr* Hitler?», pregunté cuando el líder fascista me recibió en persona en su gran despacho beige y rojo. Vestido con un sencillo traje de lana jaspeada, Hitler y su secretario estaban sentados en sendas mesas junto a la ventana. «Sí —contestó Hitler—, creo en el valor del sacrificio. Cada afiliado paga como mínimo un chelín británico al mes, lo que supone una carga considerable para la mayoría de los miembros de mi partido, que son trabajadores, campesinos y funcionarios de bajo rango». Incluso los parados tenían que pagar, pero únicamente nueve peniques mensuales.

La impresión que Delmer tiene de Hitler se corresponde con la de otros muchos entrevistadores. El Führer lamenta la humillación alemana causada por el Tratado de Versalles y estalla en una verborragia tal que las preguntas del periodista parecen «interrupciones impertinentes». «Los intereses alemanes son similares a los británicos; podemos cooperar con Gran Bretaña igual que con Italia», dice Hitler sobre la relación germano-británica. Al país anglosajón le exige «que cesen los pagos por reparaciones y libertad de acción en Europa del Este». No reclama ni el restablecimiento de las fronteras de 1914 ni la devolución de las colonias. «Pero sí que exijo que Alemania no sea tratada como un paria, sino de igual a igual, y que una parte de nuestros millones de ciudadanos tenga la oportunidad de poblar el espacio vacío al otro lado de nuestras fronteras orientales», lo cual sería, a la vista de la mala gestión bolchevique, «lo único que puede salvar a Alemania y a Europa del derrumbe».

Como corresponsal y puente entre dos mundos que es, Delmer reflexiona mucho sobre la realidad de la vida germano-británica, aunque sea desde el pedestal de las clases acomodadas.

Así, el 26 de agosto de 1931, en un artículo sobre las relaciones entre ambos países aparecido en la página 3 del *Daily Express*, se puede leer que Delmer sigue encargando sus trajes en Londres, ya que en Berlín le resultan demasiado caros y, además, son algo anticuados. En la edición del 23 de enero de 1932 hace partícipes a los lectores del diario de ciertos experimentos ocultos realizados en el monte Brocken, en el macizo del Harz.

El 5 de abril de 1932, Delmer vuelve a encontrarse muy cerca de Hitler: es el único periodista extranjero acreditado para asistir al legendario vuelo de campaña electoral de Hitler al día siguiente de un mitin en el Lustgarten de Berlín, poco antes de la segunda vuelta de las elecciones presidenciales del Reich del día 10 de abril. Casi incrustado en el avión Rohrbach-Roland que vuela sobre Pomerania y Prusia Oriental, con el capitán Hans Baur a los mandos, Delmer informa sobre las multitudes eufóricas que ve desde el aire y sobre el apoyo que Hitler recibe del antiguo príncipe heredero Guillermo de Prusia. El Führer, a quien el periodista acompaña casi las veinticuatro horas del día, afirma que los nacionalsocialistas no le han hecho ni le harán concesiones y que «actualmente hay cosas más importantes en Alemania que la cuestión de la monarquía o la república»[4]. Sin embargo, los textos resultantes no son entrevistas propiamente dichas, ni tampoco una serie de preguntas y respuestas, sino más bien reseñas aderezadas con algunas citas textuales.

Los nazis consideraron un éxito la idea de permitir que Delmer acompañara a Hitler, por lo que, durante la gira electoral del Führer antes de las elecciones al Reichstag el 31 de julio de 1932, se autorizó la presencia a bordo de un buen número de periodistas. Para algunos de los colegas de Delmer, el

[4] Véase *The Daily Express* del 6 de abril de 1932: «Hitler and the Crown Prince».

corresponsal del *Daily Express* era «demasiado afín a los nazis [...]: sacrificó su integridad periodística al dejarse arrastrar demasiado por la campaña de Hitler»[5]. El propio Delmer se justificó en el primer volumen de su autobiografía, publicado en 1961, alegando que él simplemente reparó «un poco antes que sus colegas en la importancia y la dimensión humana de la lucha de Hitler por llegar a la Cancillería»[6].

Después incluso del nombramiento de Hitler como canciller del Reich, Delmer estuvo presente en el primer trayecto aéreo de la nueva era. El 23 de febrero de 1933, el líder nazi y su séquito volaron de Berlín a Fráncfort. Si bien dos días después Delmer afirmaría en el *Daily Express* que había sido «el primer periodista británico al que se permitió acompañar a Hitler en un vuelo desde que este fuera nombrado canciller del Reich», lo cierto es que a bordo del aeroplano viajó también el corresponsal galés Gareth Jones (1905-1935), que escribía para el *Western Mail* de Cardiff[7]. Jones comenzó su informe sobre el vuelo «en el avión de Hitler» con una frase lapidaria: «Un accidente de este avión cambiaría la historia de Europa». En marzo de ese mismo año, tras un viaje a la Unión Soviética, el periodista informó de la hambruna que se estaba viviendo allí y, en particular, sobre el Holodomor en la RSS de Ucrania, del que Stalin fue responsable. En 1935, Jones viajó a China. En la convulsa región de Manchuria, fue secuestrado por una banda junto a un ingeniero alemán. En circunstancias

[5] WAINEWRIGHT, Will: *Reporting on Hitler. Rothay Reynolds and the British Press in Nazi Germany*, Londres, 2017.

[6] Véase DELMER, Sefton: *Train Sinister*, Londres, 1961. El libro es la primera parte de la autobiografía de Delmer; en 1962 se publicó el segundo volumen con el título de *Black Boomerang*; en Alemania, su biografía completa fue publicada en 1962 por la editorial Nannen Verlag, con el título: *Die Deutschen und ich* («Los alemanes y yo»).

[7] Gareth Jones: «With Hitler Across Germany». Fuente: https://www.garethjones.org/german_articles/welshman_looks_at_europe_10.htm (consultada el 25/01/2024).

McAdoo, daughter of the former ... Secretary of the Treasury, ready for a gallop in the hills. She prefers the open-air Western life to that of the cities.

HITLER SPANS GERMANY

AIRPLANES, CARS AND TRAINS

IN BRUENING STRONGHOLD

By D. SEFTON DELMER.
"Daily Express" Special Correspondent.

NUREMBERG, Wednesday, April 6.

SIXTY thousand Germans are cheering and shouting in hoarse ecstasy while I am telephoning this report from the huge railway station hall here in Nuremberg.

I am telephoning the report now because in twenty minutes time I shall be continuing with Herr Hitler the wild election chase across Germany in order that he may speak once more to-night in Ratisbon.

Express trains, racing motor-cars and airplanes co-operating with perfect precision worked all last night and to-day to rush Hitler, the German Fascist leader, from Koenigsberg in the farthest eastern corner of Germany to Nuremberg in the far south.

And with him they have carried me in order that I may describe exclusively for the readers of the "Daily Express" this epoch-making whirlwind election tour.

Two minutes before midnight last night we leaped into the Koenigsberg-Berlin express ...

Sefton Delmer aprovechaba las breves escalas durante las giras electorales de Hitler, como el acto en Núremberg del 7 de abril de 1932 al que se hace referencia en el texto del *Daily Express*, para informar por teléfono a Londres de todas las novedades. Delmer describió la precisión de la logística nazi, básicamente de la misma forma en que se describirían los conciertos de las estrellas del rock años más tarde. La campaña «Hitler über Deutschland», acompañada de numerosas fotografías y carteles de propaganda nacionalsocialista, fue un ejemplo precoz del «modernismo reaccionario» (Jeffrey Herf) del movimiento nazi, es decir, la combinación de concepciones sociales atávicas con un entusiasmo por las tecnologías más avanzadas del momento.

poco claras, Jones murió de tres disparos en la nuca poco antes de cumplir los treinta años. Su cadáver fue encontrado el 12 de agosto de 1935 en el territorio del entonces Estado títere japonés de Manchukuo.

Sefton Delmer consiguió su siguiente primicia en febrero de 1933, cuando en la noche del 27 al 28 de aquel mes estuvo junto a Hitler frente al edificio en llamas del Reichstag. Como Delmer relataría tres décadas después en la ya citada entrevista con Günter Gaus, le salió a cuenta la costumbre de dejar su tarjeta de visita en todas las estaciones de servicio y pedir que le llamaran de inmediato si sucedía algo interesante. Al parecer, una gasolinera cercana a la estación de la Friedrichstraße le avisó de que el Reichstag estaba ardiendo, lo cual le permitió aparecer en la escena justo en el momento en que llegaba el coche de Hitler. Tal y como se desprende del informe de Delmer, el mensaje del Führer fue claro: «"Quiera Dios —dijo Hitler— que esto marque una época en la historia alemana. El incendio es solo el principio". Entonces empezó a brotar el manantial retórico de su cerebro. "¿Ve usted este edificio en llamas? —dijo, haciendo un dramático movimiento de brazos—. Si ese fantasma del comunismo se apoderara de Europa solo dos meses, todo ardería exactamente igual"»[8].

El 3 de marzo de 1933, los lectores del *Daily Express* comprobaron que Hitler también era capaz de enfadarse con Delmer. En la edición del 1 de marzo, el periodista había escrito las siguientes palabras en relación con el Decreto ley del Presidente del Reich para la Protección del Pueblo y del Estado, dictado inmediatamente después del incendio del Reichstag: «Esta noche ha quedado abolida oficialmente la libertad en

[8] Véase *The Daily Express* del 28 de febrero de 1933: «Reichstag Fire Drama».

Alemania»[9]. Aún no habían transcurrido 48 horas cuando el periodista fue llamado al orden por Hitler: «Su rostro enrojeció y los ojos le brillaban de rabia. Porque justo al principio de la entrevista exclusiva que le fue concedida al *Daily Express*, informé a Hitler de que, a juicio de la prensa extranjera, el incendio del Reichstag había sido un montaje para justificar *a posteriori* su despiadada campaña contra los comunistas y los socialdemócratas»[10]. Junto al texto de la entrevista, aparece por primera vez en portada una llamativa foto de Hitler y Delmer conversando. El periodista, a quien la Cancillería había «convocado» a la entrevista[11], reproduce en ella literalmente las palabras de Hitler: «acabaremos con el comunismo y entonces Alemania volverá a la normalidad».

A finales de febrero, Delmer vuelve a juntarse con Hitler en la campaña electoral de las elecciones al Reichstag, celebradas el 5 de marzo de 1933. En el subsiguiente artículo, el periodista da a conocer detalles personales, como que Hitler opinó sobre la foto de una mujer en una revista, que comió un bocadillo de queso y que, tras la victoria electoral, estuvo leyendo una novela de Edgar Wallace mientras sobrevolaban el corredor polaco, pero que rechazó el chocolate que le ofreció Augusto Guillermo, el hijo del káiser, que en aquella época se codeaba con la cúpula nacionalsocialista[12].

En el verano de 1933, Delmer fue trasladado a la oficina del *Daily Express* en París. ¿Acaso el cambio tuvo algo que ver con su (excesiva) cercanía a Hitler y a otras autoridades nazis?

[9] Véase *The Daily Express* del 1 de marzo de 1933: «Liberty Officially Abolished All Over Germany - Hindenburg Signs Decree».

[10] Véase *The Daily Express* del 3 de marzo de 1933: «Suppose The Reds Had Set Fire To House of Commons! Nazi-Chancellor Furious».

[11] Wainewright, *op. cit.* (2017).

[12] Véase *The Daily Express* del 25 de febrero de 1933: «Daily Express Correspondent Flies With Hitler - Whirlwind Election Tour by Airplane».

Una parte de los servicios de seguridad nazis sospechaba que Delmer pasaba información al MI6, es decir, al espionaje británico; en cambio, en el Foreign Office de Londres se le consideraba un infiltrado y un simpatizante de los nazis. Sin embargo, en este punto tal vez sea más lógico atenerse a la opinión del periodista de la BBC John Simpson, que describe a Delmer como un profesional que no se andaba con remilgos a la hora de obtener exclusivas y que hacía la vista gorda con lo que hiciera falta con tal de conseguir una primicia, pero que no por ello estaba a favor de Hitler: «No, no lo estaba, simplemente quería una buena historia, creía que el *Express* sabría apreciarlo. A los ojos de sus colegas, era alguien que no tenía ningún escrúpulo en adornar un poco sus historias o, si hacía falta, inventárselas directamente»[13].

Delmer no fue tampoco el primer periodista británico al que Hitler concedió una entrevista. Tal privilegio ya lo había disfrutado diez años antes el eterno rival del conservador *Daily Express*, el *Daily Mail*, que era aún más conservador si cabe. Su corresponsal en Berlín durante muchos años, Rothay Reynolds (1872-1940), se reunió a principios de octubre de 1923 con «el exaltado del que todo el mundo habla», al margen de otra cita que tuvo con él también en Múnich.

Poco antes del *putsch* de la Cervecería, el 9 de noviembre de 1923, Hitler todavía no era nadie de verdadero peso en Alemania, aunque, según el biógrafo de Reynolds, Will Wainewright, en Baviera ya se le tenía por algo más que un «demagogo de provincias». El encuentro tuvo lugar el 2 de octubre de aquel año en la redacción del *Völkischer Beobachter* en Múnich (el mismo día en que Hitler recibió también a George Sylvester Viereck). Según su propia descripción, Reynolds fue

[13] Simpson, *op. cit.* (2011).

inmediatamente testigo de la forma de conversar de Hitler, ya típica en aquella época, que comenzaba con un monólogo expositivo antes de transmutar en un discurso furibundo. Se habló de la ocupación del Ruhr —el nuevo canciller del Reich Gustav Stresemann había puesto fin a la resistencia pasiva una semana antes, lo que Hitler consideró un error—, de la cuestión relativa a un posible restablecimiento de la monarquía y, en general, de los objetivos del NSDAP. «Me temo que ni Hitler ni sus seguidores tienen realmente un plan. En cualquier caso, lo único que he oído de ellos son difamaciones o diatribas contra el sistema parlamentario», escribió el periodista al día siguiente, el 3 de octubre de 1923, en el *Daily Mail.*

Reynolds, un tipo más bien rígido de cincuenta y un años de edad, era en muchos aspectos el polo opuesto al desenfadado Delmer. Antes de la Primera Guerra Mundial se había hecho un nombre como corresponsal del *Daily News* en Moscú, donde se convirtió al catolicismo y publicó varios libros sobre su estancia en Rusia. En 1910 volvió a Londres, donde continuó su labor periodística, informando principalmente sobre lo que acontecía en el país ruso. Tras un tiempo como *free lance*, aceptó la oferta del entonces propietario del *Daily Mail*, Lord Northcliffe (1865-1922) para trabajar para el medio británico desde Alemania. Northcliffe, el hermano mayor del vizconde Rothermere —pionero de la prensa sensacionalista en el Reino Unido—, estaba mal visto en el Reich alemán por culpa de la línea antialemana de sus publicaciones. Sin embargo, a pesar de las dificultades iniciales, Reynolds obtuvo en 1921 la acreditación oficial como corresponsal en Berlín. Cuando Northcliffe murió sin dejar herederos en agosto de 1922, Rothermere se hizo cargo de sus periódicos.

Reynolds, un hombre de profundas creencias religiosas, se oponía con firmeza al nacionalsocialismo, lo que le llevó a entrar en conflicto directo con su editor a partir de 1930, ya que Lord Rothermere sí se había dejado seducir por el fascismo: admiraba a Mussolini y, por extensión, también a Hitler, algo que manifestó con frecuencia en sus propios editoriales y en los artículos que publicaba en el *Daily Mail.* Rothermere ya había expresado en mayo de 1923 su «profunda admiración» por el Duce italiano con el texto «Lo que Europa le debe a Mussolini». En 1930, tras las elecciones al Reichstag celebradas en septiembre y en las que el NSDAP se convirtió en la segunda fuerza política con el 18.3 % de los votos, por detrás de los socialdemócratas del SPD, el vizconde escribió sobre el «renacimiento de Alemania como nación»[14]. Rothermere, que viajó a Alemania para la ocasión, esperaba que Hitler «creara una gran estructura nacional bajo la hegemonía alemana en Europa Central» y que su régimen «demostrara ser un gobierno fuerte y sensato frente a la presión de las chaladuras soviéticas»[15]. Hitler, para quien el eco de la prensa británica en particular era de suma importancia, se lo agradeció a su manera: el 25 de septiembre de 1930, cinco días después de la publicación del artículo de Rothermere, Reynolds tuvo su segunda entrevista con el pujante líder del partido. Sin embargo, la noticia no ocupa un lugar destacado en la edición del *Daily Mail* del 27 de septiembre, sino que aparece solo en la página 9, completada eso sí con diversas valoraciones y comentarios favorables de Reynolds que, según

[14] Para saber más sobre el papel de la misteriosa princesa Stephanie von Hohenlohe, nacida Richter (1891-1972) como intermediaria entre Hitler y Rothermere, véase: SCHAD, Martha: *Hitlers geheime Diplomatin. Das Leben der Stephanie Hohenlohe*, Múnich, 2004 («La diplomática secreta de Hitler. La vida de Stephanie Hohenlohe», 2004). Después de la guerra, esta espía múltiple trabajó como periodista para la revista alemana *Stern* y otras publicaciones del grupo mediático Axel Springer.

[15] OLMSTED, Kathryn S.: *The Newspaper Axis. Six Press Barons Who Enabled Hitler*, Newhaven, Londres, 2022.

Wainewright, su biógrafo, este realizó para no defraudar a Rothermere[16].

La entrevista giró en torno al tema de las relaciones germano-británicas. Aquí, Hitler hizo hincapié en los intereses comunes de ambos Estados y en el valioso papel de su partido como baluarte contra el bolchevismo, todo ello acompañado de murmullos de aprobación por parte del *Daily Mail*. Pero a diferencia de su jefe en Londres, a Reynolds no le convencía Hitler, y, de hecho, en otros de sus artículos, apoyó más bien al canciller del Reich Heinrich Brüning. No obstante, lo cierto es que Reynolds apenas concretizó su visión de Hitler en el *Daily Mail*, sino que se expresó, en palabras de John Simpson, con una «neutralidad bien formulada»[17]. Tras el nombramiento de Hitler como canciller del Reich en enero de 1933, el vizconde Rothermere vio plenamente refrendada su opinión. En las elecciones al Reichstag del 5 de marzo, que ya se habían visto ensombrecidas por las enormes trabas y amenazas que había sufrido el resto de formaciones políticas, el NSDAP obtuvo el 43.9 % de los votos y el 24 de marzo de 1933 logró abolir de facto la Constitución de Weimar por medio de la ley habilitante. Rothermere y el *Daily Mail* se congratularon: «Hitler ya tiene su mayoría. Si la utiliza con prudencia y con fines pacíficos, nadie en Alemania derramará una sola lágrima por la democracia»[18]. Al parecer, Rothay Reynolds mostró impotencia, indignación, pero también pasividad ante la línea editorial del redactor jefe de su periódico. No podría volver a dar su versión de los hechos hasta su regreso al Reino Unido en 1938, donde un año más tarde publicó el libro *When Freedom*

[16] Wainewright, *op. cit.* (2017).

[17] Simpson, *op. cit.* (2011).

[18] Véase *The Daily Express* del 7 de marzo de 1933: «Our Troubled World», citado en Olmsted, p. 29.

Shrieked («Cuando la democracia chilló») en el que relata sus experiencias en la Alemania nazi.

Así pues, a pesar de todas las adversidades, Reynolds continuó siendo director de la oficina berlinesa del *Daily Mail* hasta 1938/39, si bien pronto se vería eclipsado por un colega más joven: George Ward Price (1886-1961), quien permaneció en el negocio casi tanto tiempo como Reynolds. Desde 1912, al principio como corresponsal del *Daily Mail* en París, Price fue poco a poco ganando notoriedad gracias a sus reportajes desde los Balcanes y, más tarde, sobre la fundación de Turquía, hasta convertirse primero en íntimo colaborador de Northcliffe y después de Rothermere.

A diferencia de Reynolds, Price no tenía ningún problema con la postura claramente profascista de su patrón. Al contrario, admiraba sin tapujos a Mussolini y a Hitler, y así lo manifestaba en sus artículos. Wainewright, el biógrafo de Reynolds, escribió de Price que «tiene el dudoso honor de haber sido el único periodista extranjero en la Alemania nazi en gozar de la confianza de Hitler. Era el único no alemán —le dijo el dictador a Göring— que transmitía sus palabras sin prejuicios»[19].

A partir de 1934 —cuando Delmer, del *Daily Express*, ya se encontraba en París—, Price consiguió para la competencia la mayor parte de la cobertura informativa de relevancia política en Alemania. Aquel año se reunió varias veces con Hitler en compañía de Rothermere, quien en diciembre fue invitado por el dictador a una cena oficial en la Cancillería del Reich[20]. A partir de la segunda mitad de 1934, Price se convirtió

[19] Wainewright, *op. cit.* (2017).
[20] Olmsted, *op. cit.* (2022).

incluso en el único representante de un medio británico al que Hitler siguió concediendo entrevistas regularmente. En la última de ellas, que apareció en el *Daily Mail* el 19 de septiembre de 1938, también estuvo presente el ministro de Propaganda Goebbels, quien un día antes anotó lo siguiente en su diario: «El Führer se reúne con Ward Price. Vuelve a exponerle con la máxima crudeza todos nuestros argumentos, para los que encuentra brillantes ejemplos. Yo le secundo con gran entusiasmo. Price queda muy impresionado. Publicará una buena entrevista». Se discutieron algunos términos de la misma, incluso a iniciativa del propio Hitler, quien quiso sobre todo dejar clara su posición sobre sus intenciones de eliminar a Checoslovaquia como Estado: «Los checos afirman que no pueden celebrar un referéndum porque su carta magna no prevé tal medida. Pero a mí me parece que lo único que su constitución prevé es que siete millones de checos opriman a ocho millones de ciudadanos pertenecientes a minorías. Este mal checo debe ser erradicado cuanto antes y de una vez por todas, porque es como un cáncer que envenena al conjunto de Europa». A Goebbels, la entrevista le pareció «muy buena», tanto que la calificó de «sensación mundial»[21].

Ward Price se mostró en todo momento comprensivo con la actitud de Hitler, llegando incluso, a partir de 1936, a conducirse como un emisario de Inglaterra en misión diplomática: «Estoy profundamente agradecido al Führer por recibirme en un momento tan crítico. He solicitado esta entrevista no solo en calidad de periodista, sino como mensajero oficioso de Inglaterra y en aras de la paz». Así reza la traducción oficial al

[21] Véase también el análisis de HERMANN, Angela: *Der Weg in den Krieg 1938/39. Quellenkritische Studien zu den Tagebüchern von Joseph Goebbels*, Múnich, 2011 («El camino hacia la guerra 1938/39. Estudios críticos de las fuentes de los diarios de Joseph Goebbels»).

alemán de una carta que Price envió a la Cancillería del Reich, el 11 de marzo de 1936, para preparar una de sus entrevistas, poco después de que las tropas de la Wehrmacht invadieran la Renania desmilitarizada y unos días antes de una reunión de la Sociedad de Naciones. Como Francia podría obligar «al Gobierno británico a tomar medidas enérgicas contra Alemania», Price trata de «tranquilizar a la opinión pública francesa» y «reforzar la mano del Gobierno británico [...]», y pide «al Führer que autorice de urgencia al *Daily Mail* a publicar respuestas lo más completas y definitivas posible a las siguientes siete cuestiones».

Al final hay una secuencia que seguramente Price ni siquiera quiso decir en serio, sobre todo porque va en contra de cualquier ética periodística (si es que todavía le quedaba alguna): «Para terminar me gustaría decirle a su Excelencia, con el mayor de los respetos, que es usted el hombre más grande de Alemania y que, si sus propuestas logran sentar las bases de la paz en Europa, entonces será usted el hombre más grande de toda la historia, y el primer pueblo en reconocerlo, después del suyo, sería el británico». Así consta en un archivo de la Cancillería del Reich.

A pesar de tal actitud servil, numerosos pasajes que probablemente Hitler pronunciara tal cual acabaron siendo eliminados de la autorización del borrador de la entrevista: sobre un párrafo entero relativo a la cuestión de las sanciones contra Italia por culpa de su invasión de Etiopía en 1935 aparece un «no autorizado» escrito a mano.

En cualquier caso, las entrevistas de Ward Price y otros periodistas británicos —la mayoría— demuestran la permanente insistencia de Hitler en la idea de que el Reich alemán y el Reino Unido eran en realidad socios naturales. «¡Qué lástima que Alemania no aceptara los ofrecimientos que le hizo el

Gobierno inglés a principios de siglo! Nuestra nación no tuvo entonces a los hados de su parte —dijo Hitler, según el manuscrito de la entrevista del 11 de marzo de 1936—. ¡Piense por un momento en el brillante estado en que se encontraría hoy Europa si, durante toda una generación, Inglaterra y Alemania hubiesen podido trabajar juntas por la paz!».

El hecho de que Hitler concediera la mayor parte de sus casi treinta «entrevistas británicas» al *Daily Mail* y al *Daily Express* (dieciocho, como mínimo) revela la existencia de una «estrategia mediática» a la altura de la época. Hasta la invasión de Checoslovaquia, ninguno de los dos diarios se declaró en principio contrario al fascismo como tal ni a Hitler como persona (*Daily Express*), e incluso se mostraron en gran medida de acuerdo con sus ideas (*Daily Mail*). Además, con su tirada de millones de ejemplares, los dos periódicos llegaban también a la población de la «Inglaterra central» y no solo a las élites, ni a quienes tomaban las decisiones en Londres. A partir de 1938, el *Daily Express* se promocionó con el eslogan «World's largest daily sales»[22].

El *Times*, como medio de referencia y órgano bien conectado con los círculos gubernamentales que era, fue visto desde el principio con recelo por los nacionalsocialistas[23]. Entre 1930 y 1932, los años en que comenzó el ascenso de Hitler, este recibió en cuatro ocasiones al corresponsal del *Times* en Múnich,

[22] GALBRAITH, Kylie: *'From Our Own Correspondent'. The British Press and Nazi Germany 1933-1939*, University of Adelaide, 2017.

[23] El hecho de que incluso medios de calidad como *The Times* no tuvieran necesariamente una línea editorial homogénea quedó patente en el caso del corresponsal en Europa Central del periódico, Douglas Lancelot Reed, quien, por un lado, era contrario a la política británica de apaciguamiento y, por otro, se había declarado abiertamente antisemita en los años treinta. Después de 1945, los seguidores de Otto Strasser defendieron la disparatada tesis de que Hitler había sido un agente del sionismo; véase REED, Douglas: *Insanity Fair*, Read Books, Londres, 1938.

Stanley Simpson, para concederle entrevistas. Sin embargo, Simpson no fue en modo alguno un simpatizante de Hitler o un arribista como Price o Delmer. Prueba de ello es que ya en 1933 investigó los malos tratos a los prisioneros del campo de concentración de Dachau. En febrero de 1934, *The Times* decidió no imprimir aquel informe a pesar de que Norman Ebbutt, el director de la oficina del periódico en Berlín, había abogado enérgicamente por su publicación.

Ebbutt trabajaba para el *Times* en Berlín desde 1927 y tenía pocas simpatías hacia Hitler y los nazis. Al igual que a Reynolds, le preocupaba la suerte que correrían los cristianos y las iglesias bajo el nacionalsocialismo. Sus crónicas sobre lo que ocurría en Alemania eran muy precisas y la cúpula del NSDAP las seguía al detalle. En cambio, los periódicos alemanes tenían prohibido citar al *Times*.

A pesar de su delicado estado de salud, que le obligaba a pasar temporadas cada vez más largas en el Reino Unido, Ebbutt era considerado una especie de decano de la prensa anglófona en Berlín y presidía los encuentros que los periodistas celebraban en la Taverne, el bar al que solían acudir y que hacía las veces de local extraoficial de reuniones. Cuando en el verano de 1937 el *Times* informó ampliamente de la detención, el 1 de julio, del pastor de la Iglesia Confesante Martin Niemöller y, al mismo tiempo, tres periodistas alemanes sospechosos de espionaje fueron expulsados del Reino Unido, el régimen nazi no dejó pasar la ocasión de hacer lo propio con Ebbutt. Después de haber pasado cerca de una década en la capital del Reich, sus días en Berlín habían llegado a su fin, acusado también él de espionaje. El 16 de agosto de 1937, el periodista estadounidense y corresponsal de la CBS William Shirer anotó en su diario: «Norman Ebbutt, [de todos nosotros] el mejor corresponsal con diferencia, se ha marchado esta noche».

Al igual que Reynolds, Ebbutt también tuvo que lidiar durante su estancia en Berlín con el hecho de que su periódico no publicara muchos de sus artículos completos. Está claro que, a diferencia del *Daily Mail* de Rothermere, el *Times* no le bailaba el agua al fascismo. Sin embargo, el redactor jefe Geoffrey Dawson (1874-1944) contaba entre sus amistades al primer ministro Neville Chamberlain, el político del *apaciguamiento*. «Con Geoffrey Dawson, el *Times* fue el mayor valedor de Chamberlain», sostiene Geoff Andrews en su biografía de los cinco espías británicos del círculo de Cambridge, con Kim Philby a la cabeza[24]. El propio Dawson admitiría más tarde que, al menos en parte, había seguido la estrategia de hacer todo lo posible «por mantener el periódico libre de contenidos que pudiesen herir sensibilidades en Alemania»[25]. Por otro lado, parece que los artículos de Ebbutt sufrieron recortes y modificaciones, lo cual supone la entrada en juego de dos factores que impiden emitir hoy por hoy un juicio definitivo sobre su labor periodística[26].

Por el contrario, la situación estaba muy clara en el caso de *The Guardian*. En el periódico de la «Fleet Street of the North», con sede en Manchester, que ya entonces gozaba de prestigio a escala nacional e internacional, no contaban con poder entrevistar a Hitler debido a la clara postura liberal y antinazi de su línea editorial. Y, sin embargo, la información del *Guardian* era la más fidedigna y a menudo la más comprometida de toda la prensa escrita británica. Parte de culpa la tenía su corresponsal en Berlín, Frederick Augustus Voigt (1892-1957). Nacido en

[24] ANDREWS, Geoff: *Smooth Operator - The Life and Times of Cyril Lakin*, Editor, Broadcaster and Politician, Cardigan, 2021.
[25] Wainewright, *op. cit.* (2017).
[26] Para saber más de Ebbutt, véase Galbraith, *op. cit.* (2017).

Londres de padres alemanes, Voigt comenzó trabajando en la sección de anuncios del diario *The Guardian*, pero en 1920 fue enviado a la capital alemana por su legendario redactor jefe, C. P. Scott. Hasta su traslado a París —no solo por motivos de seguridad—, Voigt no paró de viajar a lo largo y ancho del Reich, además de por los países limítrofes, como Polonia, y estaba considerado como uno de los periodistas que mejor conocía los asuntos alemanes. Voigt regresó al Reino Unido en 1934, pero continuó informando sobre Alemania desde su nuevo cargo de *Diplomatic Correspondent*.

Las demás entrevistas de Hitler con la prensa británica fueron encuentros puntuales con reporteros de diferentes medios, uno de ellos, en julio de 1931, con un representante de la agencia de noticias Reuters: Percy Thomas Etherton (1879-1963), un oficial de carrera de espíritu aventurero que sería uno de los organizadores de la expedición para sobrevolar el monte Everest en abril de 1933. Estrictamente hablando, Etherton no era un periodista, pero una de sus charlas con Hitler —se vieron al parecer dos veces— trajo algo de cola. El 30 de mayo de 1932 apareció en el *Daily Sketch* (Londres/Manchester) una entrevista suya con Hitler. El texto introductorio deja claro el tema central de la misma: «Mister Hitler, líder de los nazis, el partido más fuerte en el Parlamento prusiano, desea expresamente un mejor entendimiento mutuo entre las razas anglosajonas». Y añade: «En la siguiente entrevista se puede comprobar la posición que adopta Hitler, que aspira a ser el Cromwell alemán, con respecto a los acuciantes problemas globales y británicos». La segunda entrevista de Etherton, ya en 1933, resultó ser claramente problemática, por no decir aventurada. El historiador Max Domarus comenta al respecto: «Una entrevista concedida por Hitler el 6 de febrero al coronel Etherton, el corresponsal del *Daily*

Mail, provocó disgusto en el Führer, razón por la cual se mandó publicar el siguiente "texto auténtico" en el *Völkischer Beobachter* [14/2/1933]»:

> Berlín, 13 de febrero. Hace justo una semana, el canciller del Reich concedió una entrevista al coronel Etherton, que acudió a la misma en representación del *Daily Mail* y de los órganos de prensa asociados a este medio. El contenido de la conversación, que le fue entregado por escrito al coronel Etherton, salió publicado el 12 de febrero, pero no en el *Daily Mail*, sino en el *Sunday Express* y de forma totalmente distorsionada, con cambios y añadidos arbitrarios, y sin el conocimiento ni la autorización de las autoridades alemanas competentes. El autor utilizó manifiestamente fragmentos de una entrevista anterior y atribuyó de manera errónea al canciller del Reich algunas observaciones. Publicamos a continuación el texto de la entrevista, que comenzó con una pregunta del coronel inglés Etherton al canciller del Reich acerca de su opinión sobre el desarme.

El entrevistador británico de Hitler más famoso de su época fue sin duda el hijo de Winston Churchill, Randolph Churchill (1911-1968), quien, en julio de 1932, cuando Hitler emprendió su tercer «vuelo sobre Alemania», pasó mucho tiempo «volando de acto en acto» con el líder nazi para informar después en el *Sunday Graphic* de Londres. El semanario alemán *Der Spiegel* publicó en agosto de 1959 una entrevista con Randolph Churchill en la que este relata algunos detalles de su encuentro con el Führer: «Todo empezó con un almuerzo en un aeródromo a las afueras de Berlín. Hitler, que no fumaba y, además, era vegetariano y abstemio, comió aquel día su menú favorito: huevos revueltos y ensalada, mientras que sus oficiales y yo reponíamos fuerzas con un buen bocadillo»[27]. El domingo 24 de septiembre de 1932, Churchill, de apenas veintiún años, entrevistó a Hitler en Berlín para el *Daily Mail*. «Nos vimos justo antes de que se marchara de vacaciones», relató Churchill. En la entrevista se lee: «Adolf Hitler, líder de los nacionalsocialistas alemanes, explica en exclusiva para el *Daily Mail* su postura política con respecto al Gobierno de von Papen». Hitler subraya que el pueblo ha perdido la confianza en dicho Gobierno. En cambio, el movimiento nacionalsocialista «pondría en práctica un plan bien elaborado para resolver nuestros problemas económicos. Además, gracias a los millones de ciudadanos que nos respaldan, contamos con la confianza y la legitimación moral necesarias para poder alcanzar el éxito». Hitler termina la entrevista con la siguiente observación: «Pero puedo asegurarle una cosa: si quienes ahora ocupan el poder tratan al pueblo como se hacía antes de la Revolución francesa, el resultado será una revuelta aún más violenta que la que tuvo lugar en Francia».

Vernon Bartlett (1894-1983), cuyo turno para hablar con el Führer llegó en junio de 1934, tuvo la ocasión de contar su propia historia con *Herr* Hitler. En el momento de la entrevista, Bartlett llevaba menos de un año trabajando como corresponsal diplomático para el periódico de tintes liberales *News Chronicle*. En etapas anteriores, había trabajado para el *Daily Mail*, para *The Times*, como corresponsal en el extranjero y, sobre todo, para la BBC. En la cadena pública británica, Bartlett comentó en 1933 la salida de Alemania de la Sociedad de Naciones, aunque, a juicio de los directivos de la BBC y de otros círculos de influencia, no lo hizo en un tono «lo bastante

[27] Véase el artículo en *Der Spiegel* núm. 35/1959 del 25 de agosto de 1959: https://www.spiegel.de/politik/bueck-dich-randolph-a-8bdc6cf7-0002-0001-0000-000042622396 (consultado el 11/05/2025).

mordaz». Antes incluso de que el propio Gobierno británico pudiera expresarse al respecto, el Foreign Office se quejó oficialmente de que la información «sesgada» de Bartlett habría «influenciado» a millones de oyentes[28]. En consecuencia, su contrato con la BBC no fue renovado.

Hubo aún otro periodista británico que se reuniría con Hitler para entrevistarle: el magnate de la minería y editor de prensa escrita galés James Gomer Berry (1883-1968), quien en los años treinta fue propietario del *Sunday Times* —por aquella época totalmente independiente del *Times*—, así como de los periódicos *The Daily Sketch* y *The Sunday Graphic*, y del *Daily Telegraph*, en este caso hasta 1937 y junto con su hermano William Berry. A esto se sumaron otros diarios regionales y diversas publicaciones. En 1936, Gomer Berry fue elevado al rango de Lord Kemsley; en los años cuarenta, *Kemsley Newspapers Ltd.* estaba considerado el mayor grupo mediático del Reino Unido.

Tras los Acuerdos de Múnich de 1938, el redactor jefe del *Sunday Times*, William Waite Hadley (1866-1960), también íntimo amigo del primer ministro Neville Chamberlain, sugirió a Kemsley un intercambio de artículos periodísticos entre Alemania e Inglaterra con el objetivo de fomentar el entendimiento mutuo y rebajar las tensiones. Las negociaciones y los acuerdos se prolongaron hasta la primavera de 1939. En mayo, el jefe de prensa nazi Otto Dietrich dio luz verde al encuentro e invitó a los británicos a venir a Alemania para hablar finalmente con Hitler. En julio, Lord Kemsley aterrizó en Berlín en una misión de alto *standing* diplomático y acompañado del que más tarde sería colaborador de la BBC

[28] Véase al respecto «1933 - Hitler broadcast causes controversy», en BBC-Newswatch-History, año 1933: http://news.bbc.co.uk/2/shared/spl/hi/newswatch/history/noflash/html/1930s.stm (consultado el 11/05/2025).

y miembro del Parlamento Cyril Lakin. Kemsley se reunió con Hitler durante el Festival de música clásica de Bayreuth. Ya hacía tiempo que el objetivo del encuentro había dejado de ser un simple intercambio de artículos, que de hecho nunca llegó a producirse. Sin embargo, la promesa mutua de que aún era posible encontrar un equilibrio entre los respectivos intereses de los dos Estados no fue, como describe el biógrafo de Lakin, Geoff Andrews, «por parte de Hitler [...] más que un mero ejercicio de propaganda»[29].

Tras la Segunda Guerra Mundial, Ward Price trató sin demasiada convicción de renegar de su actitud profascista. En su autobiografía *Extra-special Correspondent*, publicada en 1957, se expresa de manera diáfana: «En todas y cada una de mis numerosas reuniones con Hitler [...] me asombró ver cómo un personaje tan neurótico y con una percepción tan limitada fue capaz de controlar una raza poseedora de tantas y tan excelentes cualidades como la alemana». Price siguió informando para el *Daily Mail*, buscó nuevos héroes en la guerra de Corea y acabó encontrando al general Douglas MacArthur.

Sefton Delmer, que durante la guerra había hecho «propaganda negra» para el *war effort* británico creando falsas emisoras de radio alemanas, como la «*Soldatensender* Calais», volvió a ocupar un puesto de alto nivel hasta finales de los años cincuenta como corresponsal especial del *Daily Express*, hasta que en otoño de 1959 abandonó el periódico por culpa de una disputa con Lord Beaverbrook. En 1954 había vuelto a causar sensación con una serie de artículos titulada «¿Cómo de muerto está Hitler?». En ellos escribió sobre el

[29] Geoff Andrews, *op. cit.* (2021).

resurgimiento del militarismo y el regreso de antiguos nazis a posiciones influyentes en la República Federal Alemana, a lo que el periódico semanal *Die Zeit*, cuya línea editorial era por aquel entonces más bien conservadora, replicó con el artículo «¿Cómo de muerto está Sefton Delmer?»[30]. Sin embargo, Delmer no moriría hasta veinticinco años después. A principios de la década de 1960 asesoró al semanario *Der Spiegel* en la ampliación de su cobertura informativa internacional. Al igual que hicieran sus colegas, Delmer también relativizó sus méritos en una conversación con Günter Gaus en 1963. A la pregunta del periodista de la ZDF de si era vanidoso, Delmer respondió: «No hay nada de lo que pueda vanagloriarme. [...] Estoy demasiado gordo. ¿Además, qué he conseguido en la vida?»[31].

Tras décadas como reportero en el *Daily Mail* y un breve paréntesis como conferenciante en el Reino Unido, Rothay Reynolds se pasó en 1940 al *Daily Telegraph*, que le encomendó la que iba a ser su última misión, informando primero en Roma y después desde Palestina, donde murió a los sesenta y siete años, poco después de su llegada, el 20 de agosto de 1940. El periodista del *Times* Norman Ebbutt sufrió un infarto un mes después de regresar a Inglaterra en 1937 y tuvo que abandonar la profesión, pero no moriría hasta 1968.

¿Y el *Sunday Times*? Bueno, casi cuarenta y cuatro años después del comienzo de la guerra, cuando *The Times* —el diario que se publica solo entre semana— ya era propiedad del magnate de la comunicación Robert Murdoch, la versión del fin

[30] Paul Bourdin: «Wie tot ist Sefton Delmer?», en *Die Zeit*, núm. 13/1954 del 1 de abril de 1954. Fuente: https://www.zeit.de/1954/13/wie-tot-ist-sefton-delmer (consultada el 11/05/2025).

[31] Véase la entrevista a Sefton Delmer del periodista Günter Gaus en el programa *Zur Person* de la cadena pública alemana ZDF anteriormente citada.

de semana volvió a dejarse engañar por Adolf Hitler cuando, en 1983, adquirió a la revista alemana *Stern* los derechos para publicar en exclusiva en el Reino Unido los diarios de Hitler, que resultaron ser una burda falsificación.

7

CHAMPÁN EN EL CLUB DE PRENSA DE AL CAPONE

«Periodistas del Eje» y neutrales

«"Créame —le dijo el Führer a Bojano—, que bajo ninguna circunstancia olvidaré lo que ha hecho Italia. El conjunto del pueblo alemán —e hizo un gesto con la mano como si quisiera agrupar a todos los alemanes, desde el Báltico hasta el Danubio— jamás olvidará lo que han hecho Italia y Mussolini. Nuestra amistad está por encima de todos los formalismos. El Eje es fuerte y sólido, más que nunca". Y luego, tras una breve pausa, el Führer añadió: "Estamos dispuestos a demostrar también nuestra amistad y gratitud, si es que Italia lo necesitara algún día". A continuación, el Führer pasó a hablar de Austria y lo hizo, según Bojano, con estas acertadas palabras: "Este pueblo de Austria siente el impulso interior de unirse a Alemania. ¿Ha visto cómo ha reaccionado a nuestra llegada? ¿Ha visto usted qué entusiasmo? El pueblo austriaco ha sido oprimido y engañado durante mucho tiempo por un puñado de hombres"».

Völkischer Beobachter, 17 de marzo de 1938

En 1944, un reportero fascista llamado Filippo Bojano, que había entrevistado a Hitler, publicó un libro con el enigmático título de *In the Wake of the Goose Step* («Tras el paso de la oca[1]»).

[1] N. del T.: El paso de la oca, que se originó en el ejército prusiano, se realiza en desfiles militares o ceremonias solemnes. En él, los soldados caminan elevando alternativamente las piernas en un ángulo de hasta noventa grados.

Salió publicado en editoriales de Nueva York y Londres y, poco después, también hubo una traducción al sueco (que se tituló *Utan Masker*, «Sin máscaras»). De hecho, el libro se escribió en Suecia, en italiano, pero hasta la fecha no se ha encontrado ninguna versión original publicada en Italia. No es que Bojano, nacido en 1896 en Andretta (Avellino), fuera únicamente fascista por propagar opiniones de este tipo en la prensa, sino sobre todo porque era un ultra de pura cepa. En 1920, cuando era joven, conoció personalmente a Benito Mussolini por mediación del poeta Gabriele D'Annunzio. Bojano fue un protegido de su mentor periodístico y hermano del Duce, Arnaldo Mussolini (1885-1931), quien lo envió a Berlín en 1929 como corresponsal de *Il Popolo d'Italia*, el periódico oficial del partido. Bojano, que permanecería once años en el puesto, colaboró también hasta 1940 con la Agenzia Stefani (la primera agencia italiana de noticias, con sede en Turín). En su libro de 1944, el periodista se presentó en todo momento como una especie de víctima del régimen nazi, amenazado por Goebbels o por colaboradores de Ribbentrop, como Gustav Braun von Stumm (llamado Braunstumm, que vendría a significar «pardomudo». Recuérdese que el pardo era el color de los nazis) y Karl Megerle. A Bojano le salió a cuenta el cambio de bando: en la década de 1950 volvería a Roma como jefe de noticias radiofónicas de la RAI, la radiotelevisión pública italiana. Tampoco el Duce Benito Mussolini saldría bien parado en el libro: «Era distante, condescendiente con todo el mundo y egocéntrico. Para él, el periódico (*Il Popolo d'Italia*) solo constaba de sus exaltados editoriales. El resto del contenido le daba igual. [...] A menudo me preguntaba si todos sus actos y gestos no eran más que poses teatrales». Vaya, que Bojano se refería a «fascistas» y «nazis» como si él mismo solo hubiera sido un mero observador de sus actos.

Pero lo cierto es que, aunque más tarde renegara de Mussolini, Bojano publicó en 1933 el libro *Ein Faschist erlebt die nationale Revolution* («Un fascista es testigo de la revolución nacional»), con amable prólogo del primer ministro Hermann Göring incluido, en la editorial E. Mittler & Sohn de Leipzig, que promocionó la obra de la siguiente manera: «Filippo Bojano, íntimo amigo de Mussolini y durante muchos años corresponsal en Berlín del principal órgano del fascismo *Il Popolo d'Italia*, publica sus impresiones sobre el levantamiento nacional en Alemania. Como fascista y combatiente en el frente, Bojano está llamado como ningún otro extranjero a juzgar la importancia de esta convulsión alemana». En el libro, el autor elogia particularmente a los matones de la sección de asalto (la Sturmabteilung o SA), y en concreto a «la mejor juventud alemana que integraba sus filas, incluidos los Hohenzollern, que estaban representados por Augusto Guillermo, el tercer hijo del káiser». Según Bojano, siempre que se presentaba la ocasión de «conquistar alguna guarida de comunistas, la sección de asalto se situaba de inmediato en primera línea de combate y, cumpliendo las órdenes de sus superiores, se abalanzaba sobre su pérfido enemigo».

Al menos, Bojano prefirió mantenerse al margen de la «cuestión judía», porque, dijo, no podía comprender el trasfondo del problema: «La cuestión judía ha sido hasta ahora un asunto vital para el nacionalsocialismo, pero no sé por qué tengo la sensación de que, tarde o temprano, ese odio hacia los judíos caerá en el olvido. Tal vez porque, para un movimiento que se ha propuesto la difícil tarea de renovar la nación, no sea natural ni conveniente malgastar el tiempo en una batalla de dudoso valor práctico [...]». Además, «la raza judía no siempre genera maldad allá donde se asienta, ni lo hace para siempre», sino que «a veces también resulta útil para el conjunto de la sociedad». La verdad es que, dos o tres años más tarde, esta obra de Bojano habría sido tal cual un absoluto tabú en el Estado nacionalsocialista. Cuando al año siguiente el periodista publicó, junto al consejero de Gobierno Rie Otto (R.O.) Stahn, una antología sobre política laboral y de ocio titulada *Wir haben's gewagt! Weg und Wollen der Führer in Deutschland und Italien* («¡Dimos el paso! El camino y la voluntad del Führer y el Duce en Alemania e Italia»), la Cancillería del Führer, bajo la dirección del *Reichsleiter* Philipp Bouhler, se opuso de inmediato: «Debido a la situación política (declaraciones hostiles contra Alemania en algunos círculos italianos), la Comisión de Control del Partido tiene sus reservas. [...] No se entregará el libro hasta que no se haya aclarado la postura del Gobierno italiano sobre la selección que hace el autor de los líderes del fascismo, y se obtenga una declaración de Hitler sobre la parte del libro relativa al movimiento nazi [...]»[2].

Nunca más se volvió a oír nada de una declaración de Hitler relacionada con el singular problema del equilibrio germano-italiano, aunque aquí nos metemos ya de lleno en el lío de las divergencias entre fascismo y nacionalsocialismo, Duce y Führer, romanismo y glorificación de lo germánico. Para observar estas diferencias más o menos sutiles entre dos regímenes totalitarios aliados desde el punto de vista estructural y, más tarde, formal, resultan muy significativas las casi veinte entrevistas realizadas a Hitler por periodistas italianos (todos ellos fascistas, debido a las circunstancias de la época). Dado que estos encuentros se prolongaron desde 1923 a 1938

[2] Véase al respecto HOFFEND, Andrea: *Zwischen Kultur-Achse und Kulturkampf. Die Beziehungen zwischen Drittem Reich und faschistischem Italien in den Bereichen Medien, Kunst, Wissenschaft und Rasenfragen*, Peter Lang, Berlín, 1998 («Entre el Eje cultural y la lucha cultural. Las relaciones entre el Tercer Reich y la Italia fascista en los ámbitos de los medios de comunicación, el arte, la ciencia y las cuestiones raciales»).

—después ya no hubo más que hablar en términos periodísticos— y habida cuenta de la constelación de alianzas y la densa sucesión de acontecimientos, estas son posiblemente las entrevistas más interesantes de Hitler. Sobre todo, porque los periodistas en cuestión no actuaron nunca como simples e inofensivos reporteros, sino que estaban integrados en una extensa red de propagandistas e intermediarios entre Múnich, Berlín y Roma.

En 1934/35, las relaciones ítalo-germanas tocaron fondo en los medios de comunicación. Bojano cuenta en *In the Wake of the Goose Step*, su libro publicado en 1944, que Mussolini dio personalmente instrucciones a la prensa italiana, sobre la que ejercía su control, de que atacara a los líderes nazis. Goebbels, que en sus diarios diferenció desde siempre y de forma sistemática entre los italianos en general, que según él eran poco de fiar, engreídos y pretenciosos, y el Duce, del que valoraba su liderazgo, mostró claramente su desaprobación. Hans Schwarz van Berk, uno de los pocos periodistas nazis que Goebbels tenía por profesional, escribió en *Der Angriff*:

> Los periodistas italianos tienen el temperamento propio de su país, incluso cuando tienen que vivir en el bárbaro exilio del nórdico Berlín, así como una brusquedad meridional que ni siquiera el fascismo puede atenuar, por mucho que tenga bien atados a sus medios. Naturalmente, esto nos llama la atención en países de clima más frío [...] ¿Cómo se entiende si no que *Messaggero* y *Lavoro Fascista* arremetan contra nuestra barbarie wotanista y no encuentren atractivo alguno en nuestra cultura? [...] Los nacionalsocialistas, esos paganos ancestrales, están poniendo patas arriba la conciencia cristiana de Europa. Los nazis expulsan a los judíos, mientras que el fascismo, si estos pretenden llegar a Palestina, les hace

el servicio de llevarlos por mar en sus barcos de la naviera Lloyd Triestino, a bordo de los cuales se sirve comida kosher.

En 1935 se produjo un encuentro bastante gélido entre Goebbels y Bojano, que había sido invitado junto al corresponsal estadounidense Louis P. Lochner. El ministro de Propaganda anotaría en su diario: «Periodistas extranjeros. Lochner y Bojano. El italiano, frío como el hielo. Yo igual. Estos "romanos" nunca nos perdonarán que les hayamos arrebatado su liderazgo en el mundo».

Sin embargo, Hitler todavía necesitaba a Mussolini, sobre todo para uno de sus proyectos centrales: la reintegración de Austria en el nuevo Reich alemán. No obstante, resulta significativo que, después de la breve entrevista de Bojano con Hitler que se cita al principio, no se publicara ninguna otra conversación del Führer alemán con periodistas italianos (aparte de una breve nota de la extraoficial Agenzia Stefani). Bojano llevaba razón cuando en su libro *Tras el paso de la oca* apuntó que su elección como presidente de la Asociación de la Prensa Extranjera en Alemania en 1938/39 ya no era un escudo «fascista» adecuado para proteger a aquel noble círculo.

Sobre la entrevista a Hitler, Bojano comentó lo siguiente:

> En aquellos años, la primera tarea que se encomendaba a los corresponsales extranjeros destinados en Alemania era reunirse con Adolf Hitler, que estaba considerado la persona más interesante de todo el país. Los ecos de su última diatriba contra el sistema político resonaron por toda Alemania y mucho más allá de sus fronteras. Su libro *Mein Kampf* fue objeto de debate en todas partes. Hitler era ya una celebridad mucho antes de que la mayoría lo apoyara.

Tras una larga espera, Bojano consiguió por fin su primera entrevista con Hitler con motivo de las elecciones presidenciales en la primavera de 1932. Informó también de manera fidedigna que *Vorwärts*, el periódico del SPD, había titulado en portada: «¡Trabajadores, votad a Hindenburg!», y que Hitler solo pudo presentarse a las elecciones gracias a su extraña designación como *Regierungsrat* en la legación de Brunswick en Berlín el 25 de febrero de 1932. Años más tarde, en 1944, el corresponsal de *Il Popolo d'Italia* recordaba la conversación de la siguiente manera:

> Un día conseguí por fin la entrevista en el [hotel] Kaiserhof que tanto tiempo llevaba esperando. El líder nazi no dijo mucho. Era evidente que no tenía ganas de hablar del fascismo ni de Mussolini [...]. Se burló de la acusación —que finalmente resultó ser infundada— de que había financiado los inicios de su movimiento nazi con la ayuda de Mussolini y además me recordó que Italia había sido el último país en publicar *Mein Kampf*.

Hitler y sus asesores llevaban con frecuencia a Bojano en avión y en coche durante sus giras electorales. Sin embargo, parece ser que *Putzi* Hanfstaengl dejó claro que Hitler no estaba particularmente interesado en Italia ni tenía conocimiento alguno sobre ese país. Al margen de su actividad periodística, Bojano recibió de Mussolini el encargo de redactar informes desde Berlín sobre el desarrollo de los acontecimientos en Alemania: «Tenía que enviarle la información personal y exclusivamente a través de *Il Popolo d'Italia*. El envío de los informes solo podía realizarse desde la oficina del periódico».

Al principio, Mussolini no se tomó a Hitler demasiado en serio, sobre todo después de su fallido golpe de Estado junto a Ludendorff en 1923. Él era el auténtico Duce, mientras que Hitler era su caricatura, un mediocre imitador, un provinciano bávaro o austriaco. Mussolini ya había triunfado al primer intento con su Marcha sobre Roma en 1922, había sido nombrado primer ministro por el rey de Italia y no había acabado [como Hitler] en la cárcel. Además, al menos en los primeros años del fascismo, el Duce se rodeó de intelectuales, artistas y visionarios como el poeta e inspirador Gabriele D'Annunzio o el futurista Filippo Marinetti, y no de oscuros personajes como Dietrich Eckart o Alfred Rosenberg. Después de todo, Mussolini, por muy racista que fuera, tenía amantes judías e intelectuales como Angelica Balabanova o Margherita Sarfatti. El viril Duce, al menos en sus engreídas poses, no se tomaba en serio a Hitler, ni siquiera como hombre. Difundir fotografías con el torso desnudo durante sus actos multitudinarios, como tanto le gustaba hacer a Mussolini, habría sido impensable en el líder nazi.

En su libro *Técnicas de golpe de Estado*, Curzio Malaparte, nacido en 1898 bajo el nombre de Curt Erich Suckert, dijo en 1931 sobre Hitler que «aquel austriaco gordo y altivo de mirada dura y desconfiada» había visto en Mussolini «una especie de César vestido con frac y sombrero de copa que leía demasiado a Nietzsche y a Barrès, que se interesaba por las ideas de Ford y el taylorismo, y que abogaba por una estandarización industrial, política y moral». Hitler habría querido imitar a Mussolini, «pero como alguien del norte, un alemán, cree imitar a uno del sur, a un latino» —aunque se trataba del típico estilo de Curzio Malaparte, quien más tarde se convertiría en autor de éxito (*Kaputt* y *La piel*), el texto bien podría haberlo firmado el propio Mussolini. Malaparte, fascista precoz y posteriormente renegado, se preguntaba cómo podía ser que el clima de la República de Weimar fuera tan propicio para una «caricatura de Mussolini» que incluso divertía al pueblo italiano. Y acertadamente, Malaparte predijo entonces —más tarde se mostraría muy orgulloso de aquel pronóstico— que, llegado el caso, Hitler tomaría el poder en Alemania por la vía «legal», y no mediante un golpe de Estado. En 1933, Mussolini desterró al imprevisible Malaparte a la isla de Lípari. Más de una década después, cuando se produjo la caída del Duce, su propia hija, Edda, acabaría también recluida en esa misma isla[3].

Hitler, por su parte, iba detrás de Mussolini, le pedía retratos firmados, enviaba emisarios como Lüdecke a Roma (luego le tomaría el relevo Hermann Göring, quien, en un episodio poco comentado, huyó a Italia a través de Austria en 1924), lo ponía por las nubes, y, sin embargo, tendría que esperar hasta 1934 para que el Duce lo recibiera —en Venecia— finalmente en persona. Hanfstaengl se felicitó de haber mediado en aquella reunión, que entonces se consideró ya una visita de Estado. Hitler apareció con un sombrero de fieltro chafado y una gabardina, el Duce en cambio con todas sus galas —el Führer alemán nunca olvidaría aquella humillante iconografía, que se reprodujo con frecuencia. Después de la visita del líder nazi en Venecia, Mussolini le dijo a Bojano: «Hitler es simplemente un chalado. Tiene el cerebro lleno de expresiones filosóficas y políticas sin pies ni cabeza. No logro entender por qué esperó tanto tiempo antes de tomar el poder ni por qué se hizo el gracioso y el bufón con sus ridículas campañas electorales para llegar al gobierno por la vía legal. ¿Es o no es un revolucionario?».

Según parece, el ministro de Propaganda y Asuntos Exteriores, Galeazzo Ciano, yerno de Mussolini, comentó por aquel

[3] MOOREHEAD, Caroline: *Edda Mussolini. The Most Dangerous Woman in Europe*, Londres, 2022.

entonces las ideas de Hitler sobre política exterior. En el bar del Hotel Danieli, le dijo a su amigo Orio Vergani:

> Dice que hay que pillar a Europa desprevenida, ahora que no está en absoluto preparada para una guerra. Por ejemplo, le gustaría invadir Francia y cree que, si le ayudamos, puede lograrlo en veinticuatro horas. Dice que basta con que le garanticemos que nos quedaremos quietos. Al parecer, dispone de ametralladoras y de no sé cuántos motoristas que, en menos de ocho horas, podrían cruzar los puentes sobre el Rin y plantarse en París y en las principales ciudades francesas sin previa declaración de guerra.

El 26 de septiembre de 1937, durante la pomposa visita de Estado del Duce a Berlín, Goebbels escribió en su diario:

> [Mussolini] es muy crítico con Inglaterra, odia a ese país; sobre todo, por su hipocresía. La prensa de París y Londres le parece despreciable. Le gusta que yo sea periodista. Él mismo sigue siéndolo. Considera que EE. UU. carece de cultura. Ha tomado su arte prestado de Europa. Sobre el cine, emite juicios muy claros y muy críticos. Pero en el fondo es un artista. Los estadistas debemos serlo siempre, dice. Uno de sus hijos funda una productora cinematográfica. Y al otro lo manda a España, dice. ¡Un hombre! [...] Con las mujeres tiene fuertes relaciones personales. ¡Pero solo si son guapas! No aprecia a la prensa. No le convence la libertad de prensa. Adora [el periódico nazi] *Der Angriff*. Siempre me pregunta por él. Luego se despide cariñosamente. Es encantador.

El 27 de diciembre de 1940, Goebbels decretó en su «célebre» conferencia ministerial que «del Ministerio de Propaganda tenía que emanar una ola de amistad con el Eje». Una actitud que no solo debía adoptarse con los italianos, «sino también con las principales esferas políticas y económicas alemanas». Según Goebbels, era un viejo error alemán dejar que los resentimientos dominaran la política exterior: «Es algo que hay que combatir con total contundencia. O vencemos juntos o nos hundimos juntos». Sin embargo, en la Conferencia del 21 de marzo de 1941, se volvió a decir que no era oportuno publicar en alemán las obras de Mussolini[4] ya que, por lo visto, algunos discursos de la Primera Guerra Mundial «así como otra proclama realizada en 1934» tenían «una fuerte tendencia antialemana».

En 1940, Filippo Bojano se despidió también dócilmente de Goebbels en el refugio que el ministro de Propaganda tenía a orillas del Bogensee, un lago situado al norte de Berlín. Se trajo consigo a su sucesor en la capital, Roberto Suster, y también al presidente y copropietario de la Agenzia Stefani, el senador Manlio Morgagni, quien se suicidaría en 1943 al no poder superar el disgusto sufrido por la caída de su ídolo Mussolini. Bojano se fue a la Unión Soviética, donde tampoco lo tuvo precisamente fácil siendo como era corresponsal de una agencia de noticias fascista. Al final de la guerra continuó trabajando en Suecia, un destino más bien inofensivo desde el punto de vista periodístico.

Después de la guerra, la mayoría de historiadores y periodistas quedaron fascinados al analizar el espectacular cambio

[4] El experto en periodismo Adolf Dresler (1898-1971) fue el primero en escribir una biografía de Mussolini desde las filas del NSDAP. Por mucho que en los años siguientes publicara de forma obsesiva sobre Mussolini y la prensa fascista en Italia (*Mussolini als Journalist, Arnold Mussolini. Der Bruder des Duce als Journalist*), Dresler, que en 1935 era *Reichshauptamtsleiter* de la oficina de prensa del NSDAP en la Casa Parda de Múnich, no logró ascender en el partido. Al finalizar la guerra publicó textos sobre la historia de la prensa, por ejemplo, en el *Börsenblatts des Deutschen Buchhandels*.

que se concretizó en la relación de fuerzas entre los dos líderes fascistas, simbolizado a nivel político por la insistencia de Hitler en que se ejecutara al yerno de Mussolini, Galeazzo Ciano, tras la caída del Duce en 1943. Lo cierto es que, a pesar de las súplicas de su hija Edda, Mussolini tampoco movió un dedo para salvar a Ciano, tal vez porque había votado previamente a favor de su destitución[5]. Por entonces, al que fuera *duce* de Hitler, Ribbentrop, y a otros altos estrategas de las SS, se les concedió una especie de refugio en el lago de Garda, lo que vino a llamarse la República de Saló, oficialmente la República Social Italiana (Mussolini sigue siendo ciudadano honorífico de Saló)[6]. En su mansión del lago de Garda (Lombardía) —actualmente reconvertida en el hotel de lujo Villa Feltrinelli—, situada cerca de la Villa Fiordalisa de su amante Clara Petacci —también hoy un hotel de lujo a orillas del lago— el Duce se hallaba custodiado, además de por miembros de la *Milizia* (los brutales paramilitares italianos), por dos fornidos guardias de las SS, lo que suponía para él una situación humillante a más no poder.

El primer encuentro documentado entre Hitler y un periodista italiano, que tuvo lugar en marzo de 1923, salió bastante mal. Pero es que, claro, el entrevistador fue Giulio de Benedetti (1890-1978) quien, en un acto conmemorativo organizado en 2018 por *La Stampa*, el que fuera su periódico habitual durante toda su carrera periodística, fue descrito como un genio despiadado y vanidoso («genio spietato e vanitoso»). De Benedetti

[5] Ciano fue condenado a muerte junto con otros disidentes fascistas en el «Proceso de Verona» (del 8 al 10 de enero de 1944) y fusilado acto seguido. Para saber más sobre Ciano, véase: HOF, Tobias: *Galeazzo Ciano. The Fascist Pretender*, University of Toronto Press, 2021.

[6] https://de.euronews.com/2020/02/15/mussolini-bleibt-ehrenburger-von-salo (consultado el 11/05/2025)

se incorporó al medio turinés con tan solo veinte años y más tarde, en 1948, regresó al mismo para ocupar durante dos décadas el cargo de redactor jefe. En 1919 se había pasado a otro periódico con sede en Turín, la *Gazzetta del Popolo*, cuya redacción dirigió desde 1927 hasta su despido por falta de lealtad al régimen. De ascendencia judía, De Benedetti sobrevivió profesionalmente a las leyes raciales antisemitas italianas gracias a la protección del senador fascista Giovanni Agnelli, de la extremadamente influyente dinastía industrial Fiat. En septiembre de 1943, el periodista consiguió llegar a Suiza huyendo de los alemanes.

Como en casi todos los anteriores encuentros de Hitler con periodistas, la entrevista fue elaborada en forma de reportaje, sobre todo porque, si atendemos a lo que contó De Benedetti, esta se produjo por casualidad. El periodista estaba visitando la redacción del *Völkischer Beobachter* en Múnich, cuando inesperadamente apareció «Adolfo Hitler» en persona. Poco antes, el italiano había discutido en las oficinas del rotativo con una «banda de exaltados —con pinta de neuróticos y cocainómanos, al estilo de los chequistas de Moscú— que hablaron también de "la mejor manera de acabar con todos los judíos y socialistas"»[7]. El propio Hitler era un hombre capaz de hablar durante tres o cuatro horas «con una voz que parecía una ametralladora» ante un público de «fanáticos» en las grandes cervecerías de Múnich. Pero cara a cara y a la luz del día imponía ya bastante menos: «rostro normal, poco interesante», «cuerpo rechoncho», «elegancia impostada», en fin: «un dictador de tres al cuarto», nada más.

[7] En este contexto, el término «socialistas» hace referencia a comunistas y socialdemócratas, y no, lógicamente, a los nacionalsocialistas.

Cuando se le pidió que esbozara brevemente el proyecto político del NSDAP, Hitler se identificó a grandes rasgos con el programa fascista de Mussolini, aunque dijo estar decepcionado porque el Duce no había reconocido hasta la fecha la gravedad del peligro que suponía el judaísmo en el mundo: «Estamos convencidos de que no será posible lograr la liberación del pueblo alemán si no se destruyen antes el socialismo y la idea judía. ¿Cómo se puede construir un edificio si no se ponen primero los cimientos? En estos momentos, los cimientos de nuestra liberación son la unidad nacional, la pureza de la raza y la abolición del régimen democrático». Preguntado por Francia, Hitler indicó que, aunque el Gobierno de Berlín estaba llevando a cabo la «lucha» contra el país vecino de una «forma vergonzosamente débil», el enfrentamiento armado contra los franceses no estaba en la agenda de su movimiento en el momento actual, debido a la falta de recursos bélicos. A lo que Benedetti replicó: «Por razones de humanidad, está bien que sea así. No quiero decir que usted, *Herr* Hitler, le declare la guerra al Gobierno de París, pero me parece demasiado sencillo que un partido nacionalista armado simplemente ocupe las calles de Múnich y le declare la guerra sin cuartel a Francia, y al mismo tiempo se conforme con golpear, protegido por la policía, a unos cuantos socialistas y otros tantos judíos…».

Hitler le habría prometido a Benedetti una segunda cita en la Corneliusstraße, «en el cuartel general de su organización armada», que nunca llegó a producirse. Sin embargo, el periodista habló con algunos combatientes de los paramilitares nazis: «Cuando se enteraron de que era italiano, uno me pidió una foto del honorable Mussolini, otros se dieron por satisfechos con algunos cigarrillos, y varios me confesaron que no tenían trabajo, y que necesitaban algún tipo de ocupación». El nombre de Ludendorff salió en varias ocasiones.

La versión de De Benedetti sobre su encuentro con Hitler resulta un tanto enigmática, pero lo que es seguro es que al periodista judioitaliano no le gustó ni mucho ni poco la obsesiva cruzada de Hitler contra los *hebreos*. Y es probable también que Mussolini, quien sin duda tuvo conocimiento del texto (publicado el 28 de marzo de 1923 en *Il Popolo d'Italia* bajo el título «Adolfo Hitler, il fascista»), esbozara una sonrisa al leer la conclusión del periodista: «No me parece que [Hitler] sea un dictador demasiado peligroso».

De Benedetti había intentado dar a su texto sobre Hitler un tono explícitamente irónico y despectivo. Pero eso cambiaría seis meses después cuando el siguiente entrevistador italiano, el *dottore* Leo Negrelli (1894-1974) llegó a Múnich como corresponsal del efímero *Corriere Italiano* (de Roma). Negrelli era un fascista dogmático y, en consecuencia, llegó a ser agregado de prensa en Saló, el último refugio de Mussolini. Posteriormente, ya en 1945, acabó emigrando a la España franquista, donde volvería a moverse en círculos de extrema derecha. Así es como en 1949 conoció en Madrid al exlíder fascista británico Oswald Mosley.

El contacto con Hitler se produjo a través de Lüdecke, quien recordaba así el episodio:

> Yo mantenía excelentes contactos con la *Idea Nazionale* y otros periódicos profascistas. Los redactores del *Corriere d'Italia* (sic), por entonces un órgano semioficial del Gobierno, eran particularmente serviciales. Tal y como les había sugerido, enviaron a Múnich a un corresponsal acreditado, un tal Dr. Leo Negrelli, que ya había estado en Budapest. Gracias a mis

> cartas de recomendación, consiguió entrevistas con Hitler y Ludendorff, que aparecieron en la portada del periódico. [El] partido en Múnich lo trató a cuerpo de rey, lo cual tuvo su contrapartida.

En cambio, el órgano socialista *Avanti*, donde Mussolini había sido redactor jefe, le dedicó al emisario Lüdecke el siguiente titular: «Il Signor Ludecke - L'anima Dannata di Hitler» (El señor Hitler: el alma maldita de Hitler).

La entrevista de Negrelli con Hitler se publicó el 16 de octubre de 1923 bajo el título «La giovane Germania prepara la riscossa», que podría traducirse como «La joven Alemania prepara la reconquista». El subtítulo «I rapporti italo-tedeschi circa l'Alto Adige» (Las relaciones ítalo-germanas en torno al Tirol del Sur) hace referencia a un punto central de las relaciones entre Hitler y Mussolini, que volvería a surgir en numerosas entrevistas de periodistas italianos con el líder nazi: el estatus del Tirol del Sur —Alto Adigio—, que tras el Tratado de Saint-Germain de 1919 pasó a pertenecer definitivamente a Italia[8]. El destino de la mayoría germanoparlante de la región fue un tema recurrente entre los nacionalistas alemanes y austriacos, y en realidad, de haber sido consecuente con su política exterior de *Heim-ins-Reich* (vuelta al Reich), Hitler tendría que haber reclamado el Tirol del Sur para el espacio de poder germanoaustriaco. No hacerlo supuso que le llovieran las

[8] Véase el artículo de Walter Werner Pese, «Hitler und Italien 1920-1926» en *Vierteljahreshefte für Zeitgeschichte*, año 3 (1955), núm. 2. En un complicado proceso, Italia y el Reich alemán firmaron en octubre de 1939 un acuerdo para el traslado de los llamados «*Volksdeutschen*» (alemanes de etnia) del Tirol del Sur. En total, unos 75 000 «solicitantes» se trasladaron de hecho al Reich alemán. El jefe de las SS, Heinrich Himmler, y sus expertos habían previsto, en el marco de esta campaña de repoblación en el Tirol del Sur, «repatriar» a todos los «alemanes» de territorios como Galitzia (Polonia/Ucrania) o el «Condado Libre de Borgoña». Debido al desarrollo de la guerra, aquellos planes quedaron en nada.

críticas de todas partes: desde las filas socialdemócratas, que lo llamaron «traidor», hasta de dentro de las filas de su partido, y no solo de Strasser[9], sino también del propio Goebbels. El Führer, por el contrario, priorizaba el acercamiento al fascismo de Mussolini, aunque pronto circularían rumores de que había abandonado a los tiroleses del sur a cambio de ciertos pagos recibidos desde Roma. En cualquier caso, Hitler aprovechó la entrevista con Negrelli para quitar importancia al problema del Tirol del Sur:

> Estoy inmerso en una lucha desesperada por hacer entender que la cuestión del Alto Adigio (Negrelli: «en realidad dice Tirol del Sur») no constituye elemento alguno de discordia entre Italia y Alemania. No dejaré que sea precisamente la prensa vienesa, una prensa que no representa los intereses alemanes, quien me induzca a iniciar una campaña contra Italia por este asunto. No acepto tampoco que den más importancia a la cuestión del Alto Adigio que a la de Alsacia-Lorena o de Alta Silesia. Hay diecisiete millones de alemanes al otro lado de nuestras fronteras —¿por qué ahora tenemos que preocuparnos justo por los 180 000 que viven en Italia? Como nacionalista que soy, y poniéndome en el lugar de Italia, creo que su reivindicación de mantener esta frontera estratégica [en la principal cresta de los Alpes] está completamente justificada. Como alemán, le aseguro que una leve diferencia de opinión como esta no puede de ningún modo comprometer las

[9] N. del T.: Georg Strasser fue el líder del «ala izquierda» dentro del NSDAP, donde tuvo una notable carrera política, llegando incluso a estar en las quinielas para ser vicecanciller de Hitler. Sin embargo, sus posiciones socialistas y revolucionarias, y sobre todo sus críticas al rumbo político del líder nazi, acabaron condenándolo al ostracismo. Aunque el partido lo condecoró en junio de 1934, Strasser sería detenido y ejecutado pocos días después en el marco de las purgas políticas de la Noche de los Cuchillos Largos.

> relaciones entre nuestros dos pueblos. Recordemos que nadie habla de los más de diez millones de alemanes que viven en Rusia. Y, sin embargo, también son alemanes.

Además, en la entrevista de Negrelli volvió a salir el tema de los judíos:

> La cuestión judía es existencial para el Estado alemán. En nuestro país se está librando una batalla de interés global. Aquí tendrá lugar la batalla decisiva para Europa, igual que hace tres siglos las campañas contra los turcos en Hungría fueron importantes para toda Europa. Estamos hablando de la lucha del principio judío-marxista contra el principio de las nacionalidades. Si el bolchevismo se apodera de Alemania, se extenderá por toda Europa y también vosotros, los italianos, lo tendréis en vuestras fronteras, de modo que el imperio judío se extendería de Vladivostok hasta el Rin.

Hitler le dijo a Negrelli que había «dos posibilidades para la futura Europa: o bien un sistema de estados nacionales libres, o bien un sistema de estados bajo la dictadura de Moscú y del capital judío». A su juicio, los judíos tenían una habilidad especial para la mímesis; trabajaban poco y se dedicaban a los negocios especulativos, además de apartar a los cristianos alemanes del buen camino. Negrelli volvió a reunirse con Hitler el 19 de octubre en una asamblea de las SA, en la que el líder nazi aseguró que su movimiento deseaba mantener una relación cordial («amicizia cordiale») con Italia, sobre todo habida cuenta de que, durante siglos, muchos alemanes habían viajado al país transalpino y algunos hasta estaban allí enterrados. En cambio, su pensamiento político estaría orientado hacia el norte, en dirección a Bremen y Hamburgo, y no hacia el Adriático. También añadió que Estrasburgo, a orillas del Rin, tenía más importancia para los sentimientos alemanes que Merano o Bolzano.

En 1924/25, Negrelli, que era natural de Trieste, se convirtió en el enlace con Hermann Göring en Italia y, en 1926, fue nombrado redactor jefe del periódico en lengua alemana *Alpenzeitung* de Bolzano, con el que se pretendía impulsar la fascistización del Tirol del Sur.

El último periodista italiano en llegar a Alemania antes del *putsch* de Múnich en noviembre fue el conocido irredentista Gustavo Traglia. Lo hizo a finales de octubre para trabajar en el periódico romano *L'Epoca* desde la capital bávara, donde comprobó que los combatientes paramilitares nazis eran ya «un auténtico ejército» y que la población los recibía en todas partes con gran entusiasmo. Hitler volvió a confirmar su admiración por el «honorable Mussolini» y restó de nuevo importancia a la cuestión del Tirol del Sur; dijo además que un posible restablecimiento de la monarquía en Alemania pasaría por llevar a cabo una reforma integral del Estado. Traglia, que había sido corresponsal de varios periódicos en París, Albania o Etiopía (y que también seguiría todo el recorrido fascista desde Fiume hasta Saló) comentó en *L'Epoca* que era evidente que la autoridad el Reich en Baviera ya «solamente existía sobre el papel». En 1940 colaboró con los Gruppi d'Azioni Nizzarda, es decir, con los irredentistas que, invocando a Garibaldi, exigían la restitución de Niza al nuevo Gran Imperio italiano[10]. Como bien es sabido, esto no llegó a suceder, en parte porque Hitler tenía interés en que la Costa Azul permaneciera bajo el régimen de Vichy, instaurado por el mariscal Pétain.

[10] TRAGLIA, Gustavo: *Sulla Strada di Nizza*, Edizioni L'Eco della Riviera, San Remo, 1940.

Después de su reclusión en Landsberg, Hitler quedó al margen de la política exterior italiana por unos cuantos años; tras la «crisis de Matteotti», Mussolini y sus *gerarchi* concentraron sus esfuerzos en construir un Estado fascista totalitario (con fuertes ambiciones coloniales). La casa real italiana permaneció intacta; al fin y al cabo, no fue sino Víctor Manuel de Saboya quien ayudó a Mussolini a convertirse en primer ministro en 1922, cargo en el que el Duce tuvo que cooperar durante algún tiempo con el conservador *establishment* aristocrático. Al imponerse por completo el fascismo a mediados de los años veinte, también la prensa italiana se vio progresivamente sometida a una uniformización forzada, con la incorporación de las asociaciones de periodistas, la creación de una lista central de oficios y una nueva escuela de periodismo. Sin embargo, no sería hasta 1935 cuando se creó un Ministerio della Cultura Popolare en toda regla, conocido comúnmente por el acrónimo «MinCulPop». En este caso fue Galeazzo Ciano quien se inspiró en el modelo desarrollado por Goebbels, lo cual invertía los papeles a nivel institucional: ahora eran los fascistas quienes copiaban a los nazis.

El liderazgo personal de Hitler volvió a llamar la atención de los corresponsales italianos —y en general de la prensa internacional— tras el espectacular resultado de su partido, el NSDAP, que consiguió 107 escaños en las elecciones federales de 1930 al Parlamento alemán. Pietro Solari (1885-1955) entrevistó dos veces a Hitler para la *Gazzetta del Popolo* en 1930/31. Al igual que Filippo Bojano, Solari cambió de ideología profesional al finalizar la guerra: volvió a Alemania, esta vez a Bonn, para ejercer de corresponsal del *Corriere della Sera*, que había girado hacia una línea editorial democrática. Hitler, por su parte, simplemente siguió con las entrevistas donde tuvo que detenerse en 1923, e hizo colocar bustos de

Mussolini en la Casa Parda para sus interlocutores. A finales de septiembre de 1930, insistía en su desinterés por el Tirol del Sur y, ahora aún más, en el contraste entre una Francia burguesa, depravada y débil demográficamente, frente a una Italia fuerte:

> Admiramos a la gran nación italiana que, gracias al fascismo, resurgió para elevarse hasta el lugar que le corresponde en Europa y en el mundo: el primero entre las naciones latinas. Francia quiere una Italia sumisa y dependiente de París; su orgullo no le permite admitir que Italia le ha arrebatado la primacía entre las naciones latinas. Por cierto, no es una cuestión de orgullo, sino de hechos: de un lado, una Francia estancada, con 37 millones de habitantes; del otro, una Italia fértil, con 42 millones de ciudadanos repartidos por todo el planeta. Si observamos la situación de Italia y ponemos su evolución demográfica en relación con su superficie, encontramos muchas similitudes con Alemania.

Hitler luchaba en aquel momento por modificar las condiciones del Tratado de Versalles —Solari dijo que siempre hablaba de «tributos», nunca de «reparaciones»— y se valía para ello del poder de las cifras: el montante de los *tributos* ascendía a…

> …un total de 764 000 millones, una suma absurda y demencial. Pero para que no se nos acuse de mala fe, mejor no precipitarse. Si nos atenernos a las cifras, el hecho es que Alemania, que ha pagado miles de millones durante la última década, tendría que seguir pagando hasta el año del Señor de 1988 para poder liquidar el resto. ¿Y cómo ha recaudado el Reich en estos últimos diez años el dinero necesario para pagar los tributos? Exclusivamente mediante créditos en el extranjero […].

> ¿Entonces, a quién le sorprende que Alemania esté ahora consumida? No hace falta ser un sabio para comprender que un organismo económico, como le ocurre a un cuerpo humano, tiene una cierta capacidad para soportar una hemorragia, pero también un límite. Ya veis cuál es la consecuencia: el paro. Si nos atenemos a las cifras oficiales de principios de este otoño, el número de ciudadanos del Reich sin trabajo asciende actualmente a tres millones. Bueno, en realidad, son seis millones.

En una entrevista concedida al corresponsal de *Il Popolo d'Italia*, Gino Cucchetti, en la primavera de 1931, el líder nazi se mostró como un verdadero estratega político en temas europeos, consciente de la importancia de la cuestión racial, pero también como un renovado legalista. Cuchetti escribió lo siguiente al respecto:

> Quiero recordarle —me dice Hitler mirándome fijamente a los ojos— que desde el principio [...] me he pronunciado a favor de un acercamiento a Italia y de un acuerdo con Inglaterra. Estaba y sigo estando convencido de que solo un bloque anglo-ítalo-alemán puede salvar la paz y la civilización europea de la desintegración provocada por una Francia cada vez más mezclada con sangre negra, por un lado, y de la pesadilla del bolchevismo asiático, por otro. Hoy por hoy, Francia ya no puede aspirar a recuperar el antiguo papel hegemónico en Occidente. El impresionante declive demográfico que azota a esta nación y la tendencia —en el fondo comprensible— a formar un bloque de cien millones de franco-negros solo pueden reducirla a ser, como mucho, una potencia africana.

«Noto que la voz de Hitler tiembla por primera vez», dramatizó Cucchetti en la reproducción de la entrevista para la imprenta, donde citó a Hitler en los siguientes términos:

> El éxito que obtuvimos en las urnas el 14 de septiembre del pasado año [...] demuestra que el triunfo está también asegurado por la vía legal. Pero el mejor indicio de ese triunfo es el magnífico papel que juega la juventud, que está al 100 % con nosotros, por nosotros y que se entrega a nuestra causa a diario y de mil maneras distintas. En las últimas elecciones participaron casi sesenta mil jóvenes universitarios alemanes. Nunca se había visto algo así. Alemania puede estar segura de su futuro. ¡La juventud siempre sigue a quien tiene el futuro en sus manos![11]

En otra entrevista con Solari, realizada el 6 de diciembre de 1931, Hitler señaló con estratégica astucia la diferencia entre el Zentrum (Partido de Centro Católico), como partido burgués, y la Iglesia católica en general: «El nacionalsocialismo alemán se ve obligado a combatir al Zentrum católico de la misma manera que el fascismo italiano tuvo que librarse de los *Popolari* [...]. El nacionalsocialismo no está en contra de la Iglesia católica. No somos un movimiento religioso, sino político. Si el catolicismo se identifica políticamente con el Zentrum, no es culpa nuestra».

[11] En efecto, la Unión Nacionalsocialista de Estudiantes fue desde muy pronto una de las organizaciones nazis de más éxito. Numerosos líderes estudiantiles nazis se convirtieron más adelante en colaboradores de la autoridad terrorista de la Oficina Central de Seguridad del Reich o acabaron en los grupos de intervención nazis. Véanse: GRÜTTNER, Michael: *Biographisches Lexikon zur nationalsozialistischen Wissenschaftspolitik*, 2004 («Diccionario biográfico de la política científica nacionalsocialista») o WILDT, Michael: *Generation des Unbedingten. Das Fürungskorps des Reichssicherheitshauptamtes*, 2002 («La generación de lo incondicional. El cuerpo directivo de la Oficina Central de Seguridad del Reich»).

Además: «En primavera se celebrarán las elecciones al Parlamento prusiano. La victoria nacionalsocialista será aplastante. Barreremos al Zentrum y a los socialdemócratas, y conquistaremos el poder para el nacionalsocialismo en el *Land* más grande e importante del Reich». Aunque hubo también cosas que no debían salir a la luz. Solari: «Hitler hace un comentario al respecto y me pide no publicar la respuesta a esa pregunta. Le doy mi palabra y el jefe de los nacionalsocialistas se despide de mí con un enérgico saludo romano y un cordial apretón de manos, al tiempo que comenta: "La prensa italiana siempre se ha comportado de forma sumamente leal y correcta"».

Resulta curioso que los reporteros fascistas siguieran llamándolo «saludo romano» y no «saludo nazi», lo que parece indicar que las jerarquías estaban claras. A finales de 1931, la prensa demócrata-burguesa de Alemania prestó más atención a las entrevistas de Hitler en Italia: «Otra entrevista a Hitler» (*Danziger Allgemeine Zeitung*), «Los nacionalsocialistas tratan de pescar en el extranjero» (*Augsburger Postzeitung*) o «Hitler intenta ganarse a Roma», en *Germania*, el órgano del Partido de Centro.

El 31 de enero de 1932, Italo Zingarelli (1891-1979)[12], hijo de un profesor universitario y jurista de formación, se acercó hasta la casa de Nietzsche en Weimar para entrevistar a Hitler, al que preguntó por ciertos aspectos históricos. El título del reportaje, publicado por *La Stampa*, fue: «Conversazione con Adolf Hitler en casa de Federico Nietzsche»[13]. La entrevista

[12] Italo Zingarelli, hijo de un profesor universitario, trabajó hasta 1945 como enviado especial en Viena y Budapest, entre otros destinos. Después de la guerra, continuó su carrera como redactor de política exterior en los periódicos *Il Tempo* e *Il Globo*. En 1951, Zingarelli tradujo al italiano las memorias del diplomático y *Obersturmbannführer* de las SS Eugen Dollmann.

[13] Hitler estuvo en Weimar del 29 al 31 de enero de 1932, entre otras cosas para asistir al estreno de la obra teatral *100 días* («*Campo di Maggio*»), basada en un guion de Benito Mussolini. El líder nazi aprovechó la oportunidad para acercarse al palco de Elisabeth Förster-Nietzsche y entregarle un ramo de rosas.

(en la que hizo referencia, entre otros temas, al conocido proyecto de asentamiento germánico del difunto esposo de Elisabeth Förster-Nietzsche en Paraguay) comenzó con una larga charla con Elisabeth, la hermana del filósofo, y al parecer, continuó más tarde en el Hotel Elephant:

> Hitler reveló una confianza absoluta en la solidaridad alemana y afirmó que, si bien durante siglos Alemania había sufrido divisiones desde el punto de vista de su estructura como Estado, el sentimiento de unidad nacional siempre se había mantenido fuerte en todas partes, ya fuera en Baviera, Turingia, Oldemburgo, Prusia o Westfalia. Añadió que las especulaciones francesas de la posguerra sobre el supuesto separatismo alemán tenían hoy menos sentido que nunca: «Entre la gente no existen tales sentimientos. En cuanto a la cuestión religiosa, recordaré que los alemanes de Westfalia, que llevan fama de ser los más convencidos, son católicos. Cuando hablo en el norte, no observo que el entusiasmo de las masas sea menor que en el sur. Casi me atrevería a decir que mis seguidores más entusiastas son los de Holstein, en el extremo norte de Alemania».

Por una vez, lo que decía era totalmente correcto: en ninguna de las regiones alemanas fue tan manifiesto el entusiasmo por el nazismo como en Schleswig-Holstein, incluso tras el fin de la guerra.

El siempre elegante Alfredo Stendardo, secretario del *Fascio* internacional en Berlín y supervisor de los ciudadanos italianos que residían en la capital alemana, realizó una entrevista a Hitler para *Il Giornale d'Italia* en febrero de 1932. La conversación estuvo marcada por las elecciones a la presidencia del Reich que se iban a celebrar aquel año. Hitler, quien recibió a

Stendardo en el Hotel Kaiserhof, había decidido presentarse contra Hindenburg, que era quien ostentaba el cargo, en la línea de su compromiso con la legalidad: «La persona de Hindenburg es hoy la expresión de este sistema [la República de Weimar]. Vamos a luchar contra él, por mucho que nos duela personalmente ver al mariscal de campo, a quien veneramos como comandante de nuestros ejércitos en la guerra, envuelto en una situación tan desagradable».

En otra entrevista en el Hotel Kaiserhof, esta vez con Carlo Scorza (1897-1988), un peso pesado del fascismo y más político que periodista, el líder nazi volvió a destacar la pertinencia de su apuesta por la «vía legal»:

> Con la aprobación unánime que recibimos de todas las partes de Alemania, podríamos haber vencido de inmediato en todos los frentes y propiciado de un plumazo hechos irrevocables. Pero una vez que en un momento dado decidimos apostar por la vía legal, no pudimos más que seguir por ese camino, lo cual nos obliga a abstenernos de fijar una fecha concreta. Dos o tres meses más o menos no tienen ya ninguna importancia para nosotros. Podemos permitirnos esperar tranquilamente gracias al constante aumento en número de nuestros seguidores y a la difusión de nuestras ideas, tanto en su profundidad como en su amplitud, entre las masas populares.

Además, Hitler volvió a plantear su idea de formar un bloque entre Alemania e Italia: «110 millones de personas», poseedoras de todas las virtudes fundamentales como «la salud moral, el espíritu de sacrificio y la fuerza física». A este bloque se unirían sin duda Austria, Hungría, Bulgaria y quizás también Rumanía, y después también, «inevitablemente», Inglaterra, a la que no le quedaría otro remedio que hacer causa común, «porque nuestra resistencia y nuestra victoria contra el bolchevismo le garantizarán estabilidad en el Este». Según Scorza, la entrevista «aunque no se taquigrafió, fue reconstruida por el compañero Renzetti y por mí mismo justo a la salida del Kaiserhof», lo cual indica hasta qué punto resultó fundamental en Berlín el papel del deslumbrante y multifuncional fascista Giuseppe Renzetti (1891-1953)[14] para las relaciones germano-italianas.

Poco antes de las elecciones al Reichstag de noviembre de 1932, Hitler concedió una entrevista a Remo Renato Petitto, del diario *Il Tevere*, esta vez en la Casa Parda de Múnich. El monárquico Petitto —por cierto, gran conocedor de España y partidario de los carlistas, que habían sido destronados hacía tiempo— apuntó sorprendido:

> Igual que el Duce aspira a ser el restaurador de la raza italiana, Hitler quiere ser el restaurador de la raza germánica. El movimiento de los camisas pardas no desea limitarse a dar la batalla en el marco de la vida política, sino que pretende también empoderar al pueblo. Es un éxito rotundo: millones de votantes, centenares de diputados y legiones enteras de camisas pardas. Pero aún y así, ha dejado el poder en manos de von Papen. ¿Por qué? Está claro que los camisas pardas tenían y tienen la capacidad de llevar a cabo una «marcha sobre Berlín». ¿Por qué no lo han hecho ya? ¿Y qué pretenden conseguir con las elecciones de noviembre? Es un misterio.

Esto encajaba perfectamente con lo que pensaba Mussolini, que tenía a Hitler por un timorato y un pequeño burgués, y

[14] Para más información sobre Renzetti, véase: FALANGA, Gianluca: *Mussolini Vorposten in Hitlers Reich. Italiens Politik in Berlin 1933-1945*, Berlín, 2008. (Mussolini, avanzadilla en el Reich de Hitler. La política italiana en Berlín entre 1939 y 1945).

que ya había cancelado las visitas del líder nazi a Italia previstas para 1931/32 por calculados motivos de realpolitik. En efecto, los nacionalsocialistas perdieron una cantidad considerable de votos en las elecciones al Reichstag de noviembre de 1932; únicamente el apoyo de las élites *völkisch-konservativ* en torno a Franz von Papen (y su fatal concepto del «encuadramiento») acabaría llevando a Hitler al poder.

Tras la elección de Hitler como canciller del Reich, ya no hubo en principio más entrevistas con reporteros italianos, salvo los breves encuentros con Filippo Bojano en Viena en 1938, ya que no convenía seguir enalteciendo al Führer alemán. Los dos regímenes totalitarios de Roma y Berlín se entregaron entonces a una competición de intrigas, con recíprocas y pomposas visitas de Estado, además de los habituales contactos a nivel político y diplomático a través de intermediarios que actuaban en secreto, algo perfectamente documentado por el papel que jugó un príncipe, el landgrave Felipe de Hesse-Kassel, en el periodo previo a la anexión de Austria en 1938. El aristócrata, aunque bisexual, se casó en 1925 con la princesa Mafalda de Saboya, hija del rey de Italia, se afilió al NSDAP cinco años después y llegó a ser *Obergruppenführer* de las SA, y presidente del Gobierno nacionalsocialista de Hesse-Nassau. Tras la caída de Mussolini, que hacía tiempo que Hitler había dejado de necesitar, Felipe de Hesse y su esposa fueron internados en Buchenwald en calidad de «prisioneros especiales»; la princesa Mafalda moriría en agosto de 1944 en un ataque aéreo aliado sobre el campo de concentración. Fue la época de «la amistad brutal», como la definiría el historiador británico Frederick W. Deakin en su obra homónima (*The Brutal Friendship*, 1962), donde analizó las relaciones ítalo-germanas en los tiempos del fascismo. En realidad, casi todo lo que hizo el Eje fue brutal, nunca hubo amistad, y mucho menos entre Hitler y Mussolini. En público, Hitler daba a entender que existía una perfecta armonía, como se lee en una nota redactada por la Agenzia Stefani tras su visita a Roma en mayo de 1938:

> Destacó la sincera amistad y la simpatía que el pueblo italiano le había manifestado donde quiera que fue, hecho que le conmovió profundamente. También elogió la excelente organización y el talante cultural del ejército, la marina y la aviación. Mencionó asimismo la profunda impresión que le había causado la ciudad de Roma y lamentó haber dispuesto de poco tiempo para visitar sus magníficos monumentos. Por último, el Führer expresó con sentidas palabras su alegría por el profundo entendimiento entre ambos pueblos, entre el fascismo y el nacionalsocialismo. Según Hitler, una amistad así no puede forjarse artificialmente.

Las conversaciones con los periodistas italianos tuvieron una relevancia estratégica para el líder nacionalsocialista y adepto de Mussolini, al menos hasta 1933. Por el contrario, las entrevistas con japoneses, españoles o portugueses apenas tuvieron importancia; eran aliados potenciales, pero Hitler apenas sabía nada de la situación política de esos países. Tan solo tenía algunos conocimientos superficiales sobre Japón, transmitidos por el profesor Karl Haushofer.

A comienzos del mes de abril de 1923, poco antes del golpe de Estado del dictador militar Primo de Rivera, el periodista español Javier Bueno acudió al domicilio del exalmirante Waldemar von Vollerthun, donde también se encontraba Hitler. Bueno publicó la entrevista en el diario conservador *ABC* bajo el seudónimo de Antonio Azpeitia —el medio madrileño volvería a publicarla en 2018— y en ella, describió al «líder del fascismo bávaro» de la siguiente manera: «Hitler, falto de cultura y de preparación científica, no puede expresar ideas sirviéndose de conceptos abstractos; por eso recurre al ejemplo simplista, al símil, a la comparación de cosas concretas. Acaso en esto esté su fuerza para impresionar a las multitudes. Afirma rotundamente, sin admitir la duda, sintiéndose poseedor de la verdad absoluta».

El exalmirante Vollerthun, que aquel día vestía una levita de paño negro, era un monárquico confeso, «enemigo de la República y de todos los hombres que, sinceramente o por razones oportunistas, la defienden, cualquiera que sea el matiz del campo político en que actúen» y describió a Hitler como una especie de *fantasma*, que aparecía y desaparecía de forma inesperada.

Al llegar, el líder nazi le pareció a Bueno preocupado y receloso. El periodista lo describió físicamente del siguiente modo: «Alto, ancho de hombros, musculoso, vestido como un funcionario subalterno. Cabeza grande sobre cuello de toro; fuertes maxilares inferiores, ojos azules muy a flor del rostro, que expresan exaltación, violencia, agresividad, ambición, seguridad de dominio. Debajo de una nariz plebeya, cuyas ventanas son exageradamente grandes, el bigote, de cerdas como púas, ha sido reducido al mínimum por el rasurado». Según Bueno, Hitler estaba obsesionado por el problema de la financiación de su movimiento y se quejaba de que las sumas que le habían prometido para reclutar y atender a las necesidades de su gente se retrasaban: «"Así no puedo continuar —exclama, imperativo y amenazador—, el tiempo corre, los acontecimientos se precipitan; yo necesito dinero, dinero, mucho dinero...; si no...". El exalmirante intenta calmar su impaciencia: "Sí, tendrá usted todo el dinero que necesite. Esos señores comprenderán que es urgente..."».

Después de conseguir como pudieron que Hitler se olvidara el tema del dinero, pasaron a hablar de su programa político, que a Javier Bueno le pareció confuso e incoherente: antimarxismo incondicional, lucha contra la especulación de la tierra, censura previa de la prensa, el cine, e incluso de las «modas femeninas», etc. El periodista español, que había leído el programa nacionalsocialista, se dejó también aconsejar por «un alemán de espíritu muy sutil y cultivado», quien le dijo que «la actuación de Hitler en el momento presente puede representarse así: hay un enfermo muy grave y, cuando todas las autoridades científicas estudian su mal y buscan el plan curativo, llega a la habitación del paciente un mozo de cuadra y empieza a vociferar desde el balcón: "¡Se muere! ¡Ya casi no respira! ¡Está en las últimas!". Y el vocerío y el escándalo pueden acabar con las últimas energías del enfermo». En esta alegoría, el enfermo grave era el Reich alemán, que había sufrido daños, sobre todo psicológicos, tras la derrota de 1918.

Hacia el final de la entrevista, el «mozo de cuadra» —Hitler— se puso en pie; la sala parecía demasiado pequeña para el estruendo de sus palabras y la agitación de sus brazos. Javier Bueno describiría así la escena: «A cada momento tememos por la vajilla que está sobre la mesa, y en cada instante esperamos ver llegar a la vecindad alarmada. Con el rostro congestionado, los puños que golpean a enemigos invisibles, evoca el momento de la guerra contra los que se le opongan. Las enormes ventanas de su nariz parecen oler ya la sangre…».

A continuación, Hitler volvió a colgarse la pistola, «que había dejado a manera de bastón o paraguas en el perchero», y generosamente le ofreció al periodista llevarlo en coche a donde quisiera: «Pero debo advertirle que a mi lado se corre algún peligro». Javier Bueno termina su artículo con la siguiente reflexión: «¿Cuál es el grado de la influencia que este hombre ejerce y dónde?». Bien, eso es algo que quedaría claro unos meses más tarde en el *putsch* de la Cervecería.

Las gestiones y los formalismos para conseguir una entrevista con Hitler se multiplicaron tras su nombramiento como canciller del Reich, debido sobre todo a ciertas consideraciones en términos de política exterior. Prueba de ello es la solicitud del Dr. Okanouye, alias Reiji Kuroda, admirador de Hitler y corresponsal en Berlín del periódico japonés *Asahi*, quien se dirigió por escrito directamente al «Sr. Canciller del Reich y Führer» el 22 de noviembre de 1934. Kuroda señaló que ya había entrevistado a Hitler en la Casa Parda en diciembre de 1931 (la entrevista salió publicada al mes siguiente, el 3 de enero) y que en 1932 había escrito un libro que «despertó mucho interés entre los lectores nipones por el movimiento hitleriano». «Le agradecería me concediera unos pocos minutos —dijo Kuroda, agradecido—, ya que el *Asahi* desea despertar comprensión por la Alemania actual antes del referéndum en el Sarre». No cabía, pues, esperar preguntas críticas, visto tal requisito previo.

Hans Thomsen, de la Cancillería del Reich, que por entonces era responsable de la correspondencia del Führer, así como de las entrevistas, reprendió al japonés por haber enviado su solicitud directamente a Hitler, «a pesar de que debería haber sabido que no era ese el cauce correcto». En principio, no había nada que objetar a la persona de Kuroda, un «miembro respetado de la Asociación de la Prensa Extranjera», ni a la actitud de la prensa japonesa, que «salvo por algunas pequeñas interferencias en la cuestión racial» era proalemana, pero primero había que hablar con el secretario de Estado Walther Funk (del Ministerio de Propaganda). Y, por supuesto, también con el ministro de Asuntos Exteriores del Reich. Finalmente, el Führer accedió a recibir a Kuroda, aunque pidió «que las preguntas y respuestas de la entrevista se formularan con precisión». Thomsen preparó un borrador en el que la palabra «Japón» no aparecía ni una sola vez; solo se hablaba del referéndum del Sarre, que sería un éxito para Hitler. Lógicamente, aquello tampoco podía ser. Al final, se acordó un texto en el que el líder nazi —en vísperas del pacto Antikomintern— se mantuvo extraordinariamente vago en lo relativo a Japón, haciendo hincapié sobre todo en la necesidad de una mayor «igualdad de derechos» política y militar de Alemania, y en que, mientras eso no estuviera garantizado, cualquier declaración sobre el «reconocimiento de Manchukuo»[15] tendría únicamente valor teórico. En cualquier caso, el embajador Herbert von Dirksen envió un telegrama desde Tokio el 28 de enero de 1935 diciendo que «*Asahi* publica una entrevista con el Führer a toda página. Kuroda describe en detalle la recepción y elogia en términos cordiales la personalidad del Führer. A continuación, el texto».

Hanfstaengl, que siempre se consideró una especie de asesor general de Hitler en política exterior, estaba en contra del acercamiento de los nacionalsocialistas a Japón inducido por Haushofer. La visita de otro admirador de Hitler, el profesor japonés Minosuke Momo, que apareció en la Prinzregentenplatz en diciembre de 1931 por encargo del diario *Tokio Nichi Nichi Shimbun*, resultó ser especialmente desagradable (por sus tintes racistas):

> De entre la gran cantidad de entrevistas, que se sucedían cada vez con más frecuencia, recuerdo una conversación con

[15] El «Imperio» de Manchukuo fue un Estado satélite japonés situado en Manchuria, que existió entre 1932 y 1945, pero que solo fue reconocido por unos pocos países. El soberano de Manchukuo (35 millones de habitantes) era Aisin Gioro Puyi, que años antes había sido el último emperador de China (1908-1912).

> Momo, un profesor universitario japonés, que tuvo lugar a finales de 1931 o principios de 1932 en el domicilio privado de Hitler en la Prinzregentenplatz y a la que fui invitado en calidad de intérprete del Tercer Reich. Se trató de una entrevista reveladora [del entusiasmo de Hitler por Japón]. Fue una sesión llena de cumplidos y elogios mutuos, que me vi obligado a traducir, aun cuando la edulcorada retórica de los japoneses y la falta de instinto por parte de Hitler a la hora de prejuzgar la violenta política de Japón en Manchuria, condenada unánimemente por la opinión pública internacional, me dejaron bastantes veces sin palabras. «He venido —comenzó diciendo el profesor Momo, un hombrecillo anodino de sonrisa untuosa que podría haber salido perfectamente del reparto de la ópera cómica *El Mikado*, y que sin duda era agente del Gobierno—, he venido, *Herr* Hitler, para expresarle a usted, el gran Führer, la admiración del pueblo japonés por el movimiento que usted lidera». Y apenas hube traducido al alemán aquella primera frase de nuestro invitado, que la verborrea de Hitler se desbocó. En una sucesión casi bochornosa de lugares comunes, se deshizo en elogios sobre el Japón heroico y caballeresco, sobre su tradición samurái, sobre la fortaleza física y mental de sus gentes resultante de la filosofía zen, y sobre otras muchas cosas más sacadas de la erudita sabiduría contenida en el maravilloso cuaderno de citas de Haushofer.

Hanfstaengl —al menos así lo afirmó en su autobiografía, escrita después de la guerra— ya pensó durante la charla en la nefasta repercusión que esta tendría en la prensa angloamericana, y que inevitablemente seguiría a la publicación de la entrevista en Japón.

En la entrevista con el profesor Momo, Hitler volvió a sacar a colación el eterno tema de las reparaciones:

> Si el mundo finalmente despertase, pondría fin de inmediato a los pagos de reparaciones alemanas y evitaría el colapso de la economía mundial. Las reparaciones alemanas solo han beneficiado económicamente a Francia. Hay que tener claro que el colapso de la economía alemana está teniendo consecuencias muy graves en todo el mundo. Ya predije la situación actual hace algunos años. Por aquel entonces, toda la prensa mundial ignoró mis predicciones o se limitó a ridiculizarlas. En todos los artículos se leía que Mr. Owen Young, presidente del Comité [Aliado] de Reparaciones, comprendía mejor los problemas financieros que *Herr* Hitler. Pero ahora la prensa se da cuenta por fin de que Mr. Young no entendió bien el asunto y de que Hitler llevaba razón. En cuanto tome el poder, anunciaré al mundo que Alemania no está en condiciones de pagar más reparaciones.

La entrevista que le hizo a Hitler el periodista polaco Kaziemierz Smogorzewski, nacido en 1896, para la *Gazeta Polska* resultó ser insólita, no tanto por su contenido, sino porque fue la única que el Führer concedió en 1935 a un *Untermensch*, es decir, a un ser «subhumano», que es como él llamaba a las personas de origen eslavo. Smogorzewski era un francófilo que había estudiado en París y combatido como voluntario en las filas del ejército francés durante la Primera Guerra Mundial. Entre 1929 y 1933 fue editor del hebdomadario *La Pologne*. En su país no se le perdonó después de la guerra que hubiera entrevistado a Hitler, y él también optó por no hablar demasiado del tema hasta su muerte en 1992, al fin y al cabo durante su exilio en Londres fue incluido en la «lista especial de busca y captura» de la Oficina Central de Seguridad del Reich y, por tanto, no era precisamente sospechoso de simpatizar con el régimen nazi. Polskie Radio recuperó la conversación hace algunos años calificándola de «valioso documento histórico», aunque también de «fiasco» para el entrevistador.

«Me alegra que las relaciones germano-polacas vayan por buen camino. Los alemanes no repetiremos los errores de los siglos pasados. Estoy muy contento con los progresos que hemos hecho en este sentido en tan solo unos pocos meses», aseguró Hitler a su interlocutor polaco en 1935. Tal afirmación era una maniobra táctica derivada del pacto germano-polaco de no agresión (pacto Pilsudski-Hitler) firmado el 26 de enero de 1934, que naturalmente no valía ni el papel en el que estaba firmado, y que elaboró, por parte alemana, el barón Konstantin von Neurath, ministro de Asuntos Exteriores. Según parece, el promotor de la entrevista a Hitler fue su homólogo polaco Józef Beck (1894-1944), quien, al igual que Smogorzewski, bien podría haberse imaginado que no se podía dar crédito a las declaraciones del dictador alemán, sobre todo en lo relativo a la política del Estado nazi hacia Polonia. Por desgracia, aquella no sería la última vez en que el periodista polaco se dejara utilizar con «fines políticos», según comentó el redactor de Polskie Radio: «Durante su exilio en Londres, Smogorzewski proporcionó detallados informes a la cúpula comunista en Varsovia. Antes de 1939, brilló con luz propia en el firmamento periodístico y fue un maestro de la escritura creativa». Por eso, su posterior transformación en propagandista resultó más sorprendente si cabe, aunque tal vez convenga también recordarlo «como un autor que, en periódicos extranjeros, sobre todo británicos, dotó a su país natal, Polonia, de esplendor literario. A sus casi noventa años, seguía explicando la cultura polaca a los ingleses. La fortuna creativa llegó tarde a la vida de Smogorzewski, pero lo hizo con fuerza. Es por eso también —dicho sea de paso— que su biografía supone un soplo de esperanza para aquellas personas que aún tienen por delante su nonagésimo aniversario». Al finalizar la guerra, el periodista polaco se consagró por completo a la redacción de la *Encyclopædia Britannica*. Smogorzewski murió en Shepperton, cerca de Londres, en noviembre de 1992.

Aquel mismo año, concretamente el 31 de enero de 1935, el periodista portugués Armando Boaventura, del *Diário de Notícias*, se desplazó también hasta Alemania para entrevistar al Führer. En este caso fue el embajador portugués en Berlín quien transmitió el deseo del jefe del Estado —clerical y fascista—, António Salazar, de que su «amigo íntimo» Boaventura fuese recibido por Hitler. Además, el periodista estaba dispuesto a publicar una serie de artículos amables sobre la nueva Alemania. «Habida cuenta de la simpatía del Gobierno portugués por el desarrollo de los acontecimientos en Alemania —anotó el jefe del Departamento de Prensa Gottfried Aschmann (predecesor de Paul Schmidt-Carell en AA. EE.)—, dichos artículos serán escritos bajo la supervisión del embajador en Berlín y serán completamente favorables». En este caso, se llevó al extremo el formato de entrevista «sin entrevista»: «El embajador subrayó que el Sr. Boaventura no había solicitado entrevista alguna y que no había enviado ni iba a enviar preguntas, sino que el Führer y canciller del Reich le dirigiría únicamente unas palabras sobre cualquier tema de su elección, con lo cual se daría por concluido el encuentro». La embajada alemana en Lisboa sugirió que Boaventura acudiera acompañado de su amigo el Sr. Gorreira (de quien se decía que admiraba a Hitler aún más de lo que este se admiraba a sí mismo), el redactor del *Jornal do Commercio*, un medio proalemán, para que nadie se sintiera postergado. El texto que le preparó al Führer el Ministerio de Asuntos

Exteriores decía: «Aunque por desgracia [Hitler] no conoce Portugal en persona, sí es sabedor de las numerosas bellezas naturales y artísticas que atesora este país tan rico en historia. Se congratula especialmente de las buenas relaciones existentes entre Alemania y Portugal, ya que los objetivos que persigue Alemania van en la misma línea que los planes del Gobierno portugués».

Hitler se mostró benévolo y la Agencia Oficial de Noticias del partido nazi (DNB) recibió una buena noticia: «"El Führer recibe a un periodista portugués". El jueves, el gran periódico portugués *Diário de Notícias* publicó en portada y a toda página la entrevista que el Führer y canciller del Reich concedió al redactor de este medio, Armando Boaventura. El titular rezaba: "El referéndum del Sarre es más que una victoria para Alemania: es el triunfo de la paz en Europa". Al mismo tiempo, el diario publica imágenes del Führer».

Este mensaje, un tanto infantil, demuestra lo mucho que Hitler y sus secuaces del Ministerio de Propaganda ansiaban obtener reconocimiento en política exterior —pocos meses después de los sangrientos sucesos de la Noche de los Cuchillos Largos—, aunque solo fuera en Portugal. La nota de la Agencia Oficial de Noticias continuaba de este modo: «Boaventura [...] informa a sus compatriotas sobre la situación real en Alemania y refuta las espantosas noticias sobre Alemania y su Führer, a las que al parecer muchos dan credibilidad en Portugal».

Lo cierto es que, aunque esto sonaba muy bien desde el punto de vista de la propaganda nazi, a medio plazo no sirvió de mucho: a diferencia de Hitler, Salazar fue uno de los dictadores más longevos de Europa y permaneció en el poder con su *Estado Novo* hasta bien entrada la década de 1970, seguramente porque durante la Segunda Guerra Mundial optó por una firme política de neutralidad. Entre 1940 y 1945 Lisboa se convirtió en la capital internacional del espionaje y, en 2006, los telespectadores portugueses eligieron a Salazar, que fue condecorado en 1953 con la Gran Cruz del Mérito de la República Federal Alemana, como el «mejor portugués» de todos los tiempos.

En cambio, Hanfstaengl lo recordaba todo de otra manera:

> Recuerdo la visita de un respetado y franco periodista brasileño [es decir, portugués] del *Diário de Notícias*, que había llegado ex profeso a Múnich vía Bayreuth para conversar con Hitler sobre los objetivos y el programa del partido. Como a veces no acudía a sus citas, se me ocurrió [...] hacer coincidir a Hitler con el periodista —que entretanto había expresado su entusiasmo por la música de Wagner— al día siguiente, durante la pausa de una representación de *Tristán e Isolda* que tuvo lugar en el Teatro del Príncipe Regente. Después del segundo acto, mientras Hitler departía con mi mujer y otras señoras en el *hall*, exclamé como por casualidad, señalando al periodista: «¡Mire, ahí está el señor brasileño al que ayer dejamos tan amargamente decepcionado! Hoy es su último día en Múnich. Seguro que antes de irse, *Herr* Hitler, le gustaría estrecharle la mano». Pero Hitler rechazó con brusquedad el encuentro, lo que el periodista, que estaba cerca de nosotros, debió de interpretar como una afrenta. Mis disculpas no sirvieron de nada. El mal ya estaba hecho irreparablemente.

El desquite fue, según Hanfstaengl, la aparición de un artículo poco amable en el *Diário de Notícias*. Al parecer, el texto cayó en manos de Philipp Bouhler, uno de los ayudantes de Hitler, que sabía portugués y se lo tradujo a Hitler. Hanfstaengl da cuenta en sus memorias de lo que se comentaría después:

«Consecuencia: una vez más quedó demostrado que Hanfstaengl era incapaz de convencer a la prensa mundial de las virtudes del nacionalsocialismo y del genio de Adolf Hitler». No obstante, en la hemeroteca no consta ningún artículo del *Diário de Notícias* que fuera crítico con Hitler.

A partir de 1942, solo quedaban en Berlín periodistas de países «neutrales» o bien aquellos que Jacob Kronika califica en su libro *Der Untergang Berlins* («La caída de Berlín», 1946) de «corresponsales Quisling»[16], es decir, colaboradores nazis de Japón, la Francia de Vichy, los Países Bajos o Rumanía, muchos de ellos con un morboso deseo de presenciar el desmoronamiento del régimen nazi. Kronika, nacido a orillas del Báltico cerca de la frontera con Schleswig-Holstein, escribía para periódicos daneses y suecos. El 21 de marzo de 1945 señaló que algunos de los colaboracionistas que entonces deseaban ingresar en la Asociación de la Prensa Extranjera de la capital eran los mismos «nazis extranjeros» que antes se habían burlado del club; ahora, sin embargo, «legitimar la asociación supondría una ayuda para el periodo posterior al colapso de la Alemania nazi. Está claro que debemos seguir maniobrando con cautela». El 22 de abril, Kronika se dirigió al Ministerio de Propaganda, semiderruido por los bombardeos aliados, y en cuyo búnker aún se seguía trabajando. Allí, Goebbels fantaseaba «cubierto de polvo» con las próximas «grandes sensaciones políticas» (el colapso de la alianza entre estadounidenses y soviéticos), aunque, según Kronika: «Allí abajo, incluso los más estrechos colaboradores de Goebbels se esfuerzan en vano por poner al mal tiempo buena cara. ¡Se acabó

[16] N. del T.: En referencia al político noruego Vidkun Quisling, que colaboró con los nazis durante la ocupación alemana de su país en 1940.

la fe nazi!». Sin embargo, por las calles de Berlín todavía patrullaban los infames *Feldjäger* (los «perros de presa» de la policía militar) y los enfurecidos muchachos de las juventudes hitlerianas; tampoco los corresponsales extranjeros estuvieron a salvo durante las últimas semanas del régimen nazi, por no hablar de la lluvia de bombas. Pero casi hasta el final hubo champán y *delikatessen* en el club de prensa de Al Capone.

Sería un escandinavo quien, en marzo de 1944, consiguiera realizar la última entrevista con Hitler, aunque fuera por teléfono, lo cual no le resta autenticidad. Prueba de ello es que la DNB, la Agencia Oficial de Noticias nazi, la publicó incluyendo el nombre del interlocutor de Hitler: Christer Jäderlund. Sin embargo, la conversación estuvo rodeada de misterio durante mucho tiempo puesto que Jäderlund no la mencionó en sus memorias, publicadas después de la guerra. ¿Qué periodista no estaría orgulloso de haber conseguido aquella primicia? Staffan Thorstell, redactor jefe del periódico sueco *Expressen*, investigó sobre Jäderlund para su libro *Mein lieber Reichskanzler! Sveriges kontakter med Hitlers rikskansli* («¡Mi estimado canciller del Reich! Los contactos suecos con la Cancillería del Reich de Hitler», publicado en sueco en 2006 y aún sin traducir) acerca de aquella última charla periodística con Hitler.

La entrevista giró en torno a la lealtad de Finlandia al Eje; al parecer, el rey sueco Gustavo V había mediado ante el mariscal finlandés Mannerheim para conseguir una «paz separada» con la Unión Soviética[17], hecho sobre el que también informó la agencia de noticias Reuters. Hitler se encontraba en el Obersalzberg. Jäderlund, corresponsal del diario matutino *Stockholms-Tidningen*, no era particularmente hostil a los nazis,

[17] Véase el artículo de George Axelsson, «Nazi Peace Move Denied by Hitler», aparecido en el *New York Times* del 19 de marzo de 1944.

pero aún y así había sido expulsado dos veces de Alemania por informar de manera inapropiada. Era hijo de madre alemana y se había formado en este país como agente de policía de la brigada de investigación criminal. En abril de 1944, Paul Karl Schmidt, el jefe de prensa del Ministerio de Asuntos Exteriores dirigido por Ribbentrop, volvió a considerarlo de confianza en un memorándum: «Tras la expulsión de algunos elementos antialemanes como [Arvid] Fredborg y [Gunnar] Pihl (corresponsales de *Svenska Dagbladet* y *Sydsvenska Dagbladet* respectivamente), los actuales corresponsales suecos se comportan como un grupo bien cohesionado que informa con lealtad de los acontecimientos políticos que tienen lugar en Alemania. En ocasiones se asignan tareas de especial relevancia a algún corresponsal en concreto, como Jäderlund, el representante del *Stockholms-Tidningen*».

Según Staffan Thorsell, Jäderlund contactó con la editorial Bonnier a principios de los años treinta porque quería escribir un libro sobre sus experiencias como voluntario en el frente occidental durante la Primera Guerra Mundial: «Para aderezarlo, envió su condecoración, la Cruz de Hierro, y su cartilla de reclutamiento del ejército alemán. Al principio, Åke Bonnier se mostró muy interesado, tal vez porque se imaginaba una versión sueca de *Sin novedad en el frente*. Pero, cuando llegó el manuscrito, la editorial se desdijo rápidamente. Jäderlund era un reportero emprendedor, pero no un genio literario de la talla de Erich Maria Remarque». No obstante, la editorial Bonnier publicaría más tarde un libro de Jäderlund sobre la Alemania de Hitler, aunque sin mucho convencimiento, debido al tono militarista y proalemán del autor.

Jäderlund tenía buenos contactos con Hermann Göring y Ernst Röhm, e incluso llegó a ser miembro invitado de una compañía de asalto de las SA en Berlín, aunque lo cierto es que su relación con Röhm no le sirvió de mucho en el Reich alemán después de 1934. En 1940, Jäderlund fue expulsado por orden del propio Goebbels después de que el periodista sueco informara sobre los fusilamientos masivos de judíos en Polonia. Aun así, en 1942, después de trabajar en Turquía y Finlandia, regresó a Berlín. Llevaba el periodismo en la sangre.

Su entrevista con Hitler satisfizo particularmente a Goebbels, que anotaría en su diario: «Por fin [Hitler] ha vuelto a la actividad político-diplomática. La entrevista se ha llevado a cabo con gran diplomacia y nos aseguraremos de que tenga la mayor difusión posible». Queda por ver si la entrevista fue de verdad una «gran sensación» en la prensa mundial, como supone Thorsell; probablemente lo que se preguntaron en Londres o Washington fue más bien por qué el Führer, que estaba también bastante ausente —para disgusto de Goebbels—, utilizó como pretexto precisamente los rumores sobre Finlandia para hablar por teléfono con un periodista. En su conversación con Jäderlund, Hitler trató sobre todo de eliminar las conjeturas y quiso dejar claro que él mismo estaba interesado en las negociaciones de paz: «Las noticias son falsas. […] No entiendo por qué debería haberme dirigido al monarca sueco. No sé si el rey Gustavo de Suecia ha intentado ejercer influencia en Finlandia. Si lo ha hecho, lo considero exclusivamente un asunto interno sueco».

Jäderlund escribe que Hitler elevó la voz al hablar de las condiciones rusas para un acuerdo de paz con Finlandia. Las garantías inglesas y norteamericanas para la independencia de Finlandia le parecían inútiles al Führer, quien dijo que «el valor de las garantías británicas ha quedado claro de manera bastante flagrante en el caso de Polonia. Tanto Inglaterra como Estados Unidos se enfrentan a graves crisis internas. La cuestión de si pueden imponer algún tipo de restricción a los soviéticos es completamente superflua. Más bien cabría preguntarse cuánto tiempo podrán evitar una revolución bolchevique dentro de sus propias fronteras».

El 21 de marzo de 1944, Goebbels escribió en su diario: «Los periódicos suecos afirman que Finlandia debe elegir entre el rey Gustavo y Adolf Hitler. Creo que la opción de Hitler es la mejor, sobre todo porque dispone de mayores instrumentos de poder para dar a sus palabras el énfasis necesario».

A pesar de los servicios prestados, Christer Jäderlund fue expulsado por segunda vez de Alemania en marzo de 1945, lo cual demuestra que, aun en medio de cenizas y escombros, el censurador aparato de propaganda nazi seguía estando operativo. No cabe duda de que Jäderlund se dejó utilizar, lo cual explica probablemente el motivo por el que le disgustaba recordar aquel episodio de su vida profesional. Entre 1950 y 1959, Jäderlund —que falleció en 1965— volvería a ocupar la corresponsalía del *Stockholms-Tidningen*, esta vez en Bonn. Allí, en la pequeña capital de la República Federal, el periodista tuvo la ocasión de intercambiar recuerdos e impresiones con muchos antiguos compañeros de los años previos a 1945 en lo que a buen seguro fue la continuación de una historia que aún está por escribir.

8

FALSIFICANDO A HITLER

Periodistas encubiertos y charlatanes: entrevistas de dudosa autenticidad

Los *fakes* más conocidos de las palabras de Hitler fueron sin duda sus diarios, redactados por el falsificador de arte Konrad Kujau y publicados en el semanario alemán *Stern* en 1983. De ellos se dijo que fueron «un asunto vergonzoso y grotesco», «la falsificación del siglo» o «la madre de todas las falsificaciones». El tema objeto del escándalo fue trasladado a la ficción en una de las pocas comedias cinematográficas alemanas de éxito posteriores a 1945: la película *Schtonk!*, dirigida en 1992 por Helmut Dietl, que, sin embargo, no fue precisamente bien valorada por *Filmdienst* —un portal católico alemán consagrado al cine y la crítica de películas—, que la describió como «una historia manida y casposa, un borrador sin gracia ni fuerza visual […], de una ingenuidad casi aterradora». La falsificación de los diarios del Führer sería también llevada a la pequeña pantalla, primero en 1991, en la comedia dramática británica *Selling Hitler* de la cadena ITV, con Jonathan Pryce en el papel del reportero de *Stern* Gerd Heidemann, y más tarde en la miniserie *Faking Hitler*, emitida en 2021 por el canal alemán de televisión RTL+ y protagonizada por el popular actor local Lars Eidinger.

La idea de inventar falsos encuentros con Hitler ya se les había ocurrido mucho antes a otros, cada uno de ellos con sus propios motivos. El primero en fabular una cita con el líder nazi fue precisamente un comunista judío: Leo Lania[1], nacido en Járkov (Ucrania) en agosto de 1896 como Lazar Herman, quien tras la muerte de su padre (un profesor universitario) se trasladó a Viena en 1904. Aunque al llegar se alistó voluntario en el ejército, más tarde se volvió pacifista y militante socialdemócrata. Fue redactor del órgano central del Partido Comunista (KPÖ) en la capital austriaca, el *Rote Fahne*, y probablemente también miembro del partido. Sin embargo, Lania no tardaría en distanciarse de su labor en la formación política, ya que le repugnaban las interminables discusiones y sobre todo el carácter inhumano del aparato del KPÖ. En su autobiografía titulada *Welt im Umbruch* («Mundo convulso», 1954), Lania afirmó que «creía en el comunismo, creía en el mensaje salvador de Lenin, pero por otro lado veía muy claro que la política de los partidos comunistas estaba abocada a una horrible debacle». A esto se sumó que su íntimo amigo y expareja de Rosa Luxemburgo, Paul Levi, fue expulsado a mediados de 1921 del Partido Comunista alemán (KPD), del que había sido presidente. Lania dijo de Levi que era «un comunista de apariencia burguesa, casi aristocrática».

En septiembre de 1921, Lania se mudó a Berlín con su esposa Lucy, pero sin un céntimo en los bolsillos ni oficio al que poder dedicarse. El periodista estadounidense Frederick Kuh le había hablado maravillas de la capital alemana en

[1] Ese seudónimo, que utilizó desde 1915, era originalmente un apodo cariñoso que le puso su madre.

el Café Herrenhof de Viena: Berlín era infernal, embriagadora, excesiva, utópica y el «corazón de la nueva Europa». Al parecer, Lania conoció en su primera noche en la ciudad al periodista norteamericano Louis Lochner (que trabajaba en Associated Press desde mediados de los años veinte). Se vieron en el Romanisches Café[2], el lugar de encuentro de intelectuales y bohemios más popular de la época, situado enfrente de la Gedächtniskirche, la iglesia memorial del káiser Guillermo, en el barrio de Charlottenburg. Aquel encuentro sería decisivo para el futuro de Lania, ya que Lochner le explicó, desde la perspectiva estadounidense, el funcionamiento de la labor de reportero y los entresijos del periodismo en general, y de las agencias de noticias en particular. Y como en la República de Weimar solo había dos grandes agencias, la Wolffs Telegraphisches Bureau (WTB, próxima al Estado) y la Telegraphen-Union (TU, propiedad del grupo mediático Alfred-Hugenberg), que prácticamente copaban el inmenso mercado periodístico, Lania decidió romper este duopolio informativo, burgués y conservador e, influido por Lochner, fundó la Agencia Internacional de Telégrafos (Intel); un proyecto que, a pesar de los éxitos iniciales, pronto se vería afectado por la dinámica inflacionaria y obligado a cerrar.

Sin embargo, en octubre de 1923, Lania logró dar un golpe de efecto inaudito cuando, haciéndose pasar por un fascista italiano, se reunió de incognito y en exclusiva con Adolf Hitler y otros peces gordos del nazismo en la redacción del *Völkischer Beobachter*, situada en la Schellingstraße del bohemio barrio

[2] N. del T.: El magnífico libro de Francisco Uzcanga, *El café sobre el volcán*, publicado en 2018 (Libros del K.O.), describe al detalle el ambiente que se vivió en el Romanisches Café de Berlín entre 1922 y 1933. Goebbels dijo que allí «los judíos bolcheviques [...] urden sus siniestros planes revolucionarios», en referencia a los literatos e intelectuales que lo frecuentaban.

muniqués de Schwabing. En su libro *Welt im Umbruch*, Lania asegura haber conocido a Benito Mussolini en 1913, durante una visita en Milán a las oficinas del órgano central del partido socialista italiano, *Avanti!*, cuyo redactor jefe era, por aquel entonces, el futuro líder fascista. El historiador Michael Schwaiger, experto en medios de comunicación y biógrafo de Lania, hace referencia al *putsch* de 1923 en *Hinter der Fassade der Wirklichkeit* («Tras la fachada de la realidad», 2017) y afirma que la iniciativa probablemente partió de Paul Levi, que ya en noviembre de 1922 había publicado en la revista *Die Weltbühne* un artículo sobre Lania titulado «Italia y el fascismo». Según Schwaiger, Lania habría tenido también «un primer encuentro directo con el fascismo» en el verano de 1922, cuando, durante unas vacaciones en Italia, fue testigo de levantamientos por parte de decenas de miles de ultraderechistas en el norte del país, que dejaron a su paso un reguero de violencia: «imprentas socialistas y Casas del Pueblo destruidas, sedes sindicales incendiadas y trabajadores apalizados hasta quedar tullidos». En su libro, el historiador Michael Schwaiger explica que:

> Lania tenía razones más que suficientes para interesarse por Hitler y el nacionalsocialismo. [...] ¿De verdad era Hitler solo un «necio agitador antisemita» y el «malvado demagogo» que describía la prensa democrática? [...] ¿O era en realidad alguien peligroso? ¿Dónde se situaba el punto de gravedad de su movimiento? ¿Qué papel jugaba en su partido? ¿Quiénes eran sus colaboradores? Con todas estas preguntas en mente, Lania partió hacia Múnich en octubre de 1923 con la intención de indagar personalmente sobre Hitler.

Leo Lania, que hablaba italiano bastante bien, se enfundó el disfraz de reportero de investigación, de *muckraker* a la búsqueda de escándalos en el fango político y, con una carta supuestamente escrita por Arnaldo Mussolini[3], en la que se decía que el Duce deseaba saber más sobre Hitler, se coló en el círculo del líder nazi en Schwabing. El falso fascista permaneció ocho días en la sede del *Völkischer Beobachter*, donde, como escribe Michael Schwaiger, los nazis cayeron en su «ardid» e incluso le pusieron a disposición un intérprete de italiano. En *Welt im Umbruch*, su autobiografía anteriormente mencionada, Lania describe a los personajes que jugaron los papeles principales en la fase inicial del nazismo:

> Röhm era sin duda el más fuerte; Pöhner, el político más astuto, y Strasser, el más culto; pero Hitler tenía algo que lo situaba por encima del resto: la confianza en sí mismo. Una megalomanía fuera de lo común. En el fondo de sus almas, todos los demás eran cínicos; Hitler era un fanático. [...] No es que fuera menos frío, calculador, despiadado, mentiroso y cínico que los demás en lo relativo a su partido, la política o el proyecto nacionalsocialista; pero la fe que tenía en su misión y en su propia grandeza no albergaba dudas. En ese aspecto era sincero. Y en su antisemitismo también. Creía en la existencia de una conspiración judía, creía de verdad en «los protocolos de los sabios de Sion» y en el cuento de los asesinatos rituales, creía en su mandato divino. Un hombre así debía seguramente de impresionar muchísimo a los desarraigados, los incrédulos y los aventureros. [...] Pero ¿podía un poseso como él llegar a convertirse en un peligro político para Alemania?

[3] Hermano menor y mentor de Benito Mussolini, y redactor jefe del periódico fascista *Il Popolo d'Italia*.

Justo cuando la farsa estaba a punto de ser descubierta, Lania logró poner tierra de por medio. Unas semanas después, el 8 y el 9 de noviembre de 1923, se produjo el fallido golpe de Estado de Hitler en Múnich. La marcha hacia la Feldherrnhalle terminó con una lluvia de disparos en la que perdieron la vida cuatro policías y dieciséis manifestantes. Hitler logró escapar con algunas heridas leves, pero sería detenido el 11 de noviembre. Durante aquellos días, y también con posterioridad, Lania se dedicó a procesar material para reportajes (*Die Totengräber Deutschlands*, 1924; *Der Hitler-Ludendorff-Prozess*, 1925) y a escribir un ensayo sobre el comercio de armas (*Gewehre auf Reisen*, 1924) que, por una parte, le acarreó un proceso judicial durante el que se promulgaría la llamada *Lex Lania*, que dispensa a los periodistas de revelar sus fuentes. Por otra parte, Kurt Tucholsky elogió en *Die Weltbühne* el «librito», del que dijo que era «interesante de la primera a la última línea». En 1932, cuando las cosas ya se habían puesto muy feas —recordemos que era judío—, Lania logró huir en el último momento y de forma rocambolesca, primero a Viena y desde allí, dando algunos rodeos, a Nueva York.

Una vez finalizada la guerra, Lania regresó a Europa como corresponsal de medios estadounidenses y, a partir de 1955, se estableció en Múnich, donde fallecería de un infarto en 1961. En su biografía, Michael Schwaiger dice que «fue una amarga ironía del destino el hecho de que Lania, quien se pasó la vida escribiendo contra el olvido, cayera él mismo en el olvido durante su vida». Sus entrevistas con Hitler no fueron falsificaciones en el sentido estricto del término, ya que tuvieron lugar en el marco de unos encuentros reales. Pero como en ellos Lania se hizo pasar por otra persona, por un italiano, por un no judío, sí puede afirmarse que las entrevistas fueron falseadas.

En octubre de 1923, pocas semanas después de que Leo Lania se reuniera con Hitler utilizando una falsa identidad, se produjo al parecer otra entrevista ficticia con él. Dos periodistas catalanes, Eugeni Xammar y Josep Pla, afirmaron haberse visto con Hitler el 8 de noviembre de 1923 en las oficinas del *Völkischer Beobachter*, aunque parece más bien improbable que fuera así. Xammar[4], nacido en Barcelona en 1888, que fue corresponsal en el Reino Unido y más tarde, de 1922 a 1937, en Alemania, escribió lo siguiente:

> Pocas horas antes del golpe de Estado que debía convertirlo en dictador de Alemania por una noche, Adolf Hitler nos concedió una entrevista que no dudamos en calificar de interesante. [...] Herido y encarcelado, Adolf Hitler sigue siendo para nosotros el mismo que era intacto y en libertad: el tonto más sustancioso que, desde que estamos en el mundo, hemos tenido el gusto de conocer. Un tonto cargado de empuje, de vitalidad, de energía; un tonto sin medida ni freno. Un tonto monumental, magnífico y destinado a hacer una carrera brillantísima (de esto último él está más convencido que nosotros mismos).

A continuación, algunas citas de Hitler extraídas de la entrevista de Xammar y Pla, publicada por primera vez el 23 de noviembre de 1923 en *La Veu de Catalunya*, en el tono habitual del líder nazi:

> La mayor parte de los extranjeros que van por el mundo son judíos, ¿comprende? No se fíe de lo que digan. Italianos,

[4] Josep Pla (1897-1981), el gran escritor catalán, con quien Xammar supuestamente realizó la entrevista, escribió sobre él en 1927: «Xammar me ha enseñado más que todos los libros juntos. Es el hombre más inteligente que conozco, [...] la persona menos primaria, el señor que tiene la razón más despierta y el entendimiento más claro».

> ingleses, rumanos, holandeses… todos con su pasaporte. ¡Permítame que me ría! ¡Todos judíos! […] La cuestión judía es un cáncer que corroe el organismo nacional germánico. Un cáncer político y social. Afortunadamente, los cánceres políticos y sociales no son una enfermedad incurable. Está la extirpación. Si queremos que Alemania viva, tenemos que eliminar a los judíos. […] ¿Qué sacaríamos con matar a palos a la población judía de Múnich, si en el resto de Alemania continúan siendo, como son ahora, los dueños del dinero y de la política? En toda Alemania hay más de un millón de judíos. ¿Y qué quiere hacer? ¿Matarlos a todos en una noche?

«Los intelectuales catalanes dudan sobre la legitimidad de la entrevista —afirma el experto en España Knud Böhle, citando al periodista del diario *La Vanguardia* Lluís Permanyer—, ya que al examinar toda la obra de Xammar y Pla se constata que no volvieron a referirse a esta "entrevista", ni siquiera en sus textos autobiográficos». A eso se suma que seguramente Hitler tampoco tuvo tiempo para entrevistas el 8 de noviembre de 1923.

> De hecho, si nos basamos en la literatura existente sobre el *putsch* de Hitler, parece improbable que se realizara una entrevista de este tipo en el agitado contexto de los preparativos del golpe. Sí está demostrado que Hitler pasó varias veces por las dependencias del *Völkischer Beobachter* el 8 de noviembre de 1923, pero llama la atención que ninguno de los presentes, ni Hanfstaengl, ni Rosenberg, ni Paula Schlier, la secretaria infiltrada que tomaba allí notas para su diario, dejara indicio alguno de que aquel día se produjera tal reunión con los periodistas catalanes[5].

[5] Sobre Manuel Chaves Nogales, véase la reseña de Knud Böhle, «Deutschland im Zeichen des Hakenkreuzes» (Alemania bajo el signo de la esvástica), en: https://spanienecho.net/2024/02/15/manuel-chaves-nogales-deutschland-im-zeichen-des-

En el prólogo de la versión en alemán del libro de Eugeni Xammar, *El huevo de la serpiente. Crónicas desde Alemania 1922-1924* (publicado en 2005 en castellano, el original en catalán es de 1998), el editor Heinrich von Berenberg —de la editorial berlinesa Berenberg, que publicó en 2007 la versión en alemán— escribió que «[Xammar] ha dedicado algunas de las mejores y más sarcásticas páginas que se han escrito al *putsch* de Hitler en Múnich en noviembre de 1923». El golpista Hitler les habría concedido una entrevista en exclusiva a Xammar y Josep Pla en parte también porque el dictador Primo de Rivera había tomado el poder en España. Según los periodistas, el líder nazi les dio una cálida bienvenida: «En Baviera, los españoles tienen las puertas abiertas. Son los únicos extranjeros que pueden decirlo». En un programa de radio de la cadena Deutschlandfunk, emitido en 2007 con motivo de la publicación en Alemania de *El huevo de la serpiente*, se dijo también que sus contemporáneos describían a Xammar como un «cosmopolita muy culto, elegante, políglota, lector obsesivo de periódicos, amante de la música y gourmet». El estilo de sus reportajes era británico y lleno de ironía, hasta el punto de que «dependiendo del tema, su descripción podía perfectamente degenerar en una burla presuntuosa». No obstante, según la autora del reportaje radiofónico, Xammar «subestimó a Hitler por completo» al calificarlo de «tonto sin medida» a principios

---

hakenkreuzes/ (consultado el 12/05/2025). Según Böhle, «Xammar cuenta (en XAMMAR, Eugeni: *Seixanta anys d'anar pel món: converses amb Josep Badia i Moret,* Quaderns Crema, Barcelona, 1991) que la noche del 8 de noviembre de 1923 estaba con Pla en la Franziskanerbräu, mientras que en otra cervecería de Múnich ocurrían grandes cosas. Efímeras, pero grandes. Exacto: un golpe de Estado. La "entrevista a Hitler" del 8 de noviembre tampoco se menciona en este contexto [...]. De ello se deduce que incluso el magnífico texto sobre el *putsch* del 8 de noviembre es una reconstrucción de lo ocurrido realizada *ex post,* que bien pudo hacerse a partir de artículos periodísticos, conversaciones posteriores, etc. No sería de extrañar entonces que la "entrevista" del 8 de noviembre fuera también una construcción».

de los años veinte. «Por aquel entonces, el cosmopolita catalán no podía imaginarse ni en sueños que Hitler sería capaz algún día de llevar a la práctica su programa». La autenticidad de la entrevista no se cuestiona en ningún momento. El autor de un artículo publicado en el semanario alemán *Focus* a principios de 2022 cita de manera exhaustiva el libro de Xammar (*El huevo de la serpiente*) y da también por buena su entrevista a Hitler[6].

La editorial Kupido, con sede en Colonia, publicó también en 2022 varios artículos del periodista español Manuel Chaves Nogales en un libro titulado *Bajo el signo de la esvástica*, que tuvo muy buena acogida por la crítica en Alemania (*FAZ*, *Süddeutsche Zeitung*, WDR y Deutschlandfunk). Se trata de unos textos que Chaves escribió para el diario madrileño *Ahora* tres meses después de la *Machtergreifung* de Hitler en 1933. Chaves y Xammar, de ahí la conexión, ya se conocían de España y no vivían muy lejos el uno del otro en el céntrico barrio berlinés de Charlottenburg. En un pasaje del libro, el editor de Kupido, Frank Henseleit, hace una interesante referencia a los dos periodistas catalanes que titula «Eugeni Xammar y Josep Pla se inventan una *entrevista* con Adolf Hitler: una farsa». Para Henseleit no hay duda de que la *entrevista* es una «engañifa» y que tiene mucho de «monstruosa», una opinión —dice— que se está extendiendo ahora también en España. El editor señala, por ejemplo, que en ninguna de las tres versiones publicadas de la *entrevista* (de Xammar el 23/11/1923 en catalán en *La Veu de Catalunya* y el 27/11/1923 en castellano en *La Correspondencia*

[6] Knud Böhle escribe lo siguiente sobre la entrevista aparentemente falsificada: «En realidad, no hace daño a nadie salvo, claro está, a la credibilidad del periodismo. Es posible que los criterios de entonces fueran diferentes a los actuales. El verdadero problema surge cuando los artículos adquieren interés en tanto que fuentes históricas y pasan a considerarse "auténticos" sin haber sido verificados, que es precisamente lo que ha ocurrido con una parte del gremio alemán de historiadores y con no pocos periodistas».

de Valencia; de Pla, en gran medida un calco de las palabras de Xammar, el 28/11/1923 en *Publicitat*) se menciona el *putsch* del 8/9 de noviembre ni que Hitler estuviera detenido desde el día 11 del mismo mes. Otra contradicción: según Henseleit, Xammar y Pla aseguraron haber hablado con Hitler el 8 de noviembre «poco antes de las 21 horas» en la Bürgerbräukeller de Múnich, y no durante el día, en la redacción del *Völkischer Beobachter*. Además, Frank Henseleit se atreve a ir más lejos y afirma que el contenido de la *entrevista* atestigua ciertas tendencias antisemitas en una parte de la élite española y catalana. «Las fantasías de Xammar sobre cómo resolver el "problema" [...] surgieron obviamente de un antisemitismo profundo que —unido a un odio nacionalista hacia España—, degeneraron en un exceso periodístico: "¿Y qué quiere hacer? ¿Matarlos a todos [los judíos] en una noche? Sería la gran solución, evidentemente, y si eso ocurriera, la salvación de Alemania estaría asegurada". Esto y mucho más es lo que Xammar puso en boca de Hitler». Sin embargo, en la editorial Berenberg se dibuja una imagen completamente distinta.

Para los tres autores españoles las cosas continuaron de la siguiente manera: Manuel Chaves Nogales hizo de una entrevista con Goebbels el punto culminante de los artículos sobre Alemania; en particular, la «drástica introducción» a la charla le sirvió para eludir la censura española. Según esta introducción, Goebbels era «un tipo ridículo, grotesco, [...] estrafalario [...]. Es de esa estirpe dura de los sectarios, de los hombres votados a un ideal con el cual fusilan a su padre si se les pone por delante». Posteriormente, Chaves tuvo que huir, primero a París y en 1940 a Londres, donde murió de cáncer cuatro años más tarde, a la edad de cuarenta y seis años.

Eugeni Xammar tuvo problemas con la censura española por un pasaje del texto de la entrevista y se pasó al diario barcelonés *La Publicitat*. En 1939, al finalizar la guerra civil española, Xammar se exilió en Túnez. Más tarde trabajaría como traductor para la ONU, en Nueva York, y para la Organización Mundial de la Salud, en Ginebra. En la década de los años sesenta regresó a su tierra natal. Murió en 1973 a los ochenta y cinco años en L'Ametlla del Vallès (Barcelona). De Josep Pla, conocido sobre todo como autor de literatura catalana, se supo a raíz de una investigación del periodista Josep Guixà (*Espías de Franco: Josep Pla y Francesc Cambó*, Fórcola ediciones, Madrid, 2014) que había trabajado como espía para el servicio de inteligencia franquista durante la guerra civil. El escritor catalán murió en 1981 en Llofriu (Girona). Al igual que Xammar, Pla nunca se pronunció sobre su *entrevista* con Hitler en 1923.

El 23 de enero de 1931 apareció en la página 3 del *Jewish Criterion* (Pittsburgh, Pensilvania) una entrevista «en exclusiva» con el «jefe fascista de Alemania», firmada por un tal Max Fraenkel, de la agencia de noticias Associated Press. El título de la misma fue «Adolf Hitler explica» y en él, el editor no se anduvo por las ramas: «En esta sensacional entrevista, la única que el líder antisemita de Alemania ha concedido jamás a un periodista judío, queda patente la pobreza intelectual de Adolf Hitler. Acorralado por algunas preguntas directas del intrépido entrevistador, que se encontró con él en un restaurante, el jefe nazi revela su arrogante y estúpido odio a los judíos».

El prólogo lo deja claro: la entrevista exclusiva con el «jefe fascista» fue un *fake*. En él se dice que el encuentro se produjo en una «cervecería» de Berlín, en el extremo occidental del Kurfürstendamm. Allí, en una de las salas, Hitler se sentó primero en una mesa de madera sin mantel, rodeado de bulliciosos jóvenes. Bulliciosos hasta que, como por arte de magia, todos enmudecieron tan pronto el líder nazi abrió la boca. Parece ser que, de vez en cuando, hacía una pausa «para beber un impresionante trago de cerveza». Cuando Fraenkel se dirigió a Hitler, este le propuso continuar la conversación a solas en un despacho privado que había al lado. Se nota que el texto es la parodia de una entrevista; una entrevista que nunca tuvo lugar. Resulta sencillamente inconcebible que en 1931 Hitler se retirara de manera espontánea a hablar con un periodista desconocido sin la escolta de un escuadrón de seguridad nazi.

La entrevista en sí, el estilo de las respuestas y del discurso, objetivo, casi amistoso, del falso Hitler, así como la inhabitual retórica apuntan a una falsificación. Incluso cuando Hitler, que solía soltar monólogos, es decir, el *fake* Hitler, le pregunta al *fake* Fraenkel al inicio de la entrevista en plan jovial, como si estuvieran haciendo negocios: «¿Qué quiere saber?». Y luego añade: «No me gusta conceder entrevistas. Yo también soy periodista ("*newspaperman*"), sé muy bien con qué facilidad te tergiversan las palabras. Pero ya que está aquí, responderé a algunas preguntas». En circunstancias menos dramáticas, todo esto parecería una sátira. Lo mismo que algunos comentarios del tipo: «las reglas de mi partido prohíben hacer declaraciones que no hayan sido aprobadas por nuestro consejo interno», que son evidentemente ficticios. Al autor probablemente se le escapara una sonrisa mientras escribía pensando en el «poder dictatorial» que ejercía el líder nazi. «Hitler» continuó diciendo: «Somos un partido disciplinado. De hecho, los nacionalsocialistas somos la organización política más disciplinada de todo el Reich». Y también que: «El antisemitismo no forma parte de nuestro programa. Nuestro programa consiste en limpiar Alemania de todos aquellos elementos que impiden el retorno a la normalidad».

El autor del *Jewish Criterion* parecía ser consciente en 1931 del peligro que representaba Hitler. A la pregunta: «¿De verdad quiere usted expulsar a todos los judíos de Alemania?», el falso Hitler respondió sin titubeos: «Quiero deshacerme de los judíos que desde el fin de la guerra llevan invadiendo nuestro país desde Europa del Este y que han minado nuestra moral con delirantes especulaciones». Otro ejemplo del «estúpido odio a los judíos» del «jefe nazi»: «La vida alemana debe ser purificada de todos aquellos elementos extranjeros que desfiguran el verdadero espíritu alemán». Da la impresión de que el verdadero autor de «Adolf Hitler explica» pretendía sobre todo advertir. Al final, observó cómo Hitler se acercaba de nuevo a los suyos: «Un joven vestido con una camisa marrón, cuyas mangas llevaban cosida la esvástica, hizo el tradicional saludo fascista con el brazo en alto». «Max Fraenkel» no ha podido ser identificado bajo ese nombre. Visto desde la distancia, la historia parece puro humor negro, al menos en parte, aunque también es muy posible que el autor tratara de dejar claro el bárbaro trasfondo de la ideología nazi. Aquella barbarie que ya se veía venir antes de que, dos años después de la publicación de la entrevista en el *Jewish Criterion*, empezaran los verdaderos horrores con el nombramiento de Hitler como canciller del Reich.

El caso más espectacular de falsificación de entrevistas con Hitler, y probablemente el más complejo, se produjo también en 1931 con las «conversaciones entre Hitler y Breiting» o «manipulación de Breiting». ¿O fue tal vez en 1968 (1970 en el mercado español) cuando el periodista italocroata Edouard Calic (1910-2003) publicó en el libro *Hitler sin máscara (Conversaciones secretas)* la transcripción de dos entrevistas inéditas con Hitler extraídas —al menos eso es lo que aseguró— de los escritos póstumos de Richard Breiting? En la introducción de su libro *Ohne Maske* (que fue el título original en alemán), Calic escribió lo siguiente: «En dos conversaciones de mayo y junio de 1931, cuyo contenido no estaba previsto hacer público, Adolf Hitler [...] expuso sus objetivos y planes al redactor jefe del *Leipziger Neueste Nachrichten* (*LNN*), Richard Breiting». Según Calic, aquellas citas fueron concertadas por el Dr. Otto Dietrich, jefe de prensa del NSDAP, con el que Breiting había trabado amistad en la época (1928-1930) en que Dietrich fue corresponsal del *LNN* en Múnich.

A partir de ahí, todo suena más bien a cuentos chinos. Al parecer, Max Amann, «director de Prensa del NSDAP» y el ministro de Propaganda Goebbels se enteraron de la entrevista por el «diario de actividades del partido»; a mediados de enero de 1934, la Gestapo de Leipzig habría exigido a Breiting la devolución de todas sus notas. La razón aducida fue que eran propiedad intelectual de Hitler previa a su llegada al poder y podían ser malinterpretadas en el extranjero. Según Calic, Breiting afirmó entonces categóricamente que lo había destruido todo y que quería afiliarse al partido. «De la documentación existente se desprende que la central de la Gestapo en Leipzig inició un procedimiento secreto. Breiting fue acusado de estar al "servicio de los judíos" porque se relacionaba con ellos. [...] Se acusó a Breiting de haber "engañado de manera indigna a las más altas instancias y de haber favorecido a los judíos incluso después de la toma del poder". Por tales motivos, no fue aceptado en el partido y se le amenazó con un juicio por corrupción y apropiación indebida».

El periodista Richard Breiting (1882-1937), miembro del Partido Popular Alemán (DVP), una formación política burguesa, tenía estrechos contactos con Ernst Oberfohren, líder del grupo parlamentario del Partido Popular Nacional Alemán

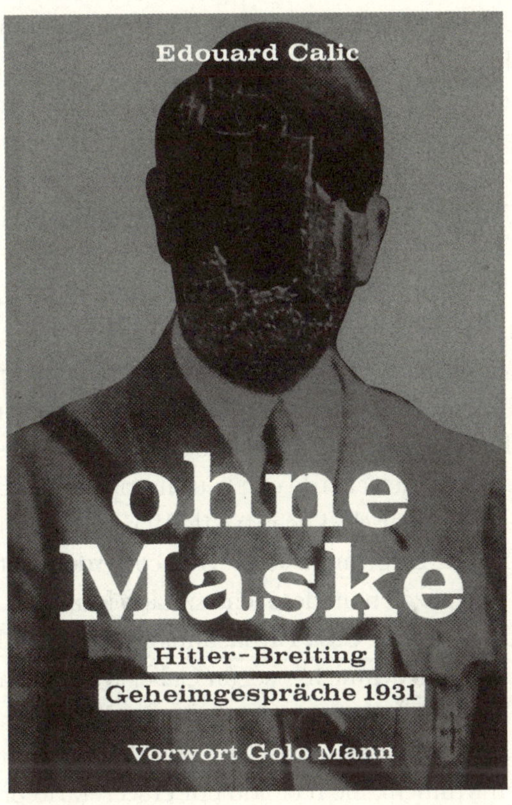

A día de hoy, sigue siendo aún objeto de controversia si el periodista alemán y redactor jefe del diario *Leipziger Neueste Nachrichten* Richard Breiting (1882-1937) llegó o no a entrevistar a Hitler, y en su caso, hasta qué punto. Después de que el periodista Edouard Calic publicara a título póstumo las supuestas conversaciones entre Breiting y Hitler, estas fueron consideradas en un primer momento una sensación en la historiografía contemporánea (con el beneplácito de Sebastian Haffner, Golo Mann y Joachim Fest, entre otros). Sin embargo, la mayoría de los historiadores llegarían más adelante a la conclusión de que se trataba de una falsificación de Calic.

(DNVP), de ideología ultraderechista. Breiting, «un hombre de derechas, pero no nacionalsocialista» (*Der Spiegel*, 7/1969), fue redactor de *LNN* desde 1903 y dirigió la redacción del diario a partir de agosto de 1922, por lo que se le consideraba «uno de los hombres más influyentes de toda Sajonia» (*Der Spiegel*, 37/1972). «Un periódico comunista dijo en cierta ocasión que era el dictador de Sajonia en la sombra» y que «en 1930/31 [...] contribuyó a que la línea editorial del *LNN* fuese benévola y neutral hacia Hitler» (Sebastian Haffner).

En *Hitler sin máscara*, Calic necesitó exactamente cien páginas para documentar las dos supuestas «conversaciones entre Hitler y Breiting», «cuyo contenido no estaba previsto hacer público» y que, «de acuerdo con la transcripción de Breiting», habrían tenido lugar el «4 de mayo de 1931» y a «principios de junio de 1931». La primera «entrevista con Adolf Hitler», por ejemplo, se realizó en un despacho situado junto a la «Sala de los Senadores» (en la Casa Parda, antiguo Palais Barlow en la Briennerstraße de Múnich) y según Calic, lo cual significa que conviene tomarlo con reservas, se desarrolló de la siguiente manera: Breiting, acompañado por Alfred Detig (corresponsal de *LNN* en Múnich), fue recibido por el secretario privado de Hitler, Rudolf Hess, quien hizo las presentaciones. Breiting afirmó que se encontraba por casualidad en Múnich, arreglando unos asuntos, y que había querido aprovechar la ocasión para conocerle, ya que como periodista no podía «pasar por alto a una personalidad como Hitler». La entrevista, si bien en parte dialogada, es básicamente un largo soliloquio de Hitler, en el que despotrica de los comunistas, los bolcheviques, los «parásitos socialdemócratas», y hasta de una burguesía «en vías de extinción» a la que dice combatir y que, estando como está manejada por judíos y por «tipos judaizados», ni él ni el NSDAP necesitan para nada. Hitler estaría dispuesto a luchar «para asegurarle al pueblo alemán una vida nueva y mejor durante los siglos venideros; insisto: siglos». Breiting describió a un Hitler a ratos «acalorado» y a ratos «sarcástico». A veces miraba al techo pensativo o «de repente cambiaba de tono y respondía de forma muy brusca». También dijo que profirió gritos y que por momentos enrojeció de excitación. Al final de la entrevista, que duró tres horas, Hitler estaba «relajado» y «parecía haberse quedado a gusto».

El hijo del escritor alemán y Nobel de literatura Thomas Mann, Golo Mann, escribió en 1968 el prólogo de *Ohne Maske*, donde muy probablemente se dejó engañar dos veces, tanto por Hermann Rausching (como se verá más adelante) como por Breiting… o Calic. Para él, Breiting fue un «conservador, un sólido ciudadano alemán» que sentía atracción y, al mismo tiempo, rechazo por Hitler. Le atraía el «enemigo feroz del comunismo», el «despreciador de la socialdemocracia», el odiador del «vergonzoso dictado de Versalles». Pero también «sentía rechazo porque su fascinante anfitrión se pasaba un poco de radical. Antisemita, muy bien, de acuerdo; pero ¿no es cierto que entre los judíos hay también personas decentes? Anticomunista, magnífico; pero ¿de verdad era sagrada para el propio Hitler la propiedad privada?». A juicio de Golo Mann, Hitler se mostró más reservado en la entrevista con Breiting, y no se comportó como un «hombre del caos», como hizo con Rauschning. «Y así, mediante una inimitable mezcla de absoluta franqueza y habilidad para ocultar [sus verdaderas pretensiones], acaba consiguiendo lo que quiere. Breiting se marcha profundamente impresionado. Nunca había visto a un político así. ¡Hitler se va a comer el mundo!».

Otro de los prestigiosos cronistas que se hicieron eco del libro de Calic fue el conocido periodista y escritor germanobritánico Sebastian Haffner, quien en 1969 escribió en el semanario *Die Zeit* un artículo titulado «El poder de seducción de Hitler», donde afirmaba que los textos de Breiting constituían «un documento histórico de primer orden. [...] En estas dos entrevistas vemos a Hitler en acción, pero no al Hitler demagogo que se explaya ante las masas, sino al Hitler político que, en la intimidad de una charla, hace uso de todos sus recursos: la persuasión, la intimidación, el escándalo, la seducción. Hasta ahora solo disponíamos de unos pocos documentos de este tipo, documentos que ilustran el método político de Hitler y que por sí solos permiten explicar sus éxitos a lo largo de los años, por muy incomprensibles que a menudo nos parezcan hoy en día». Al final del artículo, Haffner hace referencia a la actualidad del momento:

> Es esa vieja debilidad de la burguesía alemana por la extrema derecha lo que explicó el ascenso del NSDAP hace cuarenta años. [...] Es esa debilidad la que hace que al final una nueva alianza entre esa burguesía y un partido fuerte de extrema derecha, [...] es decir, un Gobierno de coalición CDU-NPD[7], no parezca del todo imposible, aun a riesgo de que las cosas acaben como en 1933. Las conversaciones entre Hitler y Breiting nos permiten anticipar con más o menos certeza cómo se desarrollarían las negociaciones entre ambos

[7] N. del T.: El Partido Nacionaldemócrata de Alemania (NPD), de ideología neofascista, fue fundado en 1964 y alcanzó bastante popularidad a finales de esa década, aunque después se iría desinflando paulatinamente. En 2003, el Gobierno socialdemócrata de la época solicitó su ilegalización, que fue rechazada por el Tribunal Constitucional, argumentando que una buena parte de los miembros del partido eran agentes infiltrados del Ministerio del Interior. En 2012 hubo un segundo intento de prohibir la formación política —esta vez a instancias del Senado—, que tampoco llegó a prosperar porque, según los magistrados, el partido rayaba en la insignificancia política, lo cual le impedía alcanzar sus objetivos, por muy anticonstitucionales que estos pudieran ser. En 2023, el NPD cambió su nombre por *Die Heimat* (La Patria). Desde 2024, y por un periodo de seis años, el partido está excluido de la financiación estatal que reciben los partidos políticos en Alemania.

> partidos, en torno a qué temas girarían y de qué dependería su éxito. Quien no quiera después llamarse a engaño, hará bien en estudiarlas detenidamente.

Más tarde, el reconocido historiador suizo Walther Hofer calificó los documentos extraídos del cajón de Breiting en Leipzig de «sensacionales». Tampoco dudaría de su autenticidad el autor anónimo de un artículo aparecido en *Der Spiegel* en febrero de 1969 bajo el título «Alemán y brutal» en el que Calic resume así las notas tomadas por Breiting: «De las dos entrevistas se desprende que Hitler calculó sus planes al milímetro». El historiador Joachim Fest también hace referencia a las conversaciones de 1931 en su biografía de Hitler. A este respecto, cabe mencionar las declaraciones juradas de la viuda de Richard Breiting, de su nieto, de la antigua secretaria y del exconsejero de Gobierno Ludwig Krieger, que aparecen al final de la introducción de Calic en *Hitler sin máscara* y que confirman la autenticidad de los documentos.

Sin embargo, a comienzos de los años setenta, las dudas al respecto empezaron a intensificarse. Al historiador británico Hugh Trevor-Roper le llamó por ejemplo la atención que Hitler mencionase ya en 1931 a personalidades que no adquirieron relevancia hasta después de 1933, como Roosevelt, Churchill o el cardenal Eugenio Pacelli, el futuro papa Pío XII. En la edición de septiembre de 1972, apareció un artículo en el semanario *Der Spiegel* titulado «Los documentos de Hitler. Pura invención». El subtítulo rezaba: «Un historiador británico refuerza las sospechas de sus colegas alemanes de que ciertos documentos considerados clave para la investigación sobre Hitler, y que actualmente circulan por la República Federal, no son más que material manipulado» (el mismo Trevor Roper, por cierto, que en 1983 aseguraría —como experto de prestigio mundial— que los falsos diarios de Hitler publicados por la revista *Stern* eran auténticos al «99.5 %»). Asimismo, hubo críticos, como el historiador y editor de *Die Zeit*, Karl-Heinz Janßen, el politólogo Eckhard Jesse y, en particular, el consejero ministerial e «historiador aficionado» Fritz Tobias («todo es absurdo») y el historiador contemporáneo Hans Mommsen («es imposible que Hitler dijera parte de lo que se le atribuye aquí»), que apuntaron a otros anacronismos en el contenido de las entrevistas de Breiting. O el politólogo Uwe Backes, quien señaló que Hitler utilizó el término «extremismo» en las supuestas entrevistas, aunque su uso no era todavía habitual en el alemán de los años treinta. Desde la década de 1980, tras una dura controversia entre los historiadores, se ha impuesto el criterio de que las «conversaciones privadas entre Breitling y Hitler» son (en gran medida) una invención posterior. Poco importa si el editor Calic se inventó los documentos por completo o los amplió considerablemente, ya que, como resumió Karl-Heinz Janßen en *Die Zeit* (9/11/1979), se trata de «una de las falsificaciones históricas más descaradas del siglo XX».

Detrás de este misterioso caso de entrevistas falsas a Hitler se encuentra también la controversia en torno al incendio del Reichstag. Y en medio del lío, otra vez Edouard Calic. El crítico literario Karl Corino, editor de *Gefälscht! Betrug in Politik, Literatur, Wissensschaft, Kunst und Musik* («¡Falsificado! El fraude en la política, la literatura, la ciencia, el arte y la música», 1988) escribió lo siguiente en el prólogo del libro: «Todavía hoy se suele escuchar el argumento de que ciertas falsificaciones sirven a una buena causa y que, por tanto, su revelación resulta "poco pedagógica". Como por ejemplo en las discusiones acerca del incendio del Reichstag alemán en 1933. A ciertos profesores universitarios y a algunos periodistas les parece mejor que se tache a los nazis de incendiarios, aun a costa de aceptar flagrantes falsedades».

Pero volvamos a Karl-Heinz Janßen. En su artículo en el semanario *Die Zeit* titulado «Los goles en propia puerta del Sr. Calic», el periodista se refirió a un comentario que el historiador Jürgen Schmädeke, miembro del Comité para la Memoria de la Segunda Guerra Mundial, realizó en el *Tagesspiegel* de Berlín, donde quiso demostrar que los nazis estuvieron detrás del incendio del Reichstag: «No creo que sea correcto afrontar el pasado nazi orientando la investigación de la historia contemporánea en una dirección determinada, en base a motivos políticos y criterios morales, es decir, queriendo honrar la verdad histórica solo si esta confirma los propios prejuicios». En cualquier caso, los motivos detrás del incendio del Reichstag aún no han sido esclarecidos por completo.

En 1939 se publicó *Hitler me dijo* de Hermann Rauschning, primero en francés (*Hitler m'a dit. Confidences du Führer sur son plan de conquête du monde*) y en inglés (*Hitler Speaks. A series of Political Conversations with Adolf Hitler on his Real Aims*). Al año siguiente, el texto llegaría a las librerías de Alemania (*Gespräche mit Hitler*, Zúrich, 1940), de Estados Unidos (*The Voice of Destruction*, Nueva York, 1940) y, posteriormente, también de otros países europeos, así como de Argentina (la primera edición data de febrero de 1940), Turquía, Palestina y Canadá. Después de tragarse el bulo de Breiting y/o Calic, el profesor universitario Golo Mann volvería a meter la pata al apuntar lo siguiente en el ya mencionado prólogo del *Ohne Maske* de Calic: «De todas las conversaciones que mantuvo Hitler en los años previos a la *Machtergreifung* [Rauschning dijo que sus conversaciones con Hitler tuvieron lugar entre 1932 y 1934] las que publicó Hermann Rauschning en 1939 me han parecido siempre las más instructivas. Hitler permitió al presidente del Senado de Danzig, en aquella época miembro también del NSDAP, echar un vistazo al fondo de su alma. Por eso se habla tanto en aquellas conversaciones de la "próxima guerra"». Cuatro años antes, en el prólogo de la nueva edición del libro de Rauschning *La revolución del nihilismo* (publicado originalmente en alemán en 1938 y en 1940 en español), Golo Mann ya había calificado al *Hitler me dijo* de «obra maestra de brillantez periodística».

Mann no fue el único en cometer la torpeza de dejarse engañar por la falsificación. Las «confidencias de Hitler» en el libro de Rauschning habrían «confundido a generaciones enteras de aficionados a la historia, así como a numerosos expertos. Sus falsas menciones a Hitler siguen presentes hoy en día en los libros de texto. [...] Solo en la biografía de Hitler escrita por Joachim Fest se citan más de cincuenta veces las conversaciones y confidencias inventadas por Rauschning» (Karl-Heinz Janßen en «Míseros apuntes», *Die Zeit*, 19/7/1985). También Alan Bullock, el biógrafo británico de Hitler, se tragó cada palabra de Rauschning. Y Ferdinand Kuhn Jr. (1905-1973), estadounidense de segunda generación, quien en su reseña en *The New York Times* (18/2/1940) sobre *The Voice of Destruction* se refirió a «un nuevo libro de Rauschning de calidad aterradora [...] que hiela la sangre en las venas» y mencionó unas «palabras de Hitler» que el autor Rauschning parecía «recordar» con especial viveza: «Puede ser que nos destruyan. Pero si eso ocurre, arrastraremos al mundo con nosotros, un mundo en llamas». Algunas páginas más adelante, en el *NYT*, aparecía el anuncio de una novedad editorial: «Rauschning's startling new book smashes the wall of secrecy that hides the true Hitler!» (El sorprendente nuevo libro de Rauschning derriba el muro de secretismo que oculta al verdadero Hitler).

Hermann Rauschning, nacido en 1887 en Torún, por entonces Prusia Occidental (hoy territorio polaco), descendiente de grandes terratenientes y oficiales prusianos, hizo estudios de Filología Alemana en Berlín y se doctoró en Historia de la Música. Era ambicioso, nacionalista, conservador, masón y sentía desprecio por la democracia y el parlamentarismo. Ingresó en el NSDAP en 1932 y se convirtió en presidente del Senado (primer ministro) de Danzig en junio de 1933. Fue también líder de las SS. Sin embargo, aquella meteórica carrera llegaría a su fin por culpa de ciertas tensiones y disputas que tuvo con el *gauleiter* (jefe de la circunscripción) de Danzig, Albert Forster (nacido en 1902 y ejecutado en Varsovia en 1952). Rauschning intentó a la desesperada evitar su inminente destitución e incluso llegó a dirigirse personalmente a Hitler, pero todo fue en vano y Forster impuso su criterio.

En noviembre de 1934, Arthur Greiser se convirtió en el nuevo presidente del Senado y Rauschning tuvo que dimitir. «Por fortuna para él [...] porque de lo contrario habría terminado como su sucesor Greiser [ahorcado en 1946], en lugar de morir en la cama en 1982, a la bendita edad de noventa y cuatro años» —así lo afirma Fritz Tobias en su capítulo sobre Rauschning en *Gefälscht!*, el libro de Karl Corino del que ya hemos hablado. Fritz Tobias (1912-2011), consejero ministerial de Baja Sajonia, conocido por sus investigaciones sobre el incendio del Reichstag el 27 de febrero de 1933, siempre defendió con elocuencia su convicción de que Rauschning se había inventado las «conversaciones». Tras su salida forzosa, Rauschning emigró en 1935 a Polonia, desde allí a Suiza, Francia e Inglaterra, hasta llegar finalmente a los Estados Unidos. En 1939, un año después de publicar *La revolución del nihilismo*, apareció su libro *Hitler me dijo*, que supuso, según Tobias, una «oportunidad única para Rauschning de vengarse de Hitler, Forster y sus secuaces. [...] Después de todo esto, se puede considerar a Hermann Rauschning como el típico renegado que, después de haber sufrido un agravio, acabó convirtiéndose en un furibundo opositor de Hitler y del nazismo».

Golo Mann escribió que Hitler había permitido a Rauschning «echar un vistazo al fondo de su alma». Por supuesto, eso no fue así. El expresidente del Senado de Danzig se reunió quizá tres o cuatro veces con Hitler, nunca a solas y desde luego no «más de cien veces», como afirmó el político y escritor. A esto hay que añadir que muchas de las afirmaciones que Rauschning puso en boca de Hitler en 1938, según él reproducidas casi textualmente, fueron llevadas a la práctica por este tras el inicio de la guerra. Nadie dudó entonces de la veracidad de las «confidencias». Aunque el Ministerio de Propaganda logró prohibir el libro en algunos países neutrales (Suiza, Dinamarca, Suecia, Yugoslavia), no cabe duda de que, al margen de la venganza, hubo también intereses económicos detrás de su publicación. En el «territorio enemigo», Rauschning obtuvo por su falsificación un «exorbitante adelanto» de 125 000 francos franceses (según Karl-Heinz Janßen, «la mayor suma que ningún autor había recibido jamás en Francia por un libro»). Para cuando se produjo la invasión alemana, en junio de 1940, ya se habían vendido 219 000 ejemplares en el país galo.

En una reseña realizada en 2006 para *H-Soz-Kult*, un fórum de Humanidades de la Universidad Humboldt de Berlín, Bernd Lemke, de la Oficina de Investigación Histórico-Militar, escribió lo siguiente: «Tras su publicación, poco después del inicio de la Segunda Guerra Mundial, [*Hitler me dijo*] fue "aclamado" como una sensación sin precedentes, pero luego empezó a ser objeto de críticas cada vez más severas hasta quedar completamente destruido. Hoy en día, al menos en el ámbito académico, la obra tiene un carácter marginal y está considerada una falsificación». Efectivamente, en 1983, un año más tarde de que se produjera el escándalo Kujau de los falsos diarios de Hitler y 45 años después de la primera publicación del libro, el historiador alemán Wolfgang Hänel, que trabajaba como profesor de secundaria en Suiza, se dio ya cuenta del engaño: «El *Hitler me dijo* de Hermann Rauschning es una manipulación de la historia». Para escribir el libro, Rausching no tuvo más que «recurrir a citas del *Mein Kampf* de Hitler o bien limitarse a airear especulaciones y combinaciones». Tobias[8] habló de «contradicciones», «disparates», «mentiras descaradas» y «burdas falsedades». Por ejemplo, en el tristemente célebre capítulo «Hitler tal cual se ve y tal cual es» (censurado en Suiza para no provocar al dictador), que habla de apariciones del diablo durante la noche: «Hitler estando de pie en su cuarto, vacilante, mirando a su alrededor con aire extraviado. "¡Es él, él, él! ¡Ha venido aquí!" —gemía—. Tenía los labios violáceos. El sudor le caía en gruesas gotas. [...] De repente rugió: "¡Ahí, ahí en el rincón! ¿Quién está ahí?". Chillaba y pateaba sobre el piso[9]».

La primera persona en manifestar su crítica y su escepticismo justo después de que se publicara *Hitler me dijo* fue Friedrich Stampfer, antiguo redactor jefe de *Vorwärts* (Adelante), el «órgano central del SPD», que criticó a Rauschning tildándolo de «escritor sensacionalista de baja estofa» que «malvendía» recuerdos personales de Hitler mezclando la verdad con la ficción. El historiador y catedrático de la Universidad de Stuttgart Eberhard Jäckel rechazó en 1969

[8] TOBIAS, Fritz: «Auch Fälschungen haben lange Beine», p. 102, en CORINO, Karl: *Gefälscht! Betrug in Politik, Literatur, Wissensschaft, Kunst und Musik*, Eichborn, 1990.
[9] La traducción ha sido tomada de: *Hitler me dijo*, quinta edición de Publicaciones Cruz O., Ciudad de México, 2004.

seguir utilizando «como fuente primaria» los textos de Rauschning. En cambio, otros investigadores, sobre todo Theodor Schieder, «el decano de los nuevos historiadores alemanes» (en palabras de Karl-Heinz Janßen), abogaron por tratar la «fuente Rauschning» de manera más diferenciada. Según Schieder, las supuestas «confidencias de Hitler» seguían siendo «un documento de incuestionable valor, en la medida en que son una fuente de interpretaciones surgidas a partir de la observación directa». Hoy en día existe un consenso generalizado entre los investigadores en que *Hitler me dijo* no es más que «una lograda invención de material propagandístico contra el nacionalsocialismo»[10].

Inga Arvad, nacida en 1913, fue galardonada en 1931 con el título de *miss* Dinamarca por el *Berlingske Tidende* de Copenhague, uno de los periódicos más antiguos del mundo. En el posterior certamen de *miss* Europa celebrado en París ya no logró triunfar y, dado que el *beauty business* empezaba a aburrirle, decidió casarse con Kamal Abdel Nabi, un noble egipcio cinco años mayor que ella. Sin embargo, el matrimonio apenas duró dos años y, a principios de 1933, Arvad abandonó El Cairo para regresar a la capital danesa. En 1936 volvió a casarse, en esta ocasión con el director de cine húngaro Paul Fejos (1897-1963), de quien se divorciaría en 1942; para él fue el tercero de cuatro matrimonios, para ella el segundo de tres. En 1934 hizo sus pinitos como actriz en *Flugten fra millionerne* (el título en inglés fue *Flight from the Millions*), una película dirigida por su marido que resultó ser un fracaso de taquilla. Entonces Arvad decidió cambiar de rumbo y encontró su vocación en el periodismo. En la primavera de 1935 consiguió un puesto de

[10] Así aparece en la *Enzyklopädie des Nationalsozialismus*, 1997.

corresponsal en Berlín para el semanario conservador danés *Vore Damer* (Nuestras damas), que cubría principalmente las noticias del mundo del cine y el teatro, e informaba sobre viajes y celebrities. Así pues, Arvad estaba en Berlín más por las historias personales que por la política y, en definitiva, nada le interesaba menos que una entrevista exclusiva con Hitler.

A continuación, algunos extractos de la biografía, bastante sensacionalista, de Inga, firmada por Scott Farris[11]: «En 1935, los nazis parecían haber logrado un cambio increíblemente positivo en Alemania. Habían traído estabilidad a un país antes devastado por la guerra, y Hitler era probablemente el jefe de Estado más popular del mundo». «Hablar mal de Hitler se consideraba de mal gusto. Además, no había mucho de que chismorrear —dijo Inga—, salvo que le encantaba Wagner o que había visto la misma obra de teatro docenas de veces y se reía a carcajadas en cada función». Farris, de nuevo: «En Berlín, Inga se hizo famosa rápidamente por su pasado de actriz y de *miss*. Además, se movía con soltura en los círculos sociales nazis. […] Inga disfrutaba siendo el foco de atención y se sentía bienvenida». Luego, Arvad conoció a la actriz Emmy Sonnemann (1893-1973), quien se casó con Hermann Göring el 10 de abril de 1935. Arvad asistió a la boda (Hitler fue el padrino, y en la homilía, el obispo del Reich afirmó que Jesús había sido ario, no judío), donde conoció a Goebbels, quien posteriormente le organizó una «entrevista» con Hitler.

Scott Harris escribe que el primer encuentro se produjo a primera hora de la tarde del 17 de octubre de 1935. Al parecer, los guardias de las SS a la entrada de la Cancillería del Reich causaron una fuerte impresión en Arvad, que entonces

[11] *Kennedy's Great Love, Hitler's Perfect Beauty, and J. Edgar Hoover's Prime*, 2016.

tenía veintidós años: «Eran los soldados más altos y más guapos de toda Alemania». Sobre el despacho de Hitler dijo que «las dimensiones de la sala eran impresionantes». Entonces entró él:

> Su primera impresión fue que el Führer parecía extraordinariamente tímido. La expresión de Hitler se suavizó cuando le pareció reconocer a Inga, a la que recordaba de la boda de Göring. [...] Hitler podía ser galante con las mujeres, incluso encantador, y cuando acompañó a Inga a sentarse en un gran sillón, comentó que era el ejemplo más perfecto de belleza nórdica que había visto jamás. Aquel cumplido se convirtió en una obsesión para Inga. [...] Hitler e Inga se quedaron a solas durante la siguiente hora y media.

Lo que siguió fue una conversación informal y desenfadada, que posteriormente fue publicada en forma de entrevista y que, según Farris, Inga Arvad recordaba de la siguiente manera: «Poco a poco, nos fuimos sintiendo a gusto y nos recostamos cómodamente en nuestros asientos. [Hitler] Se volvió muy humano, amable y encantador, como si no tuviera nada más importante que hacer en la vida que convencerme de que el nacionalsocialismo era la salvación del mundo». A diferencia de lo que solía hacer con la mayor parte de periodistas, Hitler no se limitó a soltarle un monólogo a Inga, sino que ambos mantuvieron «una verdadera conversación». Ella le preguntó por qué era vegetariano y por qué no estaba casado. El líder nazi respondió que había dejado de tener vida privada hacía muchos años. Pero que a veces también le gustaría ser un ciudadano normal, que se pone la chaqueta y sale a pasear por el parque. Inga quedó «encantada con su amabilidad».

El artículo de Arvad, titulado «Una hora con Adolf Hitler», se publicó el 1 de noviembre de 1935 en el *Berlingske Tidende*. «Te cae bien enseguida —escribió Inga—. Parece solitario. Sus ojos, tan tiernos y bondadosos, te miran directamente. Irradian fuerza». Sin embargo, en la embajada danesa de Berlín, la entrevista en exclusiva de Arvad no fue tan bien recibida como ella hubiera deseado. El agregado de prensa Per Faber se refirió a Arvad como una antigua *miss*. Según Scott Farris, su teoría era «que el *Berlingske Tidende* se servía de ella para acceder a aquellos lugares donde Inga podía moverse libremente, mientras que los nazis la utilizaban con fines propagandísticos».

Aunque después de aquel encuentro con Hitler apenas volvió por Berlín, Arvad fue invitada a asistir a los Juegos Olímpicos el 9 de agosto de 1936. Y, como recoge la biografía de Farris sobre Inga, antes de disfrutar de las competiciones deportivas en el Estadio Olímpico, fue agasajada en la Cancillería del Reich con un almuerzo privado y muy exclusivo con Hitler, quien «había dado órdenes de que se trajera toda la comida de Dinamarca». Entre plato y plato, Arvad realizó una segunda entrevista, en la que se habló, por ejemplo, sobre el hecho de que la *filosofía nazi* reservaba a las mujeres un rol más bien clásico como madres y amas de casa. «¡Qué equivocada está! Tenemos un gran número de mujeres trabajando en puestos de alto nivel», le respondió Hitler, quien habló de los numerosos planes en los que estaba inmerso desde hacía años y de que necesitaba la paz en Europa para llevarlos a cabo. Añadió que «muy probablemente no viviré para ver cómo se hacen realidad nuestros proyectos, pero la próxima generación los continuará. Haré lo que esté en mis manos». Luego Inga le preguntó si tenía un deseo oculto. Hitler contestó que «sí…, me gustaría viajar, pero por desgracia, no parece que vaya a tener tiempo para hacerlo».

En la tarde del 9 de agosto, Arvad, sentada en el palco privado de Hitler en el Estadio Olímpico de Berlín, con capacidad para 120 000 espectadores, vio cómo Jesse Owens ganaba su cuarta medalla de oro corriendo la primera posta del relevo 4x100 con el equipo de Estados Unidos. Anteriormente, Hitler le había regalado una foto enmarcada en un pesado portarretratos de plata con la dedicatoria: «Para Inga Arvad, en afectuoso recuerdo de Adolf Hitler». Uno se pregunta si la normalidad y la simpatía que se traslucen en Hitler durante su charla con la joven, fascinante y, visto en retrospectiva, ingenua Inga Arvad no resultan todavía más aterradoras si cabe.

Poco después, en el transcurso de una fiesta en Berlín, Arvad recibió la oferta de un pez gordo nazi de trabajar para Alemania desde París, por lo visto como espía. Asustada, Inga voló de inmediato a Copenhague, desde allí al sudeste asiático con Paul Fejos (todavía su marido) hasta finalmente, a finales de febrero de 1940, llegar a Norteamérica a bordo del transatlántico Conte di Savoia. Inga Arvad, una mujer muy ambiciosa, como se verá más adelante, solicitó ingresar en la prestigiosa escuela de Periodismo de la Universidad de Columbia, en Nueva York, donde fue admitida. Más tarde, aprendió también que no era buena idea presumir de una foto dedicada por Hitler en Estados Unidos. Arthur Krock, columnista de *The New York Times*, a quien Inga abordó directamente en Broadway (cita de Krock: «su belleza me dejó hipnotizado»), le consiguió un puesto en el diario (conservador) *Times-Herald* de Washington, donde comenzó a trabajar el 12 de junio de 1941. Gracias a su nuevo empleo, Arvad volvió a conocer a alguien que, por decirlo de forma escueta, iba a jugar un papel muy significativo en la historia mundial. Fue Kathleen Kennedy, también empleada del *Times-Herald*, quien puso en contacto a Inga con su hermano John Fitzgerald (1917-1963), conocido como Jack, cuatro años más joven que ella. En su columna diaria en el *Times-Herald*, Arvad escribió sobre John F. Kennedy («un chico con futuro»), por quien se sintió atraída y del que dijo que era «"reconfortante" porque sabe lo que quiere. No siente ninguna confusión respecto a los motivos». O también que «cuando entraba en una habitación, sabías que estaba allí [...], irradiando una especie de magnetismo animal» (citas de *J. F. Kennedy: Una vida inacabada*, la biografía del político estadounidense escrita por Robert Dallek en 2003). Entre Inga y JFK se desató una intensa relación, pero, por un lado, los Kennedy nunca aceptarían como esposa de Jack a una mujer que no fuera católica, e Inga era una protestante danesa. A esto se sumó que la *residente extranjera* Arvad, o más bien su entrevista a Hitler (incluido el comentario: «el ejemplo más perfecto de belleza nórdica») llamaron también la atención del FBI, dirigido por Edgar Hoover, que durante la Segunda Guerra Mundial sospechó irremediablemente que Inga era una espía nazi. Su romance con John F. Kennedy terminó en marzo de 1942.

Por cierto, según Scott Farris, el personal de la embajada danesa en Berlín se quedó atónito a mediados de los años treinta al ver que Arvad había conseguido una entrevista en privado con Hitler. El embajador Herluf Zahle declaró entonces ante el Ministerio de Asuntos Exteriores danés que la experiencia periodística de Arvad se limitaba a una serie de «entrevistas bastante sencillas a unas cuantas funcionarias ministeriales». Scott Harris cuenta también que Zahle hizo mención a rumores «que le habían llegado de un diplomático alemán, según los cuales Inga no se anduvo con remilgos para acceder a altos funcionarios nazis. Los rumores de que Arvad era la amante de Hitler estaban tan extendidos que llegaron a incluirse en el expediente del FBI sobre ella». Sin embargo, nunca se encontraron pruebas que confirmaran los hechos. Su pasado en Berlín no perjudicó a Inga profesionalmente ni tampoco afectó a su reputación personal en América, donde, por supuesto, nunca mencionó al FBI su cita en privado con el Führer. Sí admitió, en cambio, haber estado en el palco de Hitler durante los JJ. OO., aunque señaló que no estuvo sentada directamente a su lado y que en la tribuna había muchas otras personas.

En mayo de 1945 se comprometió con el diputado británico Robert Boothby, a quien había conocido en Los Ángeles. Él le envió una carta de veinte páginas pidiéndole matrimonio para cuando regresara de Inglaterra, pero al final la cosa quedó en nada, otra vez por culpa de la frase de Hitler sobre la «perfecta belleza nórdica» (a pesar de que el Führer se había suicidado unas semanas antes) y las repercusiones que aquello podría tener para la carrera política de Boothby. En su edición del 24 de mayo de 1945, el diario *Los Angeles Times* tituló: «Un piropo de Hitler pone fin al romance con un diputado británico». En 1947, Inga Arvad se casó en terceras nupcias con el actor estadounidense Tim McCoy, conocido principalmente por sus papeles en wésterns de bajo presupuesto. Inga murió de cáncer en 1973 en su rancho de Arizona a la edad de sesenta años.

Y, por último, Richard Helms. Entre enero de 1966 y febrero de 1973, Helms (1913-2002), llamado el *dashing spymaster* o el «apuesto maestro del espionaje», dirigió la inteligencia estadounidense (*director of Central Intelligence*) durante la presidencia de Lyndon Johnson y de Richard Nixon. En 1942, al inicio de su carrera en los servicios secretos, trabajó en la Oficina de Servicios Estratégicos (OSS), en parte desde Alemania, en plena Segunda Guerra Mundial. Al finalizar el conflicto, la OSS se fusionó con la Oficina de Operaciones Especiales

(OSO), que en 1947 daría lugar a la Agencia Central de Inteligencia (CIA). Su buen conocimiento del alemán no fue el único motivo que lo capacitó para el puesto en Berlín. Su abuelo alemán había emigrado a los EE. UU. y él mismo, aunque nacido en Pensilvania, había ido a la escuela en Suiza y en el sur de Alemania, donde más tarde trabajó también como periodista.

En 1935, Helms consiguió un puesto en la agencia de noticias estadounidense United Press, que lo envió primero a Londres y, más tarde, por Acción de Gracias (a finales de noviembre de 1935), a la capital alemana. Fue allí donde comenzó su verdadera formación periodística, bajo la tutela del corresponsal y jefe de la oficina de United Press en Berlín, Frederick Oechsner. Helms alquiló un apartamento económico en la Wittenbergerplatz y conoció, sobre todo en la Taverne, a los primeros espadas del periodismo en Alemania (H. R. *Red* Knickerbocker, William *Bill* Shirer, Louis Lochner, Ralph Barnes, H. V. Kaltenborn), tal y como revive en su autobiografía *A Look over my Shoulder: a Life in the Central Intelligence Agency*, publicada en 2003. Tradujo los discursos de Hitler para varios clientes latinoamericanos de United Press, en particular para el diario *La Prensa* de Buenos Aires, así como algunos artículos importantes que aparecían en periódicos alemanes.

Además, el joven Helms, de veintitrés años, entrevistó supuestamente a Hitler con motivo del congreso del partido nazi celebrado en Núremberg en septiembre de 1936. El rumor sobre la entrevista con el Führer apareció más tarde en numerosos recortes de prensa. Por ejemplo, David Wise (1930-2018), prolífico autor de libros relacionados con el espionaje y los servicios secretos, escribió el 29 de diciembre de 1974 en *The New York Times*:

> En 1936, Richard McGarrah Helms, por entonces un joven reportero de United Press, consiguió entrevistarse con Hitler. Durante el almuerzo, habló con el dictador durante tres horas. A la pregunta de cómo había organizado el mitin nacionalsocialista en Núremberg, Hitler respondió que los delegados se habían trasladado allí en trenes especiales, lo cual era un ensayo perfecto para los ferrocarriles, en caso de que tuviera que realizarse una movilización. Aquella fue una información interesante para el [futuro] director de la CIA. Tres décadas más tarde, después de que el presidente Lyndon B. Johnson lo nombrara director de los servicios secretos y de la red de espionaje estadounidense, Helms recordaría con agrado aquel episodio, así como otros detalles de la conversación.

En un obituario publicado por Associated Press en 2002 se dijo lo siguiente:

> Aquel hombre alto y flaco, de aspecto distante y enamorado del tenis, siguió formando parte del mundo de los servicios secretos incluso después de abandonar la CIA. Los agentes solían acudir a él cuando tenían problemas. [...] Richard Helms nació el 30 de marzo de 1913 en St. Davids, Pensilvania. En 1935 se graduó en el Williams College, donde fue miembro de la sociedad de honor académica Phi Beta Kappa. Posteriormente trabajó en Europa como reportero de United Press y se hizo famoso por su entrevista en exclusiva con Adolf Hitler.

El *Tampa Times* publicó el 24 de octubre de 2002 otra necrológica sobre Helms titulada «El hombre que guardaba secretos»: «Richard Helms [...] fue hijo de un alto cargo de Alcoa y nieto de un importante banquero internacional. Creció en South Orange, Nueva Jersey, y cursó dos años de educación secundaria en Suiza, donde aprendió francés y alemán. [...] Se fue a Europa como reportero de United Press. Su mayor éxito, según sus propias palabras, fue poder entrevistar en exclusiva a Adolf Hitler». Algunos años más tarde, Jay Nordlinger diría lo siguiente en la revista de tendencia conservadora *National Review* (13/9/2019): «Hace algún tiempo mantuve un intercambio de cartas con Helms. Fue breve pero agradable. Más adelante lo vi en un acto en Washington. Por aquel entonces ya iba en silla de ruedas. Charles Krauthammer me dijo: "Tienes que hablar con Richard Helms. Entrevistó a Hitler, ¿sabes?". Efectivamente, lo hizo en 1936. Helms tenía veintitrés años y era corresponsal en Europa para la United Press International».

El propio Helms relativizaría el asunto. Es cierto que había informado sobre el congreso del partido nazi. En su autobiografía[12] describió la perfecta puesta en escena, el trayecto hasta los terrenos del Campo Zeppelín en un «Mercedes descapotable», junto a un chófer de las SS uniformado de negro, y con el ideólogo racial Alfred Rosenberg y otro reportero polaco sentados en la parte trasera del automóvil. Al llegar al Campo Zeppelín vieron a «decenas de miles de nazis esperando al Führer en formación militar». Luego escribió sobre el trayecto en coche hasta el castillo de Núremberg una vez finalizado el mitin, justo detrás del enorme automóvil Horch de Hitler. Y sobre las banderas con la cruz gamada que colgaban de todos los balcones, sobre las multitudes eufóricas, los niños con el brazo en alto haciendo el saludo nazi, sobre la mezcla

[12] HELMS, Richard: *A Look Over My Shoulder. A Life in the Central Intelligence Agency*, Novato, California, 2003.

de fascinación e hipnosis que le causaba todo aquello. Y sobre la *intoxication* del pueblo alemán.

En su libro, Helms se centró sobre todo en describir lo que vio a su llegada al castillo. Mientras hablaban con Rudolf Hess y Joachim von Ribbentrop, el Führer se unió a la conversación: «De cerca, Hitler parecía más pequeño e impresionaba menos que desde lejos. Tenía el pelo fino y de color castaño oscuro, ligeramente canoso en la raya, y los ojos eran de un azul claro. El bigote, que llevaba bien recortado, tenía también algunas canas. [...] Los dientes de la mandíbula inferior, con aquellos bordes dorados, puede que fueran postizos». Por lo visto, Hitler estuvo agradable, aunque no precisamente relajado, pues no paraba de mover las rodillas. Alguien preguntó por qué la puesta en escena para celebrar los congresos anuales del partido era tan espectacular. Hitler sonrió: «En toda Alemania —dijo—, miembros del partido trabajan duro todo el año por mí y por la causa. ¿Cómo quiere que se lo agradezca? Recompensarlos en metálico arruinaría las arcas del Estado. Así que traigo aquí a los más competentes durante unos días y les ofrezco este espectáculo, y la oportunidad de conocernos. Ellos mismos corren con sus propios gastos. [...] Así se vuelven a casa motivados y dispuestos a seguir trabajando para mí». Luego añadió: «Además, ese es precisamente el tipo de ejercicio que tendrían que llevar a cabo los ferrocarriles del Reich en caso de guerra». La palabra «guerra» se le quedó grabada a Helms en la memoria. Aquel encuentro con Hitler ocupa como mucho una página de su libro. No se puede decir que fuera ninguna entrevista en exclusiva, sino más bien un detalle decorativo que aparece una y otra vez en la biografía de *Dick* Helms.

9

«EL MEGÁFONO NAZI»

Un diplomático convertido a periodista: la entrevista con Hitler de John Cudahy (1941)

«Independientemente de lo que se piense de Hitler, nadie puede negar que es un maestro de la propaganda. Y nadie puede negar que es un maestro de la mentira. Nadie puede negar que es un maestro secuestrando mentes. Vaya, nadie excepto algunos mentecatos y John Cudahy, nuestro antiguo embajador en Bélgica».

Harold L. Ickes, secretario del Interior de los EE. UU.
(*The New York Times*, 10 de junio de 1941)

A principios de septiembre de 1943, en Brown Deer, cerca de Milwaukee (Wisconsin), un ranchero salió despedido por los aires mientras cabalgaba a lomos de uno de sus caballos favoritos, el cual se había asustado al llegar a una zanja. Un vecino vio al animal galopar sin jinete y se alarmó. Al poco rato, el ranchero fue encontrado muerto: tenía el cuello roto. La víctima era John Clarence Cudahy, nacido en 1887, acaudalado inversor inmobiliario y heredero de una de las empresas líderes del sector cárnico, autor de ensayos y diplomático. Durante los gobiernos de Roosevelt, fue sucesivamente embajador de los EE. UU. en Polonia, Irlanda, Bélgica y Luxemburgo, nada menos que siete años, desde 1933 hasta

1940[1]. *The Sheeboygan Press* de Wisconsin lo describió en su obituario con cierto orgullo local «como el embajador más atractivo de los Estados Unidos, por su más de metro ochenta de estatura, su cabello gris y sus penetrantes ojos azules». Pero también en los diarios de tirada nacional, como *The New York Times*, tuvo gran repercusión la inesperada muerte del exembajador. John Cudahy fue el último enviado especial de un grupo mediático estadounidense —el *Time Life* de Henry Luce, en este caso en colaboración con la North American Newspaper Alliance— en reunirse con Adolf Hitler, el 23 de mayo de 1941 en el Berghof.

Fue la última entrevista en persona del Führer con un corresponsal extranjero. Cudahy, que ya había abandonado el cuerpo diplomático y llevaba mucho tiempo en desacuerdo con el presidente Roosevelt sobre la entrada de Estados Unidos en la guerra, estaba considerado en general un «aislacionista» y promotor, ya en su día, del movimiento *America first*. Había aceptado enrolarse como reportero en *Time Life* para conservar un cierto resto de importancia. Resulta irónico, como los son muchos otros aspectos de aquella entrevista, que el viril y apuesto Cudahy, que como suele decirse, se encontraba en la flor de la vida, fuera a morir antes que su entrevistado, aquel

[1] De alguna manera, puede decirse que Cudahy tuvo un predecesor en su doble papel de exdiplomático y entrevistador en Alfred J. Pearson (1869-1939); el filólogo y germanista Pearson fue embajador de Estados Unidos en Finlandia y Polonia antes de entrevistar a Hitler para el *New York Herald* a principios de julio de 1934. Hitler aprovechó aquella conversación para dar su parecer al respecto de la Noche de los Cuchillos Largos. Pearson, por su parte, informó al presidente estadounidense Roosevelt de sus impresiones sobre Hitler y de la situación del estado nazi. La entrevista había sido concertada por el presidente del Reichsbank, Hjalmar Schacht; el 30 de julio de 1934, Schacht sucedió a Kurt Schmitt como ministro de Economía del Reich. Véanse también: Branca, *op. cit.* (2019) y el artículo aparecido el 11 de julio de 1934 en *The Columbus Daily Telegram*, titulado «Hitler Interview Says Nazi Action Averted Disaster/Effect Would have Been Felt Even in U.S. Chancellor Tells Newspaperman».

Hitler ya desmejorado mental y físicamente que, sin embargo, aguantó en vida un poco más que él.

> Al parecer, Cudahy encuentra a Hitler muy tenso; le parece pálido y cansado; explica que el dictador nazi parece sufrir del estómago y de agotamiento durante la entrevista; también menciona su mano blanca y sin vida, y su cabello entrecano.

Con estas noticias acerca del estado de salud del Führer, *The New York Times*, que tenía también los derechos de la entrevista, publicó el 10 de junio de 1941 su reportaje sobre la conversación entre Hitler y Cudahy. Merece la pena analizarla en un capítulo aparte, no solo porque fue básicamente la última entrevista de Hitler, sino porque sabemos bien cómo se llevó a cabo, quiénes fueron las personas involucradas y, lo que es más relevante, por qué resultó ser un absoluto desastre, más aún para el entrevistador que para el propio Hitler. De hecho, tan pronto como terminó la entrevista, el dictador nazi la calificó de bastante inútil. Cudahy dijo que Hitler «pensaba que la entrevista era una pérdida de tiempo, porque, dijera lo que dijera, la prensa estadounidense lo tergiversaría».

A Hitler, la cita a mediados de 1941 con un exembajador estadounidense sin especial influencia (amigo además declarado del rey Leopoldo III de Bélgica, a quien los alemanes consideraban un «prisionero de lujo») le resultaba un incordio. Pocos días antes, Rudolf Hess, uno de los pocos amigos íntimos del dictador, antiguo compañero de partido, antisemita radical y uno de los dirigentes nazis más histéricos y desagradables, había volado a Escocia en su Messerschmidt Bf-110, completamente solo. La «histórica misión por la paz mundial» ideada por el propio adjunto del Führer, discípulo de Haushofer y apasionado de la astrología, acabó siendo un aterrizaje forzoso en todos los sentidos, pero más que nada mantuvo en vilo al aparato de propaganda nazi durante días. El 13 de mayo de 1941, Goebbels anotó en su diario: «El Führer está devastado. Qué espectáculo para el mundo: otro hombre que acaba destrozado mentalmente como el Führer. Horrible e inconcebible. Ahora toca apretar los dientes». No obstante, el ministro de Propaganda alemán no tardó en recuperarse, como de costumbre, y se burló de su homólogo británico, Duff Cooper, por no haber sabido sacarle más partido al asunto: «Al parecer, Londres no cae en lo obvio, que sería hacer declaraciones en nombre de Hess sin importarle lo que él pueda decir. Eso sería lo único peligroso para nosotros, aunque también lo más terrible». Para añadir, con suficiencia, que «tendría que ser yo el ministro de Propaganda inglés, yo sí sabría lo que hay que hacer».

El dictador se vio sorprendido por el repentino vuelo de Hess mientras estaba ocupado resolviendo cuestiones estratégicas de mucha más relevancia: los planes para invadir la Unión Soviética (la llamada operación Barbarroja) se encontraban en su fase definitiva, aunque aún quedaban muchos flecos por coordinar con los altos mandos de la Wehrmacht y de las SS. La campaña de los Balcanes y el ataque con paracaidistas en Creta aún no habían concluido. Y, por último, en la primavera de 1941 Hitler era consciente de que, más tarde o más temprano, Estados Unidos acabaría entrando en guerra. Ni siquiera un opositor aislado a la intervención como Cudahy iba ya a poder cambiar nada; la cuestión ahora era cuándo.

Por lo visto, Joseph Goebbels, Joachim von Ribbentrop y el embajador alemán en EE. UU., Hans-Heinrich Dieckhoff (que se encontraba en Berlín en aquel momento), evaluaron de otra forma la posición de Estados Unidos y acabaron por convencer al Führer de la conveniencia del encuentro, a pesar de su poco entusiasmo. Cudahy había hablado *off the record* con Ribbentrop durante las varias semanas que pasó en Alemania a principios de mayo de 1941, y algo antes con Goebbels, quien por su parte no tenía nada en contra de que el exdiplomático publicara la conversación. El ministro de Propaganda ya le había asegurado a Cudahy que una invasión de los Estados Unidos por parte de la Wehrmacht alemana era imposible desde el punto de vista militar y logístico, lo que, para disgusto de Cudahy, fue interpretado por parte de la prensa norteamericana como que a los alemanes se les había al menos *pasado por la cabeza* la idea de invadirles. Cudahy consideraba a Goebbels «el hombre con mejor formación académica del partido» y, sobre el ministro de Exteriores de Hitler, dijo lo siguiente: «Lo cierto es que, aunque Ribbentrop se dio cierta importancia en mi entrevista, durante las dos horas que habló sobre la guerra demostró una mente clara y lógica, además de una comprensión estadista de Europa; por sus aptitudes, se le puede considerar perfectamente capacitado para suceder al número uno». Dado que ya eran pocos, tanto dentro como fuera del NSDAP, los que consideraban al excomerciante de vinos Ribbentrop —a quien tenían por extremadamente antipático y arrogante, hasta el punto de llamarlo «Ribbensnob»— un sucesor adecuado para el líder nazi, resulta comprensible que el ministro de Asuntos Exteriores intercediera también ante Hitler para que Cudahy fuera recibido en el Berghof.

«Crece la oposición contra Roosevelt —apuntó Goebbels, enemigo acérrimo de Ribbentrop, el 24 de abril de 1941 en su diario—. El senador Wheeler está muy activo. Recibo al antiguo embajador estadounidense Cudahy en Bruselas [sic]. Es uno de los principales opositores a Roosevelt y está firmemente convencido de nuestra victoria. Ve un panorama negro para su país, pero quizá también para el bolchevismo. Le gustaría entrevistarse con el Führer, tal vez para aclarar lo que podría suceder después de la guerra. Será muy difícil, pero lo intentaré con el Führer»[2].

En el acta de la «Conferencia de ministros» del 21 de abril de 1941, dirigida por Goebbels, se estableció lo siguiente:

> El antiguo embajador de EE. UU. en Bélgica, que siempre se ha caracterizado por informar con objetividad, ha preparado un informe muy bueno. No tenemos especial interés en darlo a conocer a través de la prensa alemana, pero sí que vendría muy bien para el servicio exterior. El Dr. Bömer informa de que el embajador se encuentra ahora mismo en Berlín. El desempeño de las tropas alemanas en Bélgica lo ha puesto completamente de nuestro lado. El Dr. Bömer considera oportuno que el ministro lo reciba; el ministro se declara dispuesto a hacerlo.

Así, la organización de aquel encuentro con Goebbels —e indirectamente, de la entrevista con Hitler— iba a ser uno de los últimos actos oficiales de *Charlie* Bömer antes de acabar sentado en el banquillo de los acusados del Volksgerichtshof (véase el capítulo 4).

En la Conferencia de ministros celebrada cuatro días después, Goebbels se mostró aún más optimista: el ministro de Propaganda estaba convencido de que, si Cudahy era recibido por el Führer «en este momento, en el que el intervencionismo

[2] El senador por el Partido demócrata Burton K. Wheeler (1882-1975), nacido en Montana, fue cofundador del America First Committee, aunque también se pronunció a favor de la entrada de EE. UU. en la guerra tras el ataque japonés a Pearl Harbor. En la novela de historia alternativa firmada por Philip Roth, *La conjura contra América* (2004), Wheeler es vicepresidente de los Estados Unidos bajo el mandato de Charles Lindbergh.

atraviesa una grave crisis entre la opinión pública estadounidense», el porcentaje de «no intervencionistas» podría «aumentar del 49 % al 51 %». Aquello era una tontería, sobre todo porque Goebbels recomendaba no destacar especialmente en la prensa alemana la influencia de los aislacionistas en el Senado estadounidense, con el fin de que la población no se hiciera una impresión idealizada de las relaciones de fuerza entre las formaciones políticas en EE. UU. En general, la propaganda anti-Roosevelt en la prensa alemana fue frenada por el Ministerio de Goebbels hasta que los Estados Unidos entraron definitivamente en guerra; incluso Charles Lindbergh, leyenda de la aviación y figura emblemática del movimiento America First pidió que no lo presentaran como un gran admirador del nacionalsocialismo, para así poder seguir gozando de cierta estima en los EE. UU.

Como él mismo revelaría en *The Armies March*, la autobiografía que escribió en pocos meses y que saltó a las tiendas de libros aquel mismo año, Cudahy no presentó ninguna pregunta antes de la entrevista. No obstante, lo más probable es que sus anteriores interlocutores entre la jerarquía nazi le hubieran aconsejado no contrariar demasiado al Führer, que se encontraba bajo una enorme presión en aquella decisiva fase geopolítica. Y en efecto, el exembajador, que un año antes había apoyado fervientemente la reelección de Roosevelt, se atuvo a lo acordado, con la excepción de una pregunta acerca del Estado belga, que había sido arrollado por el ejército nazi, y a la que Hitler respondió de manera confusa. La estructura del Estado belga, constituido en 1830, fue tan frágil desde el principio (y en el fondo todavía lo es) que esta cuestión no tuvo mayor importancia en los planes de posguerra de Hitler, si bien algunos estrategas del Ministerio de Asuntos

Exteriores así como ciertos «investigadores occidentales» del ámbito académico tenían sus propias ideas al respecto, que llegaban incluso a la integración completa en un «gran Imperio germánico» («Reichsgau Flandes», «Reichsgau Valonia»), en combinación con los Países Bajos, que serían igualmente anexionados.

Tras una estancia en España, Cudahy se trasladó al lujoso Hotel Adlon de Berlín, donde esperaba encontrar una atmósfera sombría, pero…

> Todo lo contrario: en el brillantemente iluminado *lobby* del Adlon reinaba el bullicio. Era la hora habitual de la tertulia y la gente estaba sentada en mesitas, como las que se encuentran en los vestíbulos de los hoteles de todo el mundo, tomando *muckefuck*[3], mientras una orquesta tocaba «My Blue Heaven». De no haber sido por los uniformes militares, la escena podría haber tenido lugar en Nueva York, Boston o Milwaukee; por los uniformes y por el busto dorado de Hitler incrustado en la pared de palisandro, que miraba huraño y con sombría desaprobación el alegre ajetreo. Pero nadie parecía prestar atención a la malhumorada estatua. La gente se saludaba con un «Heil Hitler», se daba la mano y tomaba asiento.

El reportero Steve Lair avisó a Cudahy de que en el Adlon había micrófonos escondidos por todas partes. Al cabo de un rato, este recibió una llamada del embajador Dieckhoff, quien, para sorpresa de Cudahy —que tenía ya pensado volar a Lisboa—, le informó de que existía la posibilidad de una reunión con el «número uno en Berchtesgaden».

[3] N. del T.: «Falso moca», es decir, sucedáneo de café (hecho, por ejemplo, a partir de cebada o achicoria).

Para su entrevista con Hitler, Cudahy eligió tres temas: «el asunto de los convoyes», una posible invasión nazi de los Estados Unidos y las consecuencias que tendría a largo plazo el dominio alemán en Europa para la economía estadounidense; es decir, ni pío de las medidas represivas y asesinas del régimen nacionalsocialista contra los opositores, los judíos y todos los demás grupos de personas clasificados de «subhumanos». Tan pronto como se publicó la entrevista, los detractores de Cudahy se lanzaron a criticar su particular selección de temas, que en cambio para él era totalmente lógica y coherente, puesto que se hallaba en medio de su propia «misión de paz» y quería, por encima de todo, mantener a su país al margen de una intervención militar directa en el *European theatre*. De modo que tuvo que considerar la protección de la Marina estadounidense a los convoyes británicos como un paso previo a la implicación de EE. UU. en una guerra mundial inminente, como sus amigos del America First Committee. Los otros dos temas abordados iban en la misma línea: cualquier provocación adicional a Hitler por parte de la cada vez más estrecha alianza entre Roosevelt y Churchill perjudicaría a la economía estadounidense, e incluso podría provocar una amenaza militar directa contra el país. Hitler, habida cuenta del estado de ánimo dominante en Estados Unidos, le hizo entonces a Cudahy el favor esperado en forma de titular de prensa: «Los convoyes significan la guerra»[4], que es como comenzó el reportaje-entrevista de *Life* en su edición del 9 de junio de 1941, ilustrado con una gran foto de los Alpes vistos desde la

[4] En su última monografía, Benjamin Carter Hett describe a Roosevelt como una especie de «oráculo de Delfos», si bien es cierto que el posterior giro de Roosevelt contra los fascismos europeos (el Discurso de Cuarentena, la ley de préstamo y arriendo, la batalla naval en el Atlántico, el apoyo a la política de Churchill) está bien documentado. Véase: HETT, Benjamin C.: *Eskalationen, Wie Hitler die Welt in den Krieg zwang*, Ditzingen, 2020 («Escaladas. Cómo Hitler llevó al mundo a la guerra»).

terraza del Berghof. Sin embargo, Cudahy no contaba con que *Life* encabezaría el texto con un comentario del editor:

> En primavera, *LIFE* encargó al antiguo embajador estadounidense en Bélgica, John Cudahy, que se desplazara hasta Berlín para escribir una serie de artículos sobre la Alemania nazi y sus objetivos bélicos. Hace dos semanas, se autorizó una entrevista con Adolf Hitler, la primera en un año que concedía el dictador alemán a un corresponsal de prensa estadounidense. *LIFE* publica a continuación las declaraciones del Führer a Mr. Cudahy sobre una invasión alemana de los Estados Unidos, el futuro del comercio alemán, el trato de los alemanes a los países ocupados, etc.
>
> La revista *LIFE* es perfectamente consciente de la enorme responsabilidad que asume al publicar este artículo en un momento tan crítico. Pero decide hacerlo, porque confía en que quienes lean esta entrevista tendrán la sensatez de interpretarla como lo que realmente es: un elemento esencial de la estrategia política de Hitler consistente en «apaciguar» a los Estados Unidos mediante la negación de sus intenciones de ataque.

Pero la cosa no quedo ahí, porque se daba el caso de que la administración Roosevelt tenía estrechos contactos con los medios de comunicación, en especial con Henry Luce, el magnate que dirigía el grupo Time-Life. De modo que el artículo de Cudahy fue finalmente adornado con extractos de un discurso del presidente Roosevelt, lo que acabó por destrozar por completo la entrevista. Visto así, Cudahy había caído en la trampa de su mandante mediático: «*LIFE* sospecha que Hitler eligió precisamente este momento para conceder la entrevista con el fin de socavar el discurso del presidente. A nuestro juicio, el discurso de Roosevelt contiene una respuesta demoledora a las "melosas palabras" de Hitler». Esta respuesta se colocó justo después de la entrevista[5].

Acompañado por los ponentes y supervisores Richard Sallet, del Ministerio de Asuntos Exteriores, y Hans Theodor Fröhlich[6], del de Propaganda (ambos habían estudiado en universidades americanas y estaban considerados especialistas en EE. UU. en sus respectivos ministerios), y por «*Herr* Schmidt, el famoso traductor», Cudahy fue trasladado en un «gran Mercedes negro» desde un hotel de Berchtesgaden hasta la residencia alpina de Hitler. Parece ser que Cudahy quedó impresionado por el paisaje y la arquitectura del Berghof. Una vez más el marketing nazi había vuelto a surtir efecto. Al salir de una curva cerrada, el Mercedes se detuvo frente a una «casita blanca que —según Cudahy— parecía un bungaló californiano de dos plantas». Hitler, un apasionado de la arquitectura, poseía «una de las bibliotecas más destacadas del

[5] En su discurso radiofónico del 27 de mayo de 1941 (en el que declaró el «estado de emergencia nacional»), Roosevelt declaró lo siguiente: «No aceptaremos un mundo dominado por Hitler. Y no aceptaremos un mundo en el que se vuelvan a plantar ni donde puedan crecer las semillas del hitlerismo, como ya ocurriera tras la guerra, en los años veinte».

[6] Hans Theodor Fröhlich (1905-1988), doctor en Derecho. Tras realizar estudios en Yale y Harvard, fue asesor en el departamento de prensa internacional del Ministerio de Propaganda desde el 1 de noviembre de 1938, director del nuevo servicio encargado de la prensa estadounidense y autor de textos antisemitas sobre los medios de comunicación norteamericanos. A menudo desbordado, enfermo y en tratamiento médico (también por culpa del frecuente consumo de alcohol junto con los periodistas extranjeros a los que atendía), Fröhlich abandonó el Ministerio de Propaganda a finales de 1943. Al finalizar la guerra ejerció como abogado y, por unos hechos ocurridos aquel mismo año, pasó a formar parte de la historia judicial de la República Federal Alemana: en el verano de 1943, Fröhlich y su esposa denunciaron a un comerciante que conocían por haberse mostrado crítico con el régimen nacionalsocialista, y que acabó siendo condenado a muerte. En los años sesenta, cuando Fröhlich fue enjuiciado por este motivo, el Tribunal Regional de Giessen lo absolvió alegando que, como nacionalsocialista convencido que era, no pudo concebir que un tribunal nazi dictara una sentencia ilegal.

mundo en el campo de la arquitectura, en particular de la relacionada con el teatro». El traductor jefe Paul Schmidt llamó la atención del exdiplomático sobre la Kehlsteinhaus (el Nido del Águila), adonde, en la imaginación de Cudahy, «el amo del Berghof se retiraba cuando se sentía profundamente melancólico y contemplativo». En un primer momento, el complejo del Berghof no le pareció a Cudahy nada del otro mundo, pero luego le impresionó sobre todo el enorme vestíbulo y la famosa ventana retráctil que había en él, que era «como un escaparate que ocupaba casi toda la fachada y ofrecía una vista incomparable del espectacular macizo de Untersberg, cuyas blancas cumbres resplandecían bajo el sol. Abajo del todo se encontraba el pueblecito de Obersalzberg, los labradores trabajaban los campos y en la lejanía, detrás de un verde valle de luces y sombras, se intuía Salzburgo».

A continuación, Cudahy pasó a describir las alfombras tejidas con figuras ataviadas al estilo del período de Federico el Grande o con «caballos flamencos» de la época de Rubens, fundas para sillas con «esvásticas diminutas», el piano de cola, el busto en bronce de Richard Wagner y la decoración floral: lirios amarillos, margaritas, cinias y hortensias. Y los guardias de las SS: «figuras musculosas, eficientes y profesionales hasta la médula».

Y entonces, a las tres en punto de la tarde, «the Führer» hizo entrada en la gran sala, acompañado por «Walter Havel», es decir, Walter Hewel, el enlace de Ribbentrop en el cuartel general de Hitler, que ya era uno de sus adláteres[7] desde su

[7] Walter Hewel, nacido en Colonia en 1904, fue jefe de brigada de las SS, participante en el *putsch* de la Cervecería en 1923, compañero de prisión de Hitler en Landsberg y, desde otoño de 1939, oficial de enlace del Ministerio de Asuntos Exteriores con el Führer y Canciller del Reich. Hewel era conocido por su afición a imitar a su jefe Ribbentrop, lo que divertía a Hitler. Se suicidó el 2 de mayo de 1945 en Berlín.

reclusión en Landsberg. A Cudahy le llamó la atención el «tono poco saludable de la tez» de su interlocutor, que parecía un preso al que le hubieran privado durante mucho tiempo de ver la luz del sol. Los ojos de Hitler —siempre objeto de atención para sus entrevistadores— «eran de ese verde pálido y opaco que se observa a veces en el mar. Pero sobre todo eran duros, inflexibles, fanáticos, rudos como sus rasgos faciales, desprovistos de toda benevolencia, de toda bondad».

Es evidente que John Cudahy no tenía simpatía por el régimen nacionalsocialista y que, con acierto, consideraba a Hitler un fanático, pero se equivocó de estrategia y, por culpa de su debilidad por el periodismo de altura, erró en el momento y el escenario de su entrevista, sobre todo por lo que respecta a las repercusiones que aquel encuentro tendría en quienes asesoraban a Roosevelt y Churchill. O, dicho de otro modo, Cudahy sobreestimó en aquella situación concreta sus posibilidades profesionales y las dificultades que entrañaba su doble función como exdiplomático y corresponsal de Time-Life.

La conversación con Hitler empezó de manera incómoda, incluso a nivel no verbal, con una especie de *staring contest*, o concurso de miradas: «Hitler me miraba a los ojos y yo hacía lo propio. Me estuvo observando fijamente tanto tiempo que me pregunté si aquella competición de miradas terminaría en algún momento. En su rostro se reflejaba una expresión de hostilidad. Finalmente, bajó la vista y, a partir de entonces, solo me miró de reojo de vez en cuando».

Es más, mientras que Cudahy dirigía sus preguntas al traductor, Hitler respondía todo el rato mirando a «Havel», el asesor mudo, quien al menos hablaba inglés bastante bien. En cuanto al contenido de la entrevista, Cudahy empezó confrontando a Hitler con la idea, muy extendida en Estados Unidos, de que la supremacía alemana en Europa iría seguida de una invasión de todo el continente americano. Según Cudahy, Hitler «se rio con voz ronca y áspera, tan desagradable como el chirrido que hace la caja de cambios de un automóvil, y cuando declaró que una invasión del hemisferio occidental por parte de Alemania era algo tan disparatado como invadir la luna, tuve la sensación de que su rostro ignoraba desde hacía tiempo lo que era una risa abierta y espontánea».

Entonces Cudahy planteó la posibilidad de que una «Alemania triunfante» tendría efectos desastrosos en la economía estadounidense, ya que allí los salarios eran mucho más bajos que en EE. UU. y que, sin una influencia significativa por parte de los sindicatos en el partido nazi, se podría trabajar más horas y producir más barato. A Hitler no le gustó el planteamiento, porque según él, los nacionalsocialistas eran los únicos que habían contribuido a mejorar de manera considerable las condiciones de vida y laborales de los trabajadores, y ese progreso solo estaba momentáneamente interrumpido por la guerra. Además, un control de la economía europea (incluido el sudeste) por parte de Alemania afectaría para bien a sus exportaciones, lo que, en última instancia, reduciría la competencia de Estados Unidos en el mercado mundial. Aunque ninguno de los dos interlocutores era necesariamente un experto en comercio internacional, Hitler aprovechó la oportunidad para exponer uno de sus teoremas económicos favoritos: en el futuro, el comercio alemán se basaría en el intercambio de «mercancía por mercancía, lo que excluirá por completo cualquier tipo de especulación». Según Hitler, los llamados economistas siempre se habían burlado de esta y de otras tesis económicas suyas que, sin embargo, en veinte o treinta años se enseñarían en las universidades. Alemania no tenía grandes reservas de capital, pero, para asombro de Cudahy, Hitler, gran defensor de las materias primas, afirmó que el patrón oro era una base muy razonable para los créditos. En cuanto a la pregunta de Cudahy sobre la situación de los países vecinos de Alemania ocupados militarmente, el dictador se mantuvo firme en su *cantus firmus*: Alemania no había iniciado la guerra. Y además los británicos, por su parte, oprimían a millones de indios, egipcios y árabes. Todo lo que deseaba para Europa era «paz, bienestar y felicidad»; Alemania no quería ni esclavos ni esclavitud de ningún tipo. Y aquí Hitler, cansado de aquella extraña conversación, se levantó abruptamente. Walter Hewel anotó en su diario: «15:00 horas, Cudahy, embajador de EE. UU. en Bélgica, amigo de Lindbergh. Preguntas de otro mundo, infantiles como en tiempos de guerra hace 20 años. Pero positivo. Cudahy profundamente impresionado». La entrevista del exdiplomático con Hitler tuvo una amplia difusión en la prensa de provincias estadounidense, desde el *Highland Recorder* (Virginia) hasta *The Courier Mail* (Brisbane), y también en la internacional, lo que demuestra el valor de mercado que tenía una entrevista con el dictador alemán en 1941.

En realidad, era demasiado simplista acusar a John Cudahy de ser un mero producto del *spoils system*, esa costumbre tan arraigada en los Estados Unidos de recompensar a los ricos donantes de las campañas presidenciales con puestos de embajador u otros cargos públicos representativos. Las gestiones y los informes que realizó desde Polonia o Irlanda fueron tan profesionales como los de los diplomáticos de carrera al uso, y así lo valoró también la revista *Time* en agosto de 1940, junto con algunas referencias a la historia familiar (aunque con un titular, «Cudahy y el infierno», que ya anunciaba la desgracia que se le venía encima al exdiplomático):

> Patrick Cudahy, un irlandés de Kilkenny llegado con seis años a los Estados Unidos, se hizo rico en la industria cárnica. Su hijo y heredero, John Clarence Cudahy que, con su rostro rubicundo, era la viva imagen de su padre, apoyó a Roosevelt antes de 1932 y se convirtió en diplomático estadounidense por selección natural. El alto y fibroso Mr. Cudahy, que había estudiado y ejercido la abogacía, administró las propiedades inmobiliarias de la familia en Milwaukee. También practicó la caza mayor, luchó con valentía en la Primera Guerra Mundial y escribió largos ensayos sobre sus aventuras. Dotado de encanto, un corazón cálido y mucho dinero en los bolsillos, Mr. Cudahy demostró ser un más que correcto diplomático *amateur* en Polonia, Bélgica e Irlanda. Sus amigos y superiores en el Ministerio de Asuntos Exteriores nunca le reprocharon que hiciera ninguna tontería, pero tampoco elogiaron su labor por haber sido de gran calado.

Extrañamente, John Cudahy, heredero del imperio cárnico de su padre y jurista de sólida formación (Harvard, Wisconsin Law School) combatió en la Primera Guerra Mundial contra los bolcheviques en el frío frente ruso (integró la Expedición Oso Polar), a partir de cuyas experiencias escribió un libro —bajo seudónimo— en 1924 titulado: *Archangel: The American War with Russia*. Más tarde publicaría otras obras sobre sus vivencias en México y África. Más que al sangriento negocio de los mataderos, que ya por 1906 fue inmortalizado para la literatura por Upton Sinclair en su novela *La jungla*, el aventurero trotamundos Cudahy se dedicó a las lucrativas inversiones inmobiliarias de su clan, como los Cudahy Tower Apartments en Milwaukee. Aún hoy en día, la ciudad de Cudahy (en la que viven unas veinte mil personas) sigue siendo testigo de las influyentes actividades de su familia en Wisconsin.

En un revelador ensayo (*Diplomat among Kings. John Cudahy and Leopold III*), publicado en 1984, el historiador estadounidense Timothy P. Maga describió a John Cudahy como «la oveja negra de la familia» porque, a diferencia de sus hermanos, se interesó más por el periodismo, la caza mayor y la diplomacia que por los negocios familiares. En efecto, Cudahy tenía un gran talento para describir situaciones y personas. Sus comentarios sobre la estructura social de la Polonia de Pilsudski en los años treinta, recogidos en su libro *The Armies March*, fueron muy agudos:

> La verdad, si es que esta se define como realidad, tenía poca influencia en la vida polaca. La aristocracia vivía a lo grande, con ostentosos gestos feudales. Se vivía con galanura, elegancia y sin ningún sentido de responsabilidad social. No se era consciente de la extrema pobreza de la gente y se disfrutaba de la vida en las lujosas fincas. Las tierras del príncipe Radziwill, por ejemplo, eran tan extensas como Delaware y Rhode Island juntas. [...] En Polonia fuimos testigos de la última batalla del feudalismo.

En su libro, Cudahy también se refirió a Sumner Welles, estratega jefe de Roosevelt y subsecretario de Asuntos Exteriores de EE. UU. (1937-1943), quien claramente no era santo de su devoción: «Era tan locuaz como una almeja; los periodistas parisinos decían de él que era capaz de permanecer en silencio en cuatro idiomas».

El rápido declive de Cudahy dentro del círculo íntimo de Roosevelt comenzó tras su estancia en Irlanda, la tierra natal de su padre, con su nombramiento como embajador de los EE. UU. en Bélgica el 17 de enero de 1940. Es evidente que Cudahy no pudo prever la invasión nazi de Francia, Bélgica y los Países Bajos, pero se involucró hasta tal punto en el destino de la casa real belga, del Gobierno belga en general y de las acciones de las fuerzas de ocupación alemanas, que su amigo Roosevelt empezó a verlo como un estorbo. Por otro lado, se comprende el impacto que supuso para Cudahy la invasión nazi, que volvió a describir en *The Armies March*:

> El casino de Ostende, con todos esos montones de cristales rotos, parecía un esqueleto destartalado. Y la visión de las cortinas negras ondeando violentamente en los vacíos accesos a aquel elegante y perfumado escenario de vicio tenía algo de macabro. Más de un millón de belgas que habían huido presas del pánico regresaban ahora exhaustos a sus casas. Solo había pasado una semana, pero muchos habían envejecido más por el desgaste sufrido en ese tiempo que durante toda una generación. Otros se suicidaron por culpa de un dolor que superaba los límites del sufrimiento humano.

Poco antes de dimitir de su puesto en Bélgica, oficialmente el 18 de julio de 1940, Cudahy se reunió en la embajada norteamericana de Bruselas con sus futuros mandantes periodísticos, los Luce, que se encontraban de gira por Europa, impertérritos ante los bombardeos alemanes, a los que más bien reaccionaban como serenos reporteros de guerra: «Mrs. Luce es la dramaturga Clare Boothe, una mujer bellísima, ingeniosa y vivaz. [...] Los Luce eran una pareja estupenda, demasiado heroica para mi espíritu tranquilo, y debo decir que me sentí aliviado cuando, tras mucho insistir, se marcharon por fin al día siguiente con Mrs. Hugh Gibson, la esposa del antiguo embajador Gibson, que se dirigía a París en automóvil» (el matrimonio Luce tenía una relación abierta; Clare Boothe Luce, escritora de éxito y *socialite*, tuvo de amante, entre otros, a Joe Kennedy sénior).

Cudahy no tardó en entablar amistad con el desdichado rey Leopoldo III de Bélgica (de la dinastía de Coburgo, ya de por sí plagada de escándalos) y abogó por que permaneciera en el Castillo Real de Laeken, cerca de Bruselas, donde los ocupantes nazis le habían permitido quedarse en condiciones relativamente cómodas, a diferencia de la reina Guillermina de los Países Bajos, que emigró a Londres, como el resto del Gobierno Civil belga. Por el contrario, Cudahy acusó a los franceses, los ingleses y al propio Gobierno estadounidense de no haber hecho lo suficiente para ayudar a los belgas, sobre todo en términos de apoyo humanitario. Además de que los británicos, con su bloqueo marítimo, seguían según él contribuyendo a la hambruna de la población belga. Los invasores alemanes, en cambio, se condujeron de forma bastante caballerosa: «Yo fui soldado en la última guerra y me parece que los alemanes se comportaron mejor de lo que lo habrían hecho los soldados estadounidenses».

Eso es lo que dijo Cudahy durante un encuentro en Londres con Joe Kennedy sénior, embajador de EE. UU. en la capital británica. La visita de Cudahy a Joe Kennedy, en realidad un amigo «apaciguador» y crítico de Roosevelt, puso de manifiesto la ya deteriorada relación entre los dos diplomáticos católicos y de raíces irlandesas. Cuando Cudahy, tras informar a los reporteros en la embajada americana en Londres sobre sus últimas visitas a Bélgica, Francia, España y Portugal, comenzó a dar su opinión sobre la situación en Bélgica, Kennedy (que ya había sido sustituido como embajador estadounidense en el Reino Unido en noviembre de 1940) empezó a abrir y cerrar la ventana de la embajada, y a golpearla con fuerza con la intención de echar a los periodistas allí presentes. Sin embargo, estos ya habían oído lo que tenían que oír para poder informar del asunto. En una carta de finales de septiembre de

1940 dirigida a John F. Kennedy, el hijo de Joe, que entonces tenía veintitrés años, y en la que le felicitaba por su libro *Why England Slept*, Cudahy lamentó la «inexcusable [mala] prensa» que provocó su escena en Londres.

Según el artículo de *Time* ya mencionado, el subsecretario de Estado estadounidense, Sumner Welles, ofreció una rueda de prensa en Washington: «Por orden del presidente, el embajador Cudahy ha sido llamado de inmediato a consultas». Y de este modo, la carrera diplomática de John Cudahy llegaba definitivamente a su fin. Aunque lo peor llegaría más tarde con la publicación de la entrevista con Hitler. Ya era de prever que el reportaje no iba a ser bien recibido en los círculos gubernamentales británicos pero, por si fuera poco, el Gobierno estadounidense contraatacó directamente por medio de un extenso artículo publicado el 10 de junio de 1941 en *The New York Times* por el ministro del Interior, Harold Ickes, uno de los principales artífices de la política del New Deal, que evidentemente no simpatizaba ni con Cudahy ni con Joe Kennedy.

> Ickes califica a Cudahy de «megáfono» nazi y afirma que el exembajador «se tragó una historia absurda» en la entrevista con Hitler. El autor es tachado de ingenuo. El ministro hace también mención en sus críticas a ciertas conversaciones con Goebbels y Franco.

«Después de perder su trabajo en Bélgica por culpa de que Hitler llevó a los belgas a creer en una falsa seguridad —escribió Ickes—, Mr. Cudahy se dedicó a vagar por Europa haciendo de "reportero". Pero lo cierto es que ni es reportero ni analista, sino un simple megáfono que permite generosamente a Hitler gritar sus obscenidades al oído de los estadounidenses, algunos de ellos tan cándidos e ingenuos como el propio Mr. Cudahy».

El artículo de Ickes continuó en el mismo tono. Aunque pensaba, por lo que lo había tratado, que «Mr. Cudahy» era un «caballero» amable, simpático y honesto, que seguramente no simpatizaba con Franco, Goebbels y Hitler, el exdiplomático no dejaba de ser un «ingenuo ignorante que iba por ahí», por las montañas nazis (como Charles Lindbergh), un «simplón» y un «vocero involuntario de la banda fascista»: «De no resultar tan peligrosa, la ingenuidad de Mr. Cudahy sería conmovedora. Pero al convertirse en un mero reproductor de las mentiras de Hitler, nuestro simpático exembajador le está haciendo el juego a los nazis a más no poder. La complicidad de Mr. Cudahy no justifica sus actos en absoluto». Ickes se fijó también en la detallada descripción del ornamento floral en el refugio de Hitler en Berghof: «Mr. Cudahy solo tuvo ojos para las flores, pero no vio lo que se ocultaba tras ellas: los campos de concentración, los asesinatos, las torturas, los pueblos enteros muriéndose de hambre».

Fue un ajuste de cuentas inusualmente brutal con un exembajador en la historia de la diplomacia norteamericana (al menos antes de la era Trump), con alguien, además que se suponía era un amigo político de Ickes. Su artículo, que con toda seguridad no se publicó en *The New York Times* sin el conocimiento de Roosevelt, demostró asimismo que Hitler había valorado las consecuencias de la entrevista mejor que Goebbels y Ribbentrop. La suerte estaba echada: las actividades del oscuro America First Committee contribuyeron más bien a que Roosevelt, inicialmente indeciso, se fuera decantando poco a poco por una intervención militar directa en Europa, y por una alianza «antifascista» con la Unión Soviética de

La entrevista a Hitler realizada por John Cudahy fue valorada negativamente por la mayoría de la prensa estadounidense. En esta caricatura del conocido dibujante y autor de literatura infantil Theodor Seuss Geisel («Dr. Seuss», conocido por ser el creador del Grinch) publicada en la revista *PM Magazine* en 1941, Cudahy aparece como un mero suplicante ante Hitler, quien a su vez es representado como el creador de una poderosa *Germania*: «Aquí tienes, Johnny… véndeles ESTO a los imbéciles de los EE. UU.».

Stalin que, visto desde la perspectiva de la guerra fría, no fue sino una nueva versión de la estrategia dilatoria del Pacto Molotov-Ribbentrop.

En agosto de 1941, *Time* volvió a tomar partido por Cudahy, aunque sin demasiado entusiasmo:

> El antiguo embajador belga, John Cudahy, piensa que Franklin Roosevelt debería mantener a los Estados Unidos al margen de la guerra y, de hecho, cree que así lo hará. Es lo que afirmó absolutamente convencido la semana pasada en la radio. Sin embargo, no hay que confundir a John Cudahy con los habituales aislacionistas republicanos y los críticos de Roosevelt. En primer lugar, porque condena rotundamente a los nazis. La semana pasada dijo que el régimen de Hitler practicaba «el imperialismo más despiadado desde que el ser humano salió del lodo de la barbarie». En segundo lugar, porque John Cudahy no es de los que se quedan de brazos cruzados. Hace unos días instó al presidente a presentar «un programa de paz estadounidense» basado en «un gobierno internacional que disponga del poder necesario para imponer una solución a esta y a todas las interminables guerras en Europa». Cudahy está dispuesto a respaldar dicho ofrecimiento con «el prestigio moral y la fuerza de los Estados Unidos».

La última vez que Cudahy fue visto públicamente fue el 30 de octubre de 1941, cuando asistió junto a Charles Lindbergh y el senador Wheeler a un mitin del America First Commitee en el Madison Square Garden de Nueva York. Pocas semanas después, la Armada Imperial Japonesa lanzó su ataque sorpresa contra la base naval norteamericana en Pearl Harbor (Hawái). Estados Unidos declaró de inmediato la guerra a Japón (pero no simultáneamente a Alemania). Al poco tiempo, el 11 de diciembre, Hitler apareció también en uno de sus últimos grandes discursos públicos, en el que desde el Reichstag lanzó una confusa diatriba en la que justificaba la demencial declaración de guerra contra los Estados Unidos y arremetía contra Roosevelt, su esposa Eleanor y su «*brain trust*» (entretanto Hitler ya conocía el término), o grupo de expertos plutócratas judeo-masónicos: «Hoy estoy al frente del ejército más potente del mundo, de la fuerza aérea más poderosa y de una orgullosa armada. Sé que a mis espaldas y a mi alrededor, como una comunidad bien unida, tengo al partido donde crecí y al que hice crecer». Aquel discurso contiene paralelismos entre las carreras de Roosevelt y del líder nazi, ambos convertidos en jefes de Estado en 1933, un dato que resultó muy interesante para sus respectivos biógrafos.

El nombre de John Cudahy vuelve a aparecer en *The New York Times* en una noticia breve del 21 de febrero de 1943, en la que se le describe como director de la Liga de Defensa civil de Wisconsin («Cudahy Heads Wisconsin Defense»), fundada en 1917. Lo que no estaba claro es de quién tenía que defenderse Wisconsin en 1943. El America First Committee se había disuelto ya el 11 de diciembre de 1941, eso sí, con una empecinada declaración: «Nuestros principios eran los correctos. Si hubieran sido respetados, se habría podido evitar la guerra».

En su autobiografía (*The Armies March*), Cudahy se queja de que, tras publicarse la entrevista, los editores, columnistas y políticos no se contentaron con criticar las declaraciones de Hitler, sino que lo atacaron a él personalmente, acusándolo de estar influido por los nazis o incluso de haber sido sobornado. Según él, casi nadie analizó lo que en realidad se dijo; la mayoría simplemente aprovechó el texto para transmitir la imagen preconcebida que tenían de Hitler, algo que lo «deprimió profundamente, no por las críticas hacia mi persona, sino por el [pobre] nivel intelectual que se ponía allí de manifiesto».

La entrevista de Cudahy tuvo aún cierto eco póstumo: el crítico social y mediático de izquierdas George Seldes (1890-1995), hermano del influyente crítico literario Gilbert Seldes, la incluyó en su libro *1000 Americans* (1947) junto con la de Wiegand en 1940 (véase el capítulo 4), que sin duda fue en gran medida precocinada y utilizada por la propaganda nazi. Seldes hizo referencia a un informe que el activista por la paz y los derechos civiles O. John Rogge redactó para el Gobierno americano sobre la influencia encubierta del nacionalsocialismo en EE. UU., y en el que afirmaba que las entrevistas a Hitler se difundieron deliberadamente en los medios estadounidenses con el fin de influir en la opinión pública. Seldes criticó además la influencia de entidades bancarias como J. P. Morgan, multinacionales como DuPont o Standard Oil, y la patronal National Association of Manufacturers, en la orientación de la prensa norteamericana, así como a Henry Luce y su grupo Time-Life: «*Time* es reaccionaria. *Time* es hostil contra los trabajadores. *Time* es antiliberal».

No cabe duda de que las grandes empresas y los medios de comunicación estaban acumulando cada vez más poder e influencia en los Estados Unidos, pero también es cierto que Henry Luce, con su idea del *siglo estadounidense*[8], era un ferviente patriota sin ningún tipo de simpatía por el régimen nazi. Puede decirse, por tanto, que si la entrevista no salió bien

[8] N. del T.: En un artículo publicado en 1941 en *Life*, el influyente editor Henry Luce declaró que el siglo XX había de ser el siglo de Estados Unidos («American century») y que el nuevo papel de su país consistía en redefinir el orden mundial, no solo militar sino también culturalmente.

fue más por culpa de las ilusiones pacifistas de un partidario del America First Committee que por las directrices del magnate mediático. Seguro que Cudahy tuvo tiempo de darse cuenta en su rancho de Wisconsin de que aquella entrevista a Hitler en el Obersalzberg en 1941 no fue la idea más lúcida de su vida.

10

EPÍLOGO: ¿CÓMO SE ENTREVISTA A UN DICTADOR? ¿Y CON QUÉ PROPÓSITO?

En febrero de 2020 se celebró en la Universidad de Wisconsin-Madison un «*Sigrid Schultz Luncheon*», un almuerzo en el que David Milne, historiador británico especializado en la figura de Schultz, disertó sobre la vida de la intrépida reportera que informara para el *Chicago Tribune* desde el Berlín nazi (véase el capítulo 4). Milne planteó a sus invitados algunas «preguntas interesantes» al inicio de su intervención: «¿Cómo se entrevista a Hitler? ¿Cómo se informa de manera crítica sobre el nacionalsocialismo sin ser deportado? ¿Cómo se escribe para periódicos y redactores jefe aislacionistas? ¿Cómo se comporta una periodista cuando es la única mujer en una sala llena de los hombres más poderosos de Alemania? Y, sobre todo, ¿cómo se entra en esa sala?».

Al margen de que no ha podido demostrarse la autenticidad de ninguna de las entrevistas que Schultz dijo haber mantenido con Hitler (aunque no hay duda de que lo conoció y de que se entrevistó con otros líderes nazis), las preguntas de Milne apuntan a una constelación de problemas que, en esencia, ya han sido analizados en los capítulos anteriores, y que giran, por ejemplo, en torno a la relación de los periodistas con los medios para los que trabajan y con sus redacciones locales, a la fina línea que hay entre destapar hechos (*fact finding*) en un régimen dictatorial y, al mismo tiempo, confraternizar con sus representantes, o a los límites y peligros que conlleva cualquier «forma crítica de cobertura informativa», si no se quiere correr el riesgo de ser detenido o expulsado. Es evidente que la figura de Hitler tiene un valor simbólico para el periodismo, pero aun así estas cuestiones son válidas para el trato con todos los dictadores y autócratas. El poder absoluto fascina de manera absoluta, sobre todo a periodistas y escritores, que se sienten atraídos también por el estilo de vida de los cleptócratas y de los tiranos que ejercen su propio terrorismo de estado. De hecho, se han escrito estudios del tipo *Dictators' Dinners: A Bad Taste Guide to Entertaining Tyrants* (Victoria Clark, Melissa Scott, 2014), donde se habla de los cocineros de Sadam Husein, Idi Amin, Enver Hoxha, Fidel Castro y Pol Pot[1] o *Dictators' Homes* (2005), del gurú del diseño Peter York (la portada es una piel de leopardo). Son libros que rozan los límites entre lo terrorífico y lo bufonesco, como tan magistralmente explorara Charlie Chaplin[2] en 1940 en su película *El gran dictador*.

Fue precisamente una foto en las redes sociales la que, en octubre de 2021, catapultó a la fama internacional a la presentadora

[1] SZABLOWSKI, Witold: *How to Feed a Dictator*, Múnich, 2020.
[2] A principios de los años treinta, Chaplin aún elogiaba a Mussolini por conseguir que los trenes italianos llegaran puntuales y por elevar la ética del trabajo. Véanse: CARR, Richard: *Charlie Chaplin. A Political Biography from Victorian Britain to Modern America*, 2017, y DIKÖTTER, Frank: *Diktator werden. Populismus, Personenkult und Wege zur Macht*, 2019 («Convertirse en un dictador. Populismo, culto a las personas y los caminos hacia el poder»).

estadounidense de la CNBC Hadley Gamble y, al mismo tiempo, la puso en el punto de mira de los propagandistas del Kremlin ruso. La periodista, que entonces tenía treinta y nueve años, alta, delgada, de larga melena negra, publicó una foto en su cuenta de Instagram en la que caminaba orgullosa y segura de sí misma, luciendo un vestido ajustado y zapatos de tacón color beige de la lujosa marca Louboutin, sobre el escenario del foro internacional de la Semana Rusa de la Energía en Moscú, mientras su anfitrión, el presidente Vladímir Putin, la seguía con la cabeza gacha. Gamble añadió a la instantánea el comentario «power walk» que, obviamente, no se refería al modo de andar del líder ruso.

Aquel pie de foto enfadó tanto a Putin y a sus vasallos, que Gamble fue inmediatamente acusada en los medios de comunicación rusos de «haber mosconeado al político —de sesenta y nueve años de edad— en el marco de una operación especial de los servicios secretos estadounidenses con el objetivo de desorientarlo», escribió el *Daily Mail.* Dimitri Kiseliov, director general de la agencia estatal de noticias Rossiya Segodnya y uno de los principales propagandistas de Putin, no pudo contener su indignación por la presencia de Gamble en su programa *Vesti Nedeli* (una especie de *Informe Semanal*). Según él, para sacar a Putin de sus casillas, la periodista cruzó sus relucientes piernas desnudas de forma tan provocativa y lasciva como hiciera Sharon Stone en la famosa y controvertida escena del *thriller* erótico *Instinto básico*. «Kiseliov hace una descripción de los icónicos tacones que los convierte en un símbolo de depravación, incluso de prostitución», escribió el semanario alemán *Stern*, que añadió lo siguiente:

> De hecho, [Kiseliov] acusó a Gamble de intentar seducir a Putin. Como prueba de sus «deshonestas» intenciones, citó al

> diseñador de los zapatos, quien en una ocasión habría dicho que para saber si unos zapatos son bellos, hay que vérselos puestos a una mujer desnuda. «Gamble decidió aparecer ante el presidente SIN MEDIAS y con los BRAZOS DESCUBIERTOS», destacó Kiseliov haciendo aspavientos. También le molestó el brillo corporal que, por lo visto, habría utilizado la periodista. Según él, no iba vestida «como alguien que va al trabajo». Durante la entrevista, la presentadora no paró de arreglarse el pelo, guiñar el ojo y humedecerse los labios con la lengua. En resumidas cuentas, que Gamble «se presentó claramente como un objeto sexual, sin importarle lo que de ella pudieran decir las feministas».

En sí, el contenido de la entrevista no tuvo mayor importancia ni para la propaganda ni para el resto de medios que informaron sobre la comparecencia. Solo que la presentadora hizo las «obligadas preguntas sobre Alexéi Navalni y la libertad de expresión en Rusia» que, «como siempre», Putin evitó responder. Otras veces, este desvió la atención con contraacusaciones: «Es usted una mujer bella —le dijo en un momento dado, con cierto desdén—, pero yo le digo una cosa y usted me responde otra, como si no hubiera oído lo que le he dicho».

Una cosa está clara: independientemente de las preguntas que le hubiera hecho o por muy bien que hubiera tanteado el terreno, nunca habría conseguido la atención que logró gracias a su atuendo y su provocativo lenguaje corporal. Dos días después, Gamble publicó en redes sociales la foto de una tarta que le habían regalado sus colegas de trabajo. En ella aparecía la imagen de un Putin con el rostro hinchado y la leyenda «too beautiful».

Gamble, hasta la fecha una de las últimas periodistas occidentales en entrevistar al dictador ruso, volvió a ser noticia dos años después, cuando en abril de 2023 salió a la luz su relación con Jeff Shell (para él extramatrimonial), el director ejecutivo de NBC Universal, lo que le costó el puesto en la compañía.

Ahora bien, ponerse unos zapatos altos y un vestido sugerente, combinado con el uso de un lenguaje corporal sexi y provocativo, no es precisamente el arma infalible con la que desconcertar a un dictador, ni tampoco sirve para cualquier profesional de la información. Además, como ilustra el ejemplo, la entrevista acaba centrándose en aspectos superficiales y no en el contenido y, como en este caso, no aporta ninguna información política de relevancia.

Un caso muy distinto es el de la periodista y escritora italiana Oriana Fallaci (1929-2006), quien entrevistó a personalidades como Deng Xiaoping, Fidel Castro, Zulfikar Ali Bhutto, Indira Gandhi, Henry Kissinger y Muamar el Gadafi. Famosa por su estilo provocador y confrontativo, el diario británico *The Independent* dijo de ella en 2019 que «la resistencia clandestina de Italia contra el "fascismo nazi" fue la base de su carácter y la fuente de la rabia y la indignación que hervían siempre en su interior. Fallaci persiguió a los hombres más poderosos del mundo hasta sus mansiones y sus palacios, y pareció andar siempre buscando a alguien tan valiente y heroico como su padre[3], o al malvado *generalissimo* [Mussolini] que este intentó asesinar».

Después de pasarse dos años haciendo valer todos y cada uno de sus numerosos contactos en Oriente Medio para conseguir el aparentemente inalcanzable objetivo de entrevistar al ayatolá Ruhollah Jomeini, en otoño de 1979 le fue concedida

[3] Eduardo Fallaci fue un militante antifascista y una de las principales figuras de la resistencia toscana contra Mussolini, por lo que sufrió detenciones y torturas, aunque finalmente fue puesto en libertad. Murió en 1988.

por fin, y para su sorpresa, una audiencia con el líder religioso de la Revolución islámica. Y eso a pesar de que Fallaci era una representante de los «diabólicos» medios de comunicación occidentales, y además una mujer cuyo estilo de vida estaba en las antípodas de las estrictas opiniones de Jomeini acerca del papel de las mujeres en la sociedad. Entonces, ¿por qué accedió a ser entrevistado? Pues porque probablemente el fundador de la República Islámica de Irán, que en enero de 1979 había derrocado al Sah desde su exilio en Francia antes de regresar poco después a Irán, tenía un mensaje para el mundo occidental. Y quiso hacérselo llegar con la ayuda de la *vedette* italiana del periodismo, que por entonces tenía cuarenta y nueve años.

La entrevista tuvo lugar en Qom, la capital de la provincia del mismo nombre. Qom es un importante lugar de peregrinación chiita y uno de los centros de saber de esta rama del islam, lo que pudo interpretarse como una señal hacia Fallaci de que las normas vigentes debían ser respetadas. Pero a Fallaci, la «furiosa madre coraje del periodismo internacional que no hacía concesiones» —como la describiera en 2006 la revista *Der Spiegel* en su obituario—, ni siquiera se le pasaba por la cabeza algo así. Antes de que se celebrara el encuentro, el líder chií hizo esperar a la periodista italiana en Qom durante diez días. Luego, acompañada por dos iraníes que la habían ayudado a solicitar la entrevista y que ahora iban a hacer de traductores, la llevó hasta una escuela. «La señorita Fallaci, descalza y con un chador —el velo con que las mujeres musulmanas se cubren la cabeza y parte del rostro— estaba sentada en la alfombra cuando entró el ayatolá y se comenzó a grabar la entrevista. Al día siguiente, la periodista regresó para un segundo encuentro» —así es como comenzó el semanario *The New Yorker* la transcripción de la entrevista el 7 de octubre de 1979.

Fallaci no perdió el tiempo con cortesías e inició la entrevista acusando directamente a la Revolución islámica de no aportar paz alguna al pueblo iraní, y al propio Jomeini de ser un dictador y un tirano que sembraba el miedo y el terror. El ayatolá, de setenta y siete años, reaccionó sorprendido declarando que: «sí, me duele que me traten de dictador, porque es injusto e inhumano». Dijo que los iraníes lo adoraban y que él adoraba a los iraníes. «No hay mayor pecado para el islam que ser un dictador. Fascismo e islamismo son absolutamente incompatibles. El fascismo solo existe en Occidente, pero no en Irán». También aseguró ser amigo de la libertad y la democracia.

Fallaci, quien además de ser una gran conocedora de Irán, había preparado a conciencia la entrevista, evitó entrar en terreno resbaladizo, y no se dejó intimidar por el hecho de que aquel hombre viejo y gris hubiera ordenado ejecutar a varios cientos de compatriotas en tan solo unos meses. De hecho, no paró de hacerle duras preguntas sobre la Revolución islámica, la opresión de las mujeres, los derechos humanos, la libertad de expresión y de prensa, el trato a las minorías religiosas, y el significado que para él tenían la libertad y la democracia.

> FALLACI: Imán, ¿cómo es posible comparar a un torturador y asesino de la SAVAK [la Oficina de Inteligencia y Seguridad Estatal entre 1957 y 1979] con un ciudadano que vive libremente su sexualidad? Tomemos como ejemplo el joven que ayer fue asesinado a tiros por sus inclinaciones homosexuales.
>
> JOMEINI: Corrupción, corrupción. Tenemos que erradicar la corrupción.
>
> FALLACI: O el caso de la joven de 18 años embarazada que fue fusilada hace unas semanas en Beshar por adulterio.

JOMEINI: ¿Embarazada? Todo mentiras, igual que la calumnia de que cortamos los pechos a las mujeres. En el islam no existe tal cosa. En el islam no fusilamos a las mujeres embarazadas.

FALLACI: No son mentiras, imán. Lo han publicado todos los periódicos iranís y en la televisión se ha criticado que su amante solo recibiera cien latigazos.

JOMEINI: Si eso es cierto, esa mujer ha recibido lo que se merecía.

A la pregunta de la periodista sobre por qué las mujeres en Irán tenían que cubrirse con ese chador incómodo y tan poco práctico que les impedía moverse libremente, trabajar con normalidad y participar en la vida social, Jomeini respondió: «Si no le gusta la ropa islámica, no tiene por qué llevarla. La ropa islámica es solo para las mujeres buenas y decentes». «Es muy amable por su parte —le respondió ella—, y ya que lo dice, voy a quitarme ahora mismo este estúpido trapo medieval». Dicho y hecho: «y con un golpe de hombros me quité de encima el chador, que cayó al suelo formando una obscena mancha negra. Lo que sucedió a continuación se me quedó grabado en la memoria: fue como la sombra de un gato que está dormitando y de repente da un salto para cazar un ratón. Jomeini se incorporó con un movimiento tan rápido que por un momento pensé que me había golpeado una ráfaga de viento. Luego saltó con la agilidad de un felino por encima del chador y desapareció».

La entrevista, disponible íntegramente en el sitio web del *Corriere della Sera*, suscitó gran interés tanto en Irán como a escala internacional. Hubo quienes elogiaron a la periodista por su audacia, mientras que otros le reprocharon su estilo desafiante, aunque no es difícil imaginar de qué rincones le vinieron los elogios y de cuáles las críticas.

En cualquier caso, la entrevista de Fallaci a Jomeini constituye un extraordinario documento de integridad informativa fruto de un periodismo competente y sin concesiones; un gran momento en la historia periodística que continúa teniendo validez hoy en día y cuya clave estuvo, por un lado, en la tenaz determinación de la reportera italiana y, por otro, en su excelente preparación.

Vladímir Putin tiene cuarenta y siete años de edad y cien días de experiencia en el cargo de presidente de la Federación Rusa cuando, el 8 de noviembre de 2000, se sienta en el plató de la CNN en Nueva York frente a Larry King, el legendario presentador del programa nocturno *Larry King Live*. Es su primera entrevista con una cadena de televisión estadounidense, y además con un experto en este tipo de programas. King es un modelo a seguir para innumerables presentadores de todo el mundo, alguien que ha entrevistado a todo tipo de personalidades, desde Madonna hasta Bill Clinton. Ahora es Vladímir Vladímirovich Putin quien está sentado frente al desenfadado rey de los *talk shows*. Putin parece un muchacho de primera comunión: delgado, pálido, algo rígido y tímido. Viste con americana negra, camisa blanca y corbata de color gris plateado, perfectamente anudada. Su voz es débil y aguda, como la de un niño; habla en ruso y un intérprete le traduce las preguntas de King a través de unos auriculares.

La entrevista gira en torno a la religión de Putin, la campaña electoral estadounidense entre Al Gore y George W. Bush, y el submarino nuclear ruso Kursk, que menos de cuatro semanas antes, el 12 de agosto, se había hundido en el mar de Barents con 118 tripulantes a bordo. Todos los miembros de la tripulación perdieron la vida. Los militares rusos afirmaron en un primer momento que un submarino estadounidense había chocado con el Kursk, pero más tarde se descubrió que la causa del siniestro había sido una explosión provocada por una avería técnica.

«¿Qué ha ocurrido con el submarino? —pregunta King—. Que se ha hundido, —le responde Putin, esbozando una leve sonrisa». Tal vez pretende parecer gracioso o perspicaz. Sin embargo, la frase no es bien recibida, ni en los medios internacionales ni en los rusos, que en aquel momento aún son relativamente independientes e informan de manera crítica acerca del accidente. Sobre todo, porque Putin prefirió quedarse en su residencia vacacional tras el suceso, en lugar de acudir raudo y veloz al lugar de la catástrofe. Su respuesta frívola, su ausencia física y las numerosas negligencias cometidas a la hora de evitar la tragedia se le reprocharán durante años.

Putin aprendió la lección de aquel desastre en términos de relaciones públicas y desarrolló rápidamente estrategias para mantener de principio a fin el control de las entrevistas, lo cual supone prepararlas de manera exhaustiva. «Le gusta llevar supuestas pruebas de lo que afirma a las entrevistas», escribe Kai Diekmann, redactor jefe durante muchos años del diario sensacionalista *Bild*, en su autobiografía *Ich war BILD* («Yo fui el BILD», 2023). Son carpetas que le pasan sus colaboradores —Putin solo tiene que hacerles un gesto con la mano— y de las que luego recita cifras o citas. Entre 1999 y 2016, Diekmann entrevistó a Putin en profundidad en cuatro ocasiones, una de ellas (en 2005) junto al entonces canciller alemán Gerhard Schröder. Putin escenifica las entrevistas igual que hace con sus apariciones públicas. Conoce bien a sus interlocutores y decide también de antemano quién va a entrevistarle. Nada de subalternos, Putin solo acepta primeras espadas, como Jörg Schönenborn, por entonces redactor jefe de la cadena pública alemana WDR, que saldría malparado de una entrevista con el líder ruso en abril de 2013. El periodista hubiera preferido que fuera Udo Lielischkies, el experto director de la oficina de la ARD (el primer canal de la televisión pública alemana) en Moscú, quien se ocupara de hacer la entrevista, pero Putin insistió en que fuera Schönenborn.

El título de la entrevista, publicada en la web del *Tagesschau*, el telediario de la cadena ARD, fue «Putin se presenta», aunque tal vez hubiera sido más acertado titularla «Putin se venga» o «Putin se burla», ya que, desde el principio, el presidente ruso dejó claro que se sentía infinitamente superior al entrevistador alemán. Ya mientras este le formulaba la primera pregunta, relativa a las redadas que se habían producido en oenegés rusas acusadas de ser «agentes extranjeros», Putin, sentado en su sillón de ribetes dorados, sonreía satisfecho con aires de estar pasándolo bien. A continuación, el líder ruso negó con aire indulgente que hubiera habido redadas, recomendó a Schönenborn que considerase el asunto con objetividad y explicó que en EE. UU. ya existía una ley de ese tipo desde 1938. «Señor presidente, no tengo constancia de que en Estados Unidos se lleven a cabo registros y confiscaciones similares. El término "agente extranjero", con el que se clasifica a estas organizaciones, nos suena a guerra fría», le contestó el periodista. Putin le respondió con tono aleccionador que la nueva ley rusa era casi calcada de la estadounidense y que «no hacía mucho» el Departamento de Justicia norteamericano había solicitado a las organizaciones no gubernamentales la presentación de documentos que acreditaran que recibían fondos del extranjero, todo ello acompañado de una larga lista de preguntas a las que debían responder. «Hemos aprobado una ley exactamente igual, una ley que no prohíbe nada, quiero subrayarlo —afirmó Putin—. Esta ley no prohíbe ni restringe nada, ni obliga a nadie a echar la persiana. Y ninguna actividad, ni siquiera la actividad política en el interior del país de organizaciones financiadas desde el extranjero, está prohibida. Lo único que queremos saber es quién recibe esos fondos y en qué se gastan».

Entonces Putin preguntó: «¿Cuántas oenegés cree usted que hay en Europa que reciben financiación de Rusia? ¿Qué cree *usted*?». Schönenborn se quedó ligeramente paralizado e intentó salvar lo que ya era insalvable. «Solo puedo hablar de mi impresión», respondió el periodista con impotencia. Putin se lo explicó: solamente había una en toda Europa, con sede en París, y otra más en Norteamérica. «Ya contaba con que me preguntaría por ese tema» —continuó Putin, subrayando así su propia astucia, para luego, en la misma frase, asestarle al periodista un doloroso golpe bajo cuando con aparente inocencia, al tiempo que se inclinaba hacia delante, le preguntó:

—Por cierto, ¿cómo se llama usted?

—Jörg Schönenborn —respondió el redactor jefe de la cadena alemana de televisión pública de mayor audiencia.

—¿Jörg?

—Sí.

Apenas habían transcurrido cinco minutos, pero desde aquel momento quedó bien claro quién mandaba en el cuadrilátero. Putin tenía a Schönenborn contra las cuerdas, estaba dándole una buena tunda, y el periodista, sentado frente a él como un *amateur*, era incapaz de devolverle los golpes. Tenía únicamente una lista de preguntas, que le fue haciendo una detrás de otra, pero carecía por completo de los conocimientos necesarios para poder rebatir con argumentos las explicaciones del líder ruso.

Así, Putin pudo afirmar tranquilamente que celebraba y apoyaba la existencia de una oposición fuerte y que esta tenía total libertad para manifestarse, siempre y cuando se mantuviera «dentro del marco legislativo. Tiene que haber orden, no se puede permitir el caos. El ejemplo de lo que ha pasado en el norte de África [las revueltas de la Primavera Árabe entre 2010 y 2012] es una muestra de adónde puede conducir el caos. ¿Quién quiere que suceda algo así?». A continuación, Putin señaló a Schönenborn que incluso se había modificado la ley que exigía a los partidos contar con cincuenta mil miembros para poder registrarse. Ahora solo eran necesarias quinientas personas para hacerlo. «Ya tenemos 37 partidos en Rusia. Y varias decenas más han solicitado iniciar el proceso de registro. Queremos seguir desarrollando la competencia política. [...] Deseamos que haya rivalidad política». Así, Putin pudo seguir soltando sandeces a su aire sin ser interrumpido por Schönenborn, y hacer como si nunca se hubiera detenido a manifestantes, como si en Rusia no hubiera opositores políticos como Alexéi Navalni (1976-2024) ni medios independientes como el canal de televisión Dozhd que son obstaculizados, maltratados y presionados por el Kremlin, y como si no hubiera habido asesinatos de periodistas como Anna Politkóvskaya.

Incluso cuando Putin le ofreció una opción para contraatacar al pedirle que nombrase solo a uno de los detenidos, Schönenborn echó marcha atrás: «Yo no he hablado de detenciones, señor presidente. He hablado de registros». La entrevista era un auténtico desastre. «¿De verdad no se da cuenta de lo absurda que es su pregunta?», le espetó el líder ruso al prestigioso periodista alemán. Antes de responder a las inocentes preguntas de Schönenborn, Putin dejaba escapar pequeños suspiros, como cuando un maestro debe explicarle por enésima vez la regla de tres a un alumno poco avispado.

Las reacciones en la prensa alemana fueron devastadoras. «Putin apabulla al reportero de la ARD», tituló el *Münchner Merkur*. Para el periódico sensacionalista austriaco *Kronen Zeitung*, un «Putin enfurecido» había «destrozado» al periodista. «En los 35 minutos de entrevista [Schönenborn] no se muestra lo suficientemente incisivo como para plantar cara al autoritario político, que está de vuelta de todo. Putin da una impresión de gran competencia y entra tanto al detalle en sus respuestas, que al periodista no le queda más remedio que pasar a la siguiente pregunta —opinó la plataforma mediática *Meedia*—. ¿Contraargumentos? Cero».

«La pregunta más importante quedó sin respuesta», resumió el *Süddeutsche Zeitung*. «¿Qué objetivo persigue un medio de comunicación cuando interroga al presidente ruso? La información que aportó la entrevista fue escasa y las declaraciones de Putin fueron superficiales y previsibles. Es evidente que a Schönenborn le faltó la habilidad necesaria para insistir en los detalles». El ruso sabía, por tanto, quién había venido a hablar con él y cuál era su nombre. Y, al igual que un deportista analiza a su rival antes de una competición importante, Putin, gran aficionado al deporte, había estudiado minuciosamente a su adversario y diseccionado al detalle sus puntos débiles.

Vladímir Putin, que domina bastante bien el alemán, pero responde a sus entrevistadores en ruso, tiene fama de servirse de trucos para desconcertar a sus interlocutores y, a ser posible, ridiculizarlos. El antiguo agente de la KGB es «un maestro de la puesta en escena y de las sorpresas, que no deja nada al azar y que sabe en todo momento a quién tiene delante», escribe Kai Diekmann en su libro. Está claro, pues, que lo ocurrido en enero de 2007 con Angela Merkel en Sochi no fue un simpático descuido. Durante una rueda de prensa conjunta con la canciller alemana, el perro labrador de Putin apareció de repente en la sala y se acercó curioso a olisquearla. El líder ruso sabía muy bien que a Merkel, quien trató como pudo de mantener la compostura, le aterrorizaban los perros. Fue una pura demostración de poder, no solo contra la canciller, sino contra todo Occidente.

Aunque por lo visto Putin disfrutaba concediendo entrevistas hasta el ataque a Ucrania del 24 de febrero de 2022, nunca resultó fácil conseguir una cita con él. Previamente había siempre un largo tira y afloja con su gabinete de prensa y con el que es su portavoz desde hace muchos años, Dmitri Peskov. Una vez acordados la fecha y el lugar, se procedía siempre del mismo modo. Armin Wolf, veterano presentador del telediario *ZIB 2*, director adjunto de los informativos de la televisión pública austriaca ORF y, con diferencia, el periodista más destacado de Austria, logró entrevistar al dictador ruso en 2018 y describió claramente el proceso en su blog de internet. Como Putin tenía previsto visitar Austria al inicio de su cuarto mandato como presidente, Moscú ofreció a la ORF la posibilidad de hacerle una entrevista, aunque, por supuesto, bajo ciertas premisas:

1. La entrevista no sería realizada por la corresponsal en Moscú —que conoce bien el país y el idioma—, sino que un «presentador estrella», es decir, Armin Wolf, tendría que desplazarse desde Viena hasta la capital rusa.
2. Al menos quince minutos de la entrevista, que en principio tendría una duración de entre treinta y cuarenta minutos, deberían emitirse en el programa estrella de la noche.
3. La traducción al alemán debería ser consensuada con el Kremlin.

4. El Kremlin publicaría una versión íntegra de la entrevista en formato de vídeo con subtítulos en su página web.

Wolf intentó entonces «prepararse lo mejor posible, entre otras cosas analizando al detalle algunas de las entrevistas realizadas a Putin en los últimos años —escribe el periodista en su blog—. Y al verlas, enseguida me di cuenta de que el presidente ruso iba a ser un interlocutor muy exigente». La preparación dio sus frutos: la entrevista de Wolf con Putin, que tuvo lugar en el Kremlin el 1 de junio de 2018 y duró casi 45 minutos, «no solo fue objeto de debate en todo el mundo por su contenido» —elogió el semanario austriaco *News*—, sino que «también el estilo de la charla fue muy comentado el martes en internet». El reportero de *The New York Times* Ivan Nechepurenko calificó la entrevista en su cuenta de Twitter como «una de las más espectaculares de los últimos tiempos», mientras que para Shaun Walker, de *The Guardian*, fue la entrevista a Putin más incisiva en años. Bojan Pancevski, del *Wall Street Journal*, la calificó de «excelente», y el redactor jefe de *Buzzfeed* quedó impresionado por el estilo «brillante y cautivador» de la entrevista, en particular por la manera «científica» en que el periodista formuló las preguntas. Incluso Bryan MacDonald, de *Russia Today* (*RT*), un medio cercano al Kremlin, le mostró su respeto en Twitter: «A diferencia de muchos de sus colegas de profesión, el periodista de la televisión austriaca Armin Wolf hizo los deberes antes de reunirse con Putin. Aunque lo interrumpió con demasiada frecuencia, asistimos a un intercambio apasionante que puso a prueba a Putin como no se había visto en años». No obstante, el líder ruso se mantuvo firme y no se dejó descentrar. «Putin interrumpió repetidamente al periodista, en una ocasión incluso en alemán, pero luego hizo como si fuera Wolf el que no le había dejado explicarse», escribió el diario alemán *Die Welt*.

Armin Wolf analizó la forma de responder de Putin y encontró que este utilizaba cinco estrategias distintas:

1. Suele explayarse en sus respuestas. Es raro que responda sucintamente, va casi siempre al fondo del asunto.
2. Le encanta responder con otra pregunta, algo siempre incómodo para un entrevistador.
3. Es un maestro del llamado *whataboutism*, es decir, desviar la atención hacia otro tema o, al menos, hacia otro aspecto del tema.
4. Si quiere desmentir algo, lo hace sin importarle cuántas pruebas apoyen lo dicho.
5. Si se le interrumpe, reprende *ipso facto* al periodista, tachándolo de maleducado, impaciente o tendencioso, para a continuación volver a lo que estaba diciendo.

A esto se suman la sonrisa burlona del presidente ruso y los pequeños suspiros con los que inicia sus respuestas, que pretenden advertir al entrevistador de lo mal informado y preparado que está, y de que Putin está por encima de él. En un momento de la entrevista, Wolf confronta al presidente ruso con la acusación de que grupos de hackers intentaron influir de forma masiva en la campaña electoral estadounidense de 2016, de la que, como es sabido, salió victorioso Donald Trump. Wolf acusa a Putin de negar tales hechos, y afirma que «es innegable que en San Petersburgo existe desde hace años la famosa Agencia de Investigación de Internet, que trata de influir en el debate público occidental mediante millones de *posts* ficticios, identidades falsas, y publicidad en Facebook. Dicha compañía, la llamada "fábrica de troles" pertenece a

Yevgueni Prigozhin, a quien usted conoce muy bien. Sus empresas reciben numerosos encargos de su Gobierno y mucha gente lo llama "el cocinero de Putin", porque una de ellas se encarga de agasajar a sus invitados oficiales. ¿Le parece bien que alguien que tiene unas relaciones tan estrechas con el Gobierno ruso dirija esta fábrica de troles?».

Una vez más, Putin, con aires de suficiencia, encuentra la manera de darle la vuelta a la tortilla: «¿En serio cree usted que el dueño de un restaurante, por mucho que tenga la posibilidad de piratear en internet o que dirija una empresa de ese sector —en realidad no sé con exactitud lo que hace allí—, podría realmente influir en las elecciones de Estados Unidos o de cualquier otro país europeo? ¡Qué bajo habrían caído la prensa y la política occidentales si un restaurador ruso pudiera influir en las elecciones europeas o estadounidenses! ¿Acaso no es algo ridículo?». Al describir a Prigozhin[4], el jefe del grupo [paramilitar] Wagner, como el simple dueño de un restaurante, Putin ridiculiza la idea en sí y sugiere implícitamente la superioridad de Rusia sobre Occidente, que parece incapaz de impedir que un cocinero influya en la voluntad de los electores norteamericanos. Está claro que Putin se ha leído bien a Maquiavelo: «Para alcanzar y conservar el poder político, el fin justifica los medios, sin importar lo que digan la ley o la moral». Aunque le guste presentarse como un demócrata y un jefe de Estado sensato, comprometido con la libertad y la paz mundial, lo cierto es que, cuando se celebró la entrevista, Putin ya había ocupado Crimea, aplastado a la oposición,

[4] Prigozhin, que durante muchos años fue considerado el «sabueso» de Putin y su íntimo confidente, y que, como solía decirse, «representaba los intereses rusos» con sus mercenarios del grupo Wagner en Siria, Asia, África y, desde febrero de 2022, en Ucrania, murió —en extrañas circunstancias— en un accidente aéreo el 23 de agosto de 2023, tras haberse sublevado brevemente contra el Gobierno ruso.

prohibido y desangrado económicamente a los medios independientes, y ordenado el asesinato de varios opositores y periodistas. Entre las afirmaciones de Putin y la realidad se abre una brecha cada vez más profunda.

En los años posteriores, el líder ruso ofreció entrevistas a medios extranjeros en repetidas ocasiones, entre ellos a la periodista de la NBC Megyn Kelly, una de las pocas mujeres a las que concedió tal privilegio. «No se debe intentar engañar a Putin, no creo que sea posible —declaró Kelly en junio de 2021 a Radio Free Europe—, pero se puede intentar ponerlo un poco en aprietos. No contestó con sinceridad a mis preguntas. Él lo sabía y yo también».

Mientras que Kelly se defendió muy bien en sus entrevistas con Putin —en efecto, fueron varias—, su colega Keir Simmons saldría algo peor parado de su encuentro con el jefe del Kremlin en junio de 2021, previo a una reunión con el presidente estadounidense Joe Biden. El periodista no preparó bien la cita y Putin lo dejó en ridículo una y otra vez. «Nos han acusado de todo lo imaginable: injerencia electoral, ciberataques, etcétera, etcétera —se lamentó Putin durante la entrevista—, y ni una vez, ni una sola vez se han molestado en aportar ningún tipo de evidencias o pruebas. Solo acusaciones infundadas. Me sorprende que aún no nos hayan acusado de provocar el movimiento Black Lives Matter. Habría sido una buena forma de atacarnos».

«Putin le ha dado una buena paliza al corresponsal de la NBC», se regocijaba el periódico afín al Kremlin *Izvestia* tras la entrevista, igual que la agencia estatal de noticias RIA Novosti, que escribió en tono sarcástico: «Los chinos están encantados con la entrevista de Putin a la NBC». El popular presentador de televisión ruso Vladímir Solovyov preguntó con malicia en su programa de entrevistas: «¿Vieron cuántas veces le dijo Putin lo que pensaba?». Eso es precisamente lo que buscan Putin y los suyos: llegar al pueblo ruso. El objetivo de sus entrevistas con medios extranjeros no son los lectores, oyentes o telespectadores de otros países, sino siempre su propia gente: los rusos, y los periódicos y canales de noticias rusos fieles a la línea oficial, a quienes Putin alimenta con el material necesario para que estos lo presenten como a un líder implacable a quien ningún reportero occidental puede hacerle sombra.

«[Los estrategas del Kremlin] no aprovechan la posibilidad que les brinda la presencia de los medios extranjeros para cambiar el relato en Occidente —afirma Samuel Greene, director del Instituto de Rusia en el King's College de Londres, citado por Radio Free Europe—, pero la imagen que ofrecen esas entrevistas gusta en Rusia: los periodistas occidentales se muestran respetuosos, pero por lo general no logran perturbar a Putin, que los pilla una y otra vez con el pie cambiado, ni dar con las respuestas adecuadas».

Sin embargo, peor aún que las entrevistas fallidas con dictadores son las que ni siquiera pueden considerarse como tales, aquellas en las que los entrevistadores no se distancian de las opiniones de sus interlocutores, convirtiéndose así en meros cómplices acríticos. Eso es precisamente lo que ocurrió a finales de 2019 cuando la directora de la RAI y experiodista Monica Maggioni entrevistó en Damasco al presidente sirio Bashar al-Ásad, quien llevaba años masacrando a su propio pueblo con la ayuda de Rusia, y reduciendo a escombros y cenizas partes de su propio país. Lo llamativo de este caso no fue únicamente que Maggioni no coordinara la entrevista con ningún redactor de la cadena italiana, sino que se mostró tan poco crítica en ella, que varias redacciones de la RAI se negaron a emitirla.

«¿Gas venenoso? Está claro que jamás haríamos algo así. ¿Guerra civil? De eso nada, se trata solo de lucha contra el terrorismo. Y así una detrás de otra», escribió el diario *Taz* de Berlín en una crítica. Sin embargo, en Damasco estaban tan entusiasmados con la inofensiva charla, que el presidente sirio lanzó un ultimátum a los italianos por medio de un comunicado de prensa que salió publicado en Facebook: si la RAI no emitía la entrevista antes del lunes 9 de diciembre, esta se difundiría en los medios de comunicación sirios sin la simultaneidad prevista en los términos del contrato. Estaríamos ante «otro ejemplo más de los intentos de Occidente por ocultar la verdad sobre la situación en Siria y sus consecuencias para Europa y la escena internacional», se afirma en la declaración.

Mientras que la televisión estatal siria emitió íntegramente la entrevista el 12 de diciembre de 2019, la RAI la sumergió en las profundidades de su plataforma de *streaming* RaiPlay. Es curioso que la embarazosa charla con Assad no perjudicara la carrera de Maggioni, sino todo lo contrario: cinco meses después, a sus cuarenta y seis años, volvió al periodismo como presentadora y, a partir de noviembre de 2021, se convirtió incluso en la primera mujer en presentar el principal telediario de la RAI: el *TG1*.

«La televisión pública ha creado un nuevo género: las entrevistas a dictadores —anunció en julio de 2012 el periódico *Frankfurter Rundschau*—. Recientemente, Claus Kleber (a la sazón el presentador estrella de la cadena de TV pública ZDF) conversó con el presidente iraní Ahmadineyad, y el domingo, el programa *Weltspiegel* de la cadena ARD emitió una entrevista que el expolítico Jürgen Todenhöfer mantuvo recientemente con el presidente sirio Bashar al-Ásad». Esta última no fue muy bien recibida por muchos medios de comunicación: «Cuando uno es un *Querdenker*[5] —y piensa al revés que el resto— puede quedarse atrapado en el surco que él mismo ha hecho en el camino, a contracorriente del sentido común y de la moral, y eso es justo lo que está haciendo Jürgen Todenhöfer», criticó proféticamente el diario *Die Welt* (en efecto, el exdiputado conservador de la CDU en el *Bundestag* y gestor de medios de comunicación acabaría uniéndose al movimiento protestatario de los *Querdenker* alemanes). «La entrevista recordó en cierto modo a otras de este tipo realizadas en el pasado por reporteros idealistas e *inconformistas* que se reunieron durante la guerra con el simpático y legendario José Stalin, o bien elogiaron antes del inicio del conflicto bélico al ilustrísimo gobernante del Berghof [Hitler] quien, en el fondo, aspiraba a lo mismo que todo el mundo: por ejemplo, al derecho de autodeterminación de los pueblos, incluido el de los alemanes».

Para conseguir la entrevista, Todenhöfer, que nunca ocultó su simpatía por Assad y su aversión por los Estados Unidos, logró engatusar a una joven colaboradora del dictador sirio enviándole numerosos correos electrónicos que posteriormente se filtrarían a la prensa. La joven en cuestión era Sheherazad

[5] N. del T.: El término *Querdenker*, en principio positivo, pues hace referencia a alguien que piensa con originalidad, de forma diferente, al revés que el resto —«*out of the box*», que se diría en inglés—, adquirió connotaciones negativas a partir de la epidemia de Covid-19. Los medios de comunicación empezaron a llamar *Querdenker* a un grupo de ciudadanos «inconformistas» —así traduce el término el diccionario— que no estaban de acuerdo con las medidas sanitarias impuestas por el Gobierno. La mayor parte de ellos eran «antivacunas» que se reunían para protestar pacíficamente contra lo que llamaban la «*Corona-Diktatur*». Sin embargo, el fin de la epidemia no supuso que este heterogéneo grupo de personas indignadas, que por lo general desconfían de las instituciones, los partidos políticos y los medios de comunicación, y entre los que también hay bastantes simpatizantes de la ultraderecha, dejara de quejarse. Todavía hoy, en algunas ciudades alemanas algunos *Querdenker* siguen concentrándose cada viernes por la tarde para, escoltados por la policía, protestar contra todas aquellas decisiones del Gobierno que consideran injustas.

Jaafari, de veintiún años e hija de Bashar Jaafari, exembajador de Siria ante la ONU y hombre de confianza de Assad: «Querida princesa del Oriente Próximo: hagamos de Siria el pionero democrático del mundo árabe, y [cuando esto suceda] pasaré cada minuto de mi tiempo con la más fascinante de las princesas en este fascinante país». Assad es «el único líder que puede aportar a tu país una democracia moderna, y un futuro estable y libre de la dominación extranjera. Tenemos que hacérselo comprender al mundo. Y también a tu pueblo».

Tampoco el periodista estadounidense Edgar Snow supo mantener la distancia profesional de rigor en su entrevista a Mao Zedong en 1965. No era la primera vez que hablaba con el «gran presidente», ya que en 1936 Snow fue seleccionado entre varios autores extranjeros para escribir la biografía de Mao, dirigida a un público internacional, con la intención de dar una imagen positiva de China y de su líder.

A los veintitrés años, después de estudiar periodismo y de una breve carrera como especulador bursátil, Snow, nacido en Kansas City (Misuri) en 1905, emprendió un viaje por el mundo que, sin embargo, terminaría en China poco más tarde. Allí empezó a trabajar como corresponsal para el semanario estadounidense *The Saturday Evening Post.* Cuando le llegó la propuesta de ayudar al líder chino a redactar su biografía, Snow llevaba ya ocho años viviendo en el país asiático. El proyecto le brindó una oportunidad única de entrevistar tanto a Mao como a otros peces gordos del Partido Comunista, y de observar de cerca la maquinaria del poder chino, que hasta entonces había permanecido completamente oculta a los ojos del mundo occidental. Ni que decir tiene que todo lo que se incluyó en el libro fue controlado, filtrado y puesto en escena por Mao y por el Partido Comunista de China, y sirvió principalmente para promover y divulgar el mito heroico de Mao. Cuando se publicó en 1937 bajo el título *Estrella roja sobre China*, el libro se convirtió de inmediato en un éxito de ventas, incluida su traducción al chino. El texto de Snow marcó la visión del país asiático en todo el mundo y desencadenó en Occidente una enorme ola de simpatía hacia la China comunista y su líder.

Casi tres décadas más tarde, un año antes del inicio de la «Gran Revolución Cultural Proletaria», Edgar Snow se sentaba de nuevo frente al «gran presidente» para hacerle una entrevista de casi cuatro horas, que se publicaría el 27 de febrero de 1965 en la revista política norteamericana *The New Republic*.

El lema de la entrevista fue «Schan-nan hai-pei»: «Del sur de las montañas al norte de los lagos». Snow no llevó anotada ninguna pregunta ni tomó apuntes durante la conversación, y tampoco se le permitió citar textualmente a Mao. Más tarde, una persona no identificada que también estuvo presente en la sala y sí había tomado notas, le ayudó a trasladarla al papel. En el momento de la entrevista, Mao tenía setenta y dos años y Snow sesenta. El reportero era un hombre experimentado, que seguramente conocía China tan bien como un autóctono. Por tal motivo, llama aún más la atención que Snow actuase simplemente como un inocente guionista que ofrecía un marco seudoperiodístico a las divagaciones políticas y filosóficas de Mao. El periodista escribió en tono reverente:

> El guerrero, de 72 años de edad, me recibió en una de las espaciosas salas decoradas al estilo chino clásico del Gran Salón del Pueblo, al otro lado de la amplia plaza que da a Tiananmén, la Puerta de la Paz Celestial en la antigua Ciudad Prohibida. Durante nuestra conversación, Mao dio repetidamente las gracias a los invasores extranjeros por ha-

> ber acelerado la revolución china y por estar haciendo actualmente lo propio en el sudeste asiático. El líder chino afirmó que su país no posee tropas más allá de sus fronteras ni tiene intención de atacar a nadie. China se limitará a defender su propio territorio. También señaló que cuantas más armas y tropas estadounidenses lleguen a Saigón, más rápidamente se armarán y entrenarán para alcanzar la victoria las fuerzas de liberación de Vietnam del Sur. Estas no necesitan por ahora la ayuda de las tropas chinas.

Hablaron de la guerra de Vietnam, de las difíciles relaciones con Estados Unidos, de política internacional en general y, sobre todo, de la devoción a Stalin que reinó en la Unión Soviética hasta 1956 (aunque Mao restó importancia al culto fanático que se le rendía a él mismo) así como del porvenir de la juventud china. Un porvenir, por cierto, que el gran presidente ya había arruinado a los jóvenes y a sus familias algunos años antes con el espectacular «Gran Salto Adelante», que acabó siendo un rotundo fracaso. Con aquella rígida medida, Mao pretendía transformar su país de la noche a la mañana y hacer de una sociedad agraria un país fuertemente industrializado, por lo que obligó a millones de campesinos a abandonar el campo para trabajar en fábricas. Sin embargo, el líder chino no cayó en la cuenta de que aquello acarrearía también el colapso de las cosechas, algo que entre 1959 y 1961 desencadenó una catastrófica hambruna que se cobraría la vida de entre veinte y cincuenta millones de personas. Ahora, cuatro años después, el líder espiritual, político e ideológico de China tenía la ocasión de explayarse sin cortapisas al respecto de «la rica cosecha de cereales chinos», los bajos precios de los alimentos y los bienes de consumo, y los avances alcanzados en todos los ámbitos, así como dar una imagen de gobernante benevolente, visionario, versado en cuestiones filosóficas y amante de la paz[6]. Mao, que probablemente sea el dictador de la historia con más vidas humanas sobre su conciencia, se complacía en el papel de padre democrático y solícito de la patria, que vela por el bienestar de su pueblo.

Snow no fue el único periodista en entrevistar al líder chino. Es evidente que Mao descubrió muy pronto la utilidad de los medios de comunicación como instrumento propagandístico para sus propios fines e intereses. En 1940, un colega de profesión estadounidense llamado Gunther Steen publicó algunas citas de Mao extraídas de una conversación con él, en la que dijo frases como estas:

> Lo que China necesita en estos momentos es democracia, no socialismo. Para ser exactos, en China urgen actualmente tres cosas: 1) expulsar a los japoneses; 2) hacer realidad la democracia en todo el país, otorgando al pueblo todas las formas de libertad modernas, y un sistema de gobiernos nacionales y locales elegidos por los ciudadanos en elecciones generales realmente libres, tal y como ha sucedido en los territorios que están bajo nuestro control; y 3) solucionar la cuestión agraria introduciendo métodos de producción modernos para que en China pueda desarrollarse un capitalismo avanzado y mejore el nivel de vida de la población.

Mao Zedong utilizó una y otra vez a los medios de comunicación occidentales para sus propios fines, convirtiendo hábilmente a algunos periodistas en cómplices de sus intereses. Es el caso de la estadounidense Agnes Smedley, que no solo

[6] En Alemania, la revista *Stern* publicó la entrevista completa, mientras que *Die Zeit* reprodujo algunos extractos.

entrevistó a Mao, sino que también se acostó con él, o Anna Louise Strong, también norteamericana, que en 1946 publicó una recopilación de entrevistas titulada *The Thought of Mao Tse-tung* (la traducción al alemán apareció un año más tarde; por internet circula también una versión en castellano)[7].

El 9 de septiembre de 1976, Mao moría en Pekín a los ochenta y tres años. A pesar de todas las atrocidades cometidas contra su propio pueblo, el culto a su figura sigue todavía vivo, algo a lo que han contribuido en gran medida las entrevistas que le hicieron aquellos dóciles periodistas occidentales.

Mao ya había visto unos años antes las desastrosas consecuencias que podía acarrear la transformación demasiado abrupta de un Estado agrario en uno industrial cuando, en la Unión Soviética, su homólogo Iósif Stalin provocó la muerte por inanición en 1932/33 de varios millones de personas de manera similar. Existen también otros sorprendentes paralelismos entre ambos dictadores, empezando por la opresión a la que sometieron a sus respectivos pueblos, al tiempo que se presentaban ante ellos como padres de la patria comprometidos con el bien común. Además, ambos tomaron fatales decisiones políticas, asesinaron de forma cruel a millones de compatriotas y acabaron siendo objeto de una glorificación absolutamente irracional que se prolongó más allá de su muerte y que, en una parte considerable de la población, persiste incluso en la actualidad.

Las ideas y los actos de Stalin se conocen en cierta medida gracias a una entrevista de tres horas que el periodista y escritor suizoalemán Emil Ludwig —muy popular en su día, hoy

[7] N. del T.: https://www.marxists.org/espanol/mao/escritos/TAL46s.html En aquella entrevista, Mao calificó al imperialismo estadounidense de «tigre de papel», es decir, de ser menos poderoso de lo que aparenta.

caído en el olvido— le hizo al dictador ruso el 13 de diciembre de 1931. La entrevista, que Ludwig utilizó más tarde como base para su biografía de Stalin[8], es también relevante por cuanto fue publicada de manera textual, algo poco común en aquella época.

Ludwig, nacido en Breslavia (Baja Silesia, actualmente Polonia), se especializó en el análisis psicológico de importantes personalidades de la historia del mundo, algunas de las cuales cayeron del pedestal en el que se encontraban. Todas sus biografías noveladas, escritas con un estilo muy ágil, se convirtieron en éxitos de ventas; en 1930 alcanzaron una tirada total de 2.5 millones de ejemplares y fueron traducidas a veintisiete idiomas, lo que convirtió a Ludwig en uno de los escritores de más éxito de su época. Sin embargo, también se convirtió en una figura muy hostigada. Cuando en 1925 se publicó su biografía sobre Guillermo II, el escritor fue acusado de «destruir la leyenda de los Hohenzollern en Alemania y de impedir la reacción monárquica, al pintar a Guillermo II como un malvado belicista convertido en un personaje enfermo, complejo y trágico», lo que desencadenó entre los historiadores «un acalorado debate sobre la legitimidad de la ficción histórica»[9]. Ludwig fue atacado y difamado, en gran parte debido a sus raíces judías. Por lo visto, Goebbels sentía un odio profundo por él. El escritor emigró a Suiza en 1932, un año antes de que sus libros fueran quemados públicamente por estudiantes nazis.

En el momento de la entrevista, Stalin tenía cincuenta y tres años y llevaba una década al frente del Comité Central

[8] Primera impresión: *Stalin: Devil or Genius?*, aparecida en *Liberty* (Nueva York) entre el 10 de enero y el 21 de febrero de 1942. | Primera edición: LUDWIG, Emil: *Stalin*, traducido al inglés por Erna McArthur, Nueva York, G. P. Putnam's Sons, 1942.
[9] La cita está sacada de la edición en línea de «Deutsche Biographie», publicada por la Comisión Histórica de la Academia de Ciencias de Baviera.

del Partido Comunista de la Unión Soviética (PCUS). Aparte de a Ludwig, el dictador soviético solo había concedido entrevistas hasta entonces a otras tres personas de fuera de Rusia: el periodista estadounidense Eugene Lyons (nacido en 1930), el carismático granjero Thomas D. Campbell (1928) también estadounidense, apodado «el rey mundial del trigo», que de hecho asesoraba a Stalin, principalmente en materia agrícola, y que más tarde desarrollaría la bomba de napalm, y Paul Scheffer, que trabajó en Moscú como corresponsal del *Berliner Tageblatt* entre 1921 y 1929. Allí, Scheffer y su noble esposa, Natalie Petrovna Volkonskaya, tenían siempre abiertas las puertas de su casa a periodistas y diplomáticos, a quienes invitaban regularmente. Cuando en 1929 sus reportajes se volvieron algo más críticos, las autoridades soviéticas le negaron el regreso a su país.

Por eso, Emil Ludwig tuvo que garantizar al paranoico autócrata antes de la entrevista que esta se publicaría primero en un periódico ruso, lo que muy probablemente implicó que Stalin influyera en la versión final. Una vez impresa, el 30 de abril de 1932, en la revista rusa *Большевик* (*Bolchevique*, que a partir de 1952 y hasta su desaparición en 1991 se llamó *Коммунист*, *Comunista*), el 24 de mayo apareció finalmente publicada en el periódico austriaco *Neue Freie Presse* una versión corta y dividida en tres partes, bajo el título de «Entrevista con Stalin».

En su biografía sobre el dictador soviético, Ludwig calificó el ambiente de la conversación de frío y aséptico, y a Stalin de «sombrío y extraño», aunque también dijo de él que era un hombre modesto y cercano al pueblo. En el transcurso de la entrevista, Ludwig le hizo, si bien con todo respeto, algunas preguntas bastante atrevidas. Después de que Stalin le explicara al detalle cuánto le importaba el bienestar de la clase trabajadora, cuyo ascenso promovía frente a la despreciable clase de terratenientes y comerciantes, y hasta qué punto los procesos de toma de decisiones políticas en su país eran colectivos y democráticos, Ludwig le dijo:

> LUDWIG: Tengo la impresión de que gran parte de la población de la Unión Soviética vive con miedo, incluso terror, al Gobierno soviético y que, a su vez, la estabilidad del mismo se basa, en cierta media, en ese miedo. Me gustaría saber qué sentimientos le genera el hecho de saber que es necesario sembrar el miedo para mantener la estabilidad del Gobierno. En sus relaciones con sus camaradas, y por supuesto también con sus amigos, usted utiliza métodos completamente distintos, y ninguno de ellos es el miedo. En cambio, sí que se lo infunde a la población.
>
> STALIN: Ahí se equivoca. Y, por cierto, muchos comparten su error. ¿Usted cree que es posible mantenerse en el poder durante catorce años con métodos de terror e intimidación, y gozar al mismo tiempo del apoyo de millones de personas? No, eso es imposible. El Gobierno zarista sabía mejor que nadie cómo intimidar. Tenía una larga y amplia experiencia en este terreno. La burguesía europea, y en particular la francesa, ayudó al zarismo en todos los sentidos y le enseñó a aterrorizar a la población. Sin embargo, a pesar de aquella experiencia y del apoyo de la burguesía europea, la política de intimidación condujo al colapso del zarismo.
>
> LUDWIG: Pero los Románov aguantaron 300 años.
>
> STALIN: Sí, pero ¿cuántas revueltas y cuántas rebeliones hubo en esos 300 años? El levantamiento de Stenka Rasin, el de Emilian Pugachev, la revuelta Decembrista, la Revolución de febrero de 1917 y la Revolución de Octubre. Y ni que decir tiene que la vida política y cultural del país

> es hoy radicalmente diferente a la que existía bajo el antiguo régimen, cuando la oscuridad, la ignorancia, la sumisión y la subyugación política de las masas permitían a los «gobernantes» de entonces mantenerse en el poder durante más o menos tiempo.

En aquella época ya estaba en marcha la llamada «deskulakización», la deportación y el asesinato de familias campesinas más o menos acomodadas (*kulaks*) que se oponían a la colectivización forzosa de Stalin y que por ello eran acusadas de «sabotear la agricultura». Uno de los momentos más destacados de la entrevista se produjo cuando Stalin, sin que Ludwig le preguntara al respecto, sacó a colación este crimen masivo, lo cual hubiera podido dar pie a que el periodista insistiese con más preguntas. Sin embargo, este no hizo la más mínima alusión al tema.

«De hecho, sí que hay una pequeña parte de la población que realmente teme al poder soviético y lucha contra él —dijo Stalin—. Me refiero a los restos de las clases moribundas, las clases que estamos liquidando, y sobre todo a una parte insignificante del campesinado: los *kulaks*. Pero no se trata solo de llevar a cabo una política de intimidación hacia esos grupos, que es lo que ciertamente estamos haciendo. Es de sobra conocido que los bolcheviques no nos limitamos a la intimidación, sino que vamos más allá y trabajamos para liquidar a esta clase burguesa»[10].

Entre 1929 y 1933, unas seiscientas mil personas fueron víctimas de esta liquidación anunciada, lo que provocó el colapso de la agricultura en muchas regiones soviéticas. En Ucrania,

[10] Citado en *Diktatoren im Gespräch: Die Interviews von Emil Ludwig mit Mussolini und Stalin*, Aureon Verlag, 2020. («Hablando con dictadores: las entrevistas de Emil Ludwig con Mussolini y Stalin»).

la histórica hambruna conocida por el nombre de *Holodomor* causó entre siete y catorce millones de muertes, según distintas estimaciones.

De este modo se cierra el círculo con Paul Scheffer, quien ya por 1929 había informado en el *Berliner Tageblatt* sobre las hambrunas en Rusia, tras lo cual le fue prohibida la entrada al país, y quien en 1930 publicó un libro muy aclamado y traducido a varios idiomas bajo el título *Sieben Jahre Sowjetunion* («Siete años en la Unión Soviética»), en el que también hablaba de la colectivización forzosa y del inicio del Holodomor. ¿Es posible que Emil Ludwig no tuviera conocimiento de aquel libro? ¿O acaso le hizo preguntas a Stalin que fueron eliminadas en la versión final controlada por el dictador? Como quiera que sea, la entrevista fue un gran éxito y se reimprimió en todo el mundo, contribuyendo así en gran medida a la difusión de una imagen más bien favorable de Stalin en aquellos años, a pesar de todas las indescriptibles atrocidades cometidas[11].

En noviembre de 1990, Trevor McDonald, periodista y presentador de informativos de la cadena británica ITN, originario de Trinidad y Tobago, viajó a Bagdad para entrevistar a Sadam Huseín. McDonald tenía entonces cincuenta y un años, el pelo cano y una larga experiencia, acumulada durante una increíble carrera profesional: nacido en una familia humilde del Caribe, se convirtió en el primer presentador

[11] Visto en retrospectiva, uno de los casos más comentados de extraña admiración por Stalin fue el del periodista Walter Duranty, nacido en Liverpool en 1884, que trabajó como corresponsal en la Unión Soviética desde 1921. En 1929, Stalin le concedió una entrevista en exclusiva, de la que saldría una serie de artículos para *The New York Times*, en los que el periodista justificó la forma de actuar dictatorial de Stalin, diciendo que, como el pueblo ruso tenía una «mentalidad asiática», necesitaba a un déspota que lo dirigiese con mano dura. Duranty se mostró además comprensivo con el exterminio de los *kulaks* y negó el *Holodomor*. Aquella serie de artículos le valió el Premio Pulitzer en 1932. *The New York Times* no se disculpó hasta 1990 por los textos de su corresponsal.

negro del Reino Unido, y en un periodista de primera fila que entrevistó a los grandes y a los malvados de su época. Fue además el único reportero británico que logró hablar con Sadam Huseín.

El momento de la entrevista no pudo ser más propicio: tres meses antes, el regente iraquí se había anexionado Kuwait, lo que poco más tarde desencadenó la guerra del Golfo, liderada por Estados Unidos bajo el mandato de George H. W. Bush (Bush padre) con el objetivo de «liberar Kuwait». En realidad, la «operación Tormenta del Desierto» tuvo que ver, cómo no, con el petróleo, el dinero y el poder. Sadam quería más petróleo y una costa más extensa y, con ello, puertos en el golfo Pérsico, mientras que Estados Unidos y sus aliados querían impedírselo por precisamente las mismas razones. Como bien es sabido, las consecuencias del conflicto fueron devastadoras, pero McDonald, por supuesto, no podía imaginarlo en aquel momento.

En el momento de la entrevista, Sadam Huseín tenía cincuenta y tres años y llevaba once gobernando su país con mano de hierro. Durante los años de su sangriento y terrorífico régimen, cientos de miles de personas perdieron la vida, torturadas y ejecutadas sin juicio previo. En 1987 y 1988, durante la denominada operación al-Anfal, el dictador ordenó arrasar miles de pueblos kurdos del norte de Irak, donde se calcula que fueron masacradas entre cincuenta mil y cien mil personas.

Cuatro semanas antes de la entrevista, el 10 de octubre de 1990, una joven kuwaití declaró entre lágrimas ante el Comité de Derechos Humanos del Congreso de los EE. UU. que soldados iraquíes habían irrumpido en el hospital Al-Adnan de Kuwait, donde la mujer trabajaba como auxiliar de enfermería, y tras sacar a los bebés de las incubadoras, los habían dejado morir de frío en el suelo. Al parecer, los soldados se llevaron después los aparatos. Un médico kuwaití que aseguró haber trabajado como cirujano en el hospital cuando ocurrieron los hechos, confirmó que alrededor de 120 recién nacidos fueron víctimas de aquella brutal acción. Ambas declaraciones jugaron un papel muy importante en la decisión del Gobierno de Bush de invadir Irak poco después. Más tarde se demostraría que las declaraciones de los dos «testigos» fueron falsas: la supuesta enfermera resultó ser la hija quinceañera del embajador de Kuwait en los Estados Unidos, mientras que el teórico cirujano era un dentista que ni siquiera se encontraba en Kuwait en aquel momento. La puesta en escena corrió a cargo de la agencia estadounidense de relaciones públicas Hill & Knowlton, a la que los kuwaitíes pagaron alrededor de diez millones de dólares para que predispusiera a la población estadounidense a favor de una intervención militar contra Irak. El resultado fue espectacular.

Sin embargo, Trevor McDonald todavía ignoraba en el momento de la entrevista que el «episodio de las incubadoras» era un montaje. Además, había miles de «huéspedes» extranjeros a los que Sadam negaba la salida del país, manteniéndolos así como rehenes. Uno de ellos, por cierto, era un niño francés de dieciocho meses llamado Florian, al que el periodista Patrick Poivre d'Arvor, conocido como PPDA, sacó supuestamente en agosto de Irak, de manera clandestina, metido en una bolsa de viaje o un saco de arpillera, según las diferentes versiones del hecho. En todo caso, los detalles de la espectacular liberación del pequeño, que en su día fue portada de la revista francesa *Paris Match*, parecen algo extraños, aunque más raro aún es que, aparte de *Paris Match*, ningún otro medio informara al respecto. El motivo resulta bastante enigmático. Por su dramatismo, la historia recuerda un poco al best seller de

Betty Mahmoody *No sin mi hija*, publicado en 1987 y llevado a la gran pantalla con Sally Field de protagonista, en el que la autora narra su espectacular huida de Irán.

Patrick Poivre d'Arvor, nacido en Reims en 1947, trabajó entre 1975 y 1983 presentando informativos y otros programas en la cadena pública Antenne 2. Posteriormente, tras algunas vacilaciones, acabó por incorporarse al canal Télévision Française 1 (TF1), donde se convirtió en el presentador del *Journal de 20 heures*, el telediario vespertino de máxima audiencia. PPDA era una estrella, un hombre atractivo y carismático, pero también vanidoso y algo turbio, que no decía siempre toda la verdad. De hecho, una entrevista suya en exclusiva con Fidel Castro resultó ser un burdo montaje realizado a partir de las respuestas del líder cubano en una conferencia de prensa; en otra ocasión, durante la primera guerra de Irak, entrevistó a un guardaespaldas de Sadam Huseín, que al final resultó ser un farsante. Poivre d'Arvor fue acusado de plagio, y condenado por difamación y engaño a la sociedad. Cuando en 2021 varias mujeres lo acusaron de agresión sexual e incluso una de ellas de haberla violado, numerosos medios internacionales como el *Frankfurter Allgemeine Zeitung* o el *Neue Zürcher Zeitung* informaron sobre las acusaciones, en las que describían también la carrera del periodista, que entonces tenía setenta y cuatro años, pero en ningún momento mencionaron la espectacular liberación del niño. Ni siquiera en su extensa entrada de Wikipedia (ni en francés, ni en alemán ni tampoco en español) se hace referencia alguna al respecto. Se sabe al menos que el pequeño Florian existió realmente, hay incluso fotos de él con PPDA y sus padres, y el propio periodista fue el padrino del niño. Sin embargo, el 1 de enero de 1999, la vida de Florian terminó trágicamente en un accidente de tráfico. Tenía solo nueve años.

Pero volvamos a Trevor McDonald. Vista la explosiva situación política, los rehenes y la cruel reputación de Sadam, el periodista debió sentir algo de vértigo cuando por fin logró su objetivo de hacerle al dictador iraquí algunas preguntas incómodas delante de las cámaras.

Al igual que le ocurriera a Fallaci con Jomeini, la reunión de McDonald con Sadam estuvo precedida de meses de complicadas negociaciones. En un artículo para la revista *Caribbean Beat*, aparecido en la primavera de 1992, el periodista británico relataba toda la larga historia de los preparativos para la entrevista, la incertidumbre sobre si llegaría a celebrarse y cuándo, y el temor a que le ocurriera algo a él y a su equipo en Irak. Cuando finalmente llegó el momento de la reunión en «una sala grande de techos altos, ricamente enmoquetada con alfombras de tonos amarillos y dorados, y con enormes y cómodos sillones, [...] el presidente no sonreía, aunque tampoco parecía enfadado. La sala se fue llenando de miembros de su gabinete. Era evidente que habían sido convocados para escuchar. Supuse que muchos de ellos jamás habían oído a nadie desafiar al presidente».

Y McDonald lo hizo. Durante los sesenta minutos que duró la entrevista, le preguntó por atrocidades, agresiones, asesinatos y violaciones de los derechos humanos, todo lo cual fue rechazado rotundamente por Sadam. Según él, todas aquellas afirmaciones eran falsas y habían sido difundidas principalmente por el Reino Unido y EE. UU. Ambos países se habrían confabulado contra Irak y estarían planeando invadir la tierra sagrada musulmana. El periodista, respetuoso en todo momento, no dio su brazo a torcer y cuestionó repetidamente y con firmeza las explicaciones de Sadam, lo cual no estaba exento de peligro. Más tarde, McDonald contó en una entrevista que, al finalizar la reunión, algunos de los ministros del

Gobierno presentes en la sala le dijeron: «nunca había visto a nadie hacerle una pregunta a Sadam. La única vez que se recuerda que un ministro se atrevió a hacerlo, lo sacaron de la sala y le pegaron un tiro».

Al terminar la entrevista, «el presidente se levantó y dijo que quería hablar conmigo —escribió McDonald en *Caribbean Beat*—. Volví a sentir miedo. En ningún momento me había sentido en peligro, pero pensé que iba a decirme que mis preguntas habían sido irreverentes. En cambio, me soltó una charla de veinte minutos sobre lo horrible que era la gente de Kuwait. Era incapaz de ver la tormenta que se cernía sobre su país, lo único que le obsesionaba era la riqueza de Kuwait». Aquellas palabras le resultaron muy reveladoras para comprender la forma en que Sadam gobernaba Irak, según declaró en 2016 a la revista británica *Press Gazette*: «Nadie lo cuestionaba [...], nadie cuestionó nunca sus decisiones de gobierno».

La entrevista de Trevor McDonald a Sadam Huseín sigue teniendo hoy en día un enorme valor documental. La breve descripción de la entrevista de la redacción de *ITN* en su canal de YouTube dice lo siguiente:

> [La entrevista] se grabó en pleno apogeo de una crisis internacional que culminaría con el lanzamiento de la operación Tormenta del Desierto y la expulsión de las fuerzas iraquíes de Kuwait. La enemistad entre Sadam y Occidente se prolongaría hasta la caída del régimen baazista iraquí tras la invasión de Irak liderada por Estados Unidos en 2003. Y el sentimiento expresado por Sadam en aquella entrevista de 1991, en la que afirmó que el Reino Unido y los Estados Unidos estaban conspirando para invadir naciones musulmanas, encontró un público receptivo en las incipientes organizaciones yihadistas de la región.

Trevor McDonald, que siempre trató a sus interlocutores con el máximo respeto, aunque nunca con servilismo, ya había entrevistado en abril de 1988 al déspota libio Muamar el Gadafi —quien se mantuvo en el poder durante más de cuatro décadas—, y, finalmente, logró incluso que este le dedicara un ejemplar de su ensayo de filosofía política, *El Libro Verde*. El periodista también había interrogado a Nelson Mandela, Bill Clinton y muchas otras personalidades políticas, pero lo que de verdad popularizó su figura más allá de las fronteras del Reino Unido fue su entrevista con Sadam Huseín. McDonald se metió en la «boca del lobo», poniendo en riesgo su propia vida, para, desde las mismas fauces, permitirle al mundo entero echar un vistazo al universo mental del dictador. Aquella entrevista y las circunstancias que la rodearon siguen siendo hasta la fecha la principal hazaña profesional del periodista británico. Muchos le siguen aún preguntando por lo que pasó y sintió aquel día. Convertido en un icono del periodismo, McDonald fue nombrado caballero (*sir*) en 1999 por la reina de Inglaterra y escribió una autobiografía en la que cuenta su «inverosímil vida»: *Trevor McDonald - An Improbable Life* (2020).

Steve Barnett Rosenberg, nacido en 1968 en Epping, cerca de Londres, también puede ser considerado un icono del periodismo. Desde 1991 reside en Moscú, donde trabajó primero para la CBS y, desde 1997, para la BBC. Desde 2003 es el corresponsal oficial de la cadena en Rusia, con una interrupción de cuatro años (2006-2010), en los que ocupó la corresponsalía de Berlín. En 2018, varios medios británicos elogiaron su valentía tras preguntarle a Vladímir Putin, durante un acto con agricultores en Krasnodar, si Rusia estaba detrás del envenenamiento de Serguéi Skripal y su hija. Al parecer, la inesperada pregunta dejó mudo por un momento al déspota ruso, alguien que siempre tiene respuesta para todo:

> Putin sonrió a los periodistas mientras pensaba en una respuesta. «Mire, ya tenemos bastante con la agricultura —respondió—. Como puede ver, estamos tratando de crear buenas condiciones de vida para nuestro pueblo, y usted viene aquí con no sé qué tragedias. Primero comprenda el contexto, y luego podremos seguir hablando».

También cabe destacar una entrevista exclusiva que Rosenberg realizó en noviembre de 2021 al presidente bielorruso Aleksandr Lukashenko en su residencia de Minsk. Hasta ahora, el autócrata solo ha concedido a unos pocos representantes de medios occidentales el privilegio de hacerle preguntas. La entrevista, de casi hora y media de duración, giró principalmente en torno a los miles de inmigrantes, la mayoría procedentes de Oriente Medio, que llevaban meses llegando a la Unión Europea a través de Bielorrusia.

Rosenberg, cuya afinidad con Rusia tal vez se explique por los orígenes de su abuelo, nacido en Shklov, en la actual Bielorrusia, demostró durante la entrevista estar muy bien informado y trató a su interlocutor de tú a tú. El periodista, que habla ruso perfectamente, y Lukashenko se trataron como dos viejos conocidos, dirigiéndose el uno al otro por sus respectivos nombres de pila.

No obstante, el líder bielorruso pareció tenso desde el principio, con las piernas cruzadas y el torso ligeramente inclinado hacia delante, como si fuera a levantarse de un salto de la silla. Habló alto, de forma casi estridente, contradiciéndose e interrumpiendo constantemente a Rosenberg. Daba la impresión de estar todo el tiempo a la defensiva, como un perro que ladra detrás de una valla. El periodista, por su parte, se mantuvo aparentemente tranquilo, contradijo con frecuencia a Lukashenko, puso en duda sus declaraciones e insistió en refutarlas con sus propias observaciones sobre el terreno.

El diario austriaco *Kurier* comentó que Rosenberg había «sacado de quicio» al dirigente bielorruso y citó a modo de ejemplo algunos pasajes de la entrevista:

> Lukashenko afirma que el 80 % de los ciudadanos le votaron en las últimas elecciones de 2020. «Entonces, ¿cómo es posible que haya tanta gente protestando contra usted en las calles? ¿Me lo puede explicar? —pregunta Rosenberg—. No le entra en la cabeza, ¿eh? —responde Lukashenko, que añade que la gente siempre ha protestado en Bielorrusia—. Somos un país democrático». Pero según él, esta vez las manifestaciones están siendo alentadas por Occidente: Reino Unido, Alemania y Estados Unidos han infiltrado a personas y financian las protestas.
>
> Cuando, en un momento dado, Lukashenko afirma que solo se ha expulsado de Bielorrusia a aquellas ONG «que pretenden destruir el país», Rosenberg replica: «¿Entre otras, las que defienden los derechos de los animales y de las personas discapacitadas?».
>
> Lukashenko termina la conversación con las siguientes palabras: «No soy una persona vengativa. Siempre he respetado a las mujeres». La conclusión de Rosenberg es que «uno no puede acabar de creer a un gobernante que afirma no ser vengativo y a continuación añade que va a masacrar a esa escoria financiada por Occidente».

En marzo de 2023, la entrevista fue galardonada con el Premio al Periodismo Televisivo en la categoría de Entrevista del Año por la Royal Television Society.

Una de las entrevistas a un dictador más comentadas de los últimos años fue el encuentro de Tucker Carlson con Vladímir Putin en el Kremlin en febrero de 2024. Carlson nació en San Francisco en 1969. Hijo de un banquero, empezó trabajando para algunos *legacy media*, medios de comunicación con tradición y prestigio, como la CNN y la PBS. Más tarde, de 2009 a 2023, fue uno de los presentadores estrella de la cadena ultraconservadora Fox News, propiedad del magnate Rupert Murdoch y de catastrófica influencia para el colapso intelectual del Partido Republicano estadounidense. Dado que Carlson llevaba un tiempo apuntándose a todo tipo de teorías conspirativas, no era de esperar que le hiciera preguntas duras al «*Killer in the Kremlin*» (John Sweeney, 2022). Todo lo contrario: en la entrevista, Putin logró exponer sin filtros su tesis de que la intervención militar rusa en Ucrania sirve principalmente para «desnazificar» al país vecino, aleccionó a su interlocutor con citas de antiguos documentos históricos y, con astucia y cinismo, le recordó a Carlson sus viejas tentativas de entrar en la CIA.

El marco mediático resulta interesante en este caso: tras su despido un tanto opaco de la Fox, Carlson encontró un nuevo hogar periodístico en X (antes Twitter), propiedad del multimillonario Elon Musk, quien tiene la intención de convertir el antiguo portal de mensajería, deficitario económicamente, en una plataforma integral de servicios audiovisuales, retransmisiones deportivas y servicios financieros, con escaso éxito hasta la fecha. En este sentido, la reunión entre Carlson y Putin dio publicidad a la plataforma, sobre todo porque Donald Trump, a cuyos radicales seguidores el autoproclamado adalid de la libertad de expresión Musk había vuelto a abrir las puertas de par en par en X, anunció poco después que se limitaría a

El 8 de febrero de 2024, el periodista estadounidense Tucker Carlson, afín a la ultraderecha, entrevistó al dictador ruso Vladímir Putin para su *Tucker Carlson Network* y la plataforma X (antes Twitter) de Elon Musk. Putin, que había preparado bien el encuentro, ofreció a su dócil entrevistador amplias explicaciones sobre su visión del mundo desde la perspectiva de su gran Rusia. Más tarde, la exsecretaria de Estado norteamericana Hillary Clinton calificaría a Carlson de «tonto útil».

quedarse de brazos cruzados si Rusia atacara a los Estados de la OTAN que no aumentan sus presupuestos militares.

Como era de esperar, el viaje de Carlson a Rusia fue criticado por sus antiguos colegas del periodismo convencional («entrevista-mamada», «cuentos y fábulas»), mientras Carlson se empeñaba en afirmar que él también había tenido miedo de ser detenido en Moscú por a saber qué motivo. Lo realmente anecdótico del episodio fue que el líder ruso se burló después de las inofensivas preguntas de su interlocutor de X. El portavoz de Putin, Dmitri Peskov, añadió con condescendencia que Carlson «no comprendía demasiado bien», pero que al menos escuchaba. Aún más llamativo resulta el hecho de que periodistas de renombre como Christiane Amanpour y Steve Barnett Rosenberg se quejaran de que Putin hubiese rechazado sus solicitudes de entrevistarlo en favor de Tucker Carlson. ¿Qué esperaban de otra entrevista con Putin, después de todo lo que ya se sabe de él?[12] ¿Acaso no habría sido un tributo a la periodista asesinada Anna Politkóvskaya y a otros críticos del régimen que siguen estando en la lista de personas condenadas a muerte renunciar a un nuevo encuentro con Putin?

Armin Wolf, el presentador de la televisión pública austriaca ORF volvió a pronunciarse a través de X: «Tucker Carlson no ha conseguido una entrevista, sino una audiencia con Putin, que ha hecho dos horas de propaganda sin réplica. Era exactamente lo que cabía esperar, por eso le han concedido la audiencia y por eso ningún medio serio ha podido hacerle una entrevista en condiciones desde hace dos años. [...]

[12] Véase, por ejemplo: BELTON, Catherine: *Putin's People: How the KGB Took Back Russia and Then Took On the West*, Macmillan, Nueva York, 2020.

No creo que el Sr. Carlson y yo trabajemos en el mismo negocio. Vaya, [que la entrevista ha sido un] absurdo»[13].

A la hora de entrevistar a dictadores y autócratas, como a cualquier otra persona, importan determinados aspectos: la mejor o peor preparación previa con que se afronta el encuentro, las observaciones inteligentes realizadas durante la entrevista que pueden a veces sorprender al interlocutor (especialmente cuando la conversación se televisa en directo), el hecho de que los gestos y la expresión corporal del déspota se van volviendo cada vez más reconocibles —si bien estos efectos van perdiendo intensidad cuanto más tiempo lleva el dictador en el poder y más experiencia tiene en el trato con informadores extranjeros. Es por eso que los periodistas que trabajan para medios de países democráticos deberían de preguntarse siempre si, en última instancia, los efectos propagandísticos que obtiene el tirano —quien a menudo pretende socavar los sistemas democráticos de otros países al tiempo que reivindica la presunta grandeza de su nación— no tienen más peso que cualquier posible primicia o noticia de última

[13] En 2023 salió a la luz otro caso de grotesco culto a Putin, al descubrirse pagos de hasta seiscientos mil euros al documentalista Hubert Seipel realizados por fuentes cercanas al Kremlin. La cadena de radiotelevisión alemana NDR, para la que Seipel —galardonado, por otra parte, con varios premios por su labor periodística— había hecho un reportaje de Putin con motivo de las elecciones presidenciales de 2012, además de una entrevista en profundidad en 2014, se vio obligada a crear una comisión para investigar a su hasta entonces apreciado colaborador, cuyas crónicas, por cierto, ya habían sido objeto de críticas por su excesiva amabilidad con el déspota ruso. Sin embargo, hay apologistas de Putin todavía más famosos, como el director de cine estadounidense Oliver Stone, quien en 2017 estrenó un documental en cuatro entregas sobre el dictador ruso, que el diario *Süddeutsche Zeitung* calificó de «pornografía de autócratas». Tras calificar el Euromaidán de «golpe de Estado organizado por Estados Unidos» en el documental de Igor Lopatonok, *Ucrania en llamas* (2016), puso en duda en su canal en la red X la masacre de Bucha, tras la invasión rusa de Ucrania en febrero de 2022, y sugirió que una camarilla de opositores ideológicos como la OTAN y la CIA nos impedían «entender la realidad» (*Rolling Stone*).

hora. Para responder a todas estas cuestiones estratégicas, la historia de las entrevistas a Hitler, por mucho que *a posteriori* pudiera disgustar a numerosos medios de comunicación, proporciona un valioso material tanto por sus detalles como por sus conclusiones.

Agradecimientos

La idea de escribir este libro surgió hace varias décadas. A finales de los años ochenta, cuando era un joven redactor en el *Tagesspiegel* de Berlín, leí el libro de Howard K. Smith *Último tren de Berlín*, con la entonces osada idea de desarrollar un proyecto cinematográfico a partir de él. Aunque, como ocurre a menudo, aquella idea no llegó a fraguar —hoy en día, por cierto, sería más atractiva que nunca—, nunca perdí el interés por la labor de los corresponsales extranjeros en entornos hostiles ni por esa extraña combinación de periodistas y dictadores. Varios años después, ya en 2014, el hecho de trabajar en el ensayo *Heideggers Testament. Der Philosoph, Der Spiegel und die SS* (en torno a la legendaria entrevista del semanario *Der Spiegel* con Martin Heidegger, que durante un tiempo fue admirador del Führer) me brindó la ocasión de dedicarme con más calma a analizar las estrategias periodísticas en las entrevistas. A esto se sumaron varias experiencias personales, como cuando entrevisté a Borís Berezovski, el oligarca que, junto con otros partidarios de Yeltsin, llevó a Putin hasta la cima del poder en Rusia, o al general de la KGB Borís Kalugin, a Henry Kissinger, y a actrices, diseñadores de moda y artistas como Claudia Cardinale, Françoise Hardy, Giorgio Armani o Peter Lindbergh, siempre en el marco de proyectos documentales. Digo todo esto para dejar claro que, por experiencia propia, puedo entender en cierta medida la tensión de los entrevistadores antes de ponerse delante de una persona famosa.

Sin la colaboración de Dieter Anschlag (Colonia/Fráncfort del Meno), este libro no habría podido ver la luz; fue él quien se encargó de revisar con gran esmero cada uno de los capítulos, de consultar los archivos y, sobre todo, de establecer la cronología de las entrevistas con Hitler. Nils Berg (Bochum) dedicó su tiempo en el Institut für Medien- und Kommunikationspolitik (IfM) a buscar en los archivos los originales de las entrevistas y la correspondencia relacionada con ellas. A Steffen Grimberg, Sabine Sasse y Christian Wagener, un equipo que ha demostrado su valía a lo largo de varias décadas, les agradezco la preparación de algunos capítulos, sobre todo los relativos a las entrevistas de periodistas británicos y franceses con el líder nazi, así como la amplia reflexión sobre el sentido de las entrevistas a dictadores. Agradezco además a Sylke Hachmeister y Anton Hachmeister, Tatjana Reiff, Diemut Roether, Paola Niccolaioni y Silke Geiring (Bayerische Staatsbibliothek) por sus investigaciones adicionales y por facilitarme los contactos. Magnus Brechtken, Peter Schöttler, Paul Hoser y Norman Domeier me proporcionaron valiosa información desde el punto de vista histórico. Anne Emmert, Christine Ammann y Sylvia Bieker tradujeron los textos del inglés con gran precisión. Muchas gracias. Mia Paetzold y Levi Paetzold se encargaron de la bibliografía de este libro y de investigar en diferentes bases de datos. Knud Böhle me permitió participar en su investigación en torno a las entrevistas de reporteros españoles con Hitler, por lo que también le estoy muy agradecido. Quiero expresar mi especial agradecimiento a Martin Breitfeld (de la editorial Kiepenheuer & Witsch) y Jan Martin Ogiermann por su paciencia durante la revisión del libro, sobre todo teniendo en cuenta que este proyecto resultó ser mucho más complejo de lo previsto en un principio.

Colonia / Antibes, primavera de 2024

Lista de las entrevistas[1]

1922-1923

Karl von Wiegand, Grupo Hearst, 12/13 de noviembre de 1922 y ss., publicada entre otros en el *New York Journal-American*, 12/11/1922, y en *The Bridgeport Telegram* (Connecticut), 13/11/1922.

N.N. periodista danés, *Århus Stiftsidende* (Aarhus), 14/11/1922.

Raymond Fendrick, *Chicago Tribune* (Chicago), 8/03/1923.

Giulio De Benedetti, *Gazzetta del Popolo* (Turín), 28/03/1923.

Javier Bueno (seudónimo: **Antonio Azpeitia**), *ABC* (Madrid), 6/04/1923.

N.N., periodista estadounidense, *The World* (Nueva York), 20/08/1923.

[1] Esta lista contiene las entrevistas verificables que Hitler concedió a corresponsales extranjeros o a representantes de medios de comunicación internacionales. Por regla general, se indica la fecha de publicación de las entrevistas («ss.» tras la primera fecha significa que hubo también artículos/impresiones en los días siguientes); si no ha sido posible autentificar la fecha de publicación, se indica la fecha de la entrevista (F) que figura en las fuentes publicadas. Obviamente, las entrevistas falsas no han sido incluidas en la lista, mientras que aquellas cuya veracidad no está clara aparecen entre corchetes. La lista se basa en: investigaciones propias (especialmente en los archivos de la Cancillería del Reich o en los Archivos Federales), la edición actual del Instituto de Historia Contemporánea (*Hitler. Reden, Schriften, Anordnungen*), Harald Sandner (*Hitler - Das Itinerar. Aufenthaltsorte und Reisen von 1889 bis 1945*), Max Domarus (*Hitler: Reden und Proklamationen 1932-1945*), Eberhard Jäckel y Axel Kuhn/editores (*Hitler - Sämtliche Aufzeichnungen 1905-1924*), Milan Hauner (*Hitler - A Chronology of his Life and Time*) y Hand-Adolf Jacobsen (*Nationalsozialistische Außenpolitik*), si bien en la bibliografía de investigación existente se encontraron imprecisiones en las fechas, que han sido corregidas para este libro a nuestro leal saber y entender. Las entrevistas a Hitler solían imprimirse traducidas al alemán en el *Völkischer Beobachter* u otras publicaciones nacionalsocialistas; esto solo se indica en la lista cuando se trata de una reproducción de notas de agencias (para saber más sobre las traducciones al alemán en el *Völkischer Beobachter*, véase sobre todo la obra de Domarus).

N.N., periodista estadounidense, United Press, 30/10/1923 (F), el texto de la agencia United Press fue publicado probablemente a comienzos de octubre; apareció en el *München-Augsburger Abendzeitung* el 7/10/1923 y en el *Münchener Post* el 9/10/1923.

Rothay Reynolds, *The Daily Mail* (Londres), 3/10/1923.

George Sylvester Viereck, *The American Monthly* (Nueva York), 8/10/1923, Reynolds y Viereck entrevistaron a Hitler el 2/10/1923. La entrevista de Viereck se publicó de nuevo en el semanario *Liberty* el 9/07/1932, de forma parcialmente abreviada y con algunos pasajes añadidos.

Leo Negrelli, *Corriere Italiano* (Roma), 16/10/1923, se publicó una versión resumida de esta entrevista en *Il Popolo d'Italia* (Roma) el 19/10/1923.

Leo Negrelli, *Corriere Italiano* (Roma), 26/10/1923.

Gustavo Tragia, *L'Epoca* (Roma), 4/11/1923.

[**Eugeni Xammar**, *La Veu de Catalunya* (Barcelona), 24/11/1923.

Josep Pla, La Publicitat (Barcelona), 28/11/1923, supuestamente, Xammar y Pla entrevistaron juntos a Hitler el 8/11/1923 en Múnich, en la redacción del *Völkischer Beobachter*, «solo unas horas antes del golpe de Estado» (Xammar). Los textos de Xammar (24/11) y de Pla (28/11) pueden leerse en el libro de XAMMAR, Eugeni: *El huevo de la serpiente. Crónicas desde Alemania (1922-1924)*, Acantilado, Barcelona, 2005.]

1930-1933

Karl von Wiegand, grupo Hearst, 5/01/1930 y ss., entre otros en el *New York Journal-American*, 5/01/1930.

Rothay Reynolds, *The Daily Mail* (Londres), 27/09/1930.

Pietro Solari, *Gazzetta del Popolo* (Turín), 29/09/1930.

Stanley Simpson, *The Times* (Londres), 4/10/1930.

Karl von Wiegand, grupo Hearst, 5/01/1930 y ss., entre otros en el *New York Journal-American y Corriere della Sera*, ambos el 5/01/1930, además de en la prensa alemana.

Stanley Simpson, *The Times* (Londres), 15/10/1930.

N.N., periodista estadounidense, *International News Service* (Hearst), 15/10/1930 y ss.

N.N., periodista estadounidense, Associated Press, 15/10/1930 y ss. publicada, por ejemplo, en el *New Yorker Staats-Zeitung*, el 15/10/1930. Entrevista colectiva: Simpson y los dos periodistas estadounidenses entrevistaron a Hitler el 15/10/1930 en Berlín.

António Ferro, *Diário de Notícias* (Lisboa), 23/11/1930.

Bruno Galzigna, *La Tribuna* (Roma), 17/11/1931 (F).

Gino Cucchetti, *Il Popolo d'Italia* (Roma), 12/05/1931.

Sefton Delmer, *Daily Express* (Londres), 4/05/1931.

Stanley Simpson, *The Times* (Londres), 9/06/1931.

N.N., periodista estadounidense, United Press, 14/07/1931 y ss., mencionada p. ej. en el *8-Uhr-Abendblatt* (Berlín) el 14/07/1931, y en *The New York Herald European Edition* (París) el 15/07/1931.

N.N., representante de la agencia de noticias británica Reuters, 28/07/1931 (F), según otra fuente la fecha (F) de la entrevista se sitúa entre el 14 y el 28/07/1931.

Gino Cucchetti, *Il Popolo d'Italia* (Roma), 3/11/1931.

Donald Mackenzie, *Sunday Graphic and Sunday News* (Londres), 6/12/1931.

Louis P. Lochner, Associated Press, 6/12/1931 y ss., publicada entre otros en el *Sonntagsblatt Staats-Zeitung und Herold* (Nueva York) el 6/12/1931.

Pietro Solari, *Gazzetta del Popolo* (Turín), 7/12/1931.

Louis P. Lochner, Associated Press, 7/12/1931, publicada entre otros en el *New York Herald Tribune* (Nueva York) el 7/12/1931.

Harold Callender, *The New York Times* (Nueva York), 7/12/1931.

Prof. Minosuke Momo, *Tokio Nichi Nichi Shimbun* (Tokio), 24/12/1931.

Charles Edward Gratke, *The Christian Science Monitor* (Boston), 22/12/1931.

[**Annetta Halliday-Antona**, *Detroit News* (Detroit), 31/12/1931].

Reiji Kuroda alias Dr. M. Okanouye, *Tokio Asahi Shimbun* (Tokio), 3/01/1932.

Italo Zingarelli, *La Stampa* (Turín), 6/02/1932.

Alfredo Stendardo, *Il Giornale d'Italia* (Roma), 21/02/1932.

Filippo Bojano, *Il Popolo d'Italia* (Roma), 28/02/1932.

Dorothy Thompson, *Hearst's International Cosmopolitan* (Nueva York), núm. 3/32, marzo, 1932.

Hubert Renfro Knickerbocker, *New York Evening Post* (Nueva York), 12/03/1932.

N.N., periodista francés, *L'Œuvre* (París), 19/03/1932.

Sefton Delmer, *Daily Express* (Londres), 22/03/1932.

Sefton Delmer, *Daily Express* (Londres), 6/04/1932.

Sefton Delmer, *Daily Express* (Londres), 11/04/1932.

Stanley Simpson, *The Times* (Londres), 12/04/1932.

Sefton Delmer, *Daily Express* (Londres), 13/04/1932.

Sefton Delmer, *Evening Standard* (Londres), 14/04/1932, edición vespertina, extracto aparecido en el *Völkischer Beobachter* el 16/04/1932.

Hubert Renfro Knickerbocker, *New York Evening Post* (Nueva York), 14/04/1932.

Edgar Ansel Mowrer, *Chicago Daily News* (Chicago), 14/04/1932. Entrevista colectiva: Delmer, Knickerbocker y Mowrer entrevistaron a Hitler el 14/10/1932 en Berlín.

Carlo Scorza, entrevista el 29/04/1932 en el Hotel Kaiserhof de Berlín, publicada en: SCORZA, Carlo: *Fascismo. Idea imperiale*, De Gasperis, Roma, 1933, (pp. 80-87).

Percy Thomas Etherton, *Daily Sketch* (Londres/Manchester), 30/05/1932.

Hans V. Kaltenborn, CBS Radio, después del 17/08/1932, probablemente emitida después del 17/08/1932 en la radio. En *The Wisconsin Magazine of History*, verano 1967, vol. 50, núm 4, pp. 283-290, apareció un artículo sobre la entrevista firmado por Hans V. Kaltenborn. Título: «An Interview with Hitler, August 17, 1932».

Louis P. Lochner, Associated Press, 19 y 20 de agosto de 1932 y ss., publicada entre otros en el *The Manchester Guardian* el 20/08/1932, el *Berliner Nachtausgabe* el 19/08/1932 y en el *Völkischer Beobachter* los días 21 y 22 de agosto de 1932.

Karl von Wiegand, *Universal Service*, grupo Hearst, 19/08/1932 y ss., entre otros en el *New York Journal-American* el 19/08/1932, y en *Wächter und Anzeiger*, el 20/08/1932. Entrevista colectiva: Kaltenborn, Lochner y Wiegand entrevistaron a Hitler el 17/08/1932 en Obersalzberg.

Randolph Churchill, *The Daily Mail* (Londres), 26/09/1932.

Véase al respecto la nota de la agencia de noticias *Wolffs Telegraphen Bureau* del 27/09/1932, el *Berliner Börsen Courier* y el *Berliner Börsenzeitung*, ambos del 26/09/1932 y el *Deutsche Zeitung* del 27/09/1932.

Remo Renato Petitto, *Il Tevere* (Roma), 4 y 5 de octubre de 1932.

Sefton Delmer, *Daily Express* (Londres), 28/11/1932.

N.N., periodista italiano, *Giornale d'Italia* (Roma), 3/02/1933.

N.N., representante de Associated Press, 4/02/1933 y ss.

N.N., periodista británico (F) (y tal vez en la misma fecha otros periodistas de los tres países). Entrevista colectiva realizada el 3/02/1933, véase *Wolffs Telegraphen Bureau* del 4/02/1933, publicada también en el *Völkischer Beobachter* el 6/02/1933.

Percy Thomas Etherton, *Sunday Express* (Londres), 12/02/1933. La entrevista tuvo lugar el 6/02/1933. En realidad, Etherton acude a ella como representante de *The Daily Mail* (Londres), pero, según el *Völkischer Beobachter*, la entrevista se publica el 12/02/1933 en el *Sunday Express*; al parecer también en el periódico francés *Le Matin*, aunque se desconoce la fecha de su publicación.

N.N., periodista húngaro, *Budapesti Hírlap* (Budapest), 23/02/1933 (F). Según el *Wolffs Telegraphen Bureau*, el artículo es del 23/02/1933.

Louis P. Lochner, Associated Press, 24/02/1932 y ss., publicada también en el *Völkischer Beobachter* los días 25 y 26 de febrero de 1933, y por vía del *Wolffs Telegraphen Bureau* el 24/02/1932. En los días posteriores al 20/02 hubo entrevistas con otros periodistas internacionales (F).

Sefton Delmer, *Daily Express* (Londres), 3/03/1933.

Sir John Foster Fraser, *The Daily Telegraph* (Londres), 6/05/1933.

Bernard F. Ridder y William J. Margreve, *New Yorker Staats-Zeitung* (Nueva York), 19/05/1933 (también en el *Sonntagsblatt Staats-Zeitung* y *Herold)*, véase asimismo el *Jewish Daily Bulletin* del 24/05/1933.

Thomas Russell Ybarra, *Collier's* (Nueva York), 1/07/1933, el resumen previo de la entrevista de Ybarra apareció en *The New York Times* del 23/06/1933; Ybarra se reunió con Hitler en dos ocasiones para realizar la entrevista: la primera, en el último trimestre de 1932 en la Casa Parda de Múnich y, la segunda, el 18/05/1933 en la Nueva Cancillería del Reich, en Berlín.

Anne O'Hare McCormick, *The New York Times* (Nueva York), 10/07/1933.

Kerim Tabet, *Al Muqattam* y *Al Musawar* (ambos de El Cairo), 18/08/1933.

Ward Price, *The Daily Mail* (Londres), 19/10/1933.

Karl von Wiegand, grupo Hearst, 31/10/1933 (F).

[**Lukin Johnston**, Canadá, *The Province* (Vancouver), 15/11/1933 (F)]

Fernand de Brinon, *Le Matin* (París), 21/11/1933.

1934-1939

Ward Price, *The Daily Mail* (Londres), 18/02/1934.

Louis P. Lochner, Associated Press, 3/0471934 y ss., publicada entre otros en el *Völkischer Beobachter* el 4/04/1934.

Vernon Bartlett, *News Chronicle* (Londres), 25/06/1934.

Alfred J. Pearson, *The New York Herald European Edition* (París), 11/07/1934, la entrevista volvió a publicarse por vía de United Press en *The Columbus Daily Telegram* (Columbus/Nebraska), entre otros medios, el 11/07/1934.

Ward Price, *The Daily Mail* (Londres), 6/08/1934.

Jean Goy, *Le Matin* (París), 18/11/1934.

Pierre J. Huss, *International News Service* (Hearst), 16/01/1935 y ss., por vía de la Agencia Oficial de Noticias (DNB), el 16/01/1935, publicada también en el *Völkischer Beobachter* el 17/01/1935.

Ward Price, *The Daily Mail* (Londres), 18/01/1935, publicada también en el *Völkischer Beobachter* el 19/01/1935. Dos días después apareció en el mismo medio un comentario de Ward Price al respecto de la entrevista: «Estoy convencido de que Hitler ama la paz. Nunca lo había visto tan rejuvenecido como el viernes pasado [la entrevista tuvo lugar el 17/01/1935]. Me sorprendió una y otra vez la agudeza de sus reflexiones al comentar distintos acontecimientos políticos mundiales».

Kazimierz Smogorzewski, *Gazeta Polska* (Varsovia), 26/01/1935.

Armando Boaventura, *Diário de Notícias* (Lisboa), 31/01/1935.

Felix Correia, *Diário de Lisboa* (Lisboa), 7/02/1935, la entrevista con ambos periodistas portugueses tuvo lugar en Berlín el 31/01/1935.

Reiji Kuroda alias Dr. M. Okanouye, *Tokio Asahi Shimbun* (Tokio), 27/01/1935.

Ward Price, *The Daily Mail* (Londres), 18/03/1935.

Hugh Baillie, United Press, 27 y 28 de noviembre de 1935 y ss. varios periódicos estadounidenses y de la prensa internacional, texto de la Agencia Oficial de Noticias (DNB) del 27/11/1935, publicado también en el *Völkischer Beobachter* el 28/11/1935.

Élisabeth Sauvy (alias Titaÿna), *Paris-Soir* (París), 26/01/1936.

Bertrand de Jouvenel, *Paris-Midi* (París), 28/02/1936 y *Paris-Soir* (París), 29/02/1936.

Roy W. Howard (*Scripps-Howard-Zeitungen*/United Press), 27/02/1936 (F), Howard acude a la entrevista con Hitler acompañado por Fred C. Oechsner (director de la oficina de United Press en Berlín). Hitler y la Cancillería del Reich no autorizan la publicación de la entrevista.

Ward Price, *The Daily Mail* (Londres), 11/03/1936.

[**Inga Arvad**, *Berlingske Aftenavis* (Copenhague), 5/09/1936, Arvad entrevistó a Hitler (supuestamente) a finales de noviembre de 1935 (sin que se publicara tal entrevista) y (probablemente) en septiembre de 1936]

Abel Bonnard, *Le Journal* (París), 22/05/1937.

Ward Price, *The Daily Mail* (Londres), 14/03/1938.
Filippo Bojano, *Il Popolo d'Italia* (Roma), 16/03/1938.
N.N., periodista italiano de la Agenzia Stefani, 10/05/1938 (F), reproducida por la Agencia Oficial de Noticias (DNB) el 10/05/1938.
Alphonse de Châteaubriant, *Le Journal* (París), 2/09/1938.
Ward Price, *The Daily Mail* (Londres), 19/09/1938.
Robert Chenevier, *L'Illustration* (París), 10/12/1938.

A partir de 1940

Karl von Wiegand, Grupo Hearst, 14/06/1940 (y posiblemente ss.), publicada entre otros en *Los Angeles Examiner*, *New York Journal-American*, *San Francisco Examiner*, en todos ellos el 14/06/1940; también el *Völkischer Beobachter* la publicó el 16/06/1940.
John Cudahy, *Life* (Nueva York), 9/06/1941.
[**Pierre J. Huss** (***International News Service***, Hearst), octubre/noviembre de 1941, supuesta entrevista, publicada en el libro de HUSS, Pierre John: *Heil! and Farewell*, Jenkings Ltd., Londres, 1943, en el capítulo titulado: «An interview with Hitler a month before he declared war on the United States», pp. 207-222]
Christer Jäderlund, *Stockholms-Tidningen* (Estocolmo), 19/3/1944, proporcionada por la Agencia Oficial de Noticias (DNB) el 18/03/1944, el texto de la DNB apareció publicado el 19/03/1944 y en la prensa internacional el 19/03/1944 y ss., p. ej. en *The New York Times* el 19/03/1944.

Bibliografía

A., O.: *Hitlers geheimes Buch: Dokumente 1926-28*, DVG, Deutsche Verlagsgesellschaft, Preußisch Oldendorf, 2017.

ALFORD, Kenneth D. y SAVAS, Theodore P.: *Nazi Millionaires - The Allied Search for Hidden SS Gold*, Casemate Publishers, Havertown, 2002.

ALY, Götz: *Endlösung: Völkerverschiebung und der Mord an den europäischen Juden*, S. Fischer Verlag, Fráncfort del Meno, 1995.

ANDREWS, Geoff: *Smooth Operator. The life and times of Cyril Lakin, editor, braodcaster and politician*, Modern Wales/Parthian, Cardigan, 2021.

ANFUSO, Filippo: *Rom-Berlin in diplomatischem Spiegel*, Pohl & Co. Verlag, Múnich, 1951.

APING, Norbert: *Liberty - Shtunk! Die Freiheit wird abgeschafft. Charlie Chaplin und die Nationalsozialisten*, Schüren Verlag, Marburgo, 2011.

AVERBECK, Stefanie y KNUTSCH, Arnulf (ed.): *Zeitung, Werbung, Öffentlichkeit. Biographisch-systematische Studien zur Frühgeschichte der Kommunikationsforschung*, Herbert von Halem Verlag, Colonia, 2005.

BAHNERS, Patrick: *Die Wiederkehr: Die AfD und der deutsche Nationalismus*, Klett-Cotta, Stuttgart, 2023.

BAHNSEN, Uwe y O'DONNELL, James P.: *Die Katakombe: Das Ende in der Reichskanzlei*, dtv, Múnich, 1977.

BAILLIE, Hugh: *High Tension*, Werner Laurie, Londres, 1959.

BALABANOFF, Angelica: *Erinnerungen und Erlebnisse*, E. Laubsche Verlagsbuchhandlung, Berlín, 1927.

BANACH, Jens: *Heydrichs Elite: Das Führerkorps der Sicherheitspolizei und des SD 1936-1945*, Verlag Ferdinand Schöningh, Paderborn, 1998.

BANDINELLI, Ranuccio Bianchi: *Hitler, Mussolini und Ich: Aus dem Tagebuch eines Großbürgers*, Matthes & Seitz, Berlín, 2016.

BASCHWITZ, Kurt: *Du und die Masse*, E. J. Brill Verlag, Leiden, 1951.

BATH, Matthias: *Der SD in Dänemark 1940-1945: Heydrichs Elite und der «Gegenterror»*, Neuhaus Verlag, Berlín, 2015.

BAUER, Richard: *München - «Hauptstadt der Bewegung». Bayerns Metropole und der Nationalsozialismus*, Klinkhardt & Biermann, Múnich, 1993.

BEARD, Patricia: *Newsmaker: Roy W. Howard, The Mastermind Behind the Scripps-Howard News Empire From the Gilded Age to the Atomic Age*, Lyons Press, Guilford, 2016.

BEATTIE, Edward W.: *Freely to Pass*, Thomas Y. Crowell Company, Nueva York, 1942.

BELTON, Catherine: *Putins Netz: Wie sich der KGB Russland zurückholte und dann den Westen ins Auge fasste*, Harper Collins Verlag, Hamburgo, 2022.

BENZ, Wigbert: *Paul Carell. Ribbentrops Pressechef Paul Karl Schmidt vor und nach 1945*, wvb, Berlín, 2005.

BERESHKOW, W. M.: *Jahre im diplomatischen Dienst*, Dietz Verlag, Berlín, 1975.

BERNAYS, Robert: *Special Correspondent*, G. P. Putnam's Sons, Nueva York, 1934.

BERNDT, A. J. y WEDEL, Oberst von (ed.): *Deutschland im Kampf*, Verlagsanstalt Otto Stollberg, Berlín, 1941.

BERTRAND, Louis: *Hitler*, Artheme Fayard, París, 1936.

BILLINGER, Karl: *Hitler Is No Fool*, Modern Age Books, Nueva York, 1939.

BLOCH, Marc: *Die seltsame Niederlage: Frankreich 1940: Der Historiker als Zeuge*, Fischer Taschenbuch, Fráncfort del Meno, 1995.

BLOOMENKRANZ, Sol: *Charles Bedaux - Deciphering an Enigma*, iUniverse, Bloomington, 2012.

BOELCKE, Willi A. (ed.): *Kriegspropaganda 1939-1941: Geheime Ministerkonferenzen im Reichspropagandaministerium*, Deutsche Verlags-Anstalt, Stuttgart, 1966.

________: *Wollt Ihr den totalen Krieg? Die geheimen Goebbels-Konferenzen 1939-1943*, dtv, Múnich, 1969.

BOJANO, Filippo: *Ein Faschist erlebt die nationale Revolution: Die erste ausländische Darstellung der Deutschen Erhebung und ihres Sieges*, E. G. Mittler & Sohn, Berlín, 1933.

________: *In the Wake of the Goose-Step*, Ziff-Davis Publishing Company, Nueva York, 1945.

BOLLMUS, Reinhard: *Das Amt Rosenberg und seine Gegner - Zum Machtkampf im nationalsozialistischen Herrschaftssystem*, Deutsche Verlags-Anstalt, Stuttgart, 1970.

BOSWORTH, R. J. B.: *Claretta: Mussolini's Last Lover*, Yale University Press, New Haven, 2021.

BOUHLER, Phillip (ed.): *Der großdeutsche Freiheitskampf: Reden Adolf Hitlers*, 3 tomos, Zentralverlag der NSDAP, Múnich, 1940-1942.

BOURDREL, Philippe: *Nous avons fait Adolf Hitler*, Editions Ramsay, París, 1983.

BOURSEILLER, Christophe: *Ils l'appelaient Monsieur Hitler: L'histoire méconnue des nazis français 1920-1945*, Perrin, París, 2022.

BBOUVERIE, Tim: *Mit Hitler reden. Der Weg vom Appeasement zum Zweiten Weltkrieg*, Rowohlt, Hamburgo, 2021 (1.ª ed. 2019).

BRANCA, Éric: *Les entretiens oubliés d'Hitler 1923-1940*, Perrin, París, 2019.

BRECHTKEN, Magnus: *Albert Speer: Eine deutsche Karriere*, Siedler, Múnich, 2018.

BRONNEN, Arnolt: *Roßbach*, Rowohlt Taschenbuch, Reinbek, 1930.

BROSZAT, Martin y FREI, Norbert, (ed.): *Das Dritte Reich im Überblick: Chronik - Ereignisse - Zusammenhänge*, Piper, Múnich, 1992.

BRUNELLE, Gayle K. y FINLEY-CROSWHITE, Annete: *Murder in the Métro. Laetitia Toureaux and the Cagoule in 1930s France*, Louisiana State University Press, Baton Rouge, 2012.

________: *Assassination in Vichy: Marx Dormoy and the Struggle for the Soul of France*, University of Toronto Press, Toronto, 2020.

BUCHANAN, Patrick: *Churchill, Hitler und der unnötige Krieg. Wie Großbritannien sein Empire und der Westen die Welt verspielte*, Pour le Mérite - Verlag für Militärgeschichte, Selent, 2017 (1.ª edición de 2008).

BULLOCK, Alan: *Hitler: Eine Studie über Tyrannei*, Droste Verlag, Düsseldorf, 1972.

BURDICK, Charles Burton: *An American Island in Hitler's Reich: The Bad Nauheim Internment*, Markgraf Publications Group, Menlo Park, 1987.

BUSCHKE, Heiko: *Deutsche Presse, Rechtsextremismus und nationalsozialistische Vergangenheit in der Ära Adenauer*, Campus, Fráncfort del Meno, 2003.

BUSSEMER, Thymian: *Propaganda: Konzepte und Theorien*, VS Verlag für Sozialwissenschaften, Wiesbaden, 2015.

CALIC, Edouard: *Ohne Maske: Hitler-Breiting. Geheimgespräche 1931*, Frankfurter Societäts-Druckerei, Fráncfort del Meno, 1968.

CALLENDER, Harold: *A Preface to Peace*, Bradford & Dickens, Londres, 1944a.

________: *A Preface to Peace*, Alfred A. Knopf, Nueva York, 1944b.

CARRÈRE, Emmanuel: *97,196 Words. Essays*, Vintage, Londres, 2020.

CASTLE, Colin: *Rufus: The Life of the Canadian Journalist Who Interviewed Hitler, Granville Island Publishing*, Vancouver, 2014.

CESARANI, David: *Adolf Eichmann: Bürokrat und Massenmörder - Biografie*, Propyläen Verlag, Berlín, 2004.

CHATEAUBRIANT, Alphonse de: *Geballte Kraft. Ein französischer Dichter erlebt das neue Deutschland*, G. Braun, Karlsruhe, 1938.

CHAVES NOGALES, Manuel: *Deutschland im Zeichen des Hakenkreuzes*, Kupido Verlag, Colonia, 2022. Original en español: *Bajo el signo de la esvástica, Cómo se vive en los países de régimen fascista*, Almuzara Libros, Córdoba, 2012.

CIANO, Galeazzo: *Tagebücher 1937/38*, Wolfgang Krüger Verlag, Hamburgo, 1949.

________: *The War Diaries of Count Galeazzo Ciano 1939-1943*, Fonthill Media, Stroud, 2015.

CLARK, Roland y GRADY, Tim (ed.): *European Fascist Movements: A Sourcebook*, Routledge, Londres, 2023.

CLARK, Victoria y SCOTT, Melissa: *Zu Tisch bei Diktatoren - Die Lieblingsspeisen der Tyrannen*, Wilhelm Heyne Verlag, Múnich, 2021.

CLOUD, Stanley y OLSON, Lynne: *The Murrow Boys: Pioneers on the Front Lines of Broadcast Journalism*, Houghton Mifflin Company, Boston, 1996.

COHEN, Deborah: *Last Call at the Hotel Imperial: The Reporters Who Took on a World at War*, Random House, Nueva York, 2022.

COINTET, Jean-Paul: *Hitler et la France*, Éditions Perrin, París, 2014.

COLMAN, Penny: *Where the action was: Women war correspondents in world war II*, Crown Publishing Group, Nueva York, 2002.

COLVILLE, John: *Downing Street Tagebücher 1939-1945.* Traducido al alemán por Karl H. Schneider, Verlag Wolf Jobst Siedler, Berlín, 1988.

CONRADI, Peter: *Hitlers Klavierspieler: Ernst Hanfstaengl: Vertrauter Hitlers, Verbündeter Roosevelts*, S. Fischer Verlag, Fráncfort del Meno, 2007.

CORINO, Karl (ed.): *Gefälscht!: Betrug in Literatur, Kunst, Musik, Wissenschaft und Politik*, Greno, Nördlingen, 1988.

COWLES, Virginia: *Looking for Trouble: Bericht einer unerschrockenen Kriegsreporterin*, DuMont Buchverlag, Colonia, 2022.

CUCCHI, Francesca: *Fascismo e Nazionalsocialismo. Negli anni trenta*, Società Editrice Barbarossa, Milán, 2000.

CUDAHY, John: *The Armies March: A Personal Report*, Charles Scribner's Sons, Nueva York, 1941.

CUTHBERTSON, Ken: *A Complex Fate: William L. Shirer and the American Century*, McGill-Queen's University Press, Montreal, QC, Canadá, 2015.

DAGTOGLOU, Prodomos: *Wesen und Grenzen der Pressefreiheit*, W. Kohlhammer Verlag, Stuttgart, 1963.

DAHL, Edgar: *Das erste Opfer des Krieges ist die Wahrheit: Wie Roosevelt den Zweiten Weltkrieg plante*, Nibe Media Verlag, Würselen, 2021.

DALLEK, Robert: *J. F. Kennedy, Una vida inacabada*, traducción de Ana Herrera, Península, Barcelona, 2004.

DARD, Olivier: *Bertrand de Jouvenel*, Perrin, París, 2008.

DE FELICE, Renzo: *Mussolini e Hitler. I rapporti segreti 1922-1933*, Editori Laterza, Bari, 2013.

DE ROUGEMONT, Denis: *Journal aus Deutschland 1935-1936*, Paul Zsolnay Verlag, Viena, 1998.

DEAKIN, F. W.: *Die brutale Freundschaft - Hitler, Mussolini und der Untergang des italienischen Faschismus*, Deutscher Bücherbund, Stuttgart, 1964.

DELPIERRE, Alizée: *Servir les riches: Les domestiques chez les grandes fortunes*, Éditions La Découverte, París, 2022.

DELPLA, François: *Montoire: Les premiers jours de la collaboration*, Éditions Albin Michel, París, 1996.

DELMER, Sefton: *Die Deutschen und ich*, Nannen-Verlag, Hamburgo, 1962 (1.ª edición de 1961).

DENNY, Ludwell: *Amerika schlägt England. Geschichte eines Wirtschaftskrieges*, DVA, Stuttgart/Berlín/Leipzig, 1930.

DERRY, Margaret E. (ed.): *Liberty is dead. A Canadian in Germany, 1938*, Wilfrid Laurier University Press, Waterloo, 2012.

DIAMOND, Sander A.: *Herr Hitler: Amerikas Diplomaten, Washington und der Untergang Weimars*, Droste Verlag, Düsseldorf, 1985.

DIECKHOFF, Hans H.: *Roosevelt auf Kriegskurs: Amerikas Kreuzzug gegen den Frieden 1933-1941*, Arndt-Verlag, Kiel, 2003.

DIGGINS, John P.: *Mussolini and Fascism: The View from America*, Princeton University Press, Princeton, 1972.

DIKÖTTER, Frank: *Diktator werden. Populismus, Personenkult und die Wege zur Macht*, Klett-Cotta, Stuttgart, 2020.

DISTELBARTH, *Paul: Lebendiges Frankreich*, Rowohlt Verlag, Berlín, 1935.

DODD, Martha: *Meine Jahre in Deutschland 1933 bis 1937: Nice to meet you, Mr. Hitler*, Eichborn, Colonia, 2005.

DOENECKE, Justus D. (ed.): *In danger undaunted: Anti-interventionist movement of 1940-41 as revealed in the papers of the America first committee*, Hoover Institution Press. Stanford, CA, EE. UU., 1990.

DOMARUS, Max: *Hitler: Reden und Proklamationen 1932-1945*, Volumen 1-4, SüddeutscherVerlag, Múnich, 1965.

DOMEIER, Norman: *Weltöffentlichkeit und Diktatur: Die amerikanischen Auslandskorrespondenten im «Dritten Reich»*, Wallstein Verlag, Gotinga, 2021.

DORD-CROUSLÉ, Stéphanie: *Flaubert: Itinéraire d'un écrivain normand*, Éditions Gallimard, París, 2021.

DOVIFAT, Emil: *Der amerikanische Journalismus*, editado por Stephan Ruß-Mohl, Colloquium Verlag, Berlín, 1990.

DU BOIS, W. E. B.: *Along the color line: Eine Reise durch Deutschland 1936*, C. H. Beck, Múnich, 2022.

DUEUL, Wallace R.: *People Under Hitler*, Harcourt, Brace and Company, Nueva York, 1942.

DÜSTERBERG, Rolf: *Hanns Johst: Der Barde der SS: Karrieren eines deutschen Dichters*, Verlag Ferdinand Schöningh, Paderborn, 2004.

DUVERGER, Emmanuelle y MÉNARD, Robert: *Vive Le Pen!*, Éditions Mordicus, París, 2011.

EFFENHAUSER, Ulrich: *Alias Toller*, Transit Buchverlag, Berlín, 2015.

EISACK, Didier: *J'ai arrêté Otto Abetz: Histoire de mon grand-père, réfugié allemand ... Juif ... et résistant français*, Éditions Amalthée, Sainte-Luce-sur-Loire, 2022.

EVLETH, Donna: *The Authorized Press in Vichy and German-Occupied France, 1940-1944: A Bibliography*, Greenwood Press, Westport, CT, EE. UU., 1999.

F. BRUCKMANN VERLAG (ed.): *U. S. A. von heute. Seine Weltpolitik, Weltfinanz, Wehrpolitik*, F. Bruckmann Verlag, Múnich, 1940.

FALANGA, Gianluca: *Mussolinis Vorposten in Hitlers Reich: Italiens Politik in Berlin 1933-1945*, Ch. Links Verlag, Berlín, 2008.

FARRIS, Scott: *Inga: Kennedy's Great Love, Hitler's Perfect Beauty, and J. Edgar Hoover's Prime Suspect*, Lyons Press, Lanham, 2016.

FECHTER, Paul: *An der Wende der Zeit. Menschen und Begegnungen*, C. Bertelsmann, Gütersloh, 1955.

FELSING, Monika: *Bettys Nachbarn: NS-Verfolgte im Exil in Amsterdam Zuid*, BoD Verlag, Norderstedt, 2023.

FEST, Joachim C.: *Hitler - Eine Biographie*, Propyläen Verlag, Berlín, 1973.

FETSCHER, Iring: *Joseph Goebbels im Berliner Sportpalast 1943: Wollt ihr den totalen Krieg?*, EVA Europäische Verlagsanstalt, Hamburgo, 1998.

FINDAHL, Theo: *Letzter Akt Berlin. 1939-1945*, Hammerich & Lesser, Hamburgo, 1946.

FISCHER, Heinz-Dietrich: *Zentren und Peripherien der Kommunikations-Historie - Aspekte, Befunde und Interpretationen*, LIT-Verlag, Berlín, 2015.

FISCHER, Thomas y WIRTZ, Rainer (ed.): *Alles authentisch?: Popularisierung der Geschichte im Fernsehen*, UVK, Kostnitz, 2008.

FLANNERY, Harry W.: *Assignment to Berlin*, Michael Joseph, Londres, 1942.

FLEISCHMANN, Peter: *Hitler als Häftling in Landsberg am Lech 1923/24: Der Gefangenen-Personalakt Hitler nebst weiteren Quellen aus der Schutzhaft-, Untersuchungshaft- und Festungshaftanstalt Landsberg am Lech*, Verlag PH. C. W. Schmidt, Neustadt an der Aisch, 2015.

FLEURY, Cynthia: *Hier liegt Bitterkeit begraben: Über Ressentiments und ihre Heilung*, Suhrkamp, Berlín, 2023.

FORBES, Rosita: *These Men I Knew*, E. P. Dutton & Co., Nueva York, 1940.

FRANÇOIS-PONCET, André: *Tagebuch eines Gefangenen: Erinnerungen eines Jahrhundertzeugen*, editado por Thomas Gayda, Europa Verlag, Múnich, 2015.

FRANZ-WILLING, Georg: *Ursprung der Hitlerbewegung 1919-1922*, K. W. Schütz, Preußisch Oldendorf, 1974.

FREI, Norbert y SCHMITZ, Johannes: *Journalismus im Dritten Reich*, H. Beck, Múnich, 1999.

FRIEDRICHS, Jürgen y SCHWINGES, Ulrich: *Das Journalistische Interview*, Springer Fachmedien, Wiesbaden, 2015.

FROMM, Bella: *Als Hitler mir die Hand küßte*, Rowohlt Berlin, Berlín, 1993.

FUCHS, Hannelore: *O. J. Mittendrin - Im Berlin der Nazizeit*, Amazon Italia Logistica, Torrazza Piemonte, 2015.

GÄRTNER, Margarete: *Botschafterin des guten Willens: Außenpolitische Arbeit 1914-1950*, Athenäum-Verlag, Bonn, 1955.

GALBRAITH, Kylie: *«From Our Own Correspondent». The British press and Nazi Germany, 1933-1939*, University of Adelaide, School of Humanities, 2017.

GAMM, Hans-Jochen: *Der Flüsterwitz im Dritten Reich*, dtv/List, Múnich, 1979 (1.ª edición de 1963).

GELLERMANN, Günther W.: *… und lauschten für Hitler - Geheime Reichssache: Die Abhörzentralen des Dritten Reiches*, Bernard & Graefe Verlag, Bonn, 1991.

GERRITSE, Theo: RAUTER: *Himmlers Vuist in Nederland*, Boom, Ámsterdam, 2018.

GERSTE, Ronald D.: *Roosevelt und Hitler: Todfeindschaft und totaler Krieg*, Verlag Ferdinand Schöningh, Paderborn, 2011.

GERWARTH, Robert: *Reinhard Heydrich: Biographie*, Siedler, Múnich, 2011.

GISEVIUS, Hans Bernd. O. J.: *Adolf Hitler - Versuch einer Deutung*, Bertelsmann, Múnich, 1963.

GOEBBELS, Joseph: *Tagebücher*, editado por Ralf Georg Reuth, Piper, Múnich, 2003.

GOESCHEL, Christian: *Mussolini und Hitler: Die Inszenierung einer faschistischen Allianz*, Suhrkamp, Berlín, 2019.

GOETZ, Judith *et al.* (ed.): *Untergangster des Abendlandes. Ideologie und Rezeption der rechtsextremen «Identitären»*, Marta Press, Hamburgo, 2018.

GOLE, Henry G.: *Exposing the third Reich: Colonel Truman Smith in Hitler's Germany*, University Press of Kentucky, Lexington, KY, EE. UU., 2013.

GOODWIN, Doris Kearns: *No Ordinary Time: Franklin & Eleanor Roosevelt: The Home Front in World War II*, Touchstone, Nueva York, 1995.

GÖRTEMAKER, Heike B.: *Hitlers Hofstaat: Der innere Kreis im Dritten Reich und danach*, dtv Verlagsgesellschaft, Múnich, 2020.

GRAHAM, Stephen: *The Faces of Fascism - Mussolini, Hitler & Franco: Their Paths to Power*, BLKDOG, Londres, 2023.

GREENBLATT, Jonathan: *It Could Happen Here: Why America Is Tipping from Hate to the Unthinkable - and How We Can Stop It*, Harper Collins, Nueva York, 2023.

GREENE, Daniel y PHILLIPS, Edward, (ed.): *Americans and the Holocaust*, Rutgers University Press, New Brunswick, 2022.

GREENWALL, Harry J.: *Three Years of Hell*, W. H. Allen, Londres, 1943.

GRIMM, Hans: *Volk ohne Raum*, Albert Langen, Múnich, 1926.

GRITSCHNEDER, Otto: *Bewährungsfrist für den Terroristen Adolf H.: Der Hitler-Putsch und die bayerische Justiz*, C. H. Beck, Múnich, 1990.
GROSS-PARIS, teniente general y comandante von (ed.): *Frankreich - Ein Erlebnis des deutschen Soldaten*, Ode Verlag, París, 1942.
GRUAT, Cédric: *Hitler in Paris: Juni 1940*, Wolff Verlag, Berlín, 2011.
GRÜTTNER, Michael: *Talar und Hakenkreuz. Die Universitäten im Dritten Reich*, C. H. Beck, Múnich, 2024.
GUNTHER, John: *Inside Europe*, Hamish Hamilton, Londres, 1938.

HACHMEISTER, Lutz: *Der Gegnerforscher: Die Karriere des SS-Führers Franz Alfred Six*, C. H. Beck, Múnich, 1998.
HACHMEISTER, Lutz y KLOFT, Michael (ed.): *Das Goebbels-Experiment: Propaganda und Politik*, DVA, Múnich, 2005.
HAFNER, Georg M. y SCHAPIRA, Esther: *Die Akte Alois Brunner: Warum einer der größten Naziverbrecher noch immer auf freiem Fuß ist*, Campus, Fráncfort del Meno, 2000.
HAINZERLING, Larry, HERSCHAFT, Randy, con COOPER, Ann: *Newshawks in Berlin. The Associated Press in Nazi Germany*, Columbia University Press, Nueva York, 2024.
HALE, Oron J.: *Presse in der Zwangsjacke. 1933-45*, Droste Verlag, Düsseldorf, 1965.
HALLER, Michael: *Das Interview*, UVK-Verlagsgesellschaft, Constanza, 2013.
HALLIDAY-ANTONA, Annetta: *Captives of Cupid: A Story of Old Detroit*, John F. Eby & Company, Detroit, 1896.
HAMANN, Brigitte: *Hitlers Wien: Lehrjahre eines Diktators*, Piper, Múnich, 2004.
HANFSTAENGEL, Ernst: *15 Jahre mit Hitler: Zwischen Weißem und Braunem Haus*, Piper, Múnich, 1980.
________: *Unheard Witness*, J. B. Lippincott Company, Filadelfia, 1957.
HARLAN, Thomas: *Thomas Harlan / Hitler war meine Mitgift / Ein Gespräch mit Jean-Pierre Stephan*, Rowohlt Taschenbuch, Reinbek, 2011.
HÄRTEL, Christian: *Stromlinien: Wilfrid Bade. Eine Karriere im Dritten Reich*, be.bra wissenschaft, Berlín, 2004.
HARTLAUB, Felix: *Aufzeichnungen aus dem Führerhauptquartier*, Suhrkamp Verlag, Berlín, 2022.
HARTMANN, Christian, VORDERMAYER, Thomas, PLÖCKINGER, Othmar y TÖPPEL, Roman (ed.): *Hitler, Mein Kampf - Eine kritische Edition*, Institut für Zeitgeschichte; Múnich/Berlín, 2016.

HAUG, Wolfgang Fritz: *Der hilflose Antifaschismus*, Suhrkamp, Fráncfort del Meno, 1970 (1.ª edición de 1967).

HAUNER, Milan: *Hitler - A Chronology of his Life and Time*, The Macmillan Press, Londres, 1983.

HEARN, Lafcadio: *Letters to a Pagan*, Robert Bruna Powers, Detroit, 1933.

HEDINGER, Daniel: *Die Achse: Berlin - Rom - Tokio*, C. H. Beck, Múnich, 2021.

HEIBER, Helmut: *Adolf Hitler. Eine Biographie*, Colloquium Verlag, Berlín, 1960.

________: *Die Republik von Weimar*, Deutscher Taschenbuch Verlag, Múnich, 1981.

HEIDEN, Konrad: *Adolf Hitler (vol. 1): Das Zeitalter der Verantwortungslosigkeit*, Europa Verlag, Zúrich, 2007.

________: *Adolf Hitler. Eine Biographie. Ein Mann gegen Europa. Das Zeitalter der Verantwortungslosigkeit*, Verlagsgruppe Weltbild, Augsburgo, 2011.

HEIM, Gabriel: *Wer sind Sie denn wirklich, Herr Gasbarra? Eine Vatersuche auf zwei Kontinenten*, Edition Raetia, Bolzano, 2023.

HEIMERMANN, Benoît: *Titaÿna. L'aventurière des années folles*, Éditions Arthaud, París, 2011.

HEIMS, Heinrich: *Adolf Hitler. Monologe im Führer-Hauptquartier 1941-1944*, editado por Werner Jochmann, Albrecht Knaus Verlag, Hamburgo, 1980.

HELD, Karl (ed.): *Resultate Nr. 9: Die nationalsozialistische Herrschaft. Bd. 1983*, Resultate Gesellschaft für Druck und Verlag wissenschaftlicher Literatur GmbH, 1983.

HELMS, Richard: *A Look over My Shoulder: A Life in the Central Intelligence Agency*, Presidio Press, Nueva York, 2004.

HENKE, Klaus D. y WOLLER, Hans (ed.): *Politische Säuberung in Europa: Die Abrechnung mit Faschismus und Kollaboration nach dem Zweiten Weltkrieg*, dtv Verlagsgesellschaft, Múnich, 1991.

HERMANN, Angela: *Der Weg in den Krieg 1938/39. Quellenkritische Studien zu den Tagebüchern von Joseph Goebbels*, Oldenbourg Verlag, Múnich, 2011.

HERMANNS, Doris: *Meerkatzen, Meißel und das Mädchen Manuela: Die Schriftstellerin und Tierbildhauerin Christa Winsloe*, AvivA, Berlín, 2012.

HERRING, Phillip F.: *Djuna: Life and work of Djuna Barnes*, Penguin Books, Harlow, 1997.

HESSE, Kurt: *Der Geist von Potsdam*, Hase & Koehler Verlag GmbH, Maguncia, 1967.

HETT, Benjamin Carter: *Eskalationen: Wie Hitler die Welt in den Krieg zwang*, Reclam, Stuttgart, 2021.

HIBBERT, Christopher: *Mussolini: The Rise and Fall of Il Duce*, Palgrave Macmillan, Basingstoke, 2008.

HILLGRUBER, Andreas: *Hitlers Strategie: Politik und Kriegführung 1940-1941*, Bernard & Graefe, Múnich, 1982.

HILMES, Oliver: *Berlin 1936: Sechzehn Tage im August*, Penguin Verlag, Múnich, 2016.

HIRSCHFELD, Gerhard y JERSAK Tobias (ed.): *Karrieren im Nationalsozialismus: Funktionseliten zwischen Mitwirkung und Distanz*, Campus, Fráncfort del Meno, 2004.

HÖCKE, Björn: *Nie zweimal in denselben Fluss. Björn Höcke im Gespräch mit Sebastian Hennig*, Manuscriptum, Lüdinghausen, 2023.

HOCKERTS, Hans Günter *et al.* (ed.): *Akten der Reichskanzlei. Regierung Hitler 1933-1945*, 11 volúmenes, R. Oldenbourg Verlag, Múnich, 2002.

HOEGES, Dirk: *Theodor Heuss: Eine Stimme für Hitler*, Machiavelli edition, Colonia, 2015.

HOSER, Paul: *Die politischen, wirtschaftlichen und sozialen Hintergründe der Münchner Tagespresse zwischen 1914 und 1934: Methoden der Pressebeeinflussung*, Peter Lang Gmbh, Internationaler Verlag der Wissenschaften, Fráncfort del Meno, 1990.

HUSS, Pierre J.: *Heil! And Farewell*, Herbert Jenkins Limited, Londres, 1943.

HUTCHBY, Ian: *The Political Interview: Broadcast Talk in the Interactional Combat Zone*, Lexington Books, Lanham, 2023.

ILSEMANN, Sigurd von: *Der Kaiser in Holland: Aufzeichnungen aus den Jahren 1918-1941*, Deutscher Taschenbuch Verlag, Múnich, 1971.

________: *Wilhelm II in Nederland 1918-1941*, Aspekt, Soesterberg, 2015.

IRVING, David: *Hitlers Krieg - Die Siege 1939-1942*, Wilhelm Heyne Verlag, Múnich, 1985.

________: *Goebbels: Macht und Magie*, Arndt-Verlag, Kiel, 1997.

JÄCKEL, Eberhard y KUHN Axel (ed.): *Hitler - Sämtliche Aufzeichnungen. 1905-1924*, Deutsche Verlags-Anstalt, Stuttgart, 1980.

JACOBSEN, Hans-Adolf: *Nationalsozialistische Außenpolitik. 1933-1938*, Alfred Metzner Verlag, Fráncfort del Meno, 1968.

JANUS, Hans: *Romane eines Lebens: Das Leben der Schriftstellerin Edda Rönckendorff*, BoD Verlag, Norderstedt, 2022.

JOACHIMSTHALER, Anton: *Hitlers Weg begann in München 1913-1923*, F. A. Herbig, Stuttgart, 2000.

JOHNSON, Niel M.: *George Sylvester Viereck: German-American Propagandist*, University of Illinois Press, Urbana, 1972.

JONES, Mark: *1923: The Forgotten Crisis in the Year of Hitler's Coup*, Basic Books, Londres, 2023.

JOSEPH, Gilbert: *Fernand de Brinon, L'Aristocrate de La Collaboration*, Albin Michel, París, 2022.

KALBERER, Wilhelm: *Ich sprach mit Hitler, Himmler, Goebbels - Berliner Erlebnisse eines Schweizer Journalisten*, Phoebe-Verlag, St. Gallen, 1945.

KALTENBORN, Hans von: *Fifty Fabulous Years, 1900-1950. A Personal Review*, G. P. Putnam's Sons, Nueva York, 1950.

KATER, Michael H.: *Das «Ahnenerbe» der SS 1935-1945: Ein Beitrag zur Kulturpolitik des Dritten Reiches*, R. Oldenbourg Verlag, Múnich, 1997.

________: *Gewagtes Spiel: Jazz im Nationalsozialismus*, dtv Verlags-Gesellschaft, Múnich, 1998.

KELLER, Harald: *Die Geschichte der Talkshow in Deutschland*, Fischer Taschenbuch, Fráncfort del Meno, 2009.

KEMPNER, Robert M. W.: *Eichmann und Komplizen*, Europa Verlag, Zúrich, 1961.

KENNAN, George F.: *The Kennan Diaries*, editado por Frank Costigliola, W. W. Norton, Nueva York, 2014.

KENNEDY, John F.: *Unter Deutschen. Reisetagebücher und Briefe 1937-1945*, Aufbau Verlag, Berlín, 2013a.

________: *Unter Deutschen: Reisetagebücher und Briefe 1937-1945*, editado por Oliver Lubrich, Aufbau Verlag, Berlín, 2013b.

KERSHAW, Ian: *Hitlers Macht: Das Profil der NS-Herrschaft*, dtv, Múnich, 1992.

________: *Hitler: 1889-1945*, Pantheon, Múnich, 2009.

KNICKERBOCKER, H. R.: *Deutschland - So oder so?*, Rohwohlt, Berlín, 1932.

________: *Kommt Krieg in Europa?*, Rowohlt, Berlín, 1934.

KOENEN, Gerd: *Traumpfade der Weltrevolution: Das Guevara-Projekt*, Fischer Taschenbuch, Fráncfort del Meno, 2012.

KOFLER, Sabine V.: *Adolf Hitler entlarvt: Die Südtirolfrage im öffentlichen Diskurs 1920 bis 1928*, Edition Raetia, Bolzano, Italia, 2023.

KOHLMANN-VIAND, Doris: *NS-Pressepolitik im Zweiten Weltkrieg: «Die vertraulichen Informationen» als Mittel der Presselenkung*, K. G. Saur Verlag, Münster, 1991.

KOOP, Volker: *Hans-Heinrich Lammers: Der Chef von Hitlers Reichskanzlei*, Verlag, Bonn, 2017.

KÖPF, Peter y RAMADANI, Zana: *Woke. wie eine moralisierende Minderheit unsere Demokratie bedroht*, Bastei Lübbe, Colonia, 2023.

KOTZ, Alfred: *Führen und folgen*, Ludwig Voggenreiter Verlag, Potsdam, 1942.

KRINGS, Stefan: *«"Die öffentliche Meinung des deutschen Volkes ist der Nationalsozialismus!" Hitlers Pressechef Otto Dietrich (1897-1952)»*, Universität Dortmund, 2008.

KRINGS, Stefan: *Hitlers Pressechef: Otto Dietrich (1897-1952). Eine Biografie*, Wallstein, Gotinga, 2010.

KRONIKA, Jacob: *Der Untergang Berlins*, Verlagshaus Christian Wolff, Flensburgo, 1946.

KRUMEICH, Gerd: *Als Hitler den Ersten Weltkrieg gewann. Die Nazis und die Deutschen 1921-1940*, Herder, Friburgo/Basilea/Viena, 2024.

KUBE, Alfred: *Pour le mérite und Hakenkreuz: Hermann Göring im Dritten Reich*, R. Oldenbourg Verlag, Múnich, 1986.

KUBY, Erich: *Verrat auf deutsch: Wie das dritte Reich Italien ruinierte*, Hoffmann und Campe Verlag, Hamburgo, 1982.

LAITY, Paul (ed.): *Great Interviews of the 20th century: Adolf Hitler - George Sylvester Viereck 1932*, Guardian News & Media, Londres, 2007.

LANG, Jochen von: *Das Eichmann-Protokoll: Tonbandaufzeichnungen der israelischen Verhöre*, Propyläen bei Ullstein Taschenbuch Verlag, Múnich, 2001.

LANGER, Walter C.: *The mind of Adolf Hitler*, Berkley Books, Nueva York, 1973.

LARSON, Erik: *Tiergarten - In the Garden of Beasts: Ein amerikanischer Botschafter in Nazi-Deutschland*, Hoffmann und Campe, Hamburgo, 2013.

LASKE, Karl: *Ein Leben zwischen Hitler und Carlos: François Genoud*, Limmat Verlag, Zúrich, 1996.

LE BON, Gustave: *Psychologie der Massen*, traducido por Rudolf Eisler, 2.ª edición, Alfred Kröner Verlag, Stuttgart, 2017. En español:

Psicología de las masas, traducido por Emeterio Fuentes, Verbum, Madrid, 2018.
LEFF, Laurel: *Buried by The Times: The Holocaust and America's Most Important Newspaper*, Cambridge University Press, Nueva York, 2013.
LEIDE, Henry: *NS-Verbrecher und Staatssicherheit: Die geheime Vergangenheitspolitik der DDR*, Vandenhoeck & Ruprecht, Gotinga, 2006.
LEO, Per, STEINBEIS, Maximilian y ZORN, Daniel-Pascal: *Mit Rechten reden: Ein Leitfaden*, 5.ª edición, Klett-Cotta, Stuttgart, 2017.
LERCHENMUELLER, Joachim: *Die Geschichtswissenschaft in den Planungen des Sicherdienstes der SS: Der SD-Historiker Hermann Löffler und seine Denkschrift «Entwicklung und Aufgaben der Geschichtswissenschaft in Deutschland»*, J. H. Dietz, Bonn, 2001.
LIEBSCHER, Daniela: *Freude und Arbeit: Die internationale Freizeit- und Sozialpolitik des faschistischen Italiens und des NS-Regimes*, SH-Verlag, Colonia, 2009.
LIESEMER, Dirk: *Aufstand der Matrosen: Tagebuch einer Revolution*, Mareverlag, Hamburgo, 2018.
LITTELL, Jonathan: *Das Trockene und das Feuchte*, Berlin Verlag, Berlín, 2009.
LIULEVICIUS, Vejas Gabriel: *Kriegsland im Osten: Eroberung, Kolonisierung und Militärherrschaft im Ersten Weltkrieg*, Hamburger Edition, HIS, Hamburgo, 2018.
LOCHNER, Louis P.: *What about Germany?*, Hodder & Stoughton, Londres, 1943.
________: *Stets das Unerwartete: Erinnerungen aus Deutschland 1921-1952*, Franz Schneekluth Verlag, Darmstadt, 1955.
LONGERICH, Peter: Propagandisten im Krieg: *Die Presseabteilung des Auswärtigen Amtes unter Ribbentrop*, Walter de Gruyter, Berlín, 1987.
________: *Joseph Goebbels: Biographie*, Siedler, Múnich, 2010.
________: *Hitler: Biographie*, Pantheon, Múnich, 2017.
LOVELL, Julia: *Maoismus: Eine Weltgeschichte*, Suhrkamp, Berlín, 2023.
LOW, Alfred D.: *The Men around Hitler: Nazi elite and its collaborators*, Columbia University Press, Nueva York, 1996.
LOWE, Keith: *Der wilde Kontinent. Europa in den Jahren der Anarchie 1943-1950*, Klett-Cotta, Stuttgart, 2014.
LUBRICH, Oliver: *Reisen ins Reich: 1933 bis 1945 - Ausländische Autoren berichten aus Deutschland*, btb, Múnich, 2009.

LUDECKE, Kurt G. W.: *I Knew Hitler: The Lost Testimony by a Survivor from the Night of the Long Knives*, editado por Bob Carruthers, Pen & Sword Military, Barnsley, 2013.

LUKACS, John: *The Hitler of History*, Random House, Nueva York, 1998.

LUNDBERG, James M.: *Horace Greeley. Print, Politics, and the Failure of American Nationhood*, Johns Hopkins University Press, Baltimore, 2019.

MACHTAN, Lothar: *Hitlers Geheimnis*, Alexander Fest Verlag, Berlín, 2001.

MACKRELL, Judith: *Going with the Boys: Six Extraordinary Women Writing from the Front Line*, Picador, Londres, 2022.

________: *Frauen an der Front: Kriegsreporterinnen im Zweiten Weltkrieg*, Insel Verlag, Berlín, 2023.

MADDOW, Rachel: *Prequel: An American Fight against Fascism*, Random House, Nueva York, 2023.

MALAPARTE, Curzio: *Kaputt*, S. Fischer Verlag, Fráncfort del Meno, 1982.

________: *Technik des Staatsstreichs*, traducido por Hellmut Ludwig, edition TIAMAT, Berlín, 1988.

MALINOWSKI, Stephan: *Die Hohenzollern und die Nazis: Geschichte einer Kollaboration*, Ullstein, Berlín, 2021.

MANDEL, Emily St John: *Das Glashotel*, Ullstein, Berlín, 2021.

MASER, Werner: *Fälschung, Dichtung und Wahrheit über Hitler und Stalin*, Olzog Verlag, Múnich, 2004.

MATTHÄUS, Jürgen y Frank BAJOHR (ed.): *Alfred Rosenberg: Die Tagebücher von 1934 bis 1944*, Fischer Taschenbuch, Fráncfort del Meno, 2018.

MAUTHNER, Martin: *Otto Abetz and His Paris Acolytes: French Writers Who Flirted with Fascism, 1930-1945*, Sussex Academic Press, Brighton, 2016.

MAYNTZ, Gregor: *Weimar reloaded?: Warum es die Deutschen nicht schafften, den Anfängen zu wehren, und was ihnen nun zu tun bleibt*, Books on Demand, Norderstedt, 2019.

MCARDLE, Kenneth: *A Calvacade of Collier's*, A. S. Barnes and Company Inc., Nueva York, 1959.

MCCORMICK, Anne O'Hare: *Vatican Journal: 1921-1954*, Farrar, Straus & Cudahy Inc., Nueva York, 1957.

MCDONOUGH, Frank: *The Hitler Years: Triumph 1933-1939*, Head of Zeus, Londres, 2019.

MELETTI, Vincenzo: *Wesen, Wollen, Wirken des Faschismus. Mit einem Vorwort von Adolf Hitler*, Verlag für Kulturpolitik, Berlín, 1935.

MENDELSSOHN, Peter de, Lutz HACHMEISTER, Leif KRAMP y Stephan WEICHERT: *Zeitungsstadt Berlin: Menschen und Mächte in der deutschen Presse*, Ullstein Buchverlage, Berlín, 2017.

MILLINGTON, Chris: *A History of Fascism in France: From the First World War to the National Front*, Bloomsbury Academic; Londres, 2020.

MILTENBERG, Weigand von (es decir, Herbert Blank): *Adolf Hitler Wilhelm III*, Rowohlt Verlag, Berlín, 1931.

MISKOLCZY, Ambrus: *Hitler's Library*, Central European University Press, Budapest, 2003.

MOHNHAUPT, Jan: *Tiere im Nationalsozialismus*, Carl Hanser Verlag, Múnich, 2020.

MOHNIKE, Ernst: *Die Sumner-Welles-Mission: Frieden für Europa im Frühjahr 1940?*, Angelika Lenz Verlag, Neu-Isenburg, 2020.

MOOREHEAD, Caroline: *Gellhorn - A Life*, Chatto & Windus, Londres, 2003.

________: *Edda Mussolini: The Most Dangerous Woman in Europe*, Chatto & Windus, Londres, 2022.

MORLEY, Nathan: *Radio Hitler. Nazi Airwaves in the Second World War*, Amberley Publishing, Stroud, 2023.

MOSELEY, Ray: *Zwischen Hitler und Mussolini: Das Doppelleben des Grafen Ciano*, Henschel Verlag, Leipzig, 1998.

________: *Reporting War: How Foreign Correspondents Risked Capture, Torture and Death to Cover World War II*, Yale University Press, New Haven, CT, EE. UU., 2017.

MOWRER, Edgar Ansel: *Germany Puts the Clock Back*, Bodley Head, Londres, 1933.

MOWRER, Lilian: *Journalist's Wife*, William Heinemann, Londres, 1938.

MÜLLER, Andrea M.: *Die französische Gesandtschaft in München in den Jahren der Weimarer Republik: Französische Politik im Spiegel der diplomatischen Berichterstattung*, Herbert Utz Verlag, Múnich, 2010.

MÜNZENBERG, Willi: *Propaganda als Waffe*, Aurabooks, Múnich, 2021.

MURGIA, Michela: *Faschist werden. Eine Anleitung*, Wagenbach, Berlín, 2021 (1.ª edición de 2018).

NACHAMA, Andreas (ed.): *Hans Bayer: Kriegsberichter im Zweiten Weltkrieg* [Catálogo de la exposición homónima]: *Hans Bayer - War Correspondent in the Second World War*, Stiftung Topographie des Terrors, Berlín, 2014.

NAGORSKI, Andrew: *Hitlerland: American Eyewitnesses to the Nazi Rise to Power*, Simon & Schuster, Nueva York, 2013.

NAHME, Hans-Dieter: *Der Mord an General Kurt von Schleicher und das Ende der Reichswehr*, Matrix Media, Gotinga, 2022.

NEUBERGER, Helmut: *Winkelmaß und Hakenkreuz: Die Freimaurer und das Dritte Reich*, F. A. Herbig, Múnich, 2001.

NIESS, Wolfgang: *Der Hitlerputsch 1923: Geschichte eines Hochverrats*, C. H. Beck, Múnich, 2023.

NILSSON, Mikael: *Hitler Redux: The Incredible History of Hitler's so-Called Table Talks*, Routledge, Londres, 2021.

NIZER, Louis: *My Life in Court*, Lushena Books, Bernsenville, 2023 (1.ª edición de 1961).

NOLLER, Sonja y KOTZE, Hildegard von (ed.): *Facsimile Querschnitt durch den Völkischen Beobachter*, Scherz Verlag, Múnich, 1967.

NORWOOD, Stephen H.: *The Third Reich in the Ivory Tower: Complicity and Conflict on American Campuses*, Cambridge University Press, Cambridge, 2009.

OECHSNER, Frederick, GRIGG, Joseph W., FLEISCHER, Jack y STADLER, Glen M.: *This is the Enemy: Amerikanische Korrespondenten berichten aus Nazi-Deutschland*, edition TIAMAT, Berlín, 2020.

OLDEN, Rudolf: *Hitler der Eroberer*, S. Fischer Verlag, Fráncfort del Meno, 1984.

OLMSTED, Kathryn S.: *The Newspaper Axis. Six Press Barons who enabled Hitler*, Yale University Press, Newhaven, Londres, 2022.

PADOVER, Saul K.: *Lügendetektor: Vernehmungen im besiegten Deutschland 1944/45*, Eichborn Verlag, Fráncfort del Meno, 1999.

PÄTZOLD, Kurt y WEISSBECKER, Manfred: *Adolf Hitler: Eine politische Biographie*, Militzke, Leipzig, 1995.

PAYNE, Stanley: *Geschichte des Faschismus: Aufstieg und Fall einer europäischen Bewegung*, Propyläen Verlag, Berlín, 2001.

PEKELDER, Jacco, SCHENK, Joep y BAS, Cornelis van der: *Der Kaiser und das «Dritte Reich» - Die Hohenzollern zwischen Restauration und Nationalsozialismus*, Wallstein Verlag, Gotinga, 2021.

PETTY, Terrence: *Enemy of the People. The Munich Post and the Journalists Who Opposed Hitler*, The Associated Press, Nueva York, 2019.

PFISTER, René: *Ein falsches Wort. Wie eine neue linke Ideologie aus Amerika unsere Meinungsfreiheit bedroht*, Penguin Random House, Múnich, 2023.

PICKER, Henry: *Hitlers Tischgespräche im Führerhauptquartier*, Propyläen bei Ullstein Verlag, Berlín, 1997.

PIHL, Gunnar: *Germany: The Last Phase*, Alfred A. Knopf, Nueva York, 1944.

PLÖGER, Christian: *Von Ribbentrop zu Springer. Zu Leben und Wirken von Paul Karl Schmidt alias Paul Carell*, Tectum, Marburgo, 2009.

PLOPPA, Hermann: *Hitlers amerikanische Lehrer: Die Eliten der USA als Geburtshelfer des Nationalsozialismus*, Liepsen Verlag, Marburgo, 2016.

POE, Edgar Allan: *Der Mann der Menge*, Benu Verlag, Hildesheim, 2018.

POLITKOVSKAJA, Anna: *In Putins Russland*, DuMont Buchverlag, Colonia, 2022.

POMERANTSEV, Peter: *Das ist keine Propaganda: Wie unsere Wirklichkeit zertrümmert wird*, Deutsche Verlags-Anstalt, Múnich, 2020.

________: *How to win an information war. The propagandist who outwitted Hilter*, Faber & Faber Ltd, Londres, 2024.

POPE, Ernest R.: *Munich Playground: The Nazi Leadership at Rest and Play*, Fonthill Media, Oxford, 2015.

PÖTZL, Norbert F.: *Casablanca 1943: Das geheime Treffen, der Film und die Wende des Krieges*, Siedler, Múnich, 2017.

PRICE, G. Ward: *Führer und Duce*, Holle & Co, Berlín, 1939.

PYTA, Wolfram: *Hitler: Der Künstler als Politiker und Feldherr. Eine Herrschaftsanalyse*, Siedler, Múnich, 2015.

RAICHLE, Christoph: *Hitler als Symbolpolitiker*,Verlag W. Kohlhammer, Stuttgart, 2014.

RALEIGH,John McCutcheon: *Behind the Nazi Front*, Morrison & Gibb, Londres, 1941.

RANDALL, Stephen y los editores de la revista *Playboy* (ed.): *The Playboy Interviews: Larger than Life*, M Press, Milwaukee, 2006.

RANGE, Peter Ross: *1924: The year that made Hitler*, Back Bay Books, Nueva York, 2016.

________: *The Unfathomable Ascent. How Hitler Came to Power*, The History Press, Cheltenham, 2022.

RASTRELLI, Carlo: *Carlo Scorza, L'Ultimo Gerarca*, Mursia, Milán, 2010.

RATHSMAN, Siri: *Vichy hat das Spiel verloren: Schilderungen aus dem geschlagenen Frankreich*, Europa Verlag, Zúrich, 1945.

RAUSCHNING, Hermann: *Gespräche mit Hitler*, Europa Verlag, Zúrich, 2004.

REED, Douglas: *Insanity Fair*, Jonathan Cape, Londres, 1938.

REICHEL, Peter: *Der schöne Schein des Dritten Reiches: Faszination und Gewalt des Faschismus*, Fischer Taschenbuch, Fráncfort del Meno, 1993.

RESSA, Maria: *How to Stand Up to a Dictator. Der Kampf um unsere Zukunft*, Bastei Lübbe/Quadriga, Colonia, 2022.

RIBBENTROP, Rudolf von: *Mein Vater Joachim von Ribbentrop: Erlebnisse und Erinnerungen*, Ares Verlag, Graz, 2008.

RINGSTED, Henrik V.: *Omkring Tysklands fald*, Lindhardt og Ringhof, O. O., 2022 (1.ª edición de 1945).

ROJEK, Sebastian: *Versunkene Hoffnungen: Die Deutsche Marine im Umgang mit Erwartungen und Enttäuschungen 1871-1930*, Walter de Gruyter, Oldemburgo, 2017.

ROLOFF, Stefan: *Die Rote Kapelle: Die Widerstandsgruppe im Dritten Reich und die Geschichte Helmut Roloffs*, Ullstein Verlag, Berlín, 2004.

RONALD, Susan: *The Ambassador: Joseph P. Kennedy at the Court of St. James's, 1938-1940*, Saint Martin's Press, Nueva York, 2021.

ROSENBERG, Alfred: *Der Mythos des 20. Jahrhunderts*, Hoheneichen-Verlag, Múnich, 1939.

ROUSSEL, Stéphane: *Die Hügel von Berlin: Erinnerungen an Deutschland*, Rowohlt Verlag, Reinbek bei Hamburg, 1986.

RUSSEL, William: *Berlin Embassy*, Thin Red Line Books, Londres, 2010.

RYBACK, Timothy W.: *Hitler's Private Library: The Books that Shaped his Life*, Vintage Books, Londres, 2010.

________: *Hitler's first victims: And one man's race for justice*, Vintage Books, Londres, 2015.

________: *Takeover: Hitler's final rise to power*, Headline Publishing Group, Londres, 2024.

SAFRIAN, Hans: *Die Eichmann-Männer*, Europa Verlag, Viena, 1993.

SALEWSKI, Michael: *Tirpitz: Aufstieg - Macht - Scheitern*, Musterschmidt, Gotinga, 1979.

SALLE, Grégory: *Superyachten: Luxus und Stille im Kapitalozän*, Suhrkamp, Berlín, 2022.

SANDGRUBER, Roman: *Hitlers Vater: Wie der Sohn zum Diktator wurde*, Molden Verlag, Viena, 2021.
SANDNER, Harald: *Hitler - Das Itinerar: Aufenthaltsorte und Reisen von 1889 bis 1945*, 4 vols., Berlin Story Verlag, Berlín, 2018.
SASSIN, Horst R.: *Widerstand, Verfolgung und Emigration Liberaler 1933-1945*, liberal-Verlag, Bonn, 1983.
SCHAD, Martha: *Hitlers geheime Diplomatin: Das Leben der Stephanie von Hohenlohe*, Heyne, Múnich, 2004.
SCHAEPMAN, Kees: *Max Blokzijl. Opkomst en ondergang van een journalist*, Uitgeversmaatschappij Walburg Pers, Zutphen, 2020.
SCHEER, Maximilian: *So war es in Paris*, Verlag der Nation, Berlín, 1972.
SCHEJNGEIT, Alexander: *Moskaus Fenster zur Welt: Die Nachrichtenagentur TASS und die Auslandsberichterstattung in der Sowjetunion, 1918-1941*, Böhlau Verlag, Colonia, 2021.
SCHELLENBERG, Walter: *Invasion, 1940: The Nazi Invasion Plan for Britain*, St Ermin's Press, Londres, 2000.
SCHEUCH, Erwin K. (ed.): *Die Wiedertäufer der Wohlstandsgesellschaft. Eine kritische Untersuchung der «Neuen Linken» und ihrer Dogmen*, Markus-Verlag, Colonia, 1968.
SCHIEDER, Wolfgang: *Adolf Hitler - Politischer Zauberlehrling Mussolinis*, De Gruyter, Berlín, 2017.
SCHIRACH, Henriette von (ed.): *Frauen um Hitler: Nach Materialien von Henriette von Schirach*, F. A. Herbig, Múnich, 1983.
SCHIVELBUSCH, Wolfgang: *Entfernte Verwandtschaft: Faschismus, Nationalsozialismus, New Deal. 1933-1939*, Fischer Taschenbuch, Fráncfort del Meno, 2008.
SCHLIER, Paula: *Petras Aufzeichnungen oder Konzept einer Jugend nach dem Diktat der Zeit*, editado por Ursula Schneider y Annette Steinsiek, BoD Verlag, Norderstedt, 2023.
(SCHMIDT, Fritz): *Presse in Fesseln: Eine Schilderung des NS-Pressetrusts*, Verlag Archiv und Kartei, Berlín, 1947.
SCHMIDT, Paul: *Statist auf diplomatischer Bühne 1923-45: Erlebnisse des Chefdolmetschers im Auswärtigen Amt mit den Staatsmännern Europas*, AULA-Verlag, Wiesbaden, 1984.
SCHMITT, Carl: *Gespräche über die Macht und den Zugang zum Machthaber*, Klett-Cotta, Stuttgart, 2017.
SCHMÖLDERS, Claudia: *Hitlers Gesicht: Eine physiognomische Biographie*, C. H. Beck, Múnich, 2000.

SCHNEIDERMANN, Daniel: *Berlin, 1933 - La presse internationale face à Hitler*, Éditions Points, París, 2018.

________: *Berlin, 1933. La presse internationale face à Hitler*, Éditions Points, París, 2020.

SCHOR, Ralph: *L'Antisémitisme en France - pendant les années trente*, Editions Complexe, París, 1992.

SCHÖTTLER, Peter (ed.): *Geschichtsschreibung als Legitimationswissenschaft 1918-1945*, Suhrkamp Verlag, Fráncfort del Meno, 1997.

SCHULTZ, Sigrid (ed.): *The Overseas Press Club Cookbook*, Award Books, Nueva York, 1967.

SCHULZE, Winfried y OEXLE, Otto G. (ed.): *Deutsche Historiker im Nationalsozialismus*, Fischer Taschenbuch, Fráncfort del Meno, 1999.

SCHWAIGER, Michael: *Hinter der Fassade der Wirklichkeit: Leben und Werk von Leo Lania*, Mandelbaum, Viena, 2017.

SCHWARZ, Angela: *Die Reise ins Dritte Reich. Britische Augenzeugen im nationalsozialistischen Deutschland (1933-39)*, Vandenhoeck und Ruprecht, Gotinga/Zúrich, 1993.

SCOTT, James B.: *Djuna Barnes*, G. K. Hall & Company, Nueva York, 1976.

SEIPEL, Hubert: *Putins Macht*, Hoffmann und Campe, Hamburgo, 2022.

SELDES, George: *One Thousand Americans*, Boni & Gaer, Nueva York, 1947.

SEUFERT, Michael: *Der Skandal um die Hitler-Tagebücher*, Fischer, Fráncfort del Meno, 2008.

SHIRER, William L.: *Berlin Diary 1934-1941: The Rise of the Third Reich*, llustrated Edition, Promotional Reprint, Londres, 1997.

________: *Berliner Tagebuch. Das Ende 1944-1945*, Aufbau Taschenbuch, Berlín, 1999.

SHIRLEY, Craig: *April 1945: The Hinge of History*, Thomas Nelson, Nashville, 2022.

SHORE, Zachary: *What Hitler Knew: The Battle for Information in Nazi Foreign Policy*, Oxford University Press, Nueva York, 2003.

SHTYRKINA, Olga: *Mediale Schlachtfelder: Die NS-Propaganda gegen die Sowjetunion (1939-1945)*, Campus, Fráncfort del Meno, 2018.

SIEG, Ulrich: *Die Macht des Willens: Elisabeth Förster-Nietzsche und ihre Welt*, Hanser, Múnich, 2019.

SIEMENS, Daniel: *Hinter der Weltbühne - Hermann Budzislawski und das 20. Jahrhundert*, Aufbau Verlag, Berlín, 2022.

SILVESTER, Christopher: *The penguin book of interviews - An anthology from 1859 to the present day*, Penguin Books, Harlow, 1994.

SIMMS, Brendan: *Hitler - Eine globale Biographie*, Deutsche Verlags-Anstalt, Múnich, 2019.

SIMPSON, John: *Unreliable Sources. How the 20th century was reported*, Pan Books, Londres, 2011.

SINGTON, Derrick y WEIDENFELD, Arthur: *The Goebbels Experiment: A Study of the Nazi Propaganda Machine*, Butler & Tanner, Londres, 1942.

SMITH, Denis Mack: *Mussolini*, BUR Biblioteca Univerzale Rizzoli, Milán, 2021.

SMITH, Howard K.: *Feind schreibt mit: Ein amerikanischer Korrespondent erlebt Nazi-Deutschland*, Fischer Taschenbuch, Fráncfort del Meno, 1986.

SOLOMON, Harvey: *Such Splendid Prisons: Diplomatic Detainment in America during World War II*, Potomac Books, Lincoln, 2020.

SOMBART, Nicolaus: *Jugend in Berlín. 1933-43: Ein Bericht*, Fischer Taschenbuch, Fráncfort del Meno, 2003.

SOMMERFELDT, Martin H.: *Das Oberkommando der Wehrmacht gibt bekannt - Ein Augenzeugenbericht des Auslandssprechers des OKW*, Westdeutsche Verlags- und Druckerei-Gesellschaft, Fráncfort del Meno, 1952.

SÖSEMANN, Bernd: *Theodor Wolff. Ein Leben mit der* Zeitung, Econ Verlag, Múnich, 2000.

SÖSEMANN, Bernd (ed.): *Friedrick Meinecke - Die deutsche Katastrophe*, Edition Andreae/Lexxion Verlagsgesellschaft, Berlín, 2019 (1.ª edición de 1946).

SOUKUP, Uwe: *Die Brandstiftung: Mythos Reichstagsbrand - was in der Nacht geschah, in der die Demokratie unterging*, Wilhelm Heyne Verlag, Múnich, 2023.

STEPHAN, Werner: *Joseph Goebbels - Dämon einer Diktatur*, Union Deutsche Verlagsgesellschaft, Stuttgart, 1949a.

________: *Joseph Goebbels: Dämon einer Diktatur*, Union Deutsche Verlagsgesellschaft, Stuttgart, 1949b.

STERN, Carola: *Auf den Wassern des Lebens: Gustaf Gründgens und Marianne Hoppe*, Rowohlt Taschenbuch, Reinbek, 2007.

STERNHELL, Zeev: *Ni droite, ni gauche. L'idéologie fasciste en France*, Éditions du Seuil, París, 1983 (editado en EE. UU. en 1987).

STILLER, Jesse: *George S. Messersmith: Diplomat of Democracy*, University of North Carolina Press, Chapel Hill, NC, EE. UU., 1987.

STÖBER, Gunda: *Pressepolitik als Notwendigkeit: Zum Verhältnis von Staat und Öffentlichkeit im Wilhelminischen Deutschland 1890-1914*, Franz Steiner Verlag, Stuttgart, 2000.

STODDARD, Lothrop: *Into The Darkness: An Uncensored Report From Inside the Third Reich at War*, Indo-European Publishing, Los Angeles, 2011.

STONE, Oliver: *Die Putin-Interviews: Die vollständigen Abschriften*, Kopp Verlag, Rotemburgo, 2018.

STOOP, Paul: *Geheimberichte aus dem Dritten Reich 1933-1935*, Argon, Berlín, 1990.

STRATIGAKOS, Despina: *Hitler at Home*, Yale University Press, New Haven, CT, EE. UU., 2015.

STRESEMANN, Wolfgang: *Wie konnte es geschehen?: Hitlers Aufstieg in der Erinnerung eines Zeitzeugen*, Ullstein, Berlín, 1987.

SWEENEY, John: *Der Killer im Kreml: Intrige - Mord - Krieg. Wladimir Putins skrupelloser Aufstieg und seine Vision vom großrussischen Reich*, Heyne, Múnich, 2022.

SZABLOWSKI, Witold: *How to Feed a Dictator. Saddam Hussein, Idi Amin, Enver Hoxha, Fidel Castro and Pol Pot. Through the Eyes of Their Cooks*, Penguin, Múnich, 2019.

TASCHKA, Sylvia: *Diplomat ohne Eigenschaften?: Die Karriere des Hans-Heinrich Dieckhoff (1884-1952)*, Franz Steiner Verlag, Stuttgart, 2006.

THOMPSON, Dorothy: *«Ich traf Hitler!» Der Reportage-Essay von 1932 erstmals vollständig auf Deutsch*, editado por Oliver Lubrich, DVB Verlag, Viena, 2023.

TIESSLER, Walter: *Im Stab von Rudolf Heß: Verbindungsmann zu Dr. Goebbels*, Arndt-Verlag, Kiel, 2019.

TOLAND, John: *Adolf Hitler: Bd. 1 : 1889-1938 Werden und Weg - Führer und Reichskanzler; Bd. 2 : 1938-1945 Krieg und Untergang - Feldherr und Diktator*, Bastei Lübbe, Bergisch Gladbach, 1996.

TOLISCHUS, Otto D.: *They wanted war*, Cornwall press, Cornualles, 1940.

TRACEY, Michael: *Sir Hugh Greene - Eine Biografie*, Quadriga-Verlag, Berlín, 1984.

TRITTEL, Günter J.: *Man kann ein Ideal nicht verraten … : Werner Naumann - NS-Ideologie und politische Praxis in der frühen Bundesrepublik*, Wallstein, Gotinga, 2013.

TURNER Sheehan, Marion, (ed.): *The World At Home. Selections from the Writings of Anne O'Hare McCormick*, Alfred A. Knopf Verlag, Nueva York, 1956.

TYAS, Stephen: *RSHA Reich Security Main Office: Organisation, Activities, Personnel*, Fonthill Media, Oxford, 2022.

ULLMANN, Bernard: *Lisette de Brinon, ma mère*, Editions Complexe, París, 2004.

ULLRICH, Volker: *Adolf Hitler: Die Jahre des Aufstiegs 1889-1939. Biographie*, S. Fischer Verlag, Fráncfort del Meno, 2013.

________: *Adolf Hitler: Die Jahre des Untergangs 1939-1945. Biographie*, S. Fischer Verlag, Fráncfort del Meno, 2018.

________: *Deutschland 1923: Das Jahr am Abgrund*, C. H. Beck, Múnich, 2022.

URBACH, Karina: *Hitlers heimliche Helfer: Der Adel im Dienst der Macht*, wbg (Wissenschaftliche Buchgesellschaft), Darmstadt, 2023.

VAN BERK, Schwarz: *Die Stunde diktiert: Kurze Sprechstunde für Unpolitische*, Hanseatische Verlagsanstalt, Hamburgo, 1935.

VERGEZ-CHAIGNON, Bénédicte: *Les vichysto-résistants*, Éditions Perrin, París, 2016.

VERLEY, Romain: *PPDA - Le prince Noir*, Librairie Arthème Fayard, París, 2023.

VIERECK, George Sylvester: *The Kaiser On Trial*, William Byrd Press, Richmond, 1937.

VIERECK, George Sylvester y ELDRIDGE, Paul: *My First Two Thousand Years: The Autobiography of the Wandering Jew*, Sheridan House, Dobbs Ferry, NY, EE. UU., 2001.

VIERECK, Peter: *The roots of the Nazi Mind*, Capricorn Books, Nueva York, 1961.

WAGNER, Gottfried y PECK, Abraham J.: *Unsere Stunde Null: Deutsche und Juden nach 1945: Familiengeschichte, Holocaust und Neubeginn. Historische Memoiren*, Böhlau Verlag, Viena, 2006.

WAGNER, Patrick: *Hitlers Kriminalisten: Die deutsche Kriminalpolizei und der Nationalsozialismus zwischen 1920 und 1960*, C. H. Beck, Múnich, 2002.

WAINEWRIGHT, Will: *Reporting on Hitler. Rothay Reynolds and the British Press in Nazi Germany*, Biteback Publishing, Londres, 2017.

WALDVOGEL, Florian (ed.): *Tom Kummer - Reportagen & Porträts. 1987-2016*, Edition Metzel, Múnich, 2019.

WALLACE, Max: *The American Axis: Henry Ford, Charles Lindbergh, and the Rise of the Third Reich*, St. Martin's Press, Nueva York, 2003.

WEBER, Claudia: *Der Pakt: Stalin, Hitler und die Geschichte einer mörderischen Allianz*, Verlag C. H. Beck, Múnich, 2019.

WEBER, Ronald: *Dateline - Liberated Paris: The Hotel Scribe and the Invasion of the Press*, Rowman & Littlefield, Lanham, 2019.

WEBER, Thomas: *Hitlers erster Krieg: Der Gefreite Hitler im Weltkrieg - Mythos und Wahrheit*, traducido por Stephan Gebauer, Propyläen Verlag, Berlín, 2012.

WEMBER, Heiner: *Umerziehung im Lager - Internierung und Bestrafung von Nationalsozialisten in der britischen Besatzungszone Deutschlands*, Klartext, Essen, 1991.

WENDT, Lloyd: *Chicago Tribune: The rise of a great American newspaper*, Rand McNally & Company, Chicago, 1979.

WHITMAN, James Q.: *Hitlers amerikanisches Vorbild. Wie die USA die Rassengesetze der Nationalsozialisten inspirierten*, C. H. Beck, Múnich, 2018.

WIEHE, Hans-Jürgen: *Selbst ist der Held*, Sigbert Mohn Verlag, Gütersloh, 1966.

WILDT, Michael: *Generation des Unbedingten. Das Führungskorps des Reichssicherheitshauptamtes*, Hamburger Edition, HIS, Hamburgo, 2002.

WILLEMSEN, Roger: *An der Grenze. Gespräche mit Attentätern, Bankräubern, Mördern, politischen Gefangenen, Autoknackern, Todeskandidaten und Gewaltopfern*, Kiepenheuer & Witsch, Colonia, 1994.

WINKER, Klaus: *Fernsehen unterm Hakenkreuz: Organisation - Programm - Personal*, Böhlau Verlag, Colonia, 1996.

WISKEMANN, Elizabeth: *Europe of the dictators, 1919-45*, Fontana Press, Londres, 1966.

WOLLER, Hans: *Mussolini: Der erste Faschist*, C. H. Beck, Múnich, 2016.

WULF, Josef: *Das Dritte Reich und seine Vollstrecker: Die Liquidation von 500.000 Juden im Ghetto Warschau*, Arani-Verlag, Berlín-Grunewald, 1961.

XAMMAR, Eugeni: *Das Schlangenei: Berichte aus dem Deutschland der Inflationsjahre 1922-1924*, Berenberg Verlag, Berlín, 2007. Versión en castellano: *El huevo de la serpiente. Crónicas desde Alemania (1922-1924)*, traducido por Ana Prieto Nadal, Acantilado, Barcelona, 2005. Original en catalán: *L'ou de la serp*, Quaderns Crema, Barcelona, 1998.

YBARRA, Thomas Russell: *Young Man of Caracas*, Ives Washburn, Nueva York, 1941.

________: *Young Man of the World*, Ives Washburn, Nueva York, 1942.

YORK, Peter: *Zu Besuch bei Diktatoren*, con prólogo de Douglas Coupland, Wilhelm Heyne Verlag, Múnich, 2006.

YOUNG, Gordon: *Outposts of Peace*, Hodder & Stoughton, Londres, 1945.

ZALAMPAS, Michael: *Adolf Hitler & The Third Reich in American Magazines 1923-1939*, Bowling Green University Popular Press, Bowling Green, OH, EE. UU., 1989.

ZIESEMER, Bernd: *Ein Gefreiter gegen Hitler: Auf der Suche nach meinem Vater*, Hoffmann und Campe, Hamburgo, 2012.

ZIMMERER, Jürgen (ed.): *Erinnerungskämpfe: Neues deutsches Geschichtsbewusstsein*, Reclam, Stuttgart, 2023.

ZIMMERMANN, Clemens: *Medien im Nationalsozialismus: Deutschland, Italien und Spanien in den 1930er und 1940er Jahren*, Böhlau Verlag, Colonia, 2007.

ZITELMANN, Rainer: *Hitler: Selbstverständnis eines Revolutionärs*, Lau Verlag, Reinbek, 2017.

ZÜCHNER, Eva: *Der verschwundene Journalist: Eine deutsche Geschichte*, Berlin Verlag, Berlín, 2010.

Índice de nombres